독서로 여는 첫 AI 수업,

노벨
엔지니어링

독서로 여는 첫 AI 수업,

노벨 엔지니어링

초판 1쇄   2023년 3월 24일
2판 1쇄   2024년 4월 12일

지은이 송해남, 김태령, 김다은, 박기림, 최형윤, 전혜린
감 수 한선관
발행인 최홍석

발행처 (주)프리렉
출판신고 2000년 3월 7일 제 13-634호
주소 경기도 부천시 길주로 77번길 19 세진프라자 201호
전화 032-326-7282(代) **팩스** 032-326-5866
URL www.freelec.co.kr

편 집 박영주
디자인 황인옥

ISBN 978-89-6540-354-8

독서로 여는 첫 AI 수업,

노벨
엔지니어링

한 권으로 끝내는
엔트리+플랫폼
AI 융합 교육 레시피

송해남
김태령
김다은
박기림
최형윤
전혜린
지음

한선관
감수

프리렉

PART I
AI 플랫폼 활용 노벨 엔지니어링 프로젝트

PART II
엔트리 AI 블록 활용 노벨 엔지니어링 프로젝트

PART III
엔트리 AI 모델 활용 노벨 엔지니어링 프로젝트

PART IV
노벨 엔지니어링 한 걸음 더

CHAPTER 01 책과 노니는 AI 프로젝트 449

CHAPTER 02 모두를 위한 AI 프로젝트 475

프롤로그

2023년 이후, 학교 현장의 가장 큰 화두는 인공지능 교육입니다. 미래의 국가경쟁력과 개인의 사회 적응을 위해 인공지능은 필수적인 요소가 되었습니다. 우리 학생들이 사회인으로 첫 발을 뗄 2040년 즈음에는 직업과 산업, 관계, 생활의 모든 부문에서 AI는 스마트폰처럼 당연한 위치를 차지하고 있을 것입니다. 이러한 필요성과 위기감 아래에서, 지금도 전국의 수많은 학교에서는 인공지능 교육을 시도하고, 이를 확장해 나가고자 노력하고 있습니다.

그러나 인공지능은 어렵습니다. 인공지능 기술은 개발하는 것도, 구현하는 것도, 그 안에 담겨 있는 원리도 어렵지요. 그래서 학교에서는 체험 중심의 교육을 시도하게 됩니다. 인공지능 기술을 사용했으나 인공지능인지 아닌지 알 수 없는 재미있는 웹사이트들을 이용하여 학생들과 '신기하지?'라는 감정을 공유합니다. 그러면 점점 AI는 우리의 삶과 멀리 있고, 그저 대단한 사람들이 만들어내는 어려운 것으로 느껴질 뿐입니다.

오히려 인공지능 교육은 겉보기에 치중하게 됩니다. 교사는 끊임없이 새로운 인공지능 체험 플랫폼을 찾아 헤매면서 플랫폼을 많이 아는 것이 AI 교육을 잘하게 되는 것처럼 생각하게 되고, 학교에서는 학생 체험 부스, 학부모 공개 행사를 열어 인공지능 교육이 잘 진행되고 있음을 알립니다. 그러나 거기에서 막상 우리 학생들이 만나는 인공지능은 한순간의 재미로만 존재할 뿐입니다.

우리는 이 척박한 토양 위에서, 새로운 방식의 인공지능 교육을 만들고자 했습니다. 답은 멀리 있지 않았습니다. 우리는 이미 STEAM 교육이라는, 학생과 밀접하면서도 실생활의 문제를 해결하는 데 유용한 방법론을 가지고 있었으며, 또 그 안에는 노벨 엔지니어링이라는 책과 함께 문제를 해결하는 훌륭한 방식이 존재하고 있었습니다.

실제로 노벨 엔지니어링을 적용하여 수업을 진행한 결과는 놀라웠습니다. 인공지능 교육은 더 이상 일회성 교육에 그치지 않았습니다. 책 속 인물에게 공감하고, 상황에 몰입함은 물론, 새로운 문제 해결 방법을 생각하고 나만의 방법을 시도하는 학생들을 만날 수 있었습니다. 마치 STEAM 교육에서 그랬던 것처럼 말입니다. 학생 각자에게 인공지능은 우리 삶 가까이에 다가와 있는 존재이자, 내가 다룰 수 있는 도구이며, 성취를 돕는 수단이 되었습니다.

매 학기가 끝나면 교사들은 학생들에게 가장 기억에 남는 수업을 묻습니다. 학생들의 입에서는 노벨 엔지니어링을 통해 만든 자신의 설계물에 대한 이야기가 터져 나옵니다. 그것은 교사도 마찬가지입니다. 학생들의 눈이 반짝거리고 개별적인 산출물이 영글어지는 수업이기에, 가장 강렬한 기억으로 남을 것입니다.

새로운 교육과정에서는 우리 학생들을 많이 알고 있는 사람이 아니라, 새롭게 생각하고 사고할 수 있는 사람으로 만들고자 합니다. 인공지능 교육 역시 단편적인 지식이나 체험에서 끝나지 말고, 내 삶의 문제를 해결해 보는 경험을 만들어줄 필요가 있습니다.

이런 점에서 노벨 엔지니어링을 강력하게 추천합니다. 미래로 나갈 우리 학생들을 위해 그리고 미래를 위한 교육을 시도해야 하는 우리들을 위해, 지금 당장 시작해 보시길 권해드립니다.

저자 일동

들어가며

노벨 엔지니어링으로 맥락 있는 AI 융합 교육을 그려요!

01 노벨 엔지니어링이란?

노벨 엔지니어링 Novel Engineering**은 독서와 공학을 융합한 수업 방식으로, 간단하게 말하면 책을 읽고 책 속 문제 상황을 파악하여 해결책을 직접 설계해 보고 이야기를 다시 써보는 과정**을 말한다.[1] 미국 텁스Tufts 대학 부설 CEEOCenter for Engineering Education and Outreach에서 적용해 온 수업 모델로서,[2] 특히 지능정보사회로의 대전환을 추구하는 정보교육종합계획에 언급되며 대한민국 융합 교육의 전환점을 논하고 있다.[3]

다양한 연구에서 단계를 다르게 제시하고 있지만 핵심은 책을 읽고 책 속 문제의 해결책을 직접 설계한 후 이야기를 바꾸어 쓰는 과정에 있다. 특히 학교 현장에서의 노벨 엔지니어링의 일반화를 위하여 STEAM(융합) 수업 준거와 함께 제시한 5단계의 수업 흐름을 살펴보자.[4]

노벨 엔지니어링 수업 단계	미래형 STEAM 수업 준거
책 읽기	상황 관련 문제 정의
문제 인식	
해결책 설계	융합적 설계 및 문제 해결
창작물 만들기	
이야기 바꾸어 쓰기	자기주도 및 성찰

표 0-1 노벨 엔지니어링 수업 단계와 미래형 STEAM 수업 준거의 연결

1단계

책 읽기

수업의 주제가 되는 책을 읽는 단계이다. 교실 내 독서활동, 온책읽기 수업과 연계하여 다양한 활동을 하며 학생들이 등장인물이 처한 상황에 공감할 수 있도록 도와주어야 한다. 이때 책 속 내용을 이해하고 새로운 해결책으로 나아갈 수 있도록 수업 주제에 맞는 문제 상황이 잘 드러나는 책을 고를 필요가 있다. 특히 노벨 엔지니어링 수업을 위해서는 해결할 만한 여지가 있는 텍스트가 존재하는지 여부가 매우 중요하다. 노벨 엔지니어링 공식 웹사이트에서 소개하는 도서 선정 기준[5]과 초, 중등 교육 현장의 온책읽기 도서 선정 기준[6]을 고려하여 제시한 다음의 기준을 확인해 보자.[7]

독자	• 학생의 발달 단계와 도구 사용 능력을 고려했는가? • 학생의 독서 수준에 적합한가? • 학생의 흥미와 정서에 적합한가?
텍스트	• 작품 내용에 공학적으로 해결할 수 있는 문제점이 있는가? • 작품 속 주인공이 겪는 어려움이 학생들과 공감대를 형성할 수 있는가? • 학생들과 이야기를 나눌 수 있는 문학적 가치가 있는 주제를 담고 있는가? • 상상력을 발휘하여 아이들의 생각이 성장할 수 있도록 돕는가?
교육과정	• 노벨 엔지니어링을 접목하여 관련 교과의 성취기준을 달성할 수 있는가?

표 0-2 노벨 엔지니어링을 위한 온책읽기 도서 선정 기준

처음 노벨 엔지니어링을 접한다면 책 내용이 너무 길고 어려워서 학생들이 완독을 하다 지치는 일이 없도록 책 속 문제 상황의 일부를 발췌하여 수업에 활용해 보는 것을 추천한다. 또는 비교적 진입 장벽이 낮은 그림책을 활용할 수 있는데, 노벨 엔지니어링 수업에 적용하기 위한 그림책 기준을 초등학교 학년군별로 분석한 내용은 다음과 같다.[8]

분석 기준	1~2학년군	3~4학년군	5~6학년군
이야기 소재	자신이 본 내용, 구체적인 경험에 입각한 주제	이야기 속 주인공의 문제 해결에 공감할 수 있는 주제	사회적 이슈, 전래동화나 우화, 생활 속 문제 해결 요소를 다루고 있는 주제(인권, 아동노동, 환경오염, 인공지능 등)
사용 도구, 재료의 특성	• 구체물을 활용하여 수정 및 보완이 즉각적으로 이루어질 수 있는 도구(찰흙, 종이접기) • 그림으로 표현하기	과학 교과 학습이 시작되는 시기로 과학 요소가 결합된 구체물	SW교육과 연계한 다양한 컴퓨터 프로그램 및 애플리케이션 도구
이야기 재구성	• 문단 수준의 글쓰기 • 친구들과 발표하기	두세 문단 수준의 짧은 글 재구성하기	• 이야기 전체 내용 바꾸어 쓴 후 발표하기 • 모둠별 협동 글쓰기

표 0-3 학년군에 따른 노벨 엔지니어링 그림책 도서 선정 기준

이처럼 다양한 선정기준에 따라 학급 상황에 맞는 도서를 선택하여 1인 1권의 도서를 준비한다면 학생들과 책 속 상황에 즐겁게 다가갈 수 있을 것이다.

2단계
**문제
인식**

단순히 책을 읽고 기억에 남는 장면을 표현하는 활동이 아니라, 책 속 문제 상황에 더 가까이 다가갈 수 있도록 정교화할 수 있는 단계이다. 학생들이 찾아낸 문제 상황으로부터 다음 수업이 이루어져야 하니 노벨 엔지니어링의 아주 중요한 핵심 활동이 된다. 디자인 사고 기법, 토론, 토의, 브레인스토밍, 관점 바꾸어 글쓰기, 핫 시팅 등으로 문제 상황을 비판적으로 인식하고 새로운 해결책을 고안해낼 수 있도록 도와주어야 한다.

<table>
<tr><td>

</td><td>

학생들은 문제 상황에서 공학적으로 해결할 수 있는 문제를 식별하여 어떻게 해결할지 결정한다. 등장인물을 공학 디자인의 고객으로 생각하는 것이다. 학생들은 등장인물(고객)의 문제를 해결하기 위한 방법을 설계한다. 그 아이디어가 실현 가능한지, 직접 구현할 수 있는지 고민하는 과정도 해결책 설계의 일부분으로 포함된다. 이렇게 등장인물에게 필요한 것이 무엇일지를 파악하여 해결책을 설계하는 것은, 책의 맥락과 상황을 전체적으로 이해하고 있을 때 가능해진다.

일반적인 공학 수업과의 차이점이 여기서 드러나는 것이다. 공학적인 문제 해결 과정과 책의 맥락이 연결되는지 찾아내는 것이 노벨 엔지니어링의 핵심이다. 예를 들어 독도 교육에 VR 저작도구가 필요한 이유는 '독도'라는 수업의 주제가 직접 찾아가기 힘들다는 맥락으로 제공되기 때문이다. VR 저작도구는 직접적인 체험을 하기 힘든 교수학습 주제를 가상으로 느껴볼 수 있다는 점에서 '독도'가 가지고 있는 문제 상황과 연결이 가능하다.
</td></tr>
</table>

<table>
<tr><td>

</td><td>

학생들이 여러 교구와 재료를 바탕으로 생각한 해결책을 직접 만들어 보는 단계이다. 여기서 학급 상황에 따라 가위, 풀, 재활용품, 찰흙, 종이 등의 재료를 활용한 조작 활동, SW/AI 교육, 메이커 교육, ICT 교육, AR/VR 교육, 로봇/게임 활용 등의 방법들이 융합될 수 있다. 다음 표에 여러 선행 연구에서 도서와 공학 도구를 어떻게 연결했는지를 정리해 보았다.
</td></tr>
</table>

	수업 도서	공학 도구
1[9]	아기돼지 삼형제	마인크래프트(게임 기반 수업)
2[10]	고래를 삼킨 바다 쓰레기	레고 위두(피지컬 컴퓨팅)
3[11]	그레구아르는 눈으로 말해요	마이크로비트(피지컬 컴퓨팅)
4[12]	목기린씨, 타세요!, 지붕 위 루시	자동차, 건물 모형 만들기(종이, OHP필름 등 활용)
5[13]	노란 리본	드론
6[14]	물고기가 사라진 세상	엔트리, 센서보드(피지컬 컴퓨팅)
7[15]	일곱 빛깔 독도 이야기	코스페이시스 에듀(VR 저작도구)

표 0-4 노벨 엔지니어링 선행연구에서 활용한 도서와 공학 도구 분석

많은 연구에서 피지컬 컴퓨팅을 공학 도구로 제시하고 있지만, 건물이나 자동차의 모형을 구체물로 탄생시키는 수업이나 VR의 특성을 강조한 프로젝트 등 새로운 연구의 가능성이 엿보인다. 따라서 책의 주제에 맞게 공학적 특성을 연결시킨다면 창의적이고 특색 있는 융합 수업이 가능하다는 것을 알 수 있다. 이 단계에서 학생들 간 상호 피드백을 진행하여 더 나은 해결책이 되도록 개선하는 활동도 함께 진행할 수 있을 것이다.

<table>
<tr><td>

</td><td>

이 책의 등장인물에게 우리가 만든 해결 방법이 있을 때, 이야기가 어떻게 마무리될까를 생각하며 글로 써보는 단계이다. 이렇게 책 읽기로 시작한 수업을 글쓰기로 마무리하면서 공학과 문해력에 대한 균형 잡힌 수업이 가능해진다. 이때 이야기를 창의적으로 바꾸어 써도 좋고, 이어질 내용에 대해 써봐도 좋다. 학생들이 직접 만들어 낸 해결책으로 이야기가 바뀌는 것에 의미를 두어야 한다. 저학년의 경우에는 이야기를 바꾸어 4컷 만화로 다시 표현하거나, 책 표지를 다시 그려봐도 좋다. 또는 책 속 내용을 시로 표현하거나, 연극 단원과 연계하여 극본으로 구성해 보아도 재미있다.
</td></tr>
</table>

노벨 엔지니어링 수업 모델은 **책 속에서 주인공이 겪는 문제점을 발견, 공감하고 해결책을 공학적으로 설계해 보는 과정에서 문학과 공학의 자연스러운 융합이 가능한 수업 방법**이다. 문학적 측면에서는 온 책읽기 중심으로 글쓰기, 말하기 등 다양한 활동이 가능하며, 공학적 측면에서는 디자인 사고, 메이커 교육, SW/AI 교육 등을 풍부한 맥락에서 경험할 수 있다. 문학을 중심으로 공학적 사고를 자연스럽게 연결할 수 있는 융합 수업 모델인 것이다.

이런 노벨 엔지니어링 수업 모델이 가진 장점은 다음과 같다.

1. **참여도가 높은 수업** : 독서에 흥미를 느끼지 못하는 학생이나 반대로 공학 관련 수업에 흥미를 느끼지 못하는 학생들에게 내적 동기를 부여해줄 수 있다. 학생들이 흥미를 느끼지 못하는 이유는 학습 문제가 자신의 문제로 와닿지 않기 때문이다. 하지만 노벨 엔지니어링을 통해 책 속 맥락이 학생들에게 충분히 전달된다면 학생들은 수업의 온 과정에 뛰어들게 된다. 선행 연구를 보면 등장인물에게 감정이입을 하는 정도가 늘었으며, 기존의 국어시간이나 단순한 피지컬 컴퓨팅 수업에 비해 확실한 동기부여가 있었음을 알 수 있다.[16]

2. **미래를 위한 수업** : 미래 사회의 가장 큰 특징은 불확실성으로, AI 기반 산업 변화, 지속가능발전으로의 전환, 기후변화, 코로나19와 같은 팬데믹 등에 대응하기 위한 뉴노멀 인재로서의 역량을 필요로 한다.[17] 특히 과학기술을 효과적으로 활용하여 새로운 가치를 창출하는 사고력, 갈등 상황이나 복잡한 문제를 해결할 수 있는 능력 등을 중시하고 있다. 노벨 엔지니어링은 단순한 문제를 제시하는 것이 아닌 책 속 상황, 즉 삶의 모습을 반영하고 있는 학습 문제를 부여함으로써, 학생들의 공학 창의성, 창의적 문제 해결력, 협업 능력, 디자인 사고 등의 미래 기술을 신장하는 데 도움이 된다.

3. **포용적 가치관을 함양할 수 있는 수업** : 교육부에서 제시하는 뉴노멀 미래 인재상을 살펴보면, 타인을 배려하며 함께 나누는 '포용적 가치관 실천'이라는 키워드가 있다.[18] 또한 인공지능 시대의 교육 정책 방향을 '인간 중심적 사고'에 두고, 어떤 프로그램을 만들 때 그 결과물의 사회적, 윤리적 책임까지도 고려해볼 수 있는 교육을 권한다.[19] 노벨 엔지니어링은 수업 모델 자체가 어려움을 겪는 책 속 주인공을 도와주는 것으로 시작하기 때문에, 자연스럽게 과학, 기술, 공학의 영향력이나 윤리적 관점까지 논할 수 있다. 실제로 필자가 노벨 엔지니어링 수업을 하면서 느끼는 가장 인상 깊은 점도 학생들이 수업 과정에서 본인들이 설계한 해결책이 사회적으로 어떤 영향을 줄지 고민한다는 것이다. 또 도덕적 딜레마가 포함된 이야기를 바탕으로 노벨 엔지니어링 기반 인공지능 윤리교육 연구도 진행되는 등,[20] AI 융합 교육적 측면에서도 그 가능성이 돋보인다.

4. **다양한 융합 연구 가능성 제시** : 초등 현장에서의 스토리텔링 교육은 다양한 교과에 이미 반영되어 있다. 수학 교과서에도 스토리텔링이 도입되었으며,[21] 도덕 교과서에서도 내러티브 접근법

으로 교과서 예문을 구성하기도 한다.[22] 그렇지만 노벨 엔지니어링은 단순한 스토리텔링이 아니다. 문제 상황을 제시하는 것을 넘어서, 책 속 문제를 직접 탐구하고 해결한다는 맥락으로 보다 적극적인 학습 과정을 추구하고 있다. 교육 현장에서도 노벨 엔지니어링 시도가 왕성해지고 있다. 예를 들어 이야기를 통해 과학 교과에 즐겁게 참여할 수 있는 점을 활용, 새로운 융합 교육의 가능성을 제안하거나,[23] 저학년을 위한 AI 교육 시 구체물을 활용할 수 있고, 풍부한 상황을 제시할 수 있다는 맥락에서 노벨 엔지니어링을 도입하기도 했다.[24] 더욱이 노벨 엔지니어링은 도서의 내용에 따라 다양한 계기교육, 창의적 체험활동 등의 주제별 교육이 가능하다는 장점이 특징적이다. 연구 동향을 살펴보면 노벨 엔지니어링을 통한 장애 이해 교육, 환경 교육, 독도 교육 등의 특정 주제별 프로젝트가 다수 존재하는 것을 확인할 수 있다. 이처럼 노벨 엔지니어링 기반의 융합 연구는 최근 들어 매우 다양한 관점으로 활발하게 진행되고 있으며, 앞으로의 확장 가능성 또한 기대되고 있다.

02 노벨 엔지니어링으로 실천하는 AI 융합 교육

"그래서 AI 융합 교육이 뭐야?"

전 국민을 위한 SW/AI 교육이 활성화되면서 AI 선도학교 사업 지원, AI 융합 대학원을 통한 교원 양성도 활발해지고 있다.[25] 또한 교사들도 미래사회에 대비하기 위하여 인공지능을 타교과에 활용하거나, 융합하여 문제를 해결하는 수업 방식의 필요성을 느끼고 있지만[26] 그에 비해 스스로의 지도 능력을 낮게 판단하고 있어[27] 교육 현장의 준비도는 낮은 것으로 보인다.

그렇지만 필자는 현장교사로서 노벨 엔지니어링 수업 개발 및 적용을 거치며 AI 융합 교육의 방향성을 확인했다. AI 융합 교육을 준비하기 위해서는, 먼저 **미래형 STEAM 교육**으로의 교육 대전환에 대해 이해할 필요가 있다고 생각한다. STEAM은 Science, Technology, Engineering, Arts, Mathematics의 머리글자를 따서 명명된 것으로, 과학, 기술, 공학, 예술, 수학 등 교과 간의 통합적인 수업 방식을 말한다.

그림 0-1 STEAM 교육의 의미 (출처: 한국과학창의재단)

기존의 융합 교육(STEAM)은 과학, 기술 요소를 중심으로 학생들의 융합적 사고력과 실생활 문제 해결력을 함양하기 위한 교육이었던 반면, 미래형 STEAM 교육은 그 범위가 매우 넓어졌다.[28] 첫째, **주제의 범위를 범교과 대상으로 확장**했다. 미래형 STEAM 교육에서는 과학이나 기술 요소가 중심이 아니어도 된다. 실생활 관련 내용에서부터 사회 문제에 이르기까지, 주제에 대해 제한을 두지 않고 있다. 이와 같은 교육 주제의 변화는 **학생들의 실생활 요소나 삶의 문제 해결이 중요하다는 노벨 엔지니어링의 핵심과도 같다.** 실생활과 사회 문제를 가장 쉽게 담고 있는 것은 문학이며, 책은 사회를 가장 잘 반영하고 있는 요소이다.

둘째, **교육 공간의 개념을 온-오프라인 모두로 확장**했다. 미래 사회의 다양한 변화에 대응하기 위해서는 첨단 기술 및 도구들의 적용이 가능한 환경 조성을 중시해야 하기 때문이다. **노벨 엔지니어링 선행 연구 대부분이 피지컬 컴퓨팅, AI 플랫폼, SW 교육 도구, VR 활용 등으로 에듀테크와 관련**이 있어 미래형 STEAM 교육과 노벨 엔지니어링의 지향점이 같다는 것을 확인할 수 있다.

셋째, **미래형 STEAM 교육에서는 기존의 STEAM 교육보다 '문제 해결'에 중심**을 두고 있다. 학습자가 문제 해결을 위해 다양한 역량을 갖추어야 한다는 것이다. 노벨 엔지니어링에서는 책 속 주인공의 문제를 함께 해결해야 하는데, 이와 같은 연결점이 자연스러운 문제 해결 맥락을 제공할 수 있다.

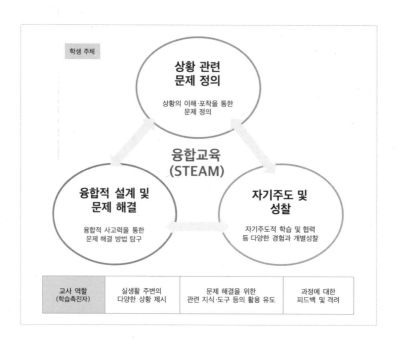

그림 0-2 미래형 STEAM 교육 준거틀 (출처: 한국과학창의재단)

그렇다면 왜 AI 교육을 교과와 융합해야 할까? 첫째 이유는 국가 정책의 방향이다. 교육부에서 제시한 'AI 교육 기준안(2020)'을 보면, 다음처럼 AI를 활용하여 사회적 문제를 해결하는 주제 중심의 프로젝트를 통해 다양한 교과 융합 교육 기회를 제공할 것을 강조하고 있다.[29]

- 기본 방향: (초) 놀이와 체험 중심 (중·고) 원리 이해를 통한 실생활 적용 중심
- 주요 내용: AI 개념·원리의 이해와 체험, 사회 현상의 공감·분석을 통한 문제 발굴
- 데이터·통계를 활용한 창의적 문제 해결, 사회적 영향(윤리 포함) 등

이것으로 볼 때, 초·중등 수준에서는 교육 목표를 컴퓨터 지식이나 프로그래밍 자체에 두기보다는, AI의 원리를 놀이나 활동 기반으로 이해하고 이를 활용하여 문제를 해결하는 데에 중요점이 있다는 해석이 가능하다. 이는 초·중등 학생들은 인공지능의 개념을 이해하기 어려울 수 있기에 다양한 활동과 예제를 제공해야 한다는 연구 결과와도 상응한다.[30] 따라서 초·중등에서의 AI 교육이 활동 중심, 문제 해결 중심으로 이루어지기 위해서는 타교과와 AI를 융합하는 것이 효율적이다. 또한 이러한 교과 융합은 AI 교육적 측면, 융합된 교과적 측면, 역량 개발 측면 등 다양한 관점에서 긍정적인 효과를 가지고 올 수 있다. AI 융합 수업을 적용한 여러 연구를 통해 그 효과를 확인하여 보자.

AI 융합 수업	수업 효과
AI 사회 인식 AI 이해하기 AI 활용하기	인공지능에 대한 막연한 두려움과 편견이 줄어들고 관심, 이해도에 긍정적인 변화가 나타났다. 또한 융합적 사고력, 창의적 문제 해결력, 협업 역량에 긍정적인 영향을 주었다.[31]
AI 언플러그드 체험 엔트리 AI 프로그래밍 AI 윤리 학습	AI에 대한 심리적 거리감을 줄이고 학습 의욕을 높였으며 관련 기술에 대한 진로 의식 또한 높아졌다. AI와 융합한 관련 교과 선호도의 유의미한 향상을 확인했다.[32]
AI 챗봇 튜터 활용 발명 교육	챗봇을 활용한 교육을 통해 인공지능의 원리를 함께 이해할 수 있었으며, 정의적 측면에 긍정적인 영향을 주었다.[33]
엔트리 AI 프로그래밍 실생활 문제 해결	AI 인식이 긍정적으로 변화하여 인공지능을 친숙하게 인식했다.[34]
AI 플랫폼으로 만화, 상상 풍경화 그리기 AI 플랫폼으로 연주, 작곡하기	AI를 활용한 예술융합교육을 통해 창의성 향상에 긍정적인 효과가 있었으며, 유창성이나 독창성 면에서 유의미한 변화를 확인했다.[35]

표 0-5 선행 연구에서 제시한 AI 융합 수업의 효과 분석

AI 융합 수업을 초·중등학생 대상으로 적용하고 그 효과를 분석한 논문을 참고해 정리한 AI 융합 교육의 효과는 다음과 같다. 첫째, AI 융합 교육을 통해 인공지능에 대한 심리적인 장벽을 낮추고 긍정적인 효과를 줄 수 있다. 어렵게 느껴질 수 있는 인공지능을 다른 교과 속에서 접하게 하면서, 심리적 거리감을 줄이고 학습 의욕을 높일 수 있는 것이다. 둘째, AI 융합 교육을 통해 미래 사회에 필수적인 역량을 향상시킬 수 있다. 연구를 살펴보면, 창의적 문제 해결력이나 융합적 사고력, AI 리터러시 등의 다양한 역량에서 유의미한 변화가 일어났음이 확인된다. 또 학생들의 태도나 가치 변화 등의 정의적 영역에도 긍정적인 변화를 불러왔다.

이렇듯 AI 교육의 현장 안착을 위해서는 STEAM 수업 준거 틀을 활용한 AI 융합 교육이 활성화되어야 한다. 하지만 AI 융합 수업을 개발, 적용하는 과정이 선생님들에게는 큰 부담으로 작용한다. AI 플랫폼이나 엔트리 프로그래밍을 잘 다룰 수 있을지에 대한 두려움도 있을 것이며, 교과서에 제시되어 있지 않은 프로젝트 과정안이나 자료 개발 모두 교사의 몫으로 느껴질 것이다. 이와 같은 어려움에 대응하기 위해 노벨 엔지니어링 수업 모델을 통해 AI 융합 교육의 가이드를 제공할 수 있다.

노벨 엔지니어링을 기반으로 한 AI 융합 교육을 추천하는 이유는 첫째, **스토리텔링을 기반으로 맥락이 있는 문제 상황을 제공**할 수 있다는 것이다. 인공지능이 문제 해결에 왜 필요한지, 왜 중요한지를 책 속 상황을 통해 자연스럽게 알려줄 수 있다. 예를 들어 사람의 표정을 인식하는 AI 기술을 수업에 활용한다고 생각해 보자. **표정을 인식하여 목소리가 나오지 않는 인어공주를 도와주는 인공지능을 설계**한다는 노벨 엔지니어링의 맥락은, 단순한 동기유발과는 달리 학습자로 하여금 문

제 해결 과정에 보다 적극적으로 참여하게 만든다. 학생들은 책을 읽으며 등장인물의 어려움에 공감하고, 자연스럽게 감정이입을 하게 된다. 학습자의 수준과 수업 주제를 잘 고려하여 도서를 선정한다면 학습자의 흥미와 관심을 유도할 수 있고, AI 융합 프로젝트 전반의 자연스러운 수업 흐름을 유지할 수 있다.

둘째, **유의미한 문제 해결 과정으로 학습자들의 역량을 자극**할 수 있다. 길고 복잡한 코드가 문제 해결 역량을 길러주는 것은 아니다. 노벨 엔지니어링 수업 모델이 문제 해결력 신장에 강점을 보이는 이유는 **인공지능이 새로운 개념을 학습하고 작동하는 원리가 인간의 사고 및 문제 해결 과정과 비슷하기 때문**이다.[36] AI가 어떻게 이미지를 분류하는지 이해했다면 이를 활용하여 책 속 문제를 해결하는 경험을 주어야 한다. 해님 달님 오누이를 호랑이로부터 구해 주려면 어떤 인공지능을 설계해야 할까? 호랑이가 손을 인식하면 문을 잠그는 AI를 만들어보자. 어떤 이미지 데이터가 필요할까? 이러한 유의미한 문제 해결 과정을 책 속 스토리 구조에서 찾아낼 수 있다. 학습자가 인공지능의 학습 과정을 체험하는 일련의 흐름 속에서 AI를 활용해 문제를 해결하는 스스로의 역량까지 함께 기를 수 있는 것이다.

셋째, **AI 윤리 교육으로의 확장 가능성**이 높다. AI 융합 교육에서 AI 원리 이해, 프로그래밍 등의 기술적인 역량 외에도 잊지 말아야 할 것은 '인간됨'이다. 자신이 AI를 설계하고 프로그램으로 제작할 때, 그 결과물이 사회적·윤리적으로 어떤 결과를 가지고 올지 생각하게 해주어야 한다.[37] 책은 인간의 삶 속 이야기를 담고 있기 때문에 **책 속 상황을 실생활과 연결**할 수 있다. 우리가 설계한 인공지능이 우리 생활에 어떤 영향을 미칠지 고려할 수 있게 되고, 사회적 관점이나 시사 이슈로도 확장할 수 있는 것이다. 일례로 이 책에 제시된 '해님 달님 오누이를 위한 AI 초인종 설계하기' 수업에서 학생들은 "이런 초인종이 실제로 있다면, 가족들의 얼굴 데이터를 잘 학습시켜야 할 것 같아요.", "사람과 호랑이보다 사람과 사람을 정확하게 분류하기가 어려울 것 같아요." 등의 반응을 보였다. 교사가 주입하지 않아도 본인이 설계한 프로그램이 실제로 상용화된다면 어떤 결과를 가지고 올지 고려하고, 그에 따른 보완점을 제시하는 것이다. 또 노벨 엔지니어링에서는 책 속 주인공의 어려움을 돕는다는 상황이 부여됨으로써, AI 기술은 인간을 돕기 위해 윤리적으로 사용해야 한다는 점을 자연스럽게 인식시킬 수 있다.

노벨 엔지니어링 기반 AI 융합 교육의 현장 연구가 활발해지고 있다. 맥락이 있는, 유의미한, 실생활 연계 교육이 가능한 노벨 엔지니어링을 통해 AI 교육에 한 걸음 다가설 수 있을 것이다. 미리 학생들에게 적용해 보고 유효성을 확인한 3가지 대주제로 구성된 프로젝트 수업 18개를 소개하고자 한다. 수업을 개발, 적용하고 동료 교사들과 공유했을 때 책 속 상황을 AI로 해결한다는 점에서 학생뿐만 아니라 교사들의 호응도 매우 높았다. 특히 선생님들은 대부분 어렵게만 느끼던 AI 교육을 이렇게도 재미있고 쉽게 할 수 있다는 점에서 높은 관심과 흥미를 보였다. 이 책을 따라 AI 융합 교육을 적용해본 뒤 선생님만의 재미있는 노벨 엔지니어링 수업을 개발할 수도 있을 것이다.

이 책을 통해 맥락이 있는 AI 융합 교육이 그려지기를 바란다.

AI 플랫폼 활용
노벨 엔지니어링 프로젝트

Novel
Engineering

인공지능으로
바다 구하기

우리나라의 연간 해양 쓰레기 발생량은 2020년 기준 약 14만톤으로, 이는 전년 대비 약 27%(3 만톤) 증가한 수치이다.[1] 바다에 버려진 해양 쓰레기는 선박의 추진기에 감겨 사고를 유발하거나 해안가에 밀려들어 관광지의 경관을 훼손하는 등 많은 문제를 일으킨다. 또한 바다 생물의 서식지를 오염시키거나 신체에 얽이는 등 동물들의 생존에도 직접적인 영향을 주고 있다. 코에 빨대가 박힌 채 괴로워하는 거북이나 20kg이 넘는 플라스틱 쓰레기를 먹고 숨진 고래 이야기를 뉴스에서 본 적이 있을 것이다. 해양 환경오염 문제는 생태계 교란을 일으키면서 인류의 생존까지 위협하고 있는 현재진행형의 이슈이다.[2]

날이 갈수록 심각해지는 해양 오염 문제를 해결하기 위해서 정부에서는 해양 플라스틱과 쓰레기 문제에 대한 대책을 마련하여 시행하고 있으며, 4차 산업혁명 시대에 걸맞은 새로운 접근과 노력을 시도하고 있다. 특히 한국지능정보사회진흥원NIA은 인공지능을 활용하여 '해양 쓰레기 데이터 구축' 사업을 시행할 뿐 아니라 CCTV와 드론을 활용한 '지능형 해양쓰레기 수거지원 기술'에 대한 연구도 실시하는 등 첨단 기술을 활용하는 추세이다.[3]

해양 환경을 위한 노력이 절실한 지금, 환경에 대한 올바른 태도와 가치관을 형성하기 위한 교육이 시급하다. 교과서를 통해 배우는 단편적인 지식 위주의 교육은 환경 보호에 대한 관심이나 공감을 이끌어내기가 어렵다.[4] 그러나 노벨 엔지니어링 수업을 통해서라면 학생들이 문제에 대해 진지하게 고민하고 상황에 몰입하도록 만들 수 있다. 최근의 인공지능이나 빅데이터와 같은 스마트 기술로 해양 쓰레기 문제를 해결하려는 시도를 반영하여, 환경 수업에 AI 기술을 융합하여 보자. "해양 오염은 심각한 문제이므로 환경을 보호해야 한다."와 같은 결론으로 수업을 마치는 것이 아니라, 해양 오염을 도울 수 있는 기술에는 어떤 것들이 있는지 확인해 보고 나아가 해당 AI 플랫폼을 체험해 본다면, 융합적 사고력을 가진 미래 인재로 성장하는 발판이 될 것이다.

인공지능 돋보기

환경 교육이든 AI 교육이든 간에 지식 전달 위주의 교육으로서는 학생들의 가치나 태도의 변화

까지 이끌어내기는 어렵다. 이 장에서는 해양 환경 보호의 맥락 속에서 인공지능에게 직접 데이터를 학습시키는 과정을 체험할 수 있는 [AI for Oceans]를 소개한다. 노벨 엔지니어링 기반 AI-STEAM 수업을 통해 해양 환경을 보호할 필요성을 느끼고 인공지능의 학습 원리도 자연스럽게 깨우치며 두 마리 토끼를 잡을 수 있을 것이다.

1.1 기계학습이란?

기계학습은 수많은 인공지능 범주의 한 패러다임으로 컴퓨터가 경험을 통해 스스로 학습-발전하는 알고리즘을 지칭한다. 인공지능의 개념이 처음 생겼을 때, 연구자들은 '인공신경망'이라는, 인간 뇌의 뉴런과 비슷한 구조를 만들고자 했다. 하지만 실패했고, 그 이후로는 인간이 이해할 수 있는 지식으로만 컴퓨터를 학습시켰다. 이 과정도 새로운 지식에 취약하고, 비용이 많이 들며, 실무에 부적합하기 때문에 마찬가지로 사양길로 접어들게 되었다.

인공지능이 어떻게 이 위기를 탈피하고 비약적으로 발전할 수 있었을까? 바로 기계학습과 딥러닝이다. 기계학습은 기본적으로 입력과 출력 간의 수학적인 계산을 필요로 한다. 입력1과 입력2에서의 값을 수학적으로 계산하여, 출력1에 적절한 값을 출력하도록 만드는 것이다. 이 과정에서 입력1과 입력2의 값이 출력1에 얼마나 영향을 미칠 것인지를 자동으로 계산하는 과정이 기계학습에서의 인공신경망 방식이며, 이 계산은 기존 데이터들이 출력에 관여하는 패턴을 찾음으로써 이루어진다. 따라서 이러한 조절이 적절하게 수행되기 위해서는 좋은 패턴을 가진 데이터들을 많이 입력하는 것이 중요하다.

딥러닝은 기계학습의 인공신경망과 같은 방식으로 동작하지만, 입력과 출력 사이에 거쳐가는 중간 노드들을 넣어 조금 더 다층적인 구조이다. 인공신경망보다 계산이 복잡하지만 높은 성능을 발휘하며, 데이터

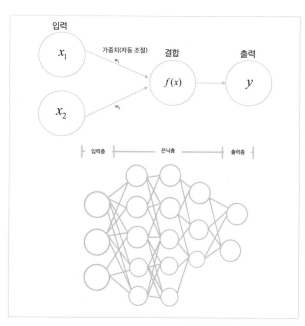

그림 1-1-1 **기계학습**(中 인공신경망)**과 딥러닝**(심층신경망)**의 구조**

를 많이 넣을수록 더 좋은 결과를 내기 때문에 향후 빅데이터 시대 딥러닝이 가져올 변화가 기대되고 있다.

1.2 성취기준 및 인공지능 내용요소

- [2국 02-04] 글을 읽고 인물의 처지와 마음을 짐작한다.

- [2바 08-02] 생명을 존중하며 동식물을 보호한다.

- [4국 05-03] 이야기의 흐름을 파악하여 이어질 내용을 상상하고 표현한다.

- [4국 05-05] 재미나 감동을 느끼며 작품을 즐겨 감상하는 태도를 지닌다.

- [4도 04-01] 생명의 소중함을 이해하고 인간 생명과 환경 문제에 관심을 가지며 인간 생명과 자연을 보호하려는 태도를 가진다.

- [4과 03-01] 여러 가지 동물을 관찰하여 특징에 따라 동물을 분류할 수 있다.

- [인공지능 원리와 활용:초등학교 1-4학년:인공지능 학습 놀이 활동] 놀이 활동을 통해 인공지능의 학습 과정을 체험한다.

02 AI 플랫폼 살펴보기

2.1 AI 플랫폼 이해하기

[AI for Oceans] 들어가기

AI for Oceans는 <u>code.org/oceans</u>라는 웹사이트의 코딩 프로그램 중 하나이다. Code.org는 누구나 컴퓨터 과학에 쉽게 접근할 수 있도록 만들어진 비영리 플랫폼이며, 모든 학교의 모든 학생이 컴퓨터 과학을 배울 기회를 갖게 하는 것을 비전으로 삼고 있다. 2백만 개 이상의 프로젝트를 보유하고 있는데, 이 중 [AI for Oceans]를 활용하면 물고기와 바다 쓰레기를 분류하는 AI 학습 원리부터 데이터 편향, 사회적 영향까지 직관적인 학습이 가능하다. 컴퓨터, 태블릿, 스마트폰 등 인터넷이 연결된 모든 기기에서 쉽게 접속이 가능하며 회원가입은 따로 필요하지 않다.

처음 접속하면 이처럼 언어를 선택할 수 있는 팝업창이 뜨는데, Code.org는 한국어를 포함한 25개 이상의 언어를 지원하고 있다. 드롭다운 메뉴에서 '한국어'를 골라 선택해 주자. 언어 선택까지 마쳤다면 다음처럼 전체 한글화된 페이지가 표시된다. [지금 해보기] 버튼을 눌러 프로그램을 실행해 보자.

그림 1-1-2 [AI for Oceans] 언어 선택창

그림 1-1-3 [AI for Oceans] 시작 화면

[AI for Oceans] 사용 방법 이해하기

튜토리얼에 따라 1단계부터 8단계까지 프로그램을 체험할 수 있다. 각 단계에서는 지도학습 원리, 데이터 편향성, 인공지능 윤리 등의 다양한 주제를 제시하여 학생들의 사고력을 자극시켜 준다. 상단의 숫자 표시줄을 확인하면 현재 몇 단계의 체험을 진행 중인지 알 수 있으며, 각 단계의 학습이 완료되면 오른쪽 하단의 [계속하기] 버튼을 눌러 다음 단계로 이

그림 1-1-4 [AI for Oceans] 튜토리얼

어 나갈 수 있다.

[AI for Oceans]에서는 인공지능 개념에 대한 안내와 학생들이 직접 체험을 할 수 있는 학습 내용이 골고루 제시된다. 학습시키는 중간 중간에 해양 오염과 관련된 내용이 등장하기도 하니 잘 읽어보며 환경 문제에 대해서도 진지하게 생각해 보도록 하자.

1단계

화면의 [재생] 버튼을 클릭해 보자. '기계학습(머신 러닝)'이 무엇인지 알려주는 도입 영상이다. 영어 영상이지만, 한국어 자막을 제공한다. 인공지능의 개념, 프로그래밍과 기계학습의 차이점, 기계학습과 데이터에 대해 안내한다. 모두 시청했다면 [계속하기] 버튼을 눌러 다음 활동으로 넘어갈 수 있다.

그림 1-1-5 [AI for Oceans] 1단계 기계학습 기초 학습

2단계

이제 AI가 물고기와 쓰레기를 구분할 수 있도록 학습시킬 차례이다. AI는 물고기로 분류된 이미지들에서 공통된 패턴을 인식한다. 제시되는 그림에 '물고기'나 '물고기 아님'이라는 라벨을 달아 AI에게 데이터를 제공한 후, AI가 제대로 학습했는지 결과를 확인해 보자.

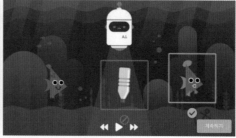

그림 1-1-6 [AI for Oceans] 2단계(1) 학습 진행

학습을 마친 AI는 화면에 분류 결과를 표시하고, "A.I.가 잘했나요?"라고 결과 확인을 요청한다. 이때 학습한 데이터의 양이 오른쪽 상단에 숫자로 표시되는데, 10개의 데이터를 학습시킨 결과와 50개의 데이터를 학습시킨 결과를 비교해 보도록 한다. 이 과정에서 학생들은 '데이터를 많이 제공해야 인공지능이 더 잘 학습한다.'란 사실을 자연스럽게 이해할 수 있다. 학습 데이터를 충분히 제공해야 보다 정확한 인공지능을 만들 수 있으므로 30개 이상의 데이터를 학습시킬 것을 권장한다.

그림 1-1-7 **[AI for Oceans] 2단계(2) 학습 결과 확인** (왼쪽: 10개 데이터, 오른쪽: 50개 데이터)

수업 TIP

화면의 오른쪽 상단을 보면 체크 기호와 금지 기호가 나란히 놓인 상자가 있다. 현재 표시하는 결과가 어떤 질문에 관한 것인지 알려 주는 것이다. 녹색 체크 기호 박스가 활성화된 경우, '물고기'로 분류한 결과이다. 반대로 빨간색 금지 기호 박스가 활성화되었다면 '물고기 아님'으로 분류한 결과가 표시된 것이다. 학습 결과 평가 시 클릭해 확인해 보도록 하자.

그림 1-1-8 **[AI for Oceans] '물고기 아님'의 학습 결과** (왼쪽: 10개 데이터, 오른쪽: 50개 데이터)

AI의 학습 결과를 확인한 이후에 [학습 더 하기] 버튼을 눌러 데이터를 추가로 학습시키거나, [계속하기]를 클릭해 다음 단계로 넘어갈 수 있다.

3단계

앞에서 만든 AI의 학습 결과를 생각해 보자. '물고기'와 '물고기가 아닌 것'에 대한 학습만 이루어진 AI는 몇 가지 판단에서 오류를 보였다. 문어나 불가사리와 같이 물고기는 아니지만 해양 생물인 것을 '물고기 아님'으로 분류하여 쓰레기와 같은 집단으로 인식한 것이다. 이 오류를 수정하기 위해서는 물고기는 아닌, 해양 생물의 데이터를 학습시켜야 한다. 3단

그림 1-1-9 **[AI for Oceans] 3단계 학습 결과 오류 확인**

계 활동을 통해 보다 정교한 AI를 만들기 위해서는 인공지능에게 다양한 종류의 데이터를 풍부하게 학습시켜야 한다는 것을 확인할 수 있다.

> **4단계**

AI가 다른 바다 생물을 바르게 구분할 수 있도록 추가로 데이터를 입력해 보자. 이번에는 '바닷속에 있는 것'과 '바닷속에 있으면 안 되는 것'으로 데이터를 분류한다. 2단계에서 살펴본 것처럼 충분한 양의 데이터를 제공해야 보다 정확한 인공지능을 만들 수 있으므로 30개 이상의 데이터를 학습시킬 것을 권장한다. 마찬가지로 학습이 끝나면 인공지능의 분류 결과를 확인해 보자.

그림 1-1-10 [AI for Oceans] 4단계 추가 데이터 학습

> **5단계**

인공지능도 사람처럼 편견을 가질까? 5단계부터는 데이터의 편향성에 대해 다루게 된다. 5단계에서는 영상으로 데이터의 편향성 개념을 알려준다. **데이터의 편향성이란 인공지능이 학습한 데이터가 어느 한쪽으로 치우쳐서 판단 결과가 기우는 것을** 말한다. 예를 들어 AI에게 사람의 얼굴을 학습을 시킬 때 백인만 학습시킨다면 어떻게 될까? 다양한 인종의 사람이 함께 있을 때 백인만을 인간으로 인식할 확률이 높아질 것이다. 이렇듯 인공지능의 판단과 추론은 인공지능이 학습한 데이터의 품질에 달려 있다. 편향된 데이터로 학습된 컴퓨

그림 1-1-11 [AI for Oceans] 5단계 데이터의 편향성

터는 올바르지 않은 예측을 내리기 쉽고, 이 과정에서 윤리적인 문제가 발생할 수 있다. 따라서 학습 데이터를 정선할 때에는 다음의 두 가지 관점에서 살펴보아야 한다. 첫째, 컴퓨터를 정확하게 학습시키기에 충분한 데이터인가? 둘째, 편향됨 없이 모든 사용자를 대변하는 데이터인가?

> **6단계**

이제 인공지능에게 색깔과 도형 등의 새로운 패턴의 데이터를 제공해 보자. 여기에서는 '녹색', '빨간색', '파란색', '삼각형', '원형', '직사각형'의 패턴 중 한 가지를 선택할 수 있다. 만약 빨간색 물고기를 학습시키고자 한다면 '빨간색 물고기가 맞습니까?'의 질문에 답을 하면서 물고기를 분류하면 된다.

PART I

그림 1-1-12 [AI for Oceans] 6단계(1) '빨간색 물고기' 학습 진행

데이터 분류를 마치면 AI가 잘 학습했는지 결과를 확인해 볼 수 있다. 분류 결과에서 각각의 물고기를 클릭하면 어떤 정보를 기반으로 인공지능이 판단을 내렸는지 세부적인 내용을 확인할 수 있다.

그림 1-1-13 [AI for Oceans] 6단계(2) '빨간색 물고기' 학습 결과 확인

7단계

7단계에서는 AI와 기계학습의 사회적 영향에 관한 영상이 제시된다. 기계학습은 이미 자율주행 자동차, 시각 장애인 보조, 효과적인 에너지 활용 등 다양한 곳에서 사용되며 사회 전반의 여러 변화를 불러일으키고 있다.

하지만 인공지능이 면접관이 되어 대학 지원자들을 평가하거나, 예비 범죄자를 색출한다면 어떨까? 5단계에서 다뤘던 것처럼 편향된 데이터로 학습한 인공지능이 인간을 판단한다면 공정하지 못한 상황이 발생하게 된다. 실제로 아마존에서 사용하던 인공지능 채용 프로그램은 남성 위주의 채용 추천으로 논란이 되었다.[5] 미국의 범죄 예측 시스템에서도 편견과 오류가 발견되었는데, 이 시스템에 활용된 AI는 대상이 흑인이라는 이유만으로 재범 가능성을 더 높게 판단하고 말았다.[6]

그림 1-1-14 [AI for Oceans] 7단계
기계학습의 사회적 영향

이런 문제 때문에 인간을 판단하고자 인공지능을 활용하는 일에는 매우 신중을 기해야 한다. 인공지능의 영향력은 갈수록 커질 것이며, 미래 사회를 살아갈 학생들에게는 이에 대한 고민이 필수적이다. 이것이 바로 인공지능을 배워야 하는 이유가 아닐까?

8단계

마지막으로 8단계에서는 AI에게 다양한 단어를 학습시켜볼 것이다. 인공지능이 단어의 뜻을 기반으로 물고기를 어떻게 분류하는지 결과를 확인해 보자. 학습시킬 단어를 하나 고르고 이를 학습시키기 위한 데이터를 충분히 제공할 것이다. 제시된 단어들은 '사납다', '장난스럽다'와 같은 것들로 사용자의 주관적인 판단이 들어갈 수 있는 단어들이다. 단어가 입력되었을 때 AI가 어떻게 물고기를 분류하는지 확인해 보자. 이처럼 사용자의 주관이 들어갈 수 있는 데이터는 편향을 발생시키기 쉽다. 8단계 활동을 통해 주관적인 데이터를 AI에게 학습시킬 때 유의할 점에 대해서도 고민해 보도록 하자.

그림 1-1-15 [AI for Oceans] 8단계 주관적 데이터의 학습

2.2 AI 플랫폼 체험하기

[AI for Oceans] 튜토리얼을 잘 마쳤다면, 지금부터는 학생들과 함께 간단히 체험해 보자. 이 플랫폼에서는 데이터의 편향이나 인공지능 윤리에 대해서도 다루고 있지만, 본 활동에서는 인공지능의 학습 원리에 초점을 맞추어 1단계부터 4단계까지 체험해 볼 것이다.

가장 먼저 학생들과 함께 1단계 영상을 시청하고 인공지능이 무엇인지에 대해 이야기를 나누어 보자. 자막이 제공되긴 하지만 영어로 말하는 영상이기 때문에 영상 시청 후에 교사가 간단히 내용을 정리해줄 것을 권장한다. 인공지능의 뜻 자체만 알려주는 것보다는 주변에서 볼 수 있는 인공지능의 예시를 함께 떠올리게 하는 것이 학생들을 이해시키는 데 더욱 도움이 된다. 사진을 찍으면 무엇이 찍혔는지 알려주는 스마트 렌즈, 음성인식 스피커, 자율주행 자동차와 같은 예시를 들어줄 수 있다. 이후 기계학습의 개념을 설명하는 시간을 갖고, [AI for Oceans]에 녹아 있는 인공지능의 원리를 알려주는 것이 좋다. 기계학습은 기계에게 '데이터'라는 경험을 제공하여 학습시키는 것으로, 자세한 설명은 인공지능 돋보기를 참고하자.

2단계 학습에서는 물고기에게 입력할 데이터의 수를 정해서 비교해 보는 활동을 해 볼 것이다. 먼저 10개의 데이터만 입력한 후 AI의 학습 결과를 확인해 보고, 데이터를 30개 입력한 결과와 비교해 본다. 이 과정을 통해 학생들은 '데이터가 많을수록 AI가 더 잘 학습한다.'는 사실을 놀이를 하듯 자연스럽게 알게 된다.

3단계에서는 판단에 오류가 있는 AI를 보완하기 위한 데이터를 입력해줄 것이다. 앞서 만든 인공지능은 문어나 불가사리와 같은 해양 생물을 쓰레기로 인식한다. 학생들에게 질문해 보자. 이렇게 만들어진 AI를 바다를 구하

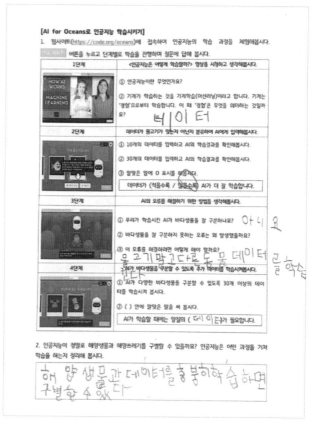

그림 1-1-16 [AI for Oceans로 인공지능 학습시키기] 학생 활동 예시

는 데 활용할 수 있을까? 학생들은 잘못 학습한 AI는 오히려 해양 생물을 위협할 것이라고 걱정하는 모습을 보였으며, AI라고 해서 모두 똑똑한 것은 아니라고 말하기도 했다. 그렇다면 이 오류를 수정하기 위해서는 어떻게 해야 할까? 학생들은 문어나 불가사리처럼 잘못 분류된 해양 생물의 데이터를 학습시켜야 보다 똑똑한 AI를 만들 수 있다고 이야기했다.

4단계에서는 AI가 다른 바다 생물을 올바르게 구분할 수 있도록 추가 데이터를 학습시키고 결과를 확인해 보자. 활동이 끝나면 학생들이 스스로 AI의 학습 과정에 대해 정리해 보도록 한다. 학생들은 [AI for Oceans]를 체험하면서 'AI가 학습할 때에는 양질의 데이터가 필요하다는 사실을 알게 되었다.'와 같은 소감을 밝혔다.

03 노벨 엔지니어링 수업 톺아보기

[AI for Oceans]를 활용하여 본격적으로 노벨 엔지니어링 기반 AI-STEAM 수업을 해보자. [AI for Oceans] 자체에서도 '바다를 구하는 인공지능'이라는 맥락이 제시되긴 하지만, "바다를 왜 구해야 할까?"라는 근본적인 질문에 답을 하기 위해서는 상황에 대한 이해와 몰입이 필요하다. 이를 위해 책을 함께 읽고 책 속 문제를 AI로 해결해 보는 경험을 통해 문제 상황에 집중하고 AI의 유용성을 느낄 수 있도록 해보자.

차시	STEAM 준거 틀	노벨 엔지니어링 수업 단계	활동
1~2차시	상황 관련 문제 정의	①책 읽기 ②문제 인식	- 《할머니의 용궁 여행》 그림책 읽기 - 아픈 동물들에게 약 처방하기
3~4차시	융합적 설계 및 문제 해결	③해결책 설계 ④창작물 만들기	- [AI for Oceans] 체험하기 - 바다를 구하는 인공지능 만들기
5~6차시	자기주도 및 성찰	⑤이야기 바꾸어 쓰기	- '할머니의 용궁 여행' 이야기 바꾸어 그리기

3.1 책 읽기 노벨 엔지니어링 ①

할머니의 용궁 여행
권민조 글그림 | 천개의바람 | 2020

이 책은 해녀인 아윤이의 할머니가 바닷속으로 물질을 하러 갔다가 겪은 이야기를 재미있고 유쾌한 문장과 그림체로 담아내고 있다. 평소처럼 바다로 간 할머니는 살려 달라고 애원하는 광어를 만난다. 할머니가 광어를 돕기 위해 용궁에 도착해 발견한 것은 시름시름 앓고 있는 바다 생물들이었다. 도대체 바다 생물들에게 무슨 일이 일어난 것일까? 이 책을 읽으며 독자들은 해양 오염 문제가 얼마나 심각한지에 대해 경각심을 느낄 수 있다.

3.2 **문제 인식** 노벨 엔지니어링 ②

아픈 동물들에게 약 처방하기

코에 플라스틱 빨대가 박힌 거북, 그물에 걸린 물개, 뱃속에서 해양 쓰레기를 토해내는 고래까지, 제시 도서에는 해양 오염으로 고통받는 해양 생물들의 모습이 다양한 그림으로 표현되어 있다. 문제 인식 활동 전, 해양 오염으로 고통받는 실제 해양 생물들의 동영상 자료를 시청하면 생태·환경 문제의 심각성을 느끼고 활동에 더욱 몰입할 수 있다. 이처럼 학생들의 친환경적 가치관을 형성하고 환경 인식을 개선하기 위해서는 해양 오염 문제를 자신의 문제로 여기는 공감의 마음가짐이 필요하다.

그림 1-1-17 **플라스틱 쓰레기에 고통받는 바다거북** (출처: 월간환경부 5월호)

해양 생물들의 어려움을 해결하기 위해 어떤 도움이 필요할까? 책 속에 등장한 동물들 중 원하는 동물을 선택하여 나만의 약을 처방해 주는 것에서부터 출발하여 책 속 문제점을 파악해 나가 보자.

이야기에는 바다 쓰레기 때문에 고통받는 해양 생물들이 할머니의 치료를 받기 위해 끝없이 줄지어 서있는 장면이 나온다. 학생들은 그림책 속에 표현된 동물들이 어디가 아픈지 세심하게 살펴보며 "이렇게 많은 동물들이 진짜 아파하고 있어요?"라고 물었다. 실제 사진 자료와 동영상 자료를 보면서는 "동물들이 불쌍하다.", "도와주고 싶다." 등의 반응을 보였다.

동물들을 도와줘야 하는 상황에 대해 좀더 공감할 수 있도록 약봉투를 만들어 처방을 내려 보는 활동을 했는데, 학생들은 부리에 쓰레기가 끼어 입을 벌리지 못하는 두루미를 위한 약, 쓰레기에 걸려서 움직이지 못하는 수달을 위한 약 등을 고안해냈다. '헐크맨'이라는 이름에는 움직이는 데 불편을 겪고 있는 동물을 위해 어떤 쓰레기이든 끊어 주고 싶다는 의지가 담겨 있고, '새 살아 솔솔'이라는 이름에서는 다친 동물이 얼른 회복했으면 하는 따뜻한 마음을 엿볼 수 있었다.

이제 문제 해결을 위한 다양한 방법을 떠올려 보도록 하자. 교사는 개방적인 태도로 학생들의 아이디어를 들어주되 인공지능(AI), 기술, 로봇 등과 관련 지어 생각할 수 있도록 적절히 도움을 줄 필요가 있다. 학생들은 "물고기들이 다치기 전에 쓰레기를 줍자.", "바다를 깨끗하게 만들어주자."는 의견에서 "인간이 하는 것보다 로봇이나 기술을 이용하면 효율적일 것이다."로 연결하여 "물고기를 다치지 않게 하면서 쓰레기만 구별해서 치우는 인공지능 로봇을 만들 수 있을까?"까지 문제 해결 아이디어를 확장해 나갔다.

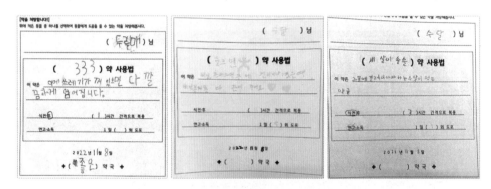

그림 1-1-18 [약을 처방합니다!] 학생 활동 예시

3.3 해결책 설계 노벨 엔지니어링 ③

[AI for Oceans] 체험하기

학생들의 아이디어에서 해결책 설계를 시작해 보자. 물고기와 쓰레기를 구별해서 치워주는 인공지능 로봇이 있다면 바다 환경을 깨끗하게 하는 데 큰 도움이 될 것이다. 그렇다면, '인공지능이 정말 물고기와 쓰레기를 구별할 수 있을까? 인공지능은 어떤 과정을 거쳐 물고기와 쓰레기를 구별할 수 있을까?'를 고민할 필요가 있다. 인공지능이 어떤 방식으로 학습을 하여 물고기와 쓰레기를 분류할 수 있는지 학생들에게 말로 설명하기보다는 [AI for Oceans] 플랫폼을 체험하도록 하는 것이 효과적이다. 이 체험을 통해 학생들은 인공지능의 학습 원리와 인식, 추론 과정을 직관적으로 이해할 수 있다.

그림 1-1-19 [AI for Oceans] 플랫폼 체험 모습

이 수업에서는 학생들이 인공지능의 원리를 이해하는 것에 주안점을 두고 있다. 1~4단계까지의 체험으로도 충분하나, 학급 상황에 맞게 활용할 것을 추천한다.

3.4　창작물 만들기　노벨 엔지니어링 ④

바다를 구하는 인공지능 만들기

플랫폼 체험을 마친 학생들은 인공지능을 학습시킬 때는 '데이터'가 중요함을 발견했다. 또한 똑똑한 인공지능을 만들기 위해서는 풍부한 양과 다양한 질의 데이터가 필요하다는 사실도 알게 되었다. 이러한 AI 학습 원리를 이용하여 바다를 구하는 인공지능을 업그레이드시켜 보자. 학생들은 자신들이 배운 인공지능의 학습원리를 활용하여 실제로 도움이 될 수 있는 데이터를 분류하는 일에 굉장히 만족감을 느낀다. 이처럼 AI 관련 지식을 습득한 후에 그것을 활용하여 AI의 유용성을 경험하는 기회는 매우 중요하다.

학생들은 플랫폼 체험을 통해 바다 생물과 해양 쓰레기를 구분할 수 있는 인공지능을 만드는 경험을 했다. 여기에 학생들이 추가로 학습시키고 싶은 내용을 떠올려 보도록 하자. 예를 들면 쓰레기 중에서 빨대와 비닐을 구분할 수 있도록 하려면 다양한 빨대 데이터와 비닐 데이터를 학습시켜야 한다. 추가로 학습시킬 데이터를 정했다면 원하는 기능을 추가하고 외관을 디자인해 보도록 할 수 있다.

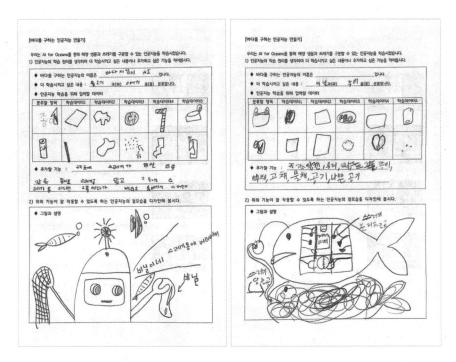

그림 1-1-20 [바다를 구하는 인공지능 만들기] 학생 활동 예시

학생들의 창의적 설계를 자극할 수 있도록 허용적인 수업 분위기를 조성하면 재미있고 톡톡 튀는 아이디어가 산출된다. 학생들은 빨대를 인식하여 따로 수거하는 로봇을 구상하기도 하고, 상어 모양의 로봇을 디자인하여 입으로 쓰레기를 수거하는 기능을 추가하기도 하는 등 재미있고 창의적인 아이디어를 떠올렸다.

3.5 이야기 바꾸어 쓰기 노벨 엔지니어링 ⑤

'할머니의 용궁 여행' 이야기 바꾸어 그리기

우리는 단순히 AI 플랫폼을 체험하는 수업이 아니라 이야기 속에서 문제를 인식하고 그것을 AI 기술로 해결할 수 있는 창작물을 만들어 보았다. 이제는 창작물을 적용하여 학생들이 만든 인공지능 로봇이 정말 문제 해결에 도움이 될지를 상상해 보자. 이러한 내면화 과정을 통해 진정한 노벨 엔지니어링 수업이 완성되는 것이다.

책 속에서는 용궁에 간 할머니가 아픈 바다 동물들을 직접 치료해 주면서 문제를 해결한다. 하지만 인간이 아픈 동물을 돌보는 방법 말고 다른 방법으로 문제를 해결하면 어떨까? 이 이야기 속에 학생들이 만든 인공지능 로봇을 등장시켜 색다른 방법으로 문제를 해결해 보자. 학생들은 자신의 창작물이 이야기에 나온다는 것만으로도 즐거워하며 다채로운 상상을 시작한다.

그림 1-1-21 [이야기 바꾸어 그리기] 학생 활동 예시

왼쪽 그림에서는 할머니에게 도움을 요청하는 광어에게 할머니가 이렇게 이야기한다. "또 너냐? 난 지금 촉촉하니까(물질 중이니까) 내가 만든 AI가 용왕 거북을 도와줄 거야. AI 출동!" 출동한 AI 로봇은 바다 생물과 쓰레기를 구분하여 쓰레기를 모아 처리하고 있다. 인공지능 덕분에 할머니는 물질에 집중할 수 있고, 물고기는 쓰레기로부터 벗어날 수 있게 된 것이다.

오른쪽 그림은 쓰레기로 몸살을 앓고 있는 동물들을 치료해 주기 위해 인공지능으로 학습시킨 로봇을 활용하는 모습을 그린 작품이다. 이 그림을 그린 학생은 '바다를 구하는 인공지능 만들기' 학습 단계에서 빨대 데이터를 학습한 로봇을 만들었다. 바다 생물과 빨대를 구별할 수 있는 이 로봇은 용왕 거북의 코에 박혀 있는 빨대를 빼서 손에 쥐고 있다. 숨 쉬기 편해진 거북은 "좋아."라고 말하고 있는데, 이 작품을 발표하던 학생이 용왕 거북의 역할에 몰입하여 "이제 숨 쉬기가 너~무 편하다."라 말했던 것이 인상적이었다. 이렇게 단순한 플랫폼 체험을 넘어서 노벨 엔지니어링의 맥락 속에서 학생들은 자연과 공존하며 기술을 사용하는 따뜻한 방향을 마음에 품을 수 있게 되었다.

수업 TIP

이 수업에서는 《할머니의 용궁 여행》이라는 그림책을 활용하여 저학년 대상의 노벨 엔지니어링 수업을 진행했기에 이야기를 바꾸어 그려보는 활동으로 마무리했다. 만약 고학년을 대상으로 수업을 한다면, 학생 수준을 고려하여 해양 오염과 관련된 줄글 책을 선정하고 마지막 활동은 이야기 바꾸어 쓰기의 형태로 진행할 수 있다.

04 수업에 날개 달기

[AI for Oceans]를 활용하면 직접 데이터를 입력하는 체험을 통해 인공지능의 학습 원리를 깨우칠 수 있다. 본 장에서 제시한 도서 이외의 다른 책을 활용하여 실생활에 필요한 인공지능을 떠올려 보는 수업의 확장도 가능하다. AI 플랫폼의 기본 원리를 익힌다면 다방면으로 수업을 확장해 나갈 수 있을 것이다.

4.1 생태 환경 교육 –[AI for Oceans]를 위한 수준별 도서

[AI for Oceans]를 활용할 수 있는 해양 오염과 관련된 도서는 많이 있으므로, 학급 수준과 흥미를 고려하여 선택하자. 도서를 선정할 때에는 교육 내용에 알맞은 문제 상황을 포함하고 있으며 학생들이 그것을 잘 인식할 수 있는 책을 고르는 것이 중요하다. 생태 환경 교육에 활용할 수 있는 다른 도서들은 다음과 같다.

고래를 삼킨 바다 쓰레기 유다정 글 | 이광익 그림 | 와이즈만북스 | 2019

이 책은 해안가에서 상처 하나 없이 죽어 있는 거대한 향유고래의 모습과 함께 시작된다. 도대체 이 고래는 왜 죽게 되었을까? 고래를 해부해 보니 나오는 엄청난 양의 쓰레기……. 이 쓰레기들은 어디서 왔을까? 누가 이 쓰레기들을 버렸을까? 이 책은 이렇게 꼬리를 무는 질문으로 바다가 오염된 원인이 무엇인지, 바다 쓰레기가 어떻게 생태계를 황폐화시키는지, 결과적으로 인간에게 어떤 위협을 주는지를 알게 해준다. 그림책 형식이지만 바다 환경 문제와 관련된 이슈를 사실적으로 담아내고 있어 중학년 이상의 학생들에게 효과적으로 읽힐 수 있다.

탄소중립으로 지구를 살리자고? 박재용 글 | 심민건 그림 | 나무를심는사람들 | 2021

탄소 배출로 인한 기후 위기는 지구를 심각한 위험에 빠뜨리고 있다. 이 책은 바다 쓰레기 문제뿐 아니라 다양한 환경 문제에 대해서 전반적으로 생각해볼 수 있게 하는 줄글 형식의 책이다. 1장 '기후 위기'부터 6장 '그린뉴딜, 지구를 구하는 길'까지 챕터별로 세부적인 환경 문제에 대해 다룬다.

그중 3장 '플라스틱의 습격'에서는 태평양에 생긴 플라스틱 섬, 플라스틱이 분해가 안 되는 이유, 미세 플라스틱의 문제점, 바다 쓰레기를 수거하는 방법에 대해서 이야기하고 있다. 고학년의 경우 글밥이 있는 책을 통해 생각의 폭을 넓히고 환경 오염 문제를 인식할 수 있을 것이다.

4.2 실생활 연계 교육 -우리 학교에 필요한 로봇 설계하기

[AI for Oceans]가 해양 쓰레기와 해양 생물을 분류하는 것으로 지도학습의 원리를 설명하고 있지만, 이것을 실생활로 확장시켜 다른 주제에도 적용해볼 수 있다. 문제 상황을 나의 삶으로 가져와서 '우리 집/우리 교실/우리 학교에 필요한 로봇'에 대해 생각해 보고, 어떤 데이터를 학습시킬지 설계하는 언플러그드 활동을 해볼 수 있다. 우리집에 세탁물을 분류해 주는 로봇이 있으면 어떨까? 수건과 옷의 데이터를 학습시켜 세탁물을 분류하게 하고 옷을 개어 옷장에 넣어주는 로봇이 있으면 좋겠다는 상상을 통해 AI 활용을 실생활 영역으로 이끌어낼 수 있다. 또한 나무 블록 장난감과 인형을 구분하여 각각의 장난감 정리함에 넣어주는 로봇처럼 학생의 진정성 있는 고민을 통해 주변의 문제를 해결하도록 만들 수 있다.

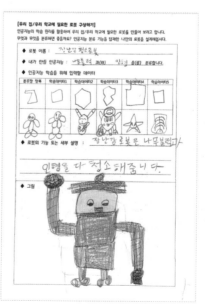

그림 1-1-22 [우리 집/우리 학교에 필요한 로봇 구상하기] 학생 활동 예시

수업 TIP

인공지능 교육을 위해서는 꼭 컴퓨터가 있어야 할까? 컴퓨터가 없이도 언플러그드(unplugged) 활동을 통해 인공지능 교육이 가능하다. 언플러그드 활동이란, '아니다'라는 의미의 'un'과 '전원이 꽂힌'이라는 의미의 'plugged'가 결합된 것으로 전원이 뽑힌 채로 컴퓨터 없이 하는 활동을 뜻한다. AI의 학습 원리를 이해했다면 간단한 활동지를 통해 필요한 로봇을 구상해볼 수 있다.

4.3 AI 윤리 토론 -주관적 판단이 들어가는 데이터 학습

그림 1-1-23 **주관적인 '사납다'의 기준**

[AI for Oceans]의 마지막 8단계에서는 주관적 판단이 들어가는 데이터를 인공지능에게 학습시키는 활동이 등장한다. 이전 단계에서 학습시켰던 해양 생물과 해양 쓰레기 데이터는 객관적으로 구분할 수 있지만, 사용자의 주관이 개입할 수 있는 데이터들도 있다. 예를 들어 단어 '사납다'와 물고기 이미지를 연결하여 인공지능을 학습시킨다고 가정해 보자. 어떤 물고기에 '사납다'는 판단을 내릴 것인가? '사납다'의 기준은 사람마다 달라지는 주관적인 것이다. 누군가는 이빨이 날카로운 물고기를, 누군가는 눈매가 올라간 물고기를 사납다고 판단할 수 있는 것이다. 이빨이 날카로운 물고기를 사나운 물고기로 분류했더니 <그림 1-1-24>와 같은 결과가 나타났다. 물고기들이 어떻게 보이는가? 인공지능을 이용해 생김새로 물고기를 판별하는 것은 과연 공정한 일일까? 이렇게 분류된 물고기들을 모두 사나운 물고기라고 판단을 내려도 문제가 없을까?

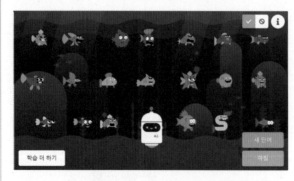

그림 1-1-24 **[AI for Oceans]의 '사나운 물고기' 학습 결과**

이는 인공지능에게 편향된 데이터를 제공하여 나온 잘못된 결과이다. 편향된 데이터로 학습한 인공지능은 인간이 원하지 않는 결과를 도출한다. 하지만 데이터 자체에는 잘못이 없다. 데이터는 데이터일 뿐, 데이터를 활용하여 특정한 결과를 얻어내는 것은 인간의 몫이기 때문이다. 따라서 인공지능에 데이터를 학습시키는 인간의 역할이 무척 중요하다는 것을 분명히 인지해야 한다.

4.4 AI 기계학습 확장 -멸종 위기 동물 분류하기

기계학습은 더 무궁무진하게 활용 가능하다. AI for Oceans를 통해 가상의 해양생물들을 분류해 보았다면 이번엔 진짜 생태계 속의 동물들을 분류해보자. 검색창에 'snapshot mountain zebra'라고 검색하여 zooniverse 웹사이트에 접속한다.

그림 1-1-25 [zooniverse - snapshot mountain zebra] 접속하기

zooniverse에서는 멸종 위기 동물을 구하기 위한 데이터 수집, 원숭이 건강을 위한 백혈구 유형 식별 등 여러 생물을 위한 다양한 연구를 진행하고 있다. 웹사이트에 접속하면 누구나 다양한 프로젝트에 참여할 수 있으며, 이렇게 모인 데이터는 연구자들이 빠르고 정확하게 데이터를 분석하게 만든다. 또한 이 데이터를 기계학습하면서 컴퓨터의 능력도 더욱 향상된다.

그림 1-1-26 [zooniverse - snapshot mountain zebra] 웹사이트

특히 'snapshot mountain zebra'에서는 남아프리카 전역에 수백 대의 카메라를 설치하여 수집한 다양한 동물 이미지들을 제공한다. 왼쪽에는 촬영된 동물의 사진이 나타나며, 오른쪽에는 각 동물을 분류할 수 있는 항목들이 나열되어 있다. 이것은 [AI for Oceans]에서 인공지능에게 해양 생물 데이터를 입력해 주는 활동과 동일하다. 단 데이터가 실제 촬영된 사진인 것과 분류 내용이 좀더 구체적이라는 차이가 있다.

사진의 오른쪽 상단에 있는 버튼을 사용하여 이미지를 확대, 회전 또는 이동시킬 수 있다. 사진 속 동물의 특성을 찾아 오른쪽 카테고리에서 이 동물이 어떤 종인지에 대한 추측을 좁혀 나갈 수 있다. 색상이나 무늬, 뿔 모양 등의 카테고리에서 동물에 해당하는 특성을 입력해 보고, 어떤 종인지 좁혀지면 그 생물의 표본 사진을 보고 최종적으로 분류해 보자. 동물의 종을 확실하게 식별했다면 사진에 동물이 몇 마리가 있는지, 어떤 행동을 하고 있는지, 새끼가 있는지 여부를 입력할 수 있다.

종의 식별이 확실하지 않아도 다양한 생물의 종을 추측하는 것만으로도 멸종 위기에 처한 케이프 마운틴 얼룩말을 보호하는 데 도움을 줄 수 있다.

그림 1-1-27 [Snapshot Mountain Zebra]의 이미지 학습 방법

Novel
Engineering

혹부리 영감을 위한 노래
만들어 도깨비에게 선물하기

AI의 발전으로 인간의 전유물로 여겨지던 예술 창작의 주체 및 방법에 변화가 찾아왔다.[1] 이러한 변화를 두고, '인간의 창의적이고 독창적인 예술 창작 과정을 인공지능이 대체한다면 인간 고유의 영역이 침범당하지 않을까' 하는 우려의 목소리가 커지는 상황이다.[2] 그럼에도 사회 전반에서 인공지능의 영역은 확대되고 있으며 인공지능과의 공존은 인간이 받아들여야 할 과제이자 중요한 교육 키워드가 될 것이다. 특히 AI 기술과 협업하여 작품을 창작하는 경험은 창의성 계발뿐만 아니라[3] 미래 사회에 필요한 AI와의 상호작용 능력을 함께 자극시켜줄 수 있다. 이때 모두에게 친숙한 전래동화라는 맥락을 제시한다면 수업은 더욱 흥미로워진다. 전래동화에 인공지능을 기반으로 한 창작을 더하여 새로운 AI 예술 융합적 관점에서의 노벨 엔지니어링 수업을 진행해 보자.

인공지능 돋보기

이 수업에서는 크롬 뮤직랩으로 혹부리 영감을 위한 노래를 만들어 도깨비에게 선물해 볼 것이다. 크롬 뮤직랩에 사용된 인공지능 기술을 활용하면 어떤 창작물을 만들 수 있을까? 크롬 뮤직랩으로 음악을 창작하는 활동에《혹부리 영감》이라는 누구나 쉽게 읽을 수 있는 전래동화 속 상황을 맥락으로서 제시했다. 크롬 뮤직랩에 사용된 인공지능 기술을 활용한다면 더 수준 높은 창작이 가능하다.

1.1 인공지능 공학자와 예술가의 실험

예술가와 창조적인 프로그래머가 만난다면? 프랑스에 위치한 구글 아트앤컬쳐랩은 첨단 기술과 문화를 융합하는 흥미로운 실험을 진행하는 곳이다.(구글 본사는 미국에 있다.) 수많은 예술가와 프로그래머가 함께 협업하며 다양한 예술적 실험을 코드로 구현하고 있다. 구글 공식 홈페이

PART I

지에서도 아티스트부터 역사적
사건과 인물, VR, AR 실험 등 다
양한 키워드로 예술을 융합한 프
로젝트들을 체험 및 감상할 수
있다. 최근 인공지능은 그림을
넘어 다양한 분야에서 활약하고
있다. 공상과학 소설 공모전에서
인공지능이 쓴 작품이 예심을 통
과하기도 하고, 시집을 만들기도

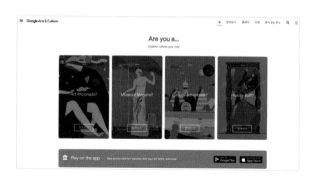

그림 1-2-1 [구글 아트 앤 컬쳐] 홈페이지

하며, 영화 시나리오를 쓰거나 음악을 새롭게 창작하기도 한다. 우리가 기존에 알고 있던 '생산'
의 의미가 점차 인공지능에게 옮겨가고 있는 것이다. 이러한 인공지능 기반의 산업혁명 중심에
서 많은 예술가가 예술의 의미를 새롭게 탐구하고 가능성을 모색하고 있다.

이 중심에는 수많은 예술가이자 코더인 사람들이 있다. 로비 바렛Robbie Barrat은 칸예 웨스트Kanye
West의 노래 가사를 훈련시켜 랩을 하는 인공신경망을 만들었고, 안나 리들러Anna Ridler는 '모자이
크 바이러스Mosaic Virus'라는 개화하는 페이크 튤립 이미지를 생성하기도 한다. 소피아 크레스포
Sofia Crespo는 트라우마, PTSD, 우울증 등 정신적 고통에 관련된 주제로, 철학적 텍스트와 뉴스 헤
드라인 등을 이용하여 콜라주를 시도한다.

고대부터 인간은 시대별로 새로운 예술 흐름을 만들고, 거기에 새로운 사조를 더함으로써 예술
을 확장해왔다. 이런 과정에서 예술가들의 붓과 펜 역시 점차 발전되어 왔다. 지식정보사회의
새로운 도구가 될 인공지능이 만들어낼 새로운 예술, 기대되지 않는가?

1.2 성취기준 및 인공지능 내용요소

- [2국 02-04] 글을 읽고 인물의 처지와 마음을 짐작한다.

- [4국 03-04] 읽는 이를 고려하며 자신의 마음을 표현하는 글을 쓴다.

- [4국 05-04] 작품을 듣거나 읽거나 보고 떠오른 느낌과 생각을 다양하게 표현한다.

- [4음 02-02] 상황이나 이야기 등을 표현한 음악을 듣고 느낌을 발표한다.

- [4음 03-01] [6음 03-01] 음악을 활용하여 가정, 학교, 사회 등의 행사에 참여하고 느낌을 발표한다.

- [6국 05-05] 작품에 대한 이해와 감상을 바탕으로 하여 다른 사람과 적극적으로 소통한다.

- [6음 01-05] 이야기의 장면이나 상황을 음악으로 표현한다.

- [6음 02-01] 5~6학년 수준의 음악 요소와 개념을 구별하여 표현한다.

- [6도 02-03] 봉사의 의미와 중요성을 알고, 주변 사람의 처지를 공감하여 도와주려는 실천 의지를 기른다.

- [인공지능의 이해:초등학교 1-4학년:인공지능과의 첫 만남] 인공지능이 적용된 여러 가지 기기를 체험한다.

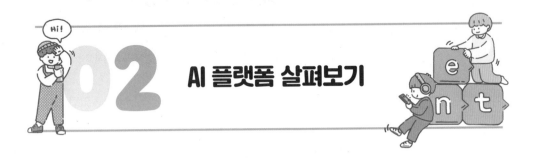

AI 플랫폼 살펴보기

2.1 AI 플랫폼 이해하기

[크롬 뮤직랩] 들어가기

크롬 뮤직랩 Chrome Music Lab은 구글이 개발한 음악 교육용 플랫폼으로, 총 14가지 실험실을 통해 누구든지 음악을 쉽게 배우고 창작할 수 있는 곳이다. 악보를 볼 줄 몰라도 음높이, 음색 등 음악 개념을 시각화하여 직관적인 이해가 이루어진다는 특징이 있으며, 악기 모양 버튼을 클릭하여 악기 연주 및 음악 감상이 가능하다. 인공지능이 그림(이미지)을 인식하여 음악으로 표현해 주기도 한다. 이처럼 웹상에서 다양한 음악 체험이 가능하므로 공간적 제약으로부터 자유로워, 온·오프라인 무관하게 다양한 수업에 활용하기 편리하다. 특히 실험실 중 '쉐어드 피아노'와 '송 메이커'는 산출물을 링크로 저장하는 기능을 지원한다.

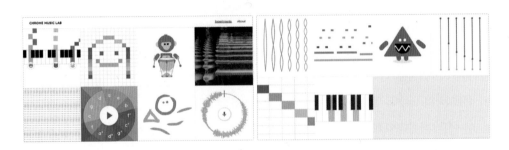

그림 1-2-2 [크롬 뮤직랩] 시작 화면

이제 크롬 뮤직랩(musiclab.chromeexperiments.com)에 접속해 보자. 별도 회원가입이 필요 없으며, 웹 브라우저에서 크롬 뮤직랩을 열기만 하면 스마트폰, 태블릿, 노트북 등 모든 형태의 스마트 기기에서 자유롭게 사용할 수 있다. Chrome은 Microsoft Edge와 달리 화면을 실행했을 때 자동 번역에 대한 안내가 띄워지니, 저학년에서 수업하는 경우 Chrome 브라우저 사용을 권장한다. 시작 화면에 그림으로 표현된 14가지의 실험실이 펼쳐진다. 이름이 궁금하다면 각 아이콘에 마우스 커서를 가져다 놓아보자. 실행 화면과 함께 다음 절에 소개하는 사용 방법을 익힌다면 이해가 보다 쉬워질 것이다.

[크롬 뮤직랩] 실험실 소개

여기서는 14가지의 실험실 중, 활용성이 높은 5가지 실험실을 소개하고자 한다. 첫 번째 실험실은 그림으로 음악을 표현하는 '칸딘스키Kandinsky'이다. 예술가 바실리 칸딘스키Wassily Kandinsky의 추상미술 화풍에 영감을 받아 만들어졌으며, 사용자가 그리는 모든 그림을 소리로 바꾸어준다.

칸딘스키

아이콘을 클릭하면 <그림 1-2-3>과 같은 화면이 나타난다. 가운데 빈 도화지는 그림을 그릴 수 있는 공간이며, 선, 원, 삼각형과 같은 도형과 낙서를 창의적으로 그려볼 수 있다. 하단의 3가지 버튼 중 ①은 그림의 색과 음색을 동시에 바꾸어 주는 기능으로, 총 3가지 버전을 지원한다. ②는 음악 재생 기능으로 클릭하면 사용자가 그린 그림 이미지를 인공지능이 분석, 소리로 바꾸어 연주한다. ③을 클릭하면 이전으로 되돌릴 수 있으며, 다시 새로운 그림을 그리고 싶은 경우 왼쪽 상단의 ④[Reset]을 클릭하면 된다. 오른쪽 상단의 물음표 아이콘(⑤)에서는 칸딘스키 실험실에 대한 설명이 제공된다. 이 설명 기능은 칸딘스키뿐 아니라 모든 실험실에서 지원되는 것임을 알아두자.

도화지에 원을 그려보자. 원으로 인식되는 도형에는 눈 모양의 이모티콘이 자동으로 생겨 학생들의 흥미를 자극할 수 있다. 원 이외에도 직선, 곡선, 삼각형 등 다양한 도형의 표현이 가능하고, 인식되는 모양에 따라 <그림 1-2-4>처럼 조금씩 다른 색으로 나타난다. 재생 버튼을 누르면 소리로 인식되는 도형이 움직이며, 소리가 재생되는 동안에도 그림을 추가하거나 삭제할 수 있다. 그림의 색을 바꾸면, 연주 악기도 즉각 변경된다. 원하는 색을 클릭하여 여러 가지 소리를 들으며 내가 그린 그림이 어떤 음악으로 표현되는지 체험하는 시간을 가져봐도 좋다.

그림 1-2-3 '칸딘스키' 메인 화면

그림 1-2-4 '칸딘스키' 활용 예시

두 번째 실험실은 다양한 박자의 리듬을 만들 수 있는 '리듬Rhythm'이다. 아이콘을 클릭하면 <그림 1-2-5>처럼 순서대로 3박자, 4박자, 5박자, 6박자 리듬을 만들 수 있는 화면이 나타난다. 기본박은 하단의 회색 부분에서 세로줄의 개수로 표시된다. 세로줄이 3개라면 3박자, 4개라

리듬

면 4박자와 같다. 학생들과 수업할 때는 기본박과 세로줄의 관계에 대해 예상해 보는 활동도 추천한다.

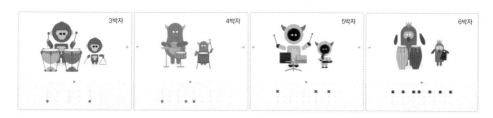

그림 1-2-5 '리듬' 메인 화면 (3박자/4박자/5박자/6박자)

3박자 리듬 화면을 예시로 리듬 실험실의 사용 방법을 알아보자. 리듬을 생성하기 위해서는 하단의 회색 부분에 위치한 점을 클릭하면 된다. 점을 클릭하는 순간 도형이 생겨나며 해당 악기가 1회 연주되고, 이미 클릭한 점을 한 번 더 클릭하면 도형이 사라진다. 리듬을 완성한 후 중간에 위치한 리듬 재생 버튼을 클릭하면 귀여운 동물들이 사용자가 창작한 리듬을 반복해서 연주하는 것을 볼 수 있다.

리듬을 연주하는 악기는 각 박자별로 3개씩 지원되는데, 도형의 색으로 어떤 악기가 연주되는지 알 수 있으며, 각각의 가로줄마다 연주되는 악기가 다르다. <그림 1-2-6>의 화면을 예로 들면 사용된 악기는 노란색 북과 주황색 북, 회색 트라이앵글이며, 아랫줄은 주황색 북, 가운데줄은 노란색 북, 윗줄은 트라이앵글을 조작할 수 있다. 세로줄 하나에 2개 또는 3개의 도형이 있다면 동시에 여러 악기가 연주되어 풍부한 소리의 리듬이 만들어진다. 칸딘스키와 마찬가지로 리듬이 재생되고 있는 동안 하단의 점을 클릭하여 악기를 추가하거나 삭제할 수 있다.

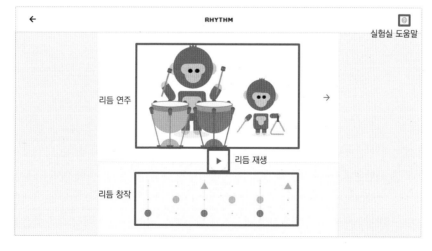

그림 1-2-6 '리듬' 활용 화면 예시 (3박자)

세 번째 실험실은 간단한 가락을 만들 수 있는 '멜로디 메이커Melody Maker'이다. 아이콘을 클릭하면 <그림 1-2-7>과 같은 화면이 나타난다.

총 8개의 음으로 구성된 가락을 만들 수 있으며, 한 줄당 한 개의 음을 설정할 수 있다. 제일 아래에 위치한 음은 낮은 '도'

멜로디 메이커

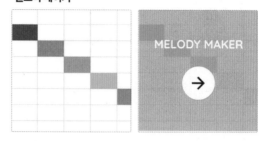

로 빨간색으로 표시되고, 위로 올라갈수록 음의 높이 또한 높아진다. 맨 위에 위치한 음은 높은 '시'이며 보라색으로 표시된다. 계이름이나 음이름 같은 음악적 개념을 잘 모르더라도 '도, 레, 미, 파, 솔, 라, 시'의 음을 '빨강, 주황, 노랑, 초록, 파랑, 남색, 보라'의 무지개색으로 표현하고 있기 때문에 누구나 쉽게 가락을 창작할 수 있다. 단, 옥타브의 범위를 조절하거나 마디 수를 늘릴 수 있는 기능은 없으므로, 이에 유의하여 수업을 구성해 보자.

하단에서 ①을 눌러 가락을 재생할 수 있고, ②를 누르면 인공지능이 사용자의 가락과 어울리는 화음을 덧붙여준다. ③은 빠르기 조절 막대로, 숫자로 빠르기를 나타낸다. 범위는 70~200이며, 바를 좌우로 움직여 빠르기를 조절하면 된다.

그림 1-2-7 '멜로디 메이커' 사용 방법

멜로디 메이커가 실제로 어떻게 활용되는지 살펴보자. 사용자가 만든 가락이 음표, 쉼표 형태가 아닌 색으로 표현된다. 색이 동일하다면 같은 계이름을 나타내지만, 위치에 따라 음높이가 다르다. <그림 1-2-8>에서 아래쪽에 위치한 노란색은 낮은 '미' 음, 위쪽에 위치한 노란색은 높은 '미' 음이다. 하단의 재생 버튼을 누르면 사용자가 만든 가락이 반복해서 재생되며, 화음 버튼을 누르면 인공지능이 분석한 화음이 회색으로 나타나 가락에 덧붙여 연주된다. 창작한 가락에 풍부한 느낌을 주고 싶다면 화음 기능을 사용해 보는 건 어떨까? 여기에 빠르기까지 적절하게 조절한다면 사용자가 표현하고자 하는 가락을 창의적으로 만들어낼 수 있을 것이다.

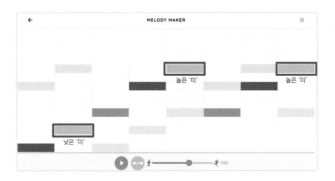

그림 1-2-8 '멜로디 메이커' 활용 예시

네 번째 실험실은 앞서 설명한 '리듬 Rhythm'과 '멜로디 메이커Melody Maker'의 기능을 모두 포함하여 다이내믹한 음악 작곡을 할 수 있는 '송 메이커Song Maker'이다. 송 메이커는 여러 종류의 가락, 리듬 악기를 지원하며 음악 작곡을 위한 박자, 옥타브, 음계 설정과 같은 기능을 탑재하고

송 메이커

있어 다양하고 창의적인 표현이 가능하다. 앞서 설명한 멜로디 메이커는 가락 창작을 처음 시도하는 사용자에게 권한다면, 송 메이커는 일정 수준 이상의 가락 창작을 하고 싶을 때 추천한다.

'다이내믹dynamic'이란 음악 연주에서 자주 사용하는 용어로, 음량의 대조를 통하여 다양한 정서를 표현하며 소리 세기의 대비와 강조, 점차적으로 변화를 주는 것을 뜻한다.[4]

아이콘을 클릭하면 <그림 1-2-9>와 같이 송 메이커 시작 화면이 나타난다. 크게 Ⓐ가락을 창작할 수 있는 공간과 Ⓑ리듬을 창작할 수 있는 공간으로 구성되어 있다. 멜로디 메이커가 한 줄에 하나의 음만 선택할 수 있는 반면, 송 메이커는 한 줄에 여러 개의 음을 선택하여 화음을 창작하는 것이 가능하다. 하단의 ①[음악 재생] 버튼을 클릭하면 내가 만든 음악을 반복하여 들을 수 있으며, ②와 ③에서는 각각 '가락 악기'와 '리듬 악기'를 선택할 수 있다. 가락 악기는 'Marimba', 'Piano', 'Strings', 'Woodwind', 'Synth'의 5가지, 리듬 악기는 'Electronic', 'Blocks', 'Kit', 'Conga'의 4가지를 지원한다. ④의 바를 좌우로 움직여 빠르기를 조절할 수 있고, 빠르기는 멜로디 메이커와 같이 숫자로 표시된다. 범위는 40~240으로 멜로디 메이커보다 더 다양하다. 오른쪽의 ⑤[소리 검색]은 소리를 통해 음을 검색하는 기능으로, 인공지능이 사용자의 목소리를 인식하여 목소리가 표현하는 음을 화면에 표시해준다. ⑥[설정]은 음악 작곡을 위한 기본 형식을 선택하는 공간이다. ⑦[되돌리기]는 가락이나 리듬을 잘못 눌렀을 때 이전으로 돌아가게 해주며, ⑧[음악 저장]에서 음악을 링크와 'MIDI', 'WAV' 형식 음원 파일 중 원하는 방법으로 저장할 수 있다. 상단에는 입력하고자 하는 음을 버튼으로 조정할 수 있는 ⑨[선택/이동/입력] 버튼과 전체를 초기화할 수 있는 ⑩[Restart] 버튼, 실험실에 대한 설명을 제공하는 ⑪[About] 버튼이 있다.

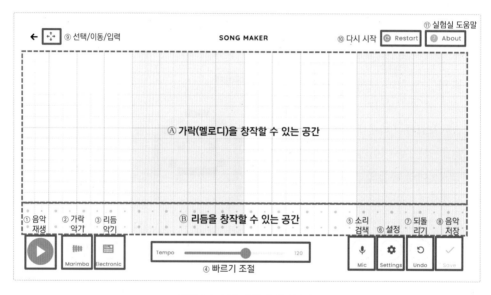

그림 1-2-9 '송 메이커' 메인 화면

그럼 송 메이커의 [Settings]에 대해 자세하게 알아보자. ①[Length]는 음악의 총 길이를 결정하는 기능이다. 기본값은 4 bars이며, 1부터 16까지 중 원하는 길이로 선택하면 된다. ②[Beats per bar]는 기본 마디 수를 의미한다. 기본값은 4마디로, 최소 2마디부터 최대 7마디까지 설정 가능하다. ③[Split beats into]는 박자를 고를 수 있으며, 1박자부터 4박자까지 원하는 박자를 선택할 수 있다. ④[Scale]은 음계다. 장음계인 'Major', 5음 음계인 'Pentatonic', 반음계인 'Chromatic' 3가지 중 원하는 음계를 골라보자. ⑤[Start on]은 시작음을 정하는 기능으로, 기본값은 중간 음인 'Middle C'다. 음의 높이('Low', 'Middle', 'High')와 음의 종류('C', 'C#/Db'~'A#/Bb', 'B')를 모두 고를 수 있으나 처음 시작할 때는 기본값으로 설정한 후 음악을 작곡하는 것을 권장한다. ⑥[Range]는 옥타브를 설정할 수 있으며, 1옥타브부터 3옥타브까지 조절할 수 있다. 옥타브의 범위를 넓게 설정할수록 송 메이커 화면의 가락 창작 공간이 위아래로 길어진다.

그림 1-2-10 '송 메이커' 설정 화면

다음은 송 메이커로 작곡한 음악 화면 예시이다. 설정 화면에서 음악의 총 길이, 박자, 옥타브 등을 원하는 항목으로 선택하고 나면 다양한 악기를 고르고 빠르기를 결정할 수 있다. 나만의 창의적인 음악 산출물을 만들 수 있는 것이다.

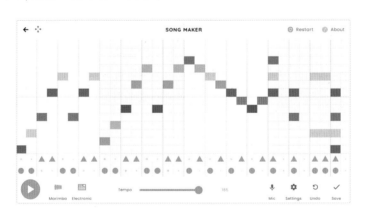

그림 1-2-11 '송 메이커' 활용 예시

마지막으로 소개할 다섯 번째 실험실은 웹상에서 여러 사람이 동시에 합주할 수 있는 '쉐어드 피아노Shared Piano'이다. 쉐어드 피아노에는 악기 연주 공간의 링크만 있으면 누구든지 입장할 수 있고, 동시에 최대 10명까지 참여 가능하다. 태블릿이나 스마트폰에서는 화면 속 피아

쉐어드 피아노

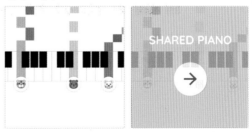

노 건반을 클릭/탭 하면 되고, 컴퓨터에서는 키보드를 사용하여 연주할 수 있다. MIDI 키보드가 있다면 USB를 통해 연결하여 사용할 수 있는데, 사전에 WebMIDI를 지원하는 브라우저인지 확인해야 한다. 또한 각자 접속하고 있는 스마트 기기의 네트워크 환경에 따라 약간의 지연 현상이 발생할 수 있다.

아이콘을 클릭해 <그림 1-2-12>와 같은 화면에 진입해 보자. ①을 누르면 이 공간에서 연주되어 저장된 음악이 재생된다. 초기에는 비활성화되어 있으며, 저장된 음악을 새로운 탭으로 열었을 때 활성화된다. ②에는 현재 접속된 인원이 표시되며, ③은 방의 정보와 함께 이 방으로 초대하기 위한 링크를 복사할 수 있다. [Copy link]를 클릭하면 링크가 자동 복사되니 다른 곳에 붙여 넣으면 된다.

④는 악기를 선택할 수 있는 곳이다. 기본 악기는 Piano로 설정되어 있으며, 리듬 악기 2개(Drum Kit, Drum Machine)와 가락 악기 5개(Marimba, Piano, Strings, Synth, Woodwind)를 지원한다. ⑤[Clear]를 클릭하면 방에서 연주한 음악이 모두 초기화된다. ⑥[Settings]에서는 쉐어드 피아노에 대한 기본 설정을 할 수 있다.

음악 연주를 끝내고 ⑦[Save]를 누르면 음악이 링크로 저장된다. ⑦을 사용하여 링크를 복사하고 새 탭에서 다시 방을 열면 ①의 재생 버튼이 활성화되며, 총 연주 시간이 표시된다. 방을 새롭게 다시 만들고 싶다면 상단의 ⑧[New Room]을 클릭하면 되고, 쉐어드 피아노에 대한 간단한 Q&A는 ⑨[Help]에서 확인할 수 있다. 만약 소리가 들리지 않는다면 ⑩의 소리가 OFF로 되어 있는지 확인해 보도록 하자.

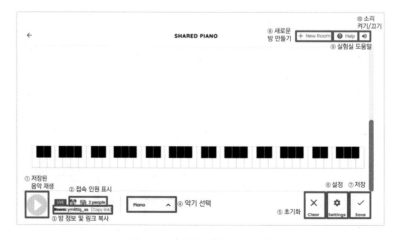

그림 1-2-12 '쉐어드 피아노' 사용 방법

앞서 잠시 소개한 쉐어드 피아노 기본 설정을 할 수 있는 [Settings]에 대해 자세하게 살펴보자.

각 항목별 설정이 쉐어드 피아노 화면에 어떻게 적용되는지는, 다음 <표 1-2-1>의 설명을 참고하면 알 수 있다.

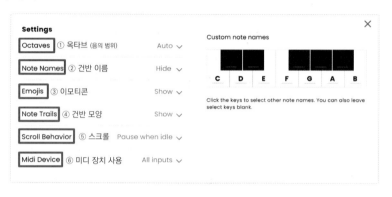

그림 1-2-13 '쉐어드 피아노' 설정 화면

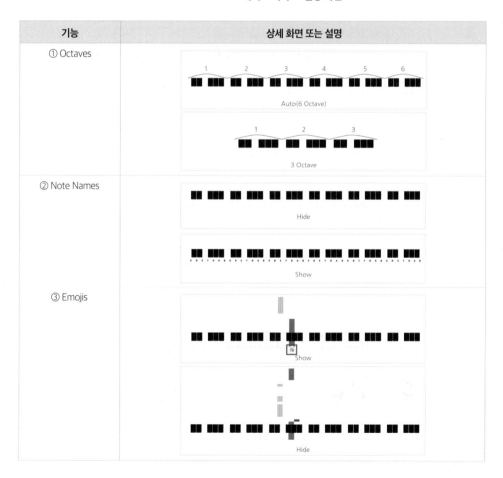

기능	상세 화면 또는 설명
① Octaves	Auto(6 Octave) / 3 Octave
② Note Names	Hide / Show
③ Emojis	Show / Hide

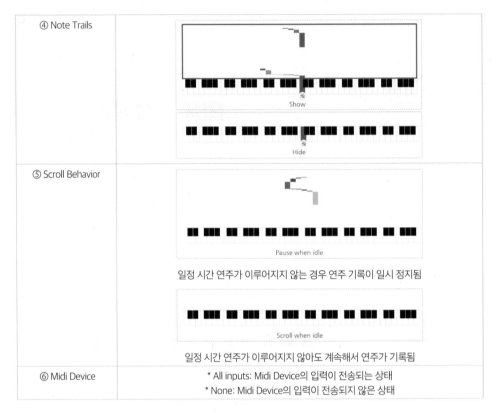

④ Note Trails	Show Hide
⑤ Scroll Behavior	Pause when idle 일정 시간 연주가 이루어지지 않는 경우 연주 기록이 일시 정지됨 Scroll when idle 일정 시간 연주가 이루어지지 않아도 계속해서 연주가 기록됨
⑥ Midi Device	* All inputs: Midi Device의 입력이 전송되는 상태 * None: Midi Device의 입력이 전송되지 않은 상태

표 1-2-1 '쉐어드 피아노' 설정 방법

그런데 피아노는 알맞은 건반을 누르면 될 텐데, 키보드로는 어떻게 연주가 가능할까? <그림 1-2-14>를 보자. 기본적으로 피아노의 흰 건반은 키보드의 가운데 줄을, 검은 건반은 그 위의 줄을 사용한다. 옥타브를 내려서 연주하고 싶다면 [Shift]+[Z] 키를, 옥타브를 올려서 연주하고 싶다면 [Shift]+[X] 키를 누르면 된다.

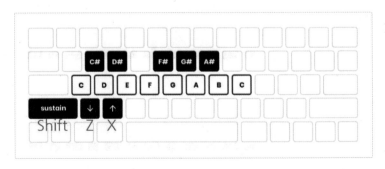

그림 1-2-14 '쉐어드 피아노' 컴퓨터 키보드 연주 방법

이번에는 드럼 소리를 낼 수 있는 'Drum Kit'
와 'Drum Machine'을 연주해 보자. Kick 소리
는 C 건반을, Snare 소리는 D와 E 건반을,
Toms 소리는 F, G, A, B 건반을 사용하면 된다.
Clap/Block 소리는 C#, D# 건반을, Hihats 소
리는 F#, G#, A# 건반을 사용한다. 드럼은 옥
타브를 내리거나 올려도 같은 소리가 나므로
사용 방법을 익혀 원하는 위치에서 자유롭게
연주하며 기능을 탐색할 시간을 주어도 좋다.

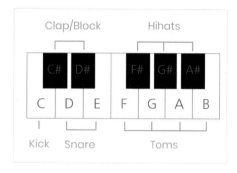

그림 1-2-15 '쉐어드 피아노' 드럼 연주 방법

쉐어드 피아노의 여러 가지 설
정 및 기능을 활용하면 다른 사
람과 실시간으로 여러 악기를
사용한 합주가 가능하다. 학생
들이 각자 하고 싶은 악기를 정
하여 연습한 후 합주한 모습에
대한 기록을 쉐어드 피아노로
남겨보는 것은 어떨까?

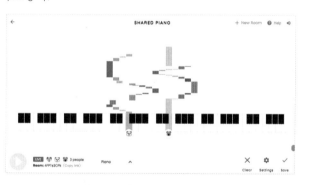

그림 1-2-16 '쉐어드 피아노' 활용 예시

2.2 AI 플랫폼 체험하기

앞서 소개한 크롬 뮤직랩의 다양한 실험실을 활용하면 실물 악기를 사용했을 때보다 수월하게
수준 높은 창작물을 만들어낼 수 있다. 크롬 뮤직랩 속 인공지능은 그림을 음악으로 표현하거나
화음을 쌓기도 하고, 창작된 곡을 바로 악기로 연주하는 기능을 지원한다. 인간의 창의적인 아
이디어에 인공지능 기술을 더하여 창작을 위한 자연스러운 협업이 이루어진 것이다.
온·오프라인 환경에 상관없이 학생들과 언제든지 재미있게 수업할 수 있는 크롬 뮤직랩 기반
활동을 몇 가지 소개하고자 한다.

그림으로 표현하는 음악(칸딘스키)

첫째, '칸딘스키Kandinsky를 활용한 [그림으로 표현하는 음악] 활동이다. 학년이 새롭게 시작되는 3월,
친구들에게 자기소개를 할 때 칸딘스키에 자신의 이름을 써서 음악과 함께 들려주는 건 어떨까?

언어가 아닌 그림과 음악으로 하는 자기소개는 학생들에게 즐거운 경험으로 남을 것이다.

그림 1-2-17 [그림으로 표현하는 음악] 학생 산출물 예시

음악으로 말해요!(리듬)

둘째, '리듬Rhythm'을 활용한 [음악으로 말해요!] 활동이다. 우리가 익히 알고 있는 '몸으로 말해요!'의 음악 버전이다. 활동 방법은 다음과 같다.

---

① 각 모둠별로 상의하여 리듬 문제를 출제한다.

② 문제를 출제한 모둠을 제외한 나머지 모둠이 동시에 그 문제에 도전한다.

③ 리듬(소리)만 듣고 '리듬' 화면에서 어떻게 표현해야 할지 모둠원과 논의한 후, 정답을 '리듬' 화면에 나타낸다.

④ 문제를 풀고 있는 모둠 중 가장 빨리 정답을 맞히는 곳이 승리한다. 단, 제한 시간 내에 정답을 맞히는 모둠이 없을 경우, 문제를 출제한 모둠에서 단계별로 힌트를 제공할 수 있다.

학생들은 어떤 리듬 패턴인지 추측하기 위하여 문제 소리에 귀를 기울였다. 스마트 기기 속 리듬 화면을 조작하여 동물들이 연주하는 음악이 문제의 리듬과 동일한지 모둠원과 계속해서 의논하기도 했다. 소리만으로 리듬을 유추해내야 하기 때문에 리듬감 형성에 도움이 되며, 리듬을 만드는

그림 1-2-18 [음악으로 말해요!] 학생 활동 모습

즉시 바로 들어볼 수 있기 때문에 어렵지 않게 정답을 맞히는 학생들이 많았다. 문제의 리듬을 완벽하게 맞히지 못하더라도 일부 맞힌 부분을 찾아내며 좋아하기도 했으며, 몇 번의 조작만으로도 완성도 높은 리듬이 만들어지기 때문에 즐겁고 재미있는 분위기 속에서 활동이 가능하다.

수업 TIP

크롬 뮤직랩의 리듬은 재생 버튼을 누르면 멈출 때까지 같은 리듬이 계속해서 반복되기 때문에, 문제를 출제할 때는 리듬을 1회만 들려주고 재생을 바로 멈추도록 한다. 또한, 문제의 난이도 조절을 위한 방법으로 첫째, 한 번에 연주되는 리듬 악기의 수를 제한할 수 있다. 동시에 여러 개의 악기가 연주되는 경우 리듬 자체에 집중하는 것이 아니라 어떤 악기가 사용되었는지에 대해서만 파악하게 될 우려가 있다. 따라서 활동 초기에는 한 번에 하나의 악기만 연주될 수 있도록 제한한 후 학생들이 적응되면 동시에 여러 악기를 연주할 수 있도록 지도한다. 둘째, 박자의 종류를 수준에 맞게 제공하는 것이다. 3박자가 짧고 단순한 반면, 6박자는 길고 복잡하기 때문에 3박자에서 4박자, 5박자, 6박자 순서대로 점점 수준을 올려 활동을 진행하는 것을 추천한다.

주사위로 만드는 음악(송 메이커)

셋째, '송 메이커Song Maker'를 활용한 [주사위로 만드는 음악] 활동이다. 현대 음악의 작곡 원리 중 '우연성의 원리'를 기반으로 했으며 구체적인 활동 방법은 다음과 같다.

① 학생들이 이미 알고 있는 간단한 노래(예를 들면, '학교 종', '비행기', '작은 별') 또는 수업 시간에 학습한 노래를 2~3곡 정도 고른다. 그중 무작위로 2마디씩 골라 1부터 6까지의 번호를 부여한다.

② 주사위를 굴려서 나온 숫자에 해당하는 2마디의 가락을 송 메이커로 옮긴다.

③ ②의 행동을 4번 반복하면 8마디 분량의 음악이 완성된다. 완성한 음악을 링크나 파일로 저장하여 학급 플랫폼에 게시한 후, 서로의 음악을 감상한다.

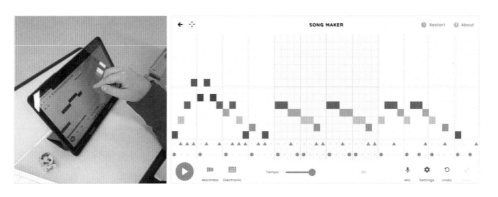

그림 1-2-19 [주사위로 만드는 음악] 학생 활동 모습 및 학생 산출물

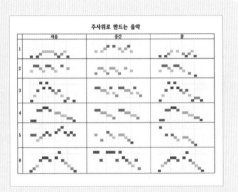

수업 TIP

악보에 제시된 노래를 송 메이커 화면으로 옮기는 것을 학생들이 어려워한다면, 교사가 노래 악보 대신 송 메이커 활동지를 제시하여 음악 만들기 활동에만 오롯이 집중하도록 도움을 줄 수 있다(<그림 1-2-20> 참조).

단순히 주사위를 활용하여 음악을 만들어보는 경험 이외에 학생 스스로 노래를 송 메이커로 표현하기를 원한다면, 해당 활동에 들어가기 전 알고 있는 노래를 송 메이커로 옮겨보는 수업을 사전에 진행하기를 추천한다. 송 메이커에는 가락과 함께 리듬을 자유롭게 입력할 수 있기 때문에 완성된 가락에 원하는 리듬을 덧붙이는 풍부한 음악 창작도 가능하다.

그림 1-2-20 [주사위로 만드는 음악] 송 메이커 활동지

학생들에게 이미 친숙한 노래가 우연성을 바탕으로 색다르게 조합된다면 어떤 느낌으로 다가올까? 음악 창작이 어렵게만 느껴졌던 학생들도 주사위와 송 메이커만 있으면 얼마든지 나만의 음악을 창작할 수 있다. 이렇듯 크롬 뮤직랩의 기본적인 사용 방법만 알고 있다면 인공지능과의 협업을 통해 누구나 쉽게 음악적 창의성을 발휘할 수 있을 것이다.

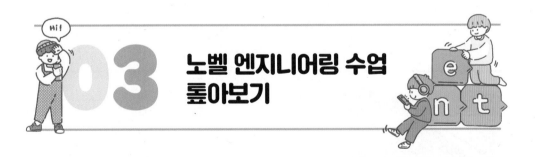

03 노벨 엔지니어링 수업 톺아보기

책 속 주인공을 도와주기 위해 예술 기반의 AI 플랫폼을 활용한다면 학생들의 창의성을 향상시킬 수 있는 노벨 엔지니어링 기반 AI 융합 수업이 가능하다. 노래를 만들어야 하는 구체적인 맥락이 책으로 전달된다면 수업은 더욱 즐거워질 것이다. 문제 상황 설정을 위한 도서나 문제 인식 활동, 이야기 바꾸어 쓰기 활동은 학교급 상황에 따라 자유롭게 변경하여 진행해도 좋다.

차시	STEAM 준거틀	노벨 엔지니어링 수업 단계	활동
1차시	상황 관련 문제 정의	①책 읽기 ②문제 인식	- 《혹부리 영감》 그림책 읽기 - 노래로 도깨비 설득하기
2~4차시	융합적 설계 및 문제 해결	③해결책 설계 ④창작물 만들기	- 도깨비를 위한 노래 선물 계획하기 - 도깨비를 위한 노래 선물 만들기
5~6차시	자기주도 및 성찰	⑤이야기 바꾸어 쓰기	- 혹부리 노래장터에 노래 전시하기 - 혹부리 영감에게 감사 편지 보내기

3.1 책 읽기 노벨 엔지니어링 ①

도서소개 혹부리 영감

임정진 글 | 임향한 그림 | 비룡소 | 2007

혹부리 영감은 성격이 착하면서도 뛰어난 노래 실력을 가진 할아버지의 이야기로 유명한 전래동화다. 어느 날, 혹부리 영감이 나무를 하러 갔다가 깊은 산 속에서 길을 잃어 우연히 발견한 빈집에 들어가게 된다. 알고 보니 그 곳은 도깨비들의 잔치가 열리는 장소였는데, 노랫소리에 흥이 겨운 나머지 도깨비에게 자신의 노랫소리를 들켜버린다.

혹부리 영감의 노래 실력이 부러웠던 도깨비는 노래를 잘 부르기 위해 혹부리 영감에게 혹을 내놓으라고 이야기하는데, 어떻게 하면 위기 상황을 벗어날 수 있을까? AI를 활용하여 도깨비를 만족시키면서 혹부리 영감도 무사할 수 있는 해결 방법을 찾아보자.

3.2 문제 인식 노벨 엔지니어링 ②

노래로 도깨비 설득하기

이야기 속 도깨비는 노래를 좋아하지만, 알고 있는 노래도 얼마 없는 데다가 가창 실력이 부족하다. 도깨비의 마음을 녹일 수 있도록 '노래'를 사용해서 도깨비를 설득해 보면 어떨까? 학생들이 직접 혹부리 영감이 되어 위기 상황을 벗어나기 위한 해결 방법을 가사에 녹여 불러볼 수 있다. 이를 위해 학생들이 알고 있는 여러 전래 동요 중 하나를 골라보자. '두껍아 두껍아'를 예시로 들면 다음과 같다.

도깨비	(원래 가사) 두껍아 두껍아 헌 집 줄게 새 집 다오 (바꾼 가사) 혹부리 영감아 보물 줄게 노래를 다오
혹부리 영감	(원래 가사) 두껍아 두껍아 물 길어 오너라 두껍아 두껍아 너희 집 지어줄게 (바꾼 가사) 도깨비야 도깨비야 (해결 방법 넣어 부르기)

학생들은 즐겁게 노래를 부르며 여러 가지 재치 있는 해결 방법을 생각해냈다. 듣기만 해도 엉덩이가 들썩거리는 노래, 발이 저절로 움직이는 신나는 노래, 꿀처럼 달콤한 목소리를 내는 노래 등 다양한 비유를 사용하거나 서로의 해결 방법에서 영감을 얻어 더 재미있게 단어를 바꾸어 노래를 부르는 학생들도 있었다. 교사가 따로 설명하지 않아도 학생 스스로 역할을 나누어 한 명은 도깨비, 한 명은 혹부리 영감이 되어 목소리를 변조해 가며 메기고 받는 형식처럼 노래를 부르는 모습도 보였다.

> **수업 TIP**
>
> 활동에 사용되는 전래 동요는 위에서 예시로 제시한 '두껍아 두껍아'뿐만 아니라 어떤 노래든지 사용이 가능하다. 학생들의 추천을 받아 전래 동요를 고르는 것도 좋은 방법이다. 또한 바꾼 가사의 글자 수나 내용의 재미에 초점을 두지 않고, 해결 방법을 찾는 데 집중할 수 있도록 유의하여 지도한다.

3.3 해결책 설계 노벨 엔지니어링 ③

도깨비를 위한 노래 선물 계획하기

도깨비를 위한 노래를 직접 하나부터 열까지 만드는 것은 쉽지 않은 창작의 과정이다. 이때 앞서 소개한 크롬 뮤직랩을 활용한다면 인공지능과 힘을 합쳐 학생들도 충분히 도깨비를 위한 노래 선물을 만들 수 있다. 크롬 뮤직랩의 다양한 실험실 중 다이내믹한 음악 작곡이 가능한 '송 메이커Song Maker'를 사용하여 도깨비를 위한 노래 선물을 계획하여 보자.

먼저 도깨비에게 어떤 노래를 선물하고 싶은지 생각해 본다. 학생들이 어떤 노래를 선물해야 할지 고민하고 있다면 교사가 '노래의 난이도', '노래의 분위기'와 같은 키워드를 제시하여 도움을 줄 수 있다. 또한 송 메이커를 직접 탐색하며 악기의 종류, 노래의 길이, 박자, 빠르기 등 음악 창작을 위한 여러 가지 요소를 고민해 보게끔 해주자. 이 과정에서 <그림 1-2-21>과 같은 활동지를 활용해 보는 것을 추천한다.

> **수업 TIP**
>
> 학생들이 크롬 뮤직랩을 처음 사용하는 경우, 본 활동에 들어가기 전 크롬 뮤직랩 중 송 메이커의 사용 방법을 익히고 간단하게 노래를 만들어보는 1차시 정도의 선수 학습이 필요하다. 머릿속으로만 생각하여 계획을 세우기보다는 송 메이커의 여러 가지 기능을 직접 조작하고 실제로 음을 들어보며 음악이 완성되었을 때 어떤 느낌일지 연상해 보도록 한다. 또한 노래의 선물 대상이 '노래 실력이 부족한 도깨비'임을 생각하며 어렵고 화려한 음악을 구상하는 데에 집중하지 않도록 지도한다.

PART I

[도깨비를 위한 노래 선물 계획하기]

1. 도깨비를 위해 어떤 노래를 선물해주고 싶나요?

2. [크롬 뮤직랩]-[송 메이커]에 들어가 직접 탐색해보면서, 도깨비를 위한 노래 선물을 계획하여 봅시다.

가락 악기	- 원하는 악기를 하나 골라 동그라미하세요. (Marimba / Piano / Strings / Woodwind / Synth)
리듬 악기	- 원하는 악기를 하나 골라 동그라미하세요. (Electronic / Blocks / Kit / Conga)
빠르기 (40~240)	
음악의 길이	(　　)bars 　(*1부터 16까지 가능)
음악의 박자	(　　)박자 　(*1부터 4까지 가능)
음의 범위	(　　)octave 　(*1부터 3까지 가능)
그 밖에 계획한 내용	

그림 1-2-21 **[도깨비를 위한 노래 선물 계획하기] 활동지 예시**

PART II

PART III

PART IV

3.4 **창작물 만들기** 노벨 엔지니어링 ④

도깨비를 위한 노래 선물 만들기

이제 본격적으로 크롬 뮤직랩의 송 메이커를 활용하여 도깨비를 위한 노래 선물을 만들어보자. 먼저, 해결책 설계 단계에서 작성한 계획서의 내용을 바탕으로 송 메이커의 기본 설정을 세팅한다. 예를 들어, 가락 악기는 'Strings', 리듬 악기는 'Kit', 빠르기는 80, 음악의 길이는 3 bars, 음악의 박자를 4박자로 설정했다면 <그림 1-2-22>처럼 세팅된 메인 화면이 나타날 것이다.

그림 1-2-22 송 메이커 기본 설정 예시

수업 TIP

송 메이커의 설정 화면에서는 음악의 길이, 기본 마디 수, 박자, 음계, 시작 음, 옥타브의 개수를 고를 수 있다. 음악 창작에 익숙하지 않은 학생들을 고려하여 기본 마디 수, 음계, 시작 음은 기본값으로 두고 음악의 길이, 박자, 옥타브 내에서 설정을 변경해 보는 것을 추천한다.
가락과 리듬이 만들어진 상태에서 [Settings]에 들어가 설정을 변경할 때 원래 설정보다 하위값으로 변경하게 되면 작업한 내용이 일부 사라지므로 주의하도록 하자.

기본 설정이 완료되었다면, 송 메이커에 가락과 리듬을 추가해 보자. 사전에 계획한 노래의 난이도나 분위기를 생각하며 만든 가락과 리듬을 계속해서 들어보고 고치는 과정을 반복한다. 악기 연주 능력이 부족한 학생이라도 송 메이커에서는 재생 버튼만 누르면 내가 만든 음악을 바로 들을 수 있기 때문에, 쉽고 빠르게 창작물을 만들어낼 수 있다. 또한 동시에 여러 음 연주가 가능하여 가락에 화음을 쌓아 풍부한 소리를 표현할 수 있다.

가령 송 메이커에서 설정할 수 있는 음의 범위는 3 octave까지이다. 피아노를 연주할 때 왼손으로 반주를 하고 오른손으로 가락을 표현하듯이, 송 메이커에서도 음의 범위를 나누어 아래의 1 octave를 화음 반주로, 위의 2~3 octave를 가락으로 생각하고 창작하는 것도 가능하다. 이렇게 창작했을 때 화음에 가락을 쌓아 만드는 것과는 색다른 느낌을 줄 수 있으니 참고하자.

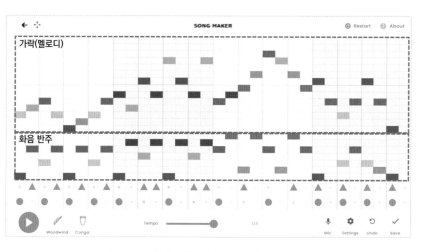

그림 1-2-23 송 메이커로 화음 반주와 가락 만들기 예시

수업 TIP

화음 반주를 만들기 위해서는 학생들에게 화음의 개념과 진행 구조에 대한 안내가 필요하다. Ⅰ, Ⅳ, Ⅴ의 주요 3화음과 Ⅰ-Ⅳ-Ⅴ-Ⅰ과 같은 기본적인 화음 진행 구조를 바탕으로 화음 반주를 만들어 가락에 곁들인다면 수준 높은 창작물을 기대해볼 수 있다. 학생들의 화음 개념 형성에 도움을 주기 위해 크롬 뮤직랩의 실험실 중 '아르페지오Arpeggios'를 활용해도 좋다. 아르페지오는 다양한 화음의 형태를 학습할 수 있는 실험실이다. 다장조의 주요 3화음으로 사용되는 C(Ⅰ), F(Ⅳ), G(Ⅴ) 이외에도 여러 가지 화음이 존재한다. 상단에는 화음의 모양을 그림으로 시각화하여 확인할 수 있으며, 서로 다른 5가지 형태의 화음 모양을 지원한다.

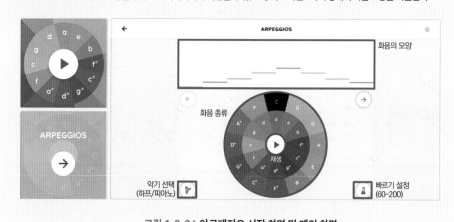

그림 1-2-24 아르페지오 시작 화면 및 메인 화면

참고 주요 3화음은 곡의 진행에서 중요한 역할을 하는 화음으로, 음악 교과 교육과정에서 명시하고 있는 음악적 개념 중 하나이다. 주요 3화음은 장음계를 기준으로 Ⅰ, Ⅳ, Ⅴ도 화음을 의미한다. Ⅰ도 화음은 으뜸화음이라고 불리며 '도, 미, 솔'의 계이름으로 구성된다. Ⅳ도 화음은 버금딸림화음이라고 불리며 '파, 라, 도'의 계이름으로 구성된다. Ⅴ도 화음은 딸림화음이라고 불리며 '솔, 시, 레'의 계이름으로 구성된다.

도깨비를 위한 노래 선물을 완성했다면 음악을 저장해 보자. 하단 가장 오른쪽에 위치한 [Save]를 누르면 <그림 1-2-25>와 같은 화면이 나타난다. 음악 저장 방법은 크게 두 가지로 나뉘는데 첫째, ①[Copy Link]를 사용하여 음악을 링크 형태로 저장하거나, 둘째, ②[DOWNLOAD WAV]를 눌러 음악을 파일 형태로 다운로드하는 것이다. 이어질 활동인 '혹부리 노래장터'의 운영 방식을 고려하여 알맞은 형태로 음악을 저장해 보자.

그림 1-2-25 송 메이커 저장 화면

수업 TIP

수업 차시에 시간적 여유가 있다면 완성한 노래에 가사를 붙여보는 활동을 추가로 진행할 수 있다. 가사가 완성되면 직접 만든 음악에 맞추어 노래를 불러봐도 좋다.

학생들은 송 메이커로 창의성을 발휘하여 도깨비를 위한 노래를 만들었다. 학생들의 작품 속에서 이야기 속 도깨비가 처한 어려움을 도와주려는 흔적이 곳곳에 엿보였다. 음치인 도깨비를 위하여 가락의 진행을 단순하게 하거나 같은 가락 패턴을 반복했으며, 노래 실력이 부족한 도깨비를 위하여 빠르기를 느리게 하기도 했다. 송 메이커로 만든 음악을 계속해서 들어보면서 도깨비가 실제로 부른다고 가정했을 때 괜찮을지를 염두에 두며 수정 작업을 거치는 모습이 인상깊었다.

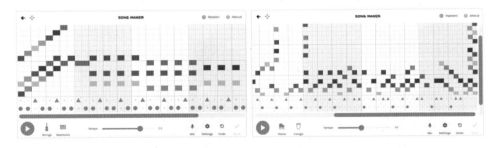

그림 1-2-26 [도깨비를 위한 노래 선물 만들기] 학생 활동 예시

만약 이 활동이 오선보에 음악을 작곡하는 형태로 진행되었다면, 훨씬 더 오랜 시간이 걸리고 많은 노력이 필요했을 것이다. 하지만 송 메이커를 사용하는 것만으로도 1~2차시 안에 학생들의 만들고자 하는 음악을 완성할 수 있었다. 악기를 바꾸고 싶다면 버튼을 클릭하고, 빠르기를 바꾸고 싶다면 음악을 실시간으로 들으며 바를 좌우로 조절하기만 하면 된다. 크롬 뮤직랩과 함께라면 인공지능과의 협업을 통해 음악 창작 그 자체에 집중할 수 있는 환경을 조성해줄 수 있다.

3.5 이야기 바꾸어 쓰기 노벨 엔지니어링 ⑤

혹부리 노래장터에 노래 전시하기

도깨비를 위해 만든 노래들을 모아 전시하고 감상하면서 서로의 음악을 나누는 활동이다. 노래를 만든 목적은 '도깨비에게 선물하기'로 모두 동일했지만, 저마다 생각하는 방향에 따라 각양각색의 창작물이 완성되었다. 다른 친구들이 만든 노래를 감상하며 내가 도깨비라면 어떤 노래를 선택하고 싶을지 생각해 보도록 한다. 구체적인 활동 방법은 다음과 같다.

---

① 내가 만든 노래의 특징을 한두 문장으로 간단하게 표현하여 종이 또는 도화지에 적는다.

② 송 메이커로 만든 노래를 스마트 기기에서 재생할 수 있도록 준비한다. 스마트 기기 옆에 ① 에서 작성한 종이가 잘 보이도록 올려놓는다.

③ 모두 자리에서 일어나 자유롭게 돌아다니며 친구들이 만든 노래를 감상한다.

④ 노래장터에서 감상한 노래 중 실제로 내가 도깨비라면 선물받고 싶은 노래를 고르고, 그 이유와 함께 발표한다.

많은 고민을 거치며 송 메이커로 학생들이 직접 음악을 만들었기 때문에 이 음악이 어떤 특징을 지니는지, 도깨비를 위해 어떤 점을 고려했는지 도화지에 쉽게 적어내려 갔다. 혹부리 노래장터에서 서로의 노래를 듣고 감상평을 남기면서 똑같이 '음치'라는 점을 고려했지만 다른 느낌으로 표현된 음악을 신기해하는 학생도 있었고, "빠르기나 악기를 다르게 설정하는 게 좋지 않을까?"라는 피드백을 제공하는 학생도 있었다. 혹부리 노래장터가 마감된 후 본인의 음악에 대한 친구들의 감상평을 읽으며 개선 방향을 고려하기도 했다. 음악 창작에서 그치는 것이 아니라 서로의 음악에 대한 비교, 감상까지 나아간 것이다.

그림 1-2-27 혹부리 노래장터 모습

각 학교에 구비된 스마트 기기 환경에 따라 학급 플랫폼에 링크로 저장한 음악을 올리고, 웹상에서 혹부리 노래장터를 열어 봐도 좋다.

혹부리 영감에게 감사 편지 보내기

이제 혹부리 영감의 문제를 해결하기 위해 도깨비에게 노래를 선물했던 경험을 이야기에 녹이는 것으로 노벨 엔지니어링 수업을 마무리할 수 있다. 혹부리 노래장터에서 노래를 선물받은 도깨비가 되었다고 생각하며 혹부리 영감에게 감사 편지를 써보도록 하자. 학생들은 도깨비가 처한 어려움을 크롬 뮤직랩의 송 메이커를 통해 도울 수 있었고, 혹부리 노래장터의 경험으로 노래를 여러 개 배웠다는 내용을 담아냈다. 또 앞으로 잔치를 할 때 노래를 더 재미있게 할 수 있을 것 같다거나, 노래 실력이 늘어서 고맙다는 내용도 있었다. '도깨비'라는 캐릭터 자체에 설정을 부여해서 편지의 어투를 '~는가?', '~해줘서 고맙네.'와 같이 서술하거나 편지 형식임을 감안해 날짜를 1400~1500년대로 적는 기발함도 엿볼 수 있었다. 이렇듯 노벨 엔지니어링 수업에서는 책과 설계가 융합되는 유의미한 학습 경험을 제공해줄 수 있기에 풍부하고 재미있는 글쓰기가 가능하다.

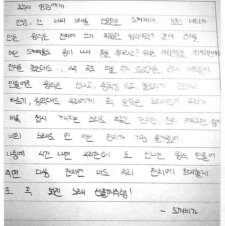

그림 1-2-28 [혹부리 영감에게 감사 편지 보내기] 학생 산출물 예시

혹부리 영감 이야기의 마지막 장면은 도깨비가 처한 안타까운 상황을 보여주며 도움을 요청하는 모습으로 끝난다. 따라서, 노벨 엔지니어링 수업의 마무리로 혹부리 영감에게 감사 편지 보내기 활동 대신 이야기 뒤에 이어질 장면을 글로 서술해 보는 활동으로 대체할 수도 있다.

수업에 날개 달기

도서와 함께하는 AI 플랫폼 활용 수업은 도서의 주제와 교육 방향에 따라 얼마든지 확장이 가능하다. 단순한 인공지능 체험과 달리 풍부한 상황에서 이루어진 AI 활용 경험은 학생들에게 더 의미 있게 다가갈 것이다. AI 플랫폼과 함께하는 노벨 엔지니어링을 통해 다채로운 수업을 그려 나가길 바란다.

4.1 자존감 교육 -음악 정령이 되어 주인공 도와주기

천재 음악가들이 사는 피아노 성 피에르 크레아크 글그림 | 이정주 옮김 | 주니어김영사 | 2015

책 속 주인공을 도와주기 위해 크롬 뮤직랩을 활용하는 수업은 다른 도서에서도 충분히 가능하다. 이번에는 음악에 대한 자신감이 부족한 주인공을 위해 피아노 성에 사는 음악 정령이 되어보자. 주인공이 피아노 성에서 맞닥뜨리는 여러 문제를 해결하는 데 크롬 뮤직랩이 도움을 줄 수 있다. 피아노 성에 사는 사람에게 음악을 알려주기 위해 '리듬'에서 동물이 연주하는 모습이나 '멜로디 메이커'나 '송 메이커'의 창작 과정을 보여주는 건 어떨까? '쉐어드 피아노'를 활용하여 음악 정령이 먼저 연주하면 건반 모양을 확인하고 바로 따라서 연주하는 것도 가능하다.

수업 TIP

책 내용과 연계하여 학생들이 음악 정령이 되어 주인공을 위해 크롬 뮤직랩을 사용하는 음악 미션을 직접 만드는 활동을 해 봐도 좋다. 학생들이 직접 만든 음악 미션을 부스 형식으로 운영하여 서로 번갈아가며 문제를 출제하고 정답을 맞히며 재미 있게 수업을 진행해 보길 바란다.

4.2 다문화 교육 -레인보우 음악극 만들기

레인보우 합창단 고정욱 글 | 장연주 그림 | 베틀북 | 2011

다문화 학생 수는 매년 모든 학교급에서 꾸준히 증가하는 추세로[5] 이에 따라 2007 개정 교육과정에서부터 '다문화교육'을 범교과 학습 주제로 정하여 강조해오고 있다.

문화적 편견을 이해하고 이에 대한 해결 방안을 탐구하기 위해 관련 주제의 도서와 크롬 뮤직랩을 활용해 보는 것은 어떨까? 실화를 기반으로 한 《레인보우 합창단》의 이야기를 읽고, 노래의 힘으로 학교에서 받은 상처를 극복하는 주인공의 입장이 되어보자.

크롬 뮤직랩의 '리듬'과 '멜로디 메이커'를 활용하여 문화적 편견과 차별을 표현하는 장면에 어울리는 음악을 만들 수 있다. 차별 상황을 음악으로 표현하기 위해 어떤 리듬과 가락이 필요할지 고민하는 과정에서 인공지능이 도움을 줄 것이다. 레인보우 음악극 활동으로 학생들은 '다름'이 '틀림'이 아닌 '차이'라는 사실을 자연스럽게 받아들이는 모습을 보였다.

그림 1-2-29 [레인보우 음악극 만들기] 학생 산출물 예시

4.3 저작권 윤리 교육 -저작권을 침해하지 않는 나만의 음악 만들기

표절 교실 김해우 글 | 임미란 그림 | 크레용하우스 | 2018

음악의 저작권과 관련한 표절 문제는 종종 등장하는 사회 문제 중 하나다. 과거부터 현재까지 계속해서 새로운 창작물이 생겨나고 있기 때문에 세상에 존재하는 수많은 창작물을 모방하지 않은 결과물을 만들어내기란 쉽지 않은 일이다.

표절을 주제로 하는 도서를 읽고, 저작권의 소중함을 깨달아 크롬 뮤직랩의 '송 메이커'를 활용하여 저작권을 침해하지 않는 나만의 음악을 만들어보자. 학생들은 자신만의 음악을 창작하며 이미 알고 있는 노래와 겹치지 않게 만드는 것이 얼마나 어려운 일이고, 이러한 과정을 거쳐 탄생한 음악에 대한 저작권이 얼마나 중요한 가치를 지니는지 몸소 체험할 수 있을 것이다.

4.4 AI 윤리 토론 - AI가 만든 창작 예술의 인정 범위

최근 한 미술대회에서 AI가 그린 작품이 대상을 수상하며 논란이 일었다. 해당 작품의 수상을 놓고 AI가 그린 작품이 수상 자격이 있는가에 대해 여론이 분분했는데, 결론적으로는 AI를 활용한 창작물 제출과 관련한 가이드라인이 별도로 제시된 적이 없었기 때문에 수상이 그대로 인정되었다. 과학 기술의 발달로 AI가 할 수 있는 일은 점점 늘어나고 있고, 다양한 이미지를 학습한 AI가 학습한 이미지를 추출하여 그림을 그리는 것도 가능해졌다. 하지만 AI가 이 같은 방식으로 예술 작품을 만들어낸다 하더라도 이러한 AI를 조작하는 것은 바로 사람이다. 그렇다면 AI를 활용한 창작 예술은 어디까지 인정될 수 있을까? 그 인정 범위에 대해 학생들과 AI 윤리 토론을 진행해볼 수 있다.

토론을 진행해 보면 AI를 활용한 창작 예술을 인정해야 한다는 입장과 인정할 수 없다는 입장이 팽팽하게 대립된다. 창작 예술로 인정할 수 없다고 보는 학생들은 그 근거로 사람의 순수한 창작물과 AI를 활용해서 만든 창작물은 작품에 대한 기여도가 분명히 다르며, AI 자체를 다른 창작 도구와 같은 선상에 놓기에는 너무 다른 부분이 많다는 것을 들었다. AI를 활용한 창작 예술을 인정해야 한다고 보는 입장에서는 반대로 AI를 만든 것도 사람이며, AI를 활용하여 작품을 만드는 것도 사람이기 때문에 인정해 주어야 한다고 주장했다. 단, 무조건적인 인정이 아닌 인정에 대한 세부 기준을 만들 필요가 있다고 덧붙였다. 예를 들어, AI가 제공하는 이미지 자체를 작품으로 보는 것이 아니라 작품에 대한 완성도를 높이기 위해 사람의 수정보완 과정을 거친 작업물만 인정한다거나, AI를 활용한 창작물에 대한 저작권은 인정해 주되, 상업적인 이용에 제한을 두는 방법 등을 제시했다.

이렇듯 AI 윤리 토론을 진행하며 학생들에게 인공지능의 예술적 활용에 있어 다양한 시각에서 바라볼 수 있는 경험을 제공하고, 장차 인공지능을 활용하여 창작물을 만들 때 토론에서 이야기했던 내용을 떠올려 윤리적인 사용을 할 수 있는 토대를 마련해줄 수 있을 것이다.

Novel
Engineering

나만의 로봇 설계하기

인공지능의 중요성은 나날이 커지고, AI 기초 소양을 길러주기 위한 교육은 필수가 되었다. 인공지능의 원리에 대한 이해를 높이기 위해서는 초등학교부터 인공지능을 자주 접할 수 있도록 기회를 마련해 주어야 하며,[1] 이를 통해 인공지능에 대한 긍정적인 태도를 형성할 수 있다.[2] 인공지능 활용 교육은 학습자에게 일상생활 속 문제를 해결하는 경험을 통해 실제적인 학습이 이루어지는 방향으로 진행되어야 한다.[3] 노벨 엔지니어링을 통해 이야기 속 문제를 나의 삶으로 가져와 AI로 해결해 보자. 스마트 기기 속에서 로봇이 자동으로 표현되는 경험을 제공하여 인공지능에 친숙해지고, 그 속에 활용된 원리를 이해하기 위한 도움을 주는 것은 어떨까?

인공지능 돋보기

이 수업에서는 머신 러닝(기계학습) 기반의 인공지능 플랫폼, 오토드로우를 활용하여 나만의 로봇을 설계해 볼 것이다. 오토드로우는 이미 현장에서 사용되고 있는 도구이지만, 여기에서는 그림을 그리는 단순한 활동에 그치지 않고, 더 나아가 이야기 속 등장인물의 문제를 해결하는 맥락을 더하고자 한다. 이야기와 함께하는 오토드로우로 학생들과 재미있는 융합 수업을 시작해 보자.

1.1 데이터를 활용한 문제 해결

인터넷의 발달과 기술의 진화는 우리가 사용하는 데이터의 양을 나날이 증가시키고 있다. IBM의 조사에 따르면 현재 매일 생성되는 데이터 양은 250경 바이트에 이르고, 2~3년간의 신생 데이터는 지금까지의 데이터를 모두 합친 것보다 많다고 한다.[4] 인공지능이 패턴을 형성할 수 있도록 돕는 것이 바로 데이터이고, 따라서 데이터가 많아질수록 기계학습 성능은 높아진다. 데이터는 크게 두 가지로 분류된다. 첫 번째는 정형데이터로, 구조가 분명하고, 스키마(형식에 대한 사전 정보)가 잘 정의되어 있어 인간이나 프로그램이 쉽게 액세스할 수 있다. 쉽게 말하면 엑셀과 같은 스프레드시트 형식에 맞게 들어간 데이터라 볼 수 있다. 두 번째는 비정형데이터로, 미리 정의된 모델이 없거나 예측 불가능하게 생성되는 데이터이다. 예를 들면 자유롭게 쓴 글이나 사진, 영상 등과 같은 질적인 자료들을 말한다.

정형데이터의 경우에는 형식이 있고 데이터의 크기가 작으므로 기존의 컴퓨터 계산을 통해 쉽게 분석할 수 있는 반면, 비정형데이터는 형식이 없고 데이터의 크기가 매우 커 분석이 어렵다. 이것이 컴퓨터가 인간을 흉내내기 어려웠던 주요 원인이다. 그러나 AI는 비정형데이터 분석에 초점을 맞추어 발달하고 있으며, 전문가들은 인공지능이 인간을 따라잡는 시점을 2045년으로 예측하고 있다.[5]

수정구십자수대리점			
색상코드	판매량	단가	금액
Y001	1,000	120	120,000
Y002	1,500	100	150,000
B001	1,366	120	163,920
C001	1,548	130	201,240
C002	1,236	100	123,600

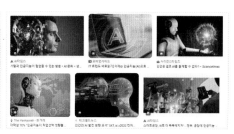

그림 1-3-1 **정형데이터**(왼쪽)**와 비정형데이터**(오른쪽)

1.2 성취기준 및 인공지능 내용요소

- [2국 05-02] 인물의 모습, 행동, 마음을 상상하며 그림책, 시나 노래, 이야기를 감상한다.

- [2국 05-04] 자신의 생각이나 겪은 일을 시나 노래, 이야기 등으로 표현한다.

- [4국 05-04] 작품을 듣거나 읽거나 보고 떠오른 느낌과 생각을 다양하게 표현한다.

- [4수 02-12] 주어진 도형을 이용하여 여러 가지 모양을 만들거나 채울 수 있다.

- [4미 01-04] 미술을 자신의 생활과 관련지을 수 있다.

- [6국 05-05] 작품에 대한 이해와 감상을 바탕으로 하여 다른 사람과 적극적으로 소통한다.

- [6미 01-04] 이미지를 활용하여 자신의 느낌과 생각을 전달할 수 있다.

- [6미 02-03] 다양한 자료를 활용하여 아이디어와 관련된 표현 내용을 구체화할 수 있다.

- [6미 02-06] 작품 제작의 전체 과정에서 느낀 점, 알게 된 점 등을 서로 이야기할 수 있다.

- [인공지능의 이해:초등학교 1-4학년:인공지능과의 첫 만남] 인공지능이 적용된 여러 가지 기기를 체험한다.

AI 플랫폼 살펴보기

2.1 AI 플랫폼 이해하기

[오토드로우] 들어가기

<u>오토드로우</u>AutoDraw는 구글이 개발한 머신 러닝 기반 인공지능 플랫폼으로, 수많은 그림 데이터를 축적한 인공지능이 사용자가 그린 개체를 인식하여 비슷한 형태의 그림으로 바꾸어 준다. 그림 실력과 상관없이 누구나 쉽고 재미있게 인공지능을 이용하여 작품을 제작할 수 있어 활용성이 뛰어나다. 오토드로우에 접속하기 위해서는 인터넷 연결이 필요하며, PC, 노트북, 태블릿, 스마트폰 등의 스마트 기기에서 사용 가능하다. 로그인을 하지 않아도 바로 시작할 수 있기 때문에 저학년 학생들에게도 접근성이 좋고, 완성된 결과물을 이미지 파일로 내려 받거나 링크 형태로 공유할 수 있다.

이제 오토드로우(autodraw.com)로 접속해 보자. Chorme 이나 Microsoft Edge 브라우저 모두 접속 가능하나, 구글 기반 플랫폼이기 때문에 Chrome 사용을 권장한다. <그림 1-3-2>와 같은 시작 화면이 나타날 것이다. [Start Drawing]과 [Fast How-To]의 두 가지 버튼이 있다. 왼쪽 ①[Start Drawing]을 클릭하면 바로 그림을 그릴 수 있는 메인 화면으로 연결된다. 오른쪽의 ②[Fast How-To] 버튼을 클릭하면 오토드로우에서 제공하는 기본 튜토리얼을 볼 수 있다.

그림 1-3-2 오토드로우 시작 화면

튜토리얼에서는 오토드로우에서 사용되는 주요 기능에 대한 설명을 그림과 함께 제공한다. 맨 처음 오토드로우를 사용한다면 튜토리얼을 보는 것을 추천한다. 튜토리얼을 그만 보고 싶다면 하단의 [Skip Tutorial] 텍스트를 클릭하면 된다.

Do you mean: 🚲 🚲 🚲 👓 👓 🕶 🚲 🕶

Start doodling and the AutoDraw suggestion tool will start guessing.

Skip Tutorial 튜토리얼 끝내기

그림 1-3-3 오토드로우 튜토리얼 화면 예시

이제 시작 화면 왼쪽 ①[Start Drawing] 버튼을 클릭해 그림을 그릴 수 있는 오토드로우 메인 화면으로 이동해 보자. <그림 1-3-4>의 메인 화면에 보이는 하얀색 도화지(Ⓐ)는 그림을 그릴 수 있는 공간이다. 도화지의 크기를 조절하고 싶다면 도화지 오른쪽 하단의 삼각형 버튼(Ⓑ)을 누르고 마우스로 드래그하여 도화지를 원하는 크기로 만들면 된다. 오토드로우에는 그림을 그리기 위한 다양한 기능이 탑재되어 있다. 현재 사용하고 있는 기능은 상단 바(Ⓒ)에서 확인할 수 있고, 왼쪽 메뉴 모음(Ⓓ)에서 해당 기능의 아이콘이 검정색으로 표시된다. 기본으로 설정된 기능은 [AutoDraw]이며, 다른 기능을 사용하고 싶다면 왼쪽 메뉴 모음에서 다른 아이콘을 클릭해 보자.

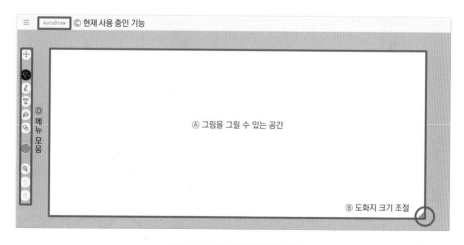

그림 1-3-4 오토드로우 메인 화면

[오토드로우] 사용 방법 이해하기

오토드로우를 본격적으로 사용하기 전, 오토드로우의 다양한 기능과 메뉴를 짚어 보고자 한다.

- **왼쪽 메뉴 모음**

화면 왼쪽 메뉴 모음의 메뉴 아이콘들을 하나씩 실행 화면과 함께 표로 정리했다.

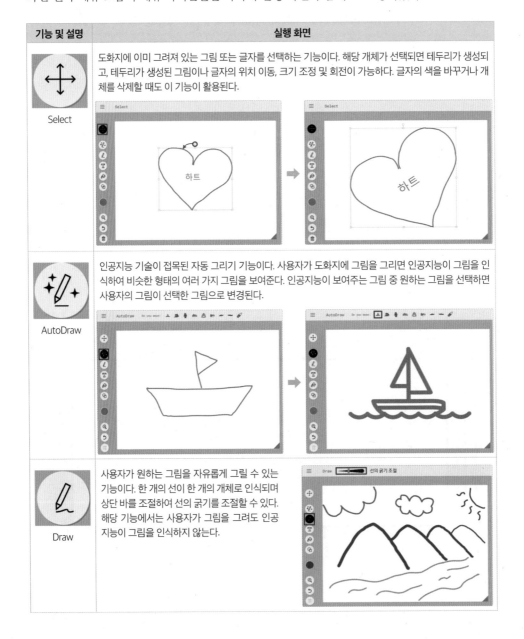

기능 및 설명	실행 화면
Select	도화지에 이미 그려져 있는 그림 또는 글자를 선택하는 기능이다. 해당 개체가 선택되면 테두리가 생성되고, 테두리가 생성된 그림이나 글자의 위치 이동, 크기 조정 및 회전이 가능하다. 글자의 색을 바꾸거나 개체를 삭제할 때도 이 기능이 활용된다.
AutoDraw	인공지능 기술이 접목된 자동 그리기 기능이다. 사용자가 도화지에 그림을 그리면 인공지능이 그림을 인식하여 비슷한 형태의 여러 가지 그림을 보여준다. 인공지능이 보여주는 그림 중 원하는 그림을 선택하면 사용자의 그림이 선택한 그림으로 변경된다.
Draw	사용자가 원하는 그림을 자유롭게 그릴 수 있는 기능이다. 한 개의 선이 한 개의 개체로 인식되며 상단 바를 조절하여 선의 굵기를 조절할 수 있다. 해당 기능에서는 사용자가 그림을 그려도 인공지능이 그림을 인식하지 않는다.

PART I

Type

글자를 입력할 수 있는 기능이다. 버튼을 누르고 도화지의 한 곳을 클릭하면 글자 입력 창이 활성화되며 키보드로 글자를 입력하면 된다. 창이 활성화되었을 때 상단 메뉴에서 글자의 서체와 크기를 변경할 수 있다. 글자를 다른 위치에 새롭게 입력하고 싶은 경우 이 과정을 반복한다.

Fill

그림에 색을 채워 넣을 수 있는 기능이다. (Color)에서 원하는 색을 고른 후 비어 있는 그림을 클릭하면 내가 고른 색으로 칠해진다. 단, 테두리가 명확하게 구분되지 않은 곳을 클릭하면 배경 전체에 색이 입혀지기 때문에 사용에 주의하자.

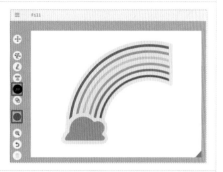

Shape

도형을 그릴 수 있는 기능으로, 오토드로우에서는 원, 사각형, 삼각형의 3가지 종류를 지원한다. 상단 메뉴에서 그리고 싶은 도형 중 한 가지를 선택한 후 도화지에 커서를 놓고 드래그하면 도형이 생성된다.

이미 그려진 도형의 크기 조절 및 위치 이동이 필요하다면 앞서 설명한 (Select) 기능을 활용해 보자.

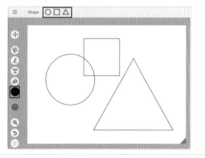

Color

색을 고를 수 있는 팔레트 기능이다. 그림을 그리거나 글자를 입력하기 전 색을 미리 클릭하면 선택한 색으로 표시된다. 기본색은 파랑인데, 팔레트 양 옆의 화살표를 클릭하면 다양한 색을 볼 수 있다.

이미 작성된 그림이나 글자의 색을 변경하고 싶다면 (Select) 기능(①)을 사용하여 변경하고 싶은 개체(②)를 클릭한 후 팔레트의 색(③)을 골라보자.

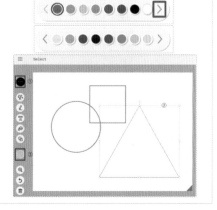

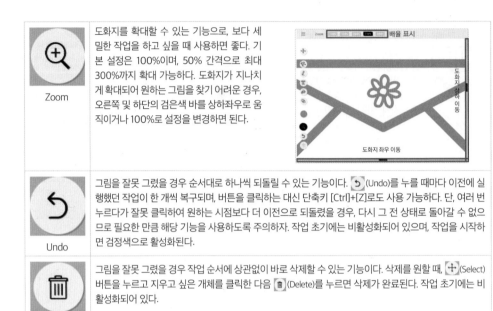 Zoom	도화지를 확대할 수 있는 기능으로, 보다 세밀한 작업을 하고 싶을 때 사용하면 좋다. 기본 설정은 100%이며, 50% 간격으로 최대 300%까지 확대 가능하다. 도화지가 지나치게 확대되어 원하는 그림을 찾기 어려운 경우, 오른쪽 및 하단의 검은색 바를 상하좌우로 움직이거나 100%로 설정을 변경하면 된다.	
Undo	그림을 잘못 그렸을 경우 순서대로 하나씩 되돌릴 수 있는 기능이다. (Undo)를 누를 때마다 이전에 실행했던 작업이 한 개씩 복구되며, 버튼을 클릭하는 대신 단축키 [Ctrl]+[Z]로도 사용 가능하다. 단, 여러 번 누르다가 잘못 클릭하여 원하는 시점보다 더 이전으로 되돌렸을 경우, 다시 그 전 상태로 돌아갈 수 없으므로 필요한 만큼 해당 기능을 사용하도록 주의하자. 작업 초기에는 비활성화되어 있으며, 작업을 시작하면 검정색으로 활성화된다.	
Delete	그림을 잘못 그렸을 경우 작업 순서에 상관없이 바로 삭제할 수 있는 기능이다. 삭제를 원할 때, (Select) 버튼을 누르고 지우고 싶은 개체를 클릭한 다음 (Delete)를 누르면 삭제가 완료된다. 작업 초기에는 비활성화되어 있다.	

표 1-3-1 오토드로우 메뉴 모음의 각 메뉴와 기능 살펴보기(1)

· **상단 바 메뉴**

오토드로우 메인 화면 왼쪽 상단에 위치한 ≡ 버튼을 클릭하면, <그림 1-3-5>의 드롭다운 메뉴가 나타난다. 주로 그림을 완성한 후 저장하거나 작업을 다시 시작하고 싶을 때 활용되며, 오토드로우 플랫폼에 대한 여러 가지 정보를 확인할 수 있다.

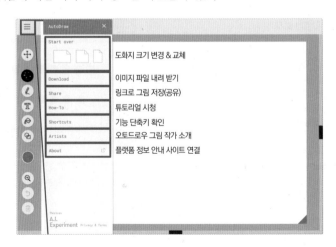

그림 1-3-5 오토드로우 상단 바 메뉴와 설명

PART I

실행 화면과 함께 각 메뉴를 자세하게 살펴보자.

기능	설명 및 실행 화면
Start over	도화지의 크기를 변경하거나 새롭게 교체하고 싶을 때 사용한다. 종류로는 가로 방향 직사각형, 세로 방향 직사각형 그리고 정사각형의 3가지가 있으므로, 원하는 크기의 도화지를 사용해 보자.
Download	이미지 파일을 내려받을 때 사용하며, [Download] 메뉴를 누르는 즉시 png 형식으로 저장된다.
Share	링크로 그림을 저장하고 싶을 때 사용한다. [Share] 메뉴를 누르면 [Share your creation] 화면이 열리는데, 하단 [Copy Link]를 클릭하면 그림의 링크가 복사된다. 다른 곳에 붙여 넣은 링크를 클릭하면, [Made in AutoDraw] 창을 통해 저장된 그림을 웹상에서 볼 수 있다.
How-To	오토드로우에서 제공하는 튜토리얼을 다시 시청할 수 있다. 오토드로우의 사용 방법이 기억나지 않는다면 How-To로 오토드로우의 주요 기능을 익혀보자.
Shortcuts	오토드로우에서 사용할 수 있는 단축키 목록을 보여준다. 단축키를 활용하면 오토드로우를 손쉽게 사용할 수 있으므로 자주 사용하는 기능을 단축키로 익혀보는 건 어떨까?
Artists	(AutoDraw) 기능에 사용된 그림을 그린 작가의 정보가 제공되며, 사용된 모든 그림 파일을 내려받을 수 있다. 한국어로 된 설명을 따로 지원하지 않으므로, 자세한 내용이 궁금하다면 구글에서 제공하는 번역 기능을 활용해 보자.
About	플랫폼에 대한 기본 정보를 제공하는 사이트로 연결된다. 오토드로우를 자세하게 설명한 영상이 있으므로 수업에 자유로이 활용해 보자.

표 1-3-2 오토드로우 메뉴 모음의 각 메뉴와 기능 살펴보기(2)

2.2 AI 플랫폼 체험하기

비주얼씽킹 그림 퀴즈

앞서 소개한 오토드로우의 기능을 활용하여 진행할 수 있는 재미있는 교실 활동을 추천하고자 한다. 특히 ✏️(AutoDraw) 기능을 사용하면 인공지능이 그림 데이터를 기반으로 비슷한 그림을 추천해 주기 때문에, 그림 그리기에 대한 부담을 낮추면서 다양한 활동 연계가 가능하다. 오토드로우에 비주얼씽킹을 더한 그림 퀴즈 활동 방법을 알아보자.

① 제시된 주제와 연관된 단어 하나를 떠올린다. 학생들이 단어를 떠올리는 것을 어려워하면, 학생 수준을 고려하여 교사가 단어를 제시할 수 있다. (예: 주제가 '식물'이라면, 식물과 관련된 단어인 '소나무'를 떠올린다.)

② 단어를 구성하고 있는 각각의 글자를 설명하기 위한 그림을 [AutoDraw] 기능을 사용하여 표현한다. 예를 들어, 단어를 이루고 있는 글자 수가 3개라면 각각의 글자를 설명하기 위한 그림도 3개가 된다. 단, 그림은 단어 고유의 뜻과 전혀 관련이 없어도 무방하다. (예: 소나무를 구성하고 있는 '소', '나', '무'라는 각각의 글자를 설명하기 위한 그림을 오토드로우로 그린다.)

③ 그림이 완성되면 [Download] 또는 [Share] 기능을 사용하여 그림을 원하는 형태로 저장한다.

④ 짝/모둠/학급 전체 등 학급 상황에 맞게 그룹을 지어 각자 만든 그림 퀴즈의 문제를 맞히도록 한다.

그림 1-3-6 [비주얼씽킹 그림 퀴즈] 활동 모습 및 학생 산출물 예시

학생들은 본인의 그리기 실력을 크게 신경 쓰지 않으면서도 인공지능이 추천하는 그림을 활용하여 주어진 시간 내에 문제를 완성할 수 있게 된다. 그 과정에서 학습한 그림 데이터가 많으면 많을수록 인공지능이 추천하는 그림의 개수도 많아진다는 사실을 자연스럽게 이해하는 모습을 보였다. 더불어 AI 기술을 자주 접하며 인공지능 그 자체에 친숙해지는 경험도 맛볼 수 있다. 이 활동을 교육과정에 녹인다면 어떻게 적용할 수 있을까? 초등학교 국어 교과에 등장하는 '속담'의 의미를 학습하는 차시에서 표현하고자 하는 속담을 오토드로우를 사용하여 그림으로 나타내고, 이를 설명해 보거나 퀴즈로 맞혀보는 활동으로 진행해볼 수도 있다.

그림 1-3-7 [국어 속담 그림 퀴즈] 학생 산출물 예시

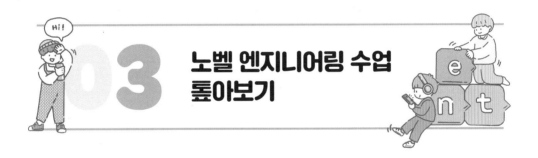

03 노벨 엔지니어링 수업 톺아보기

앞서 소개한 AI 플랫폼을 활용하여 책과 함께하는 수업을 해보면 어떨까? 이야기 속 문제를 나의 문제로 가져와 AI 활용으로 풀어가는 경험은 학생들의 실제적인 학습을 촉진시킬 수 있다. 수업하고자 하는 주제에 어울리는 도서를 선정하여 재미있는 AI 플랫폼 활용 노벨 엔지니어링 수업을 시작해 보자.

차시	STEAM 준거틀	노벨 엔지니어링 수업 단계	활동
1차시	상황 관련 문제 정의	①책 읽기 ②문제 인식	- 《로봇 만들기는 어려워!》 그림책 읽기 - 나에게 필요한 로봇 주문하기
2~4차시	융합적 설계 및 문제 해결	③해결책 설계 ④창작물 만들기	- 로봇의 역할 상상하기 - 내가 만들고 싶은 로봇 계획하기 - 오토드로우로 나만의 로봇 구현하기 - 로봇 전시회 열기
5~6차시	자기주도 및 성찰	⑤이야기 바꾸어 쓰기	- '로봇 만들기는 쉬워!' 이야기 바꾸어 그리기

3.1 책 읽기 노벨 엔지니어링 ①

 로봇 만들기는 어려워!

박순영 글 | 김미영 그림 | 엔이키즈(NE Kids) | 2015

《로봇 만들기는 어려워!》는 그림이 많고 내용이 짧아 누구나 쉽게 읽을 수 있는 그림책이다. 이야기 속 등장인물인 후다닥 박사는 주문을 받아 수 세기 로봇을 제작하지만, 계속해서 오류가 발생하는 문제를 겪는다. 의뢰자를 만족시킬 수 있는 로봇을 만드는 방법에는 어떤 것이 있을까? 이야기에 등장하는 수 세기 로봇 외에도 생활 속 문제를 도와주는 다양한 로봇을 떠올려보자. AI 원리를 활용하여 나만의 로봇을 디자인함으로써 인공지능과 친해지는 경험을 학생들에게 제공할 수 있을 것이다.

3.2 문제 인식 노벨 엔지니어링 ②

나에게 필요한 로봇 주문하기

우리는 현재 로봇을 어떤 상황에서 사용하고 있을까? 실제로 사용되고 있는 우리 주변의 로봇을 찾아보고, 왜 만들어지게 되었는지 생각해 보자. 매일 청소를 깨끗하게 하는 것이 힘들다는 어려움이 로봇 청소기의 개발로 이어진 예시를 떠올릴 수 있다. 이런 사례들을 소개해 주고, 평소 학교 생활에서의 불편했던 점을 어떤 기능을 가진 로봇으로 도와줄 수 있을지 고민해 보도록 해주자.

학생들은 점심시간, 체육시간, 수업시간 등 학교에서 주로 겪을 수 있는 어려움을 바탕으로 급식 도우미, 달리기 도우미, 글씨쓰기 도우미 등 여러 기능을 가진 로봇을 생각해 내었다.

어떤 로봇을 만들고 싶은지 정했다면 학생들에게

그림 1-3-8 [나에게 필요한 로봇 주문하기] 학생 활동 예시

도 후다닥 박사처럼 직접 로봇을 주문 받는 경험을 제공할 수 있다. 이야기 속 문제 상황을 재미 있는 동기유발로 끌어오는 것이다. 활동의 마무리로 '나'만을 위한 로봇이 아닌 '가족'이나 '친 구'와 같은 주변 사람에게 선물하고 싶은 로봇을 떠올려보며 나의 문제를 우리의 문제로 확장시 켜 보자. 앞 예시의 활동지를 참고해도 좋다.

수업 TIP

학생들이 나에게 필요한 로봇을 생각하기 어려워한다면 교사가 유튜브 영상 등을 활용하여 현재 사용되는 로봇의 예시를 제공할 수도 있다. 특히 가정이나 학교 생활에서 필요성을 느꼈던 지점에 서부터 시작할 수 있도록 유의하자.

* 참고 영상 : '배달에서 요리, 중장비까지...생활 속 '로봇의 진화"' (출처 : YTN https://youtu.be/-IJjcP9ApUs)

3.3 해결책 설계 노벨 엔지니어링 ③

로봇의 역할 상상하기

나에게 필요한 로봇은 어떤 모습을 하고 있을까? 로봇의 모습과 기능을 연결 짓는 활동을 해보 자. 다양한 형태의 로봇을 학생들에게 보여주고, 어떤 역할과 기능을 할지 다채로운 상상력을 발휘해 보도록 하자. 정해진 답은 없기 때문에 같은 모양의 로봇이더라도 다양한 쓰임새를 서로 나누어 보는 것에 활동의 주안점을 둔다.

제시한 로봇에 따라 학생들은 비슷한 쓰임새를 생각하기도 했고, 전혀 다른 쓰임새를 떠올리는 경우도 있었다. 로봇의 색이 하늘색이어서 수영을 알려주는 기능을 생각하거나, 시원함을 연상 하여 냉장고 기능을 이야기하는 학생도 있었다. 이처럼 색 이외에도 로봇의 표정, 로봇이 들고 있는 물건, 로봇의 자세를 보고 어떤 쓰임새인지 다양한 이야기가 오고 갔다. 다른 학생들의 이 야기를 듣고 원래 생각했던 쓰임새에서 재미 요소를 반영하여 기능을 변경하거나 로봇에 구체 적인 설정을 더하기도 했다. 즐겁고 재미있는 분위기 속에서 학생들 간의 의사소통이 원활히 이 루어진다면 풍부한 로봇의 역할을 상상하는 데 도움을 줄 것이다.

그림 1-3-9 **다양한 로봇 이미지 예시**

TIP

이 활동은 로봇의 모습에 대한 학생들의 이미지 사고를 확장시키는 데 의의가 있다. 따라서 개별 활동으로 진행하기보다는 각자 떠올린 로봇의 역할을 서로 공유할 수 있는 짝, 모둠의 학습 형태를 추천한다. 로봇 이미지를 출력하여 넓은 공간에 붙여 놓고 포스트잇 등을 활용해서 로봇의 역할에 대한 의견을 나누어 봐도 좋다. 이렇게 이미지에 자신이 떠올린 기능을 상상하고 덧붙이는 것만으로도 교실이 왁자지껄해질 것이다.

내가 만들고 싶은 로봇 계획하기

이제 이야기 속 후다닥 박사가 되어 내가 만들고 싶은 로봇을 계획해 보자. 앞서 떠올렸던 나에게 필요한 로봇, 가족이나 친구에게 선물하고 싶은 로봇 중 내가 만들고 싶은 로봇을 하나 골라 간단하게 그려보도록 한다.

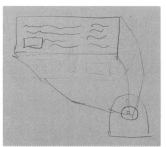

그림 1-3-10 로봇 스케치 예시

 TIP

이 활동의 유의할 점은 로봇 스케치를 위한 그림 그리기에 부담을 갖지 않도록 하는 것이다. 로봇 스케치를 꼼꼼하게 실수 없이 완성하는 것이 아니라 어떤 형태의 로봇을 그릴지 미리 계획해 보는 데 중점을 둔다.

3.4 창작물 만들기 노벨 엔지니어링 ④

오토드로우로 나만의 로봇 구현하기

이제 오토드로우로 나만의 로봇을 그려보자. 이전 활동에서는 내가 만들고 싶은 로봇을 스케치하기 위해 로봇의 모양을 종이에 필기구로 그려서 나타내었는데, 오토드로우에서는 어떤 과정을 거치게 될까? 오토드로우의 인공지능이 학습한 수많은 그림 데이터를 활용한다면 간단한 그림을 그리는 것만으로도 AI와 함께 나만의 로봇을 창의적으로 표현할 수 있다. 오토드로우에서 인공지능 기술이 사용된 [AutoDraw] 기능을 활용하여 로봇을 그리는 과정을 살펴보자.

1단계

(AutoDraw) 기능을 선택하고, 내가 그리고자 하는 로봇을 도화지에 표현한다. 이때 그림 자체를 잘 그리는 것에 집중하는 것이 아니라 인공지능이 내 그림을 원하는 의도대로 인식할 수 있도록 그림의 형태를 표현하는 것에 집중하도록 지도한다. 그림을 그리면 외곽에 사각형 모양의 테두리가 형성되는데, 테두리 안에 있는 그림이 인공지능이 현재 인식하고 있는 그림의 범위라는 점을 참고하자.

그림 1-3-11 오토드로우로 로봇 그리기 (1)

2단계

내가 그린 그림을 인공지능이 인식하여 화면 상단에 다음과 같은 여러 개의 그림을 추천해준다. 이 중에서 원하는 그림을 하나 선택한다. 내가 그림을 그릴 때마다 인공지능이 추천하는 그림이 수시로 바뀌므로 상단의 그림을 잘 관찰하며 그릴 수 있도록 유의하여 안내하는 것이 좋다.

그림 1-3-12 오토드로우로 로봇 그리기 (2)

3단계

기존에 그린 그림이 내가 선택한 그림으로 교체된다.

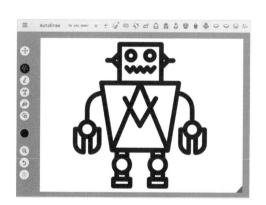

그림 1-3-13 오토드로우로 로봇 그리기 (3)

이처럼 로봇의 전체 형태를 한 번에 나타낼 수도 있지만, 로봇의 신체 구조 각각을 (AutoDraw)로 표현한 후 합쳐서 완성할 수도 있다. 인공지능은 내가 그린 그림 한 가지에 대해 여러 종류의 그림을 추천해 주기 때문에, 원래 생각했던 것보다 더 괜찮은 그림을 발견한다면 그것으로 교체해봐도 좋다.

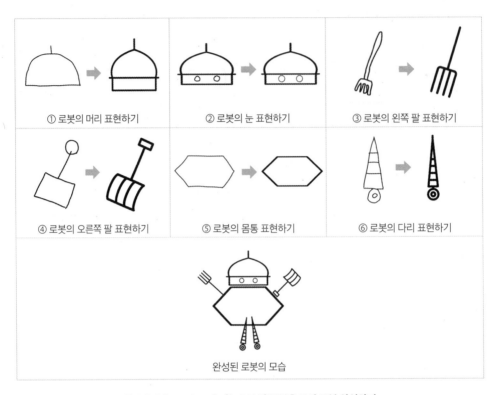

① 로봇의 머리 표현하기	② 로봇의 눈 표현하기	③ 로봇의 왼쪽 팔 표현하기
④ 로봇의 오른쪽 팔 표현하기	⑤ 로봇의 몸통 표현하기	⑥ 로봇의 다리 표현하기

완성된 로봇의 모습

표 1-3-3 [AutoDraw] 기능으로 각 부분을 모아 로봇 완성하기

만약 내가 표현하고자 하는 그림이 없는 경우, ✐(Draw)나 ⬡(Shape) 기능을 활용해서 그림을 완성해도 괜찮다. ✐(AutoDraw) 기능과 적절하게 섞어서 그림을 그린다면 다양한 모습의 로봇을 표현할 수 있다.

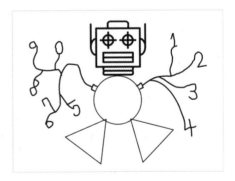

그림 1-3-14 [AutoDraw]에 [Draw], [Shape] 기능 더하기

 수업 TIP

이 활동의 유의할 점은 '로봇 그리기' 자체에 집중하는 것이 아니라 '어떤 기능을 가진 로봇을 그리는지'에 집중해야 한다는 것이다. 로봇의 모습이 완성되었을 때, 한눈에 봐도 로봇의 역할을 알기 위해서는 어떤 그림을 그리는 것이 효과적일지 고민해 보게 한다.

그리고자 하는 로봇의 형태를 모두 표현했다면, (Fill) 기능으로 로봇을 색칠하여 완성한다. 그림의 모든 부분에 색을 입힐 필요는 없으며, 해당 기능을 사용해 보는 데 의의를 두자. (Type) 기능을 활용하여 도화지에 자신의 이름을 적거나, 로봇의 역할에 대한 간단한 정보를 제공할 수 있다. 로봇 그림을 감상하는 사람에게 어느 정도의 정보를 줄 것인지 생각해 보고, 필요한 만큼 로봇에 대한 정보를 작성하도록 한다.

그림 1-3-15 [Fill]과 [Type] 기능으로 완성한 로봇

완성된 로봇을 저장하는 방법은 두 가지이다. 첫째, [Download]를 눌러 png 형식의 사진 파일로 저장한다. 둘째, [Share] → [Copy Link]를 눌러 링크로 그림을 저장한다. 복사-붙여넣기한 링크를 클릭하면 그림이 웹 브라우저에서 열리는데, 여기서 사진 파일로 저장하고 싶다면 그림에 마우스 커서를 놓고 마우스 오른쪽 버튼을 클릭한 후 [이미지를 다른 이름으로 저장]을 누르면 된다. 학급에서 진행하고자 하는 활동 방향에 맞게 원하는 방식을 자유롭게 선택하여 나만의 로봇 그림을 저장해 보자.

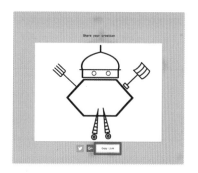

그림 1-3-16 [Share] 기능을 사용한 저장 화면

학생들은 오토드로우로 나만의 로봇을 어떻게 만들었을까? 이야기 속 문제 상황을 나의 문제로 가져와 일상생활 속 느꼈던 불편함을 해결해 보자는 맥락만 제시해도 학생들은 다양하고 창의적인 기능을 가진 로봇을 생각해내었다. 청소를 도와주는 로봇, 마음을 읽어주는 로봇, 생일이 되면 풍선을 만들어주는 로봇, 복도에서 뛰는 친구들을 관찰하는 로봇 등 재미있는 기능을 가진 로봇을 오토드로우로 그려내는 모습을 볼 수 있었다.

그림 1-3-17 [오토드로우로 나만의 로봇 구현하기] 학생 산출물 예시

단순한 오토드로우 체험에서 한 단계 더 나아가 이야기 속의 문제 상황을 AI 플랫폼으로 해결하는 과정에서 학생들의 수업 몰입도는 높아진다. 평소 미술 활동에 어려움을 느끼던 학생들도 인공지능의 유용성을 체득하며 그림 그리기에 열심히 참여하는 모습을 보였다. 학생들은 오토드로우로 나만의 로봇을 표현하며 AI의 원리에 익숙해질 수 있었고, 나아가 인공지능이 지금보다 더 많은 그림 데이터를 가지고 있다면 💡(AutoDraw) 기능이 제공하는 그림이 훨씬 풍부해진다는 사실을 교사의 도움 없이 스스로 깨달았다.

로봇 전시회 열기

로봇 전시회를 열어 학생들이 완성한 로봇을 서로 공유할 수 있는 기회를 제공해 보자. 다른 친구들의 로봇을 감상하며 어떤 기능의 로봇을 만들었는지 살펴본다. 설령 같은 기능을 가진 로봇이라 하더라도 누가 표현했는지에 따라 다른 모습으로 구현된다는 사실도 알 수 있을 것이다. 로봇 전시회는 다음과 같은 방법으로 진행할 수 있다.

> ① 오토드로우로 그린 로봇이 잘 보이도록 스마트 기기를 자신의 책상 위에 올려놓는다.
> ② 모두 자리에서 일어나 차례대로 줄을 선 후 질서를 지키며 친구들이 만든 로봇을 감상한다.

친구들의 작품을 감상하는 것에 그치지 않고, 포스트잇과 같은 도구를 활용하여 로봇에 대한 간단한 감상평이나 피드백을 남겨봐도 좋다. 시간에 여유가 있다면 친구들이 남겨준 감상평 또는 피드백을 반영하여 자신의 로봇을 수정 및 보완하는 활동까지 해보는 것을 추천한다.

그림 1-3-18 로봇 전시회 모습

 수업 TIP

각 학교 실정에 맞게 완성된 작품을 내려받거나 링크로 저장하여 학급 온라인 플랫폼에 업로드하는 방식으로 전시회를 운영할 수 있다. 로봇 전시회 대신 어떤 기능의 로봇인지 서로 문제를 내고 정답을 맞혀보는 퀴즈 형식으로 진행해봐도 좋다.

3.5 이야기 바꾸어 쓰기 노벨 엔지니어링 ⑤

'로봇 만들기는 쉬워!' 이야기 바꾸어 그리기

노벨 엔지니어링은 이야기에서 시작해서 이야기로 끝난다. 앞서 문제를 해결하기 위해 활동했던 경험을 이야기 속에 녹여내는 과정을 통해 수업 내용을 내면화할 수 있다.

본 수업에 사용된 책 제목은 '로봇 만들기는 어려워!'이다. 하지만 학생들은 인공지능의 도움으로 로봇을 쉽게 만들어냈다. '로봇 만들기는 쉬워!'라는 새로운 제목의 그림책 표지에 이때까지의 경험을 녹여보는 것도 재미있을 것이다. 이야기 속 '수 세기 로봇' 대신 일상생활의 불편함을 해결해줄 수 있는 '나만의 로봇'을 '오토드로우'로 나타내는 과정을 그림으로 나타내어 보자. 학생들은 끝말잇기 로봇, 치킨 만들기 로봇, 책을 읽어주는 로봇 등 재미있는 로봇을 그림으로 표현했다. 표지가 완성되면 발표를 통해 서로의 작품을 감상하며 의견을 나누며 노벨 엔지니어링 수업을 마무리할 수 있다.

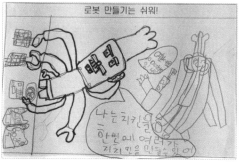

그림 1-3-19 [이야기 바꾸어 그리기] 학생 산출물 예시

수업 TIP

학생 수준을 고려하여 이야기 바꾸어 그리기 활동 대신 이야기 바꾸어 쓰기로 대체하여 진행할 수 있다. 이야기 바꾸어 그리기 활동도 위의 예시처럼 이야기 속 한 장면을 나타내는 것뿐만 아니라 '미니북' 형태로 하나의 그림책을 완성해 보는 것까지 다양한 방법으로 수업해 보기를 추천한다.

수업에 날개 달기

AI 플랫폼을 기반으로 한 다양한 갈래의 수업을 진행해 보면 어떨까? AI 플랫폼 체험을 일회성으로 끝내지 않고 도서 속 맥락을 제공하는 데 활용한다면 유의미한 수업이 가능해진다. 다양한 교육 주제와 도서를 바탕으로 수업에 색채를 더해 보자.

4.1 타교과 융합 – 사회: 우리 동네 지도에 인공지능 더하기

3학년 1학기 사회 교과에는 우리 고장에 대해 공부하고 이를 직접 지도로 그려보는 차시가 있다. 앞서 활용했던 ✏️ (AutoDraw) 기능을 활용해서 우리 동네 지도를 그려보면 어떨까? 더 이상 우체국, 경찰서와 같은 여러 건물을 일일이 그리지 않아도 된다. 인공지능에 해당 그림 데이터가 있다면 그리고자 하는 건물을 자동으로 완성해 주기 때문에 보다 간편하게 우리 동네 지도를 완성할 수 있을 것이다.

그림 1-3-20 오토드로우로 그린 우리 동네 지도 예시

4.2 학기 초 적응 교육 – 교실 로고 공모전 열기

새 학기, 새 시작을 맞아 3월 초에 하는 학급 세우기 활동에 오토드로우를 활용해 보자. 우리 반의 학급 이름 또는 학급 구성원의 정체성을 담은 교실 로고를 오토드로우로 그려보는 것은 어떨까?

이를 공모전으로까지 연계한다면 내실 있는 학급 세우기가 가능할 것이다. AI가 제공하는 개체들을 활용하여 간단한 로고를 만들어낼 수 있다. 교실 로고를 표현하기 위해 학급 구성원에 대해 알아보는 과정에서 우리 반에 대한 소속감과 애착심이 형성될 수 있을 것이다.

그림 1-3-21 오토드로우로 그린 우리 교실 로고 예시

수업 TIP

오토드로우는 이미지나 링크로 그림을 저장할 수 있기 때문에 온·오프라인 형태의 교실 로고 공모전이 모두 가능하다. 학급 온라인 플랫폼에 교실 로고를 링크로 저장하여 올리고 학급/학년/학교 대상으로 달리하여 온라인 투표를 진행해 보는 것은 어떨까?

4.3 생활 안전 교육 –안전 표지판 제작하여 웹전시 열기

우리 교실 또는 학교에서 발생할 수 있는 안전사고에는 무엇이 있을까? 우리 주변에서 쉽게 발생할 수 있는 안전사고를 예방하기 위한 안전 표지판을 오토드로우로 만들어보자. 표지판은 단순한 모양(원, 삼각형, 사각형)과 한두 가지 색깔을 활용하여 눈에 잘 띄도록 디자인하는 것이 특징인데, 오토드로우의 기능으로 손쉽게 표현이 가능하다. 🪣 (Fill) 기능을 활용하여 표지판을 원하는 색으로 바로 변경하거나 🔲 (Shape)로 도형을 깔끔하게 그려낼 수 있다. 또 표지판 안의 그림을 그릴 때에도 ✏️ (AutoDraw) 인공지능의 추천 그림을 활용한다면 쉽고 빠르게 나만의 표지판을 완성할 수 있을 것이다.

안전 표지판을 오토드로우로 완성했다면 작품을 저장하여 패들렛을 활용한 웹전시를 진행하여 보자. 여러 가지 안전 표지판을 살펴보며 학교 곳곳에서 지켜야 할 안전수칙에 대해 떠올려보고 내면화할 수 있게 된다. 패들렛 이외에도 다양한 플랫폼을 활용할 수 있으며 좋아요나 별점, 댓글 기능을 활용하여 서로의 작품에 대해 소통해 보는 활동도 추천한다.

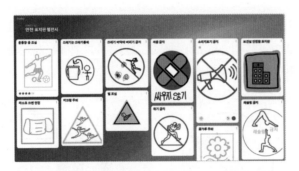

그림 1-3-22 오토드로우로 그린 안전 표지판 패들렛 웹전시 모습

4.4 AI 윤리 토론 -[퀵드로우]로 알아보는 데이터의 중요성

인공지능 기술에서 핵심 키워드는 인공지능을 학습시키는 데 필요한 '데이터'이다. 학생들은 내가 그린 그림을 바탕으로 새로운 그림을 추천해 주는 오토드로우를 통해 데이터가 중요하다는 사실을 자연스럽게 이해하게 된다. 오토드로우와 비슷한 플랫폼인 [퀵드로우]를 통해서도 데이터의 중요성을 체감할 수 있다.

그림 1-3-23 [퀵드로우] 메인 화면

[퀵드로우](quickdraw.withgoogle.com)는 제한 시간 20초 이내에 사용자가 그림을 그리면 인공지능이 무슨 그림인지 맞히는 머신 러닝 기반 온라인 게임 플랫폼이다. [시작하기] 버튼을 누르면 총 6개의 문제가 제시되며, 사용자가 그림을 그리는 대로 인공지능이 어떤 그림으로 인식하고 있는지 하단에 알려준다. 사용자가 제시된 단어를 그림으로 잘 표현하여, 인공지능이 올바르게 인식한 경우 문제가 정답 처리되고 넘어간다. 20초 안에 사용자가 그린 그림을 인공지능이 인식하지 못하면, 오답 처리되고 다음 문제로 넘어가게 된다.

그림 1-3-24 [퀵드로우] 문제 풀이 화면

6개의 문제를 모두 풀고 나면 결과 화면이 나타난다. 이때 게임 결과에 치중하여 재미를 추구하는 데서 끝나는 것이 아니라 내가 그린 그림을 클릭하여 인공지능이 어떤 과정을 거쳐 인식했는지 확인하는 과정이 중요하다. 같은 주제에 대해 다른 사람들은 어떤 그림을 그렸는지 살펴보고, 내 그림과의 유사성을 비교하여 인공지능이 그림을 맞힌 이유 또는 못 맞힌 이유에 대해 생각해 볼 기회를 제공하는 것이 핵심이다.

 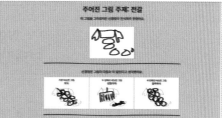

그림 1-3-25 [퀵드로우] 결과 화면

이렇듯 퀵드로우 활동을 통해 재미있는 게임 형식으로 학생들은 인공지능이 가진 '데이터의 중요성'을 자연스럽게 이해하게 된다. 이를 실생활 사례로 연결하여 확장시켜 보면, 교통 단속을 위해 사용되는 카메라에서 '교통 카메라에 인공지능을 사용해도 괜찮을까?'라는 토론 주제를 이끌어낼 수 있다. 토론을 위하여 다음과 같은 상황을 가정해 보자.

"다량의 데이터를 학습한 교통 카메라가 교통 단속을 실시하여 과태료나 범칙금을 부과했다. 교통 카메라의 인공지능의 판단은 항상 정확할까? 교통 카메라가 과태료나 범칙금을 잘못 부과한 경우에는 어떻게 해야 할까?"

토론을 진행하다 보면 인공지능이 100% 정확한 판단을 내리는 것은 어려운 일이며, 데이터를 단순히 많이 학습한다고 해서 정확도가 올라가는 것은 아니라는 사실을 알게 된다. 교통 카메라의 인공지능이 학습한 데이터가 처음부터 잘못된 이미지였다면, 교통 단속에 있어서 부정확한 판단을 내릴 수 있는 것이다.

다음으로 '교통 카메라의 인공지능이 정확한 단속을 실시하기 위해서 가장 중요한 조건'이 무엇일지 생각해 보게 한다. 학생들은 앞서 이야기한 내용을 떠올리며 올바른 데이터 즉, '데이터의 질'도 중요한 조건 중 하나가 될 수 있음을 이해할 것이다. 퀵드로우에서 실생활 사례까지 이어지는 AI 윤리 토론을 통해 다양한 관점에서 인공지능을 바라볼 수 있는 능력을 길러주는 것은 어떨까? AI 윤리 토론으로 사고의 확장을 경험해 보자.

Novel
Engineering

게으름뱅이 탈출을 위한
생활 습관 개선 앱 만들기

옛 이야기는 입에서 입으로 전해지는 전승 문학의 한 형태로, 쉽고 재미있는 내용으로 이어져 온다. 특히 여러 가지 교훈을 담고 있어 사람들의 삶에 메시지와 교훈을 주고 내적 성장을 경험할 수 있다.[1] 또 전형적인 인물들과 단순한 이야기 구조로 이루어져 있어 읽는 사람의 상상력을 입혀 새로운 이야기로 만들 수 있다는 점에서 수업의 활용도가 높다. 학생들은 옛 이야기 자체에 흥미를 가지기 때문에, 이야기에 나오지 않은 정보에 대해서 재미있는 상상을 발휘하며 읽는다. 이러한 상상에 인공지능 기술이 더해지면 어떨까? 옛 이야기와 AI 기술을 융합하여 새로운 가치를 창출해 보는 경험을 통해 2022 개정 교육과정에서 요구하는 '혁신적 포용인재'로 발돋움할 수 있을 것이다.[2] 옛 이야기에 현재의 기술을 적용하여 학습자 중심의 입체적이고 풍부한 상상으로 문제를 해결해 보자.

01 인공지능 돋보기

티처블 머신은 누구나 쉽게 머신 러닝 과정을 체득할 수 있는 플랫폼이다. 우리는 이 플랫폼에 옛 이야기 속 문제 상황을 녹여내 볼 것이다. 일반적으로 티처블 머신으로 이미지 분류 학습을 많이 진행하는데, 이 수업에서는 AI 포즈 프로젝트로 옛 이야기 속 문제를 해결해 보려고 한다. '소가 된 게으름뱅이'를 도울 수 있는 포즈 인식 프로그램을 만들어보자.

1.1 기계학습의 종류

데이터를 이용하여 학습을 시도하는 기계학습에는 3가지 큰 패러다임이 있다. 우리가 찾고자 하는 정보에 따라 또는 만들고자 하는 인공지능 모델에 따라 그 방식이 달라진다.

첫 번째는 **지도학습**Supervised Learning이다. 인간이 학습하는 방식과 가장 유사한 이 **지도학습은 [문제]와 [정답]이 있는 데이터를 학습시킨 후 새로운 문제로 정답을 맞히도록 만드는 방식이다.** 예를 들어 집의 시세를 알아보자. 집 가격이 명시된 기존 집들의 위치, 평수, 화장실 개수, 접근성 등의 특성 자료들을 학습할 수 있다. 이후 새로 짓는 집의 특성들을 이용하여 시세가 얼마가 될 것인지를 예측하고자 하는 방식이다. 스팸메일과 정상메일을 분류하기 위하여 두 자료들을 각각 학습시켜 새로운 메일의 종류를 판단하는 방식도 이에 포함된다. 지도학습 중에서도 전자처럼 예측하는 경우는 회귀 Regression라고 하고, 후자의 경우에는 분류Classification라고 한다.

두 번째는 **비지도학습**Unsupervised Learning이다. **비지도학습의 가장 큰 특징은 정답이 없는 데이터를 학습시 킨다는 것이다.** 이는 인간의 개입 없이 데이터가 어떻게 구성되어 있는지를 알아내는 방식으로, 컴퓨터가 패턴을 스스로 찾거나 데이터 간의 유사도를 확인하여 비슷한 부류끼리 군집Cluster을 형성하도록 만든다. 이렇게 만들어진 인공지능 모델은 새로운 데이터가 들어오게 되면 그것이 어떤 군집에 속하는지를 판별하게 된다. 인간이 미처 찾지 못한 특징들을 찾고 싶거나, 사람의 행동 패턴과 같이 불완전한 데이터를 가지고 효과적인 전략을 수립하고자 하는 경우에 비지도 학습을 이용할 수 있다.

마지막으로 **강화학습**Reinforcement Learning이 있다. 이 방법은 인공지능 모델을 살아있는 주체로 간주 하여 '에이전트'라는 이름으로 명명한다. 인간에게 칭찬과 벌을 부여하는 행동심리학에서 차용 한 방식으로, 에이전트가 선택한 동작Action에 의해서 상태State가 좋아진다면 에이전트에게 보상 Reward을 주고, 반대의 경우 에이전트에게 불이익을 주는 과정을 거친다. 그럼 해당 에이전트는 보상이 많은 쪽으로 점차 움직이며 발전하게 되는 것이다.

각각의 패러다임은 수많은 개별 알고리즘을 가지고 있으며, 인공지능 모델을 만들기 위해서 세 방식을 혼용하여 사용하기도 한다.

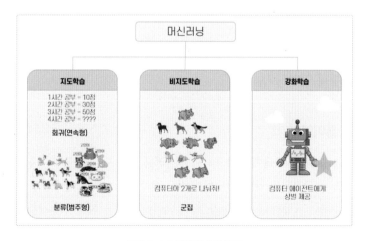

그림 1-4-1 기계학습의 종류

1.2 성취기준 및 인공지능 내용요소

- [2국 02-05] 읽기에 흥미를 가지고 즐겨 읽는 태도를 지닌다.

- [2국 05-02] 인물의 모습, 행동, 마음을 상상하며 그림책, 시나 노래, 이야기를 감상한다.

- [4국 05-03] 이야기의 흐름을 파악하여 이어질 내용을 상상하고 표현한다.

- [4체 01-01] 건강한 생활 습관(몸의 바른 자세, 개인 위생, 비만 예방)을 알고 생활 속에서 규칙적으로 실천한다.

- [6국 05-05] 작품에 대한 이해와 감상을 바탕으로 다른 사람과 적극적으로 소통한다.

- [6국 05-06] 작품에서 얻은 깨달음을 바탕으로 하여 바람직한 삶의 가치를 내면화하는 태도를 지닌다.

- [인공지능 원리와 활용:초등학교 1-4학년:인공지능 학습 놀이 활동] 놀이 활동을 통해 인공지능의 학습 과정을 체험한다.

- [인공지능 원리와 활용:초등학교 5-6학년:기계학습 원리 체험] 인공지능이 적용된 교육용 도구를 통해 기계가 학습하는 과정을 설명할 수 있다.

02 AI 플랫폼 살펴보기

2.1 AI 플랫폼 이해하기

[티처블 머신] 들어가기

티처블 머신 Teachable Machine은 구글에서 제공하는 머신러닝 학습 도구로, 누구나 쉽게 인공지능 모델을 만들 수 있도록 구성되어 있다. 인터넷 환경은 선행되어야 하며, 데스크톱/노트북(크롬북)에서 프로젝트 수행이 가능하니 유의하자. 특히 데이터 수집을 위해서는 웹캠이나 마이크 기능이 필요하며, Chrome 브라우저 사용을 권장한다. 만약 언어가 영어로 설정되어 있는 경우 크롬 브라우저의 [설정] → [언어]에서 한국어로 변경할 수 있다. 이제 티처블 머신 홈페이지

(teachablemachine.withgoogle.com)에 접속해 보자.

그림 1-4-2 **[티처블 머신] 시작 화면**

[티처블 머신] 사용 방법 이해하기

티처블 머신에서는 이미지, 오디오, 포즈를 이용한 3가지 프로젝트로 인공지능을 만들 수 있다. 각 프로젝트는 어떤 형태의 데이터를 활용하느냐의 차이가 있을 뿐 인공지능을 학습시키는 과정은 동일하다.

그림 1-4-3 **[티처블 머신] 프로젝트 종류**

티처블 머신에서 제공하는 세 가지 프로젝트는 모두 ① 문제의 정의, ② 클래스 생성, ③ 데이터 수집, ④ 모델 학습, ⑤ 모델 평가 및 배포의 순서로 진행된다. 머신 러닝의 과정을 생각하며 티처블 머신의 사용 방법을 익혀보자.

① 문제의 정의

머신 러닝 모델을 만드는 첫 번째 과정은 '문제의 정의'로 인공지능에게 어떤 학습을 시킬지, 이 프로젝트가 왜 필요한 지에 대해 고민해 보는 단계이다. 예를 들면 '박수' 소리와 '휘파람' 소리에 따라 전등을 켜거나 끄는 스마트 홈을 만든 다는 목표를 설정해 보자. 이를 위해 '박수'와 '휘파람'을 분류할 수 있는 오디오 프로젝트를 만들어 볼 수 있을 것이다. 문제가 정의되었다면 시작하기 버튼을 클릭하여 원하는 프로젝트를 선택한다.

그림 1-4-4 [티처블 머신] 새 프로젝트 시작하기

② 클래스 생성

두 번째 과정은 클래스의 생성이다. 클래스는 학습에 필요한 정답 레이블을 뜻하며 학습을 위해서는 두 개 이상의 클 래스가 필요하다. 처음 생성된 클래스의 이름은 Class 1, Class 2로 되어 있는데, 오디오 클래스의 경우에는 Class 1 대 신 '배경 소음'이라는 클래스가 기본값으로 설정되어 있다. 학습을 위해서는 최소 20초 이상의 배경 소음이 필요하며 이 클래스는 삭제하거나 중단할 수 없다.

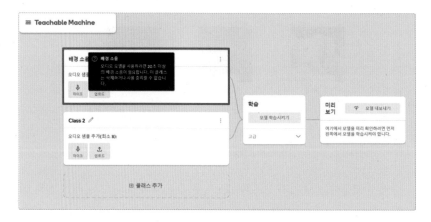

그림 1-4-5 [티처블 머신] 클래스 초기 화면

Class 2의 오른쪽에 있는 연필 모양의 아이콘(✏)을 클릭하여 클래스의 이름을 변경할 수 있다. [⊞ 클래스 추가] 버튼을 눌러 클래스를 추가하는 것도 가능하다.

그림 1-4-6 클래스 이름 변경 방법(왼쪽)**과 클래스 추가 방법**(오른쪽)

⋮ 버튼을 누르면 필요 없는 클래스를 삭제 또는 사용 중지할 수 있다. 업로드한 데이터 샘플을 일괄적으로 삭제 또는 다운로드할 수도 있으며 드라이브에 저장하는 것도 가능하다.

그림 1-4-7 클래스 메뉴

③ 데이터 수집

이제 데이터를 수집해 보자. 데이터를 입력하는 방법은 크게 두 가지로, 마이크를 이용하여 실시간 데이터를 녹음할 수도 있고 기존에 가지고 있던 오디오 파일을 업로드해도 좋다. 먼저 배경 소음의 데이터를 모아보자.

[🎤] 를 클릭하고 [20초 녹화] 를 누르면 20초 동안 배경 소음이 녹음되고, [샘플 추출] 을 클릭하면 데이터 수집이 완료된다.

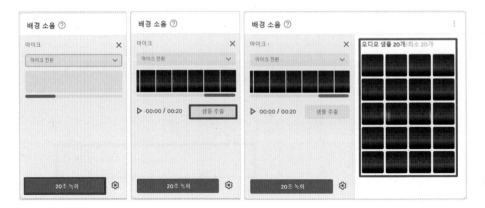

그림 1-4-8 배경 소음 수집하기

다시 다른 오디오 클래스의 데이터를 수집하기 위하여 [2초 녹화] 버튼을 누르고, [샘플 추출]을 클릭하여 오디오 샘플을 추출한다.

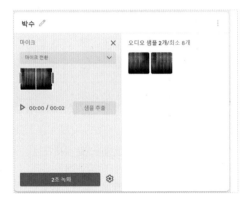

그림 1-4-9 '박수' 클래스 데이터 수집하기(녹화)

[업로드] 를 통해 데이터를 수집할 수도 있다. 버튼을 클릭하면 파일 데이터를 선택할 수 있는 창이 뜬다. 파일을 직접 선택하거나 또는 드래그 앤 드롭 기능을 사용하여 데이터를 업로드할 수 있다.

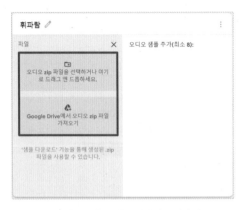

그림 1-4-10 '휘파람' 클래스 데이터 수집하기(업로드)

PART I

④ 모델 학습

각 클래스마다 데이터 수집이 완료되었다면 모델을 학습시킬 차례이다.

[모델 학습시키기] 를 눌러 보자. 모델을 학습시키는 동안에는 탭을 닫거나 브라우저를 종료하면 안 된다. 이때 입력한 데이터의 수가 많을수록 모델을 학습하는 시간이 길어진다.

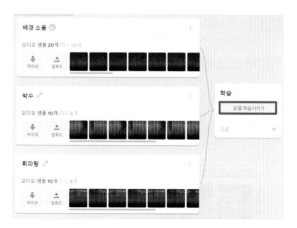

그림 1-4-11 데이터를 이용해 모델 학습시키기

⑤ 모델 평가 및 배포

학습이 완료된 후 모델이 잘 만들어졌는지 [미리보기] 화면에서 확인할 수 있다. 모델을 평가하기 위해 새로운 데이터를 입력하여 제대로 분류하는지 확인한다. 학습 결과가 만족스럽지 못하다면 데이터 수집 단계로 돌아가 데이터를 다시 수집하고 학습하는 과정을 반복한다. 학습 결과가 만족스럽다면 [☞ 모델 내보내기] 를 눌러 모델을 배포하자.

모델을 어떤 형태로 내보낼지 선택하는 창이 뜬다. [업로드(공유 가능한 링크)]를 체크하고 [☁ 모델 업로드] 를 누르면 공유할 수 있는 링크(url)가 생성된다. 이 링크를 복사하여 다른 PC나 스마트폰에서 실행하면 우리가 만든 인공지능 모델이 작동하는 것을 확인할 수 있다.

그림 1-4-12 모델 평가 및 내보내기

그림 1-4-13 링크로 모델 공유하기

2.2 AI 플랫폼 체험하기

이미지 프로젝트로 색종이 구분하기

티처블 머신의 사용법을 이해했다면 이미지 프로젝트를 체험해 보자. 여기서는 간단히 '빨간 색종이'와 '초록 색종이'를 구분하는 인공지능을 만들어 볼 것이다. 첫 화면에서 [이미지 프로젝트]를 클릭하고 [표준 이미지 모델]을 선택하면 프로젝트 창이 나온다.

그림 1-4-14 이미지 프로젝트 시작하기

먼저 클래스의 이름을 각각 '빨간 색종이'와 '초록 색종이'로 바꿔보자. [클래스 추가] 버튼을 클릭하면 세 가지 이상의 색종이에 대한 학습도 가능하다. 이제 데이터를 입력할 것이다. 이때 색종이 이미지를 웹캠으로 촬영하여 사용하거나 미리 준비해둔 이미지 파일을 업로드하는 방식을 모두 활용할 수 있다.

여기에서는 웹캠을 사용하여 데이터를 수집하는 방법을 제시한다. 웹캠을 선택하면 처음에는 카메라를 사용할 수 있도록 권한을 요청하는 메시지 창이 뜨는데, [허용]을 체크해 줘야만 작업이 가능하다. 피사체를 카메라에 가져다 대고 `길게 눌러서 녹화하기` 버튼을 누르면 이미지가 연속으로 찍히게 된다. 피사체를 다양한 거리와 각도에서 30장 정도 촬영해 보자. 배경이 많이 찍히게 되면 배경으로 인해 잘못

그림 1-4-15 클래스 생성하기

그림 1-4-16 데이터 수집하기

된 데이터를 학습할 수 있으므로, 이 점에 유의하자.

빨간 색종이와 초록 색종이의 데이터를 충분히 수집했으면 모델 학습시키기 를 클릭한다. 클래스와 이미지 데이터의 수가 많을수록 모델을 학습하는 시간이 길어지기에 수업 시에는 20~30장의 데이터를 입력할 것을 권한다. 모델을 학습하는 동안에는 탭을 닫거나 브라우저를 종료하지 않도록 유의하자.

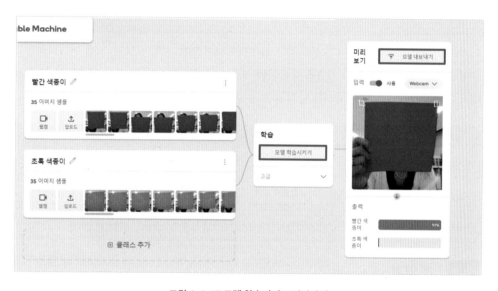

그림 1-4-17 모델 학습시키고 평가하기

학습이 완료된 후 모델이 잘 만들어졌는지 [미리보기] 화면에서 확인해 보자. 새로운 이미지를 카메라에 비추어 데이터를 제대로 분류하는지 인공지능을 테스트해 보는 과정도 필요하다. 학습 결과가 만족스럽지 못하다면 데이터 수집 단계로 돌아가 데이터를 추가로 학습시키도록 한다. 모델이 제대로 작동한다면, 모델 내보내기 를 눌러 배포할 수 있다.

모델 내보내기를 완료하면 모델을 배포할 수 있는 링크가 생성된다. 링크가 있는 사용자는 학습된 모델을 불러와 체험해 볼 수 있으며 스크래치와 같은 사이트에서 모델을 불러와 프로그래밍을 할 수 있다. 보다 자세한 내용은 '4. 수업에 날개 달기' 절을 참고하도록 하자.

03 노벨 엔지니어링 수업 톺아보기

티처블 머신의 체험을 마쳤다면 본격적인 AI-STEAM 수업을 진행해 보자. 노벨 엔지니어링을 통해 옛 이야기 속 상황에 AI 기술을 융합하여 새로운 가치를 인식할 수 있다. 학생들은 이 과정에서 다양한 상상을 통해 사고력을 넓힐 수 있을 것이다.

차시	STEAM 준거틀	노벨 엔지니어링 수업 단계	활동
1~2차시	상황 관련 문제 정의	①책 읽기 ②문제 인식	- 《소가 된 게으름뱅이》 그림책 읽기 - 게으름뱅이의 미래 상상하기
3~4차시	융합적 설계 및 문제 해결	③해결책 설계 ④창작물 만들기	- 티처블 머신 포즈 프로젝트 체험하기 - 포즈 프로젝트를 활용한 생활 습관 개선 앱 설계하기
5~6차시	자기주도 및 성찰	⑤이야기 바꾸어 쓰기	- '소가 된 게으름뱅이' 이야기 바꾸어 쓰기

3.1 책 읽기 노벨 엔지니어링 ①

소가 된 게으름뱅이
김진 글 | 최선화 그림 | 애플비북스 | 2022

'소가 된 게으름뱅이' 이야기는 책으로 읽지 않더라도 대부분의 학생들이 한 번쯤은 들어본 줄거리로 게으름을 피우다가 소가 되어 버린 농부의 이야기이다. 옛 이야기의 익숙한 줄거리와 간결하고 재미있는 문장은 학생들이 책에 몰입할 수 있도록 돕는다.

이 책을 활용한 AI 융합 수업은 저학년부터 고학년까지 모두 적용이 가능하며 옛 이야기의 특성상 줄거리의 구조가 동일하기에 학년 수준에 맞게 그림이나 문장 등을 고려하여 다른 도서를 선정하여도 무방하다. 이제 옛 이야기 속 교훈을 찾아보는 수업에 머무르지 말고 AI 플랫폼과 연결한 융합 수업으로 확장해 보자.

3.2 문제 인식 노벨 엔지니어링 ②

게으름뱅이의 미래 상상하기

옛 이야기는 독자들에게 재미와 교훈을 주기 위해 극적으로 전개되는 특성을 지닌다. 《소가 된 게으름뱅이》에서는 게으름을 피우다 소가 되어 후회하는 주인공이 그러하다. 옛 이야기 속 문제 상황에 현재의 기술을 적용하여 현실적으로 해결하고자 하면 학생들로부터 재미있는 발상을 이끌어낼 수 있다. 먼저, 게으름뱅이의 미래 모습을 상상해 보는 것으로 문제 인식을 시작해 보자. 게으름을 피우던 주인공에게 어떤 일이 닥칠지 상상하는 것만으로도 학생들은 다양한 생각을 쏟아내며 교실이 떠들썩해질 것이다.

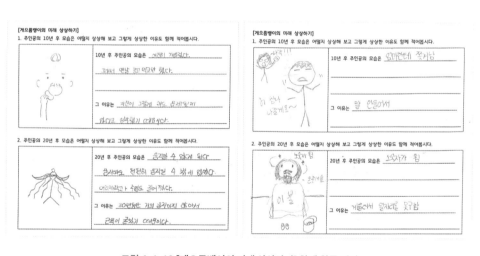

그림 1-4-18 [게으름뱅이의 미래 상상하기] 학생 활동 예시

주인공이 매일 놀고먹기만 하여 지저분한 머리카락과 근육 하나 없은 몸이 되어 버린 모습으로 미래를 상상한 학생도 있었고, 엄마에게 잔소리를 듣는 주인공의 모습을 그려낸 학생도 있었다. 작품을 공유하고 발표하면서 자신도 게으름을 피우다 엄마에게 혼났던 비슷한 경험이 있다고 이야기하는 학생도 여럿 있었다. 게을러서 스스로 할 줄 아는 일이 없는 주인공의 미래를 노숙자의 모습으로 상상하기도 했고, 고백에 번번이 실패하는 이른바 모태 솔로의 모습으로 게으름뱅이의 미래를 그려 내기도 했다. '게으름뱅이'라는 주인공의 속성에서 동떨어지지 않는다면 다양한 상상을 담아낼 수 있도록 허용적인 분위기를 조성했더니 간단한 활동임에도 불구하고 학생들의 활발한 반응을 수업에 녹여낼 수 있었다.

수업 TIP

이 활동의 목표는 책 속 주인공이 게을러서 겪게 되는 상황을 떠올려보고 미래에 야기되는 문제점이나 어려움을 상상해 보는 것이다. '게으름을 피웠던 나의 경험'에 대해 이야기를 나누어 보면 이 활동을 하는 데에 도움이 될 것이다. '게으름을 피우다 숙제를 못해서 곤란했던 경험', '친구와의 약속 시간을 못 지켜 다퉜던 경험' 등을 떠올릴 수 있도록 사고의 범위를 열어줄 필요가 있다. 학생들이 주제에서 지나치게 벗어난 상상을 하지 않도록 활동 목표를 지속적으로 상기시키도록 하자.

학생들은 주인공이 게으름뱅이라서 발생하는 문제점을 생각하여 미래 모습을 그려냈다. 그렇다면 문제를 해결하기 위해서 인공지능 기술이 어떤 도움을 줄 수 있을까? 노벨 엔지니어링 기반의 AI 수업을 위해서는 학생들이 이야기 속 상황과 현시대의 기술을 연결 지어 생

그림 1-4-19 웨어러블 기기(왼쪽)와 AI 운동 코칭 앱 활용 모습(오른쪽)

각할 수 있도록 적절한 발문과 안내가 필요하다. 학생들의 발상을 돕기 위해 생활 주변에서 볼 수 있는 웨어러블 기기나 AI 운동 코치 앱 등의 자료를 예시로 활용할 수 있다.

이제 우리 주변의 기술(AI)이나 웨어러블 기기로 문제를 해결할 수 있는 다양한 방법을 생각해 보자. 학생들은 다양한 아이디어를 떠올렸다. 학생들 중 스마트 워치를 경험해 본 친구들은 게으름뱅이가 너무 오랫동안 누워 있으면 운동을 하라고 알람을 보내주는 기기를 선물해 주고 싶다는 의견을 냈다. VR을 활용하여 계속 게으름을 피우면 미래에 어떤 결과를 초래할지 간접 경험을 시켜주자는 의견도 있었다. 많이 걸으면 포인트를 쌓을 수 있는 걸음 앱에서 착안하여 운동을 열심히 하면 포인트를 주는 앱이 있다면 생활 습관을 정착하는 데 도움이 될 것이라는 아이디어도 인상적이었다.

그림 1-4-20 [게으름뱅이의 미래 구하기] 학생 활동 예시

3.3 해결책 설계 노벨 엔지니어링 ③

티처블 머신 포즈 프로젝트 체험하기

이제 티처블 머신 포즈 프로젝트를 체험해볼 차례이다. 노벨 엔지니어링 수업의 핵심은 학생들이 제시한 아이디어를 바탕으로 창작물을 만들어 책 속 문제를 해결하는 것에 있다. 앞서 학생들이 떠올렸던 아이디어에서 출발해 보자.

학생들의 아이디어 중 '게으름뱅이가 계속 누워 있으면 알람이 울리는 프로그램'을 만들고 싶다는 의견이 있었다. AI 기술을 이용하여 문제를 해결할 수 있을지 학생들과 함께 이야기를 나눠보자. "이러한 프로그램을 실제로 만들 수 있을까?", "인공지능이 누워 있다는 것을 인식할 수 있을까?"와 같이 점차 질문을 좁혀 나가는 것이다. 어떤 학생은 AI 기술이 아직 그렇게는 발전하지 않았을 거라고 이야기했고, 또 다른 학생은 구체적인 원리나 과정은 모르지만 AI로 문제를 해결할 수 있을 것이라고 믿었다.

이때 학생들과 함께 티처블 머신을 체험해 보면 AI의 머신 러닝 과정을 자연스럽게 체득할 수 있다. 노벨 엔지니어링의 맥락 속에서 AI 플랫폼을 체험해 보는 것이다. 티처블 머신에 접속하여 포즈 프로젝트를 실행하며 학생들에게 인공지능의 학습 과정을 안내하고 클래스 생성, 데이터 수집 등의 방법을 알려주자. 처음에는 '손 내리기', '오른손 들기', '왼손 들기' 등 간단한 동작으로 클래스를 나누어 실습을 해보면서 플랫폼에 익숙해지도록 하는 것이 좋다.

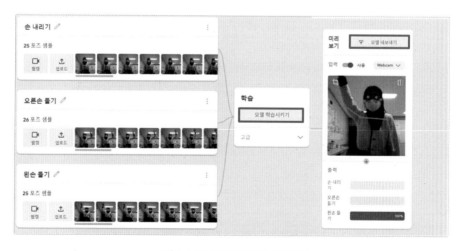

그림 1-4-21 포즈 프로젝트 체험 화면

[티처블 머신으로 인공지능 학습시키기]

1. 웹사이트(https://teachablemachine.withgoogle.com/)에 접속합니다. 시작하기 버튼을 눌러 인공지능의 학습 과정을 체험해봅시다.

2. 포즈 프로젝트를 클릭합니다.

3. 포즈 프로젝트를 클릭하여 다음 창을 띄웁니다. 인공 지능의 학습 과정은 ① 문제의 정의, ② 클래스 생성, ③ 데이터 수집, ④ 모델 학습, ⑤ 모델 평가 및 배포의 순서로 진행됩니다. 학습 과정에 유의하여 동작을 분류하는 포즈 프로젝트를 만들어 봅시다.

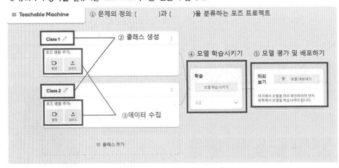

그림 1-4-22 [티처블 머신으로 인공지능 학습시키기] 활동지 예시

3.4 **창작물 만들기** 노벨 엔지니어링 ④

포즈 프로젝트를 활용한 생활 습관 개선 앱 설계하기

AI 플랫폼 체험을 마쳤다면 책 속 문제를 해결할 수 있는 나만의 포즈 프로젝트를 설계해 보자. 어떤 자세와 움직임을 학습시켜 프로젝트를 만들지 학생 스스로 고민하고 구상하는 시간을 충분히 제공할 필요가 있다. <그림 1-4-23>과 같은 활동지를 통해 구상을 보조해 줄 수 있다.

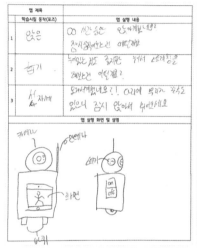

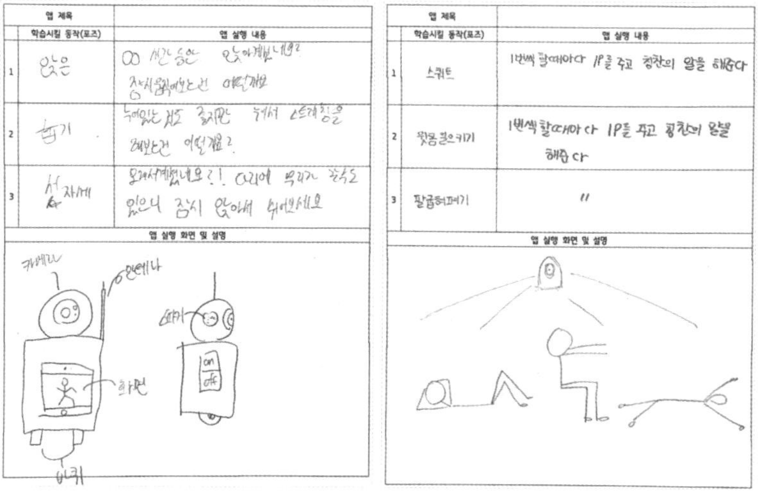

그림 1-4-23 [생활 습관 개선 앱 설계하기] 학생 활동 예시

프로젝트의 구상이 끝나면 학생들이 떠올린 동작 데이터를 카메라로 촬영하여 티처블 머신에 입력하자. 모델을 학습시키기 위해서는 다양한 포즈 데이터가 필요하므로 여유롭게 수업 활동을 구성하도록 한다. 이야기의 맥락 속에서 주인공을 돕기 위해 티처블 머신을 활용하는 과정은 학생들의 학습 의욕을 자극하고 적극적인 참여를 불러 일으킨다. 활동이 끝나면 자신이 만든 프로젝트의 링크를 공유하여 발표해 보아도 재미있다.

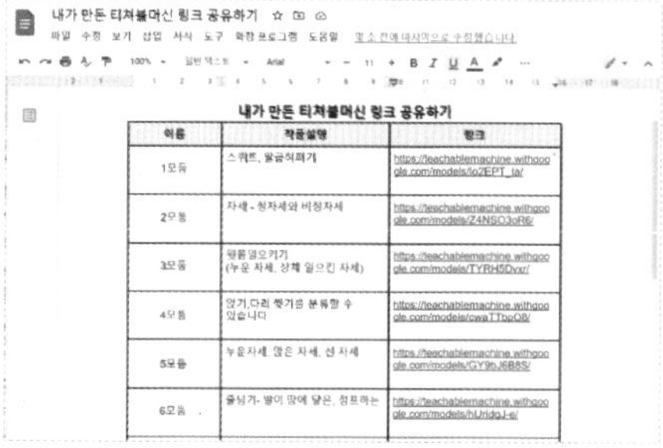

그림 1-4-24 **티처블 머신 프로젝트 공유 모습**

수업 TIP

[모델 내보내기]를 통해 업로드한 링크를 구글 등의 협업 문서에 작성하면 학생들의 프로젝트를 쉽게 공유할 수 있다. 협업 문서가 익숙하지 않은 저학년이라면 학생마다 PC에 프로젝트를 띄워 놓고 교실을 자유롭게 돌아다니며 다른 학생의 포즈 프로젝트를 경험하는 방식도 충분하다.

3.5 이야기 바꾸어 쓰기 노벨 엔지니어링 ⑤

'소가 된 게으름뱅이' 이야기 바꾸어 쓰기

AI 플랫폼을 활용한 창작물 만들기로 수업을 마무리할 수도 있겠지만 가능하다면 학생들이 창작한 프로젝트를 바탕으로 이야기의 새로운 결말을 상상해볼 수 있도록 하자. 이야기 바꾸어 쓰기는 노벨 엔지니어링의 마지막 단계로 학생들로 하여금 스스로 창작한 AI 프로젝트의 가치를 경험케 하고 배움을 정리할 수 있도록 돕는다.

본디 옛 이야기는 들은 사람이 입으로 다시 들려주는 방식으로 전해졌기에, 큰 줄거리만 유지되고 나머지 내용들은 조금씩 다르게 남아있다. 이렇게 누구나 바꾸어 쓰기 쉽다는 점에서 옛 이야기를 기반으로 한 노벨 엔지니어링은 자유롭고 풍부한 프로젝트를 가능하게 한다. 학생들은 옛 이야기를 현대의 AI 기술 관점과 융합하며 자신만의 새로운 가치를 담고 재미있는 이야기를 만들어낸다.

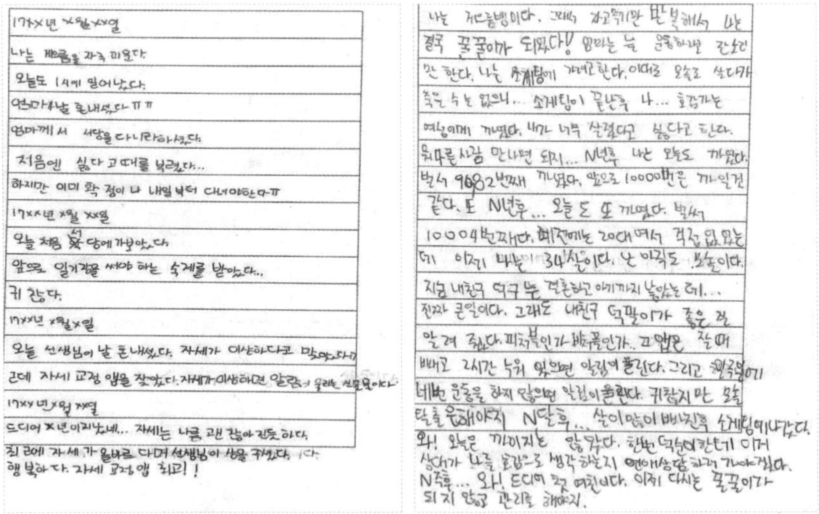
17XX년 X월 XX일
나는 게으름을 자주 피운다.
오늘도 1시에 일어났다.
엄마가 날 혼내셨다 ㅠㅠ
엄마께서 서당을 다니라하셨다.
처음엔 싫다고 떼를 부렸다...
하지만 이미 확정이니 나 내일부터 다녀야한다ㅠ
17XX년 X월 XX일
오늘 처음 서당에 가보았다.
앞으로 일기장을 써야 하는 숙제를 받았다..
귀찮다.
17XX년 X월 X일
오늘 선생님이 날 혼내셨다. 자세가 이상하다고 말이다
근데 자세 교정 앱을 찾았다. 자세가 이상하면 알람이 울리는 신문물이다
17XX년 X월 XX일
드디어 X년이 지났네... 자세는 나름 괜찮아진듯하다.
최근에 자세가 올바르다며 선생님이 상을 주셨다.
행복하다. 자세 교정 앱 최고!

나는 게으름뱅이다. 그래서 자고 먹기만 반복해서 나는
결국 꿀꿀이가 되었다! 엄마는 늘 운동하라고 잔소리
만 한다. 나는 소개팅에 가려고 한다. 이대로 모솔로 살다가
죽을 수는 없으니... 소개팅이 끝난 후 나... 호감가는
여성에게 까였다. 내가 너무 살쪘다고 싫다고 한다.
뭐 다른 사람 만나면 되지... N년 후 나는 오늘도 까였다.
벌써 9982번째 까였다. 앞으로 10000번은 까일 것
같다. 또 N년 후... 오늘도 또 까였다. 벌써
10004번째다. 예전에는 20대여서 걱정 없었는
데 이제 내 나이 34살이다. 난 아직도 모솔이다.
지금 내 친구 덕구는 결혼하고 아기까지 낳았는데...
진짜 큰일이다. 그래도 내 친구 덕팔이가 좋은 걸
알려 줬다. 피지컬인가 뭐시꼴인가.. 그 앱은 잘 때
빼고 2시간 누워 있으면 알림이 울린다. 그리고 일주일에
네번 운동을 하지 않으면 알림이 울린다. 귀찮지만 모솔
탈출은 해야지 N달 후... 살이 많이 빠진 후 소개팅에 나갔다.
와! 오늘은 까이지는 않았다. 한번 덕순이한테 이거
상대가 나를 호감으로 생각하는지 연애상담 하러 가야겠다.
N주 후... 와! 드디어 첫 여친이다. 이제 다시는 꿀꿀이가
되지 않고 관리를 해야지.

그림 1-4-25 [이야기 바꾸어 쓰기] 학생 산출물 예시

원작에서는 '게으름'이라는 문제 상황을 맞닥뜨린 주인공이 '소가 되는 경험'을 통해 게을리 살면 안 되겠다는 깨달음을 얻는다. 이야기 바꾸어 쓰기 단계에서는 학생들이 만든 '생활 습관 개선 앱'을 설치한 주인공의 미래 모습을 상상하여 결말을 바꾸어 쓸 수 있다. '게으름뱅이'라는 주인공의 사소한 특성에서 출발하는 것은 동일하지만 학생마다 풀어나가는 이야기의 방향은 각양각색이다. 포즈 인식 운동 앱을 통해 살을 빼서 소개팅에 성공한 이야기, 자세가 안 좋아서 꾸중을 들던 게으름뱅이가 자세 교정에 성공하는 이야기처럼 새롭게 꾸며낸 이야기를 발표하고 공유하면서 학생들은 즐거워한다. 옛 이야기라는 뼈대 위에 학생들은 자신만의 상상으로 살을 붙여 나가면서 내용을 풍부하게 만들고, 동작을 인식하고 학습한 인공지능이 인간의 삶에 어떤 영향을 끼칠 수 있는지 상상해 보며 인공지능에 대한 긍정적인 인식을 갖게 되는 것이다.

04 수업에 날개 달기

티처블 머신은 기계학습을 체험할 수 있는 AI 플랫폼 중에 별도의 로그인 과정이 필요하지 않아 확장성이 좋다. 학생들에게 AI를 활용한 문제 해결 경험을 줄 수 있는 수업 확장 사례를 소개하고자 한다.

4.1 환경 교육 - 분리수거 로봇 설계하기

코로나19 팬데믹을 겪으면서 플라스틱이나 비닐 등의 일회용품 폐기물이 크게 늘어났다. 분리되지 않은 쓰레기 더미에서 분리수거를 돕는 AI 로봇을 만들 수 있을까? 실제로 1초에 10장씩 사진을 찍어 데이터를 축적하고 이미지를 분류하여 플라스틱만을 집어내는 이 로봇은 플라스틱 재활용을 늘리는 데 도움을 주고 있다.

분리수거 로봇 시연

그림 1-4-26 **AI 분리수거 로봇** (출처: Dr. B, the Sorting Robot - 닥터 B 인공지능선별로봇)

《쓰레기 전쟁(신혜순 글이선주 그림|좋은꿈|2022)》 주인공 동찬이는 아파트 쓰레기 문제를 해결하기 위해 '눈물 나는 쓰레기 연구소'를 세운다. 도서의 맥락을 통해 쓰레기 분리수거 현황을 강조하고, 티처블 머신을 활용하여 문제를 해결할 수 있을지 고민해 보도록 하자. 학생들은 이미지 프로젝트를 활용한 AI 프로그램을 만들어 보며 인공지능을 실생활에 도움이 되는 기술로 인식할 수 있다.

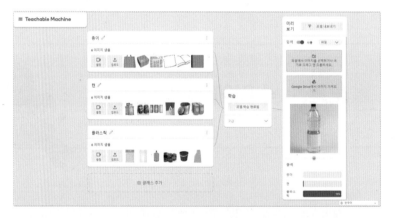

그림 1-4-27 **티처블 머신 이미지 프로젝트로 쓰레기 분리수거 로봇 설계하기**

4.2 우화 활용 교육 - 동물 울음소리 분류 로봇 만들기

《고양이 목에 방울 달기》는 이솝 우화 중 하나로 동물들이 주인공으로 등장하는 간결한 이야기이다. 우화는 누구나 알고 있는 단순한 이야기이지만, 여기에 인공지능 기술이 들어갈 자리를 마련하여 새롭게 상상해 보는 활동은 언제나 학생들을 즐겁게 만든다. 고양이 목에 방울을 다는 위험을 감수하기 싫어하는 쥐들을 대신해 각 동물의 울음소리를 구분하는 오디오 프로젝트를 만들어 보면 어떨까? 우화를 활용한 수업은 학생들이 다양한 인공지능 모델을 제작할 수 있는 상황을 제공하며 학생들의 창의력을 증진시킬 수 있다.

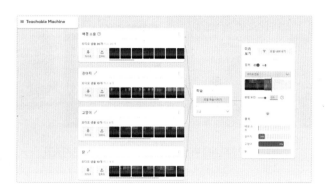

그림 1-4-28 티처블 머신 오디오 프로젝트로 동물 울음소리 분류 로봇 만들기

수업 TIP

오디오 프로젝트에서 업로드 방식으로 데이터를 학습시킬 때, 파일 형식(zip)에서 오류가 나는 경우가 종종 있다. 파일 형식으로 업로드가 되지 않는 경우 녹음 방식을 활용하여 데이터를 입력할 수 있다. 예를 들면 휴대폰으로 유튜브 등에서 오디오 파일을 찾아 재생한 것을 컴퓨터로 녹음하여 모델을 학습시키면 오류를 피할 수 있으니 참고하자.

4.3 교통 안전 교육 -포즈 프로젝트로 교통 신호 지키기

횡단보도의 신호등이 빨간 불이거나 차가 오는 경우에는 길을 건너지 않고 멈춰야 하고, 신호등이 초록 불이거나 차가 오지 않는 경우에는 길을 건넌다. 이는 기본적이고 당연한 내용으로, 저학년 학생들 대상의 교통 안전 교육 시에는 가장 먼저 학습해야 하는 부분이다. 이처럼 안전 교육을 진행할 때 지식 전달 위주의 교육 대신 티처블 머신의 [포즈 프로젝트]를 활용해 보는 것을 추천한다.

몸으로 직접 익히고 체득하는 과정을 통해 학생들은 안전한 생활 습관을 내면화할 수 있을 것이다. 티처블 머신에 가만히 선 정지 자세와 팔다리가 움직이며 걸어가는 자세를 학습시킨 뒤에, '움직임을 잡아라!' 놀이를 통해 몸으로 체득해 보자. 놀이 방식은 다음과 같다.

① 티처블 머신 포즈 프로젝트로 '정지 자세'와 '걷는 자세'를 학습시킨다.

② 학습시킨 PC를 책상 위에 놓고 자리에 선다.

③ 교사가 제시하는 상황 설명을 듣고 '정지 자세'와 '걷는 자세' 중 상황에 어울리는 자세를 취한다. (예: "신호등에 빨간불이 켜져 있습니다. 이때 어떤 자세를 취해야 할까요?")

④ 교사가 정답을 말하면 내가 취한 자세와 티처블 머신의 분류 결과가 모두 정답과 일치하는지 확인한다. (예: "정지 자세를 취했습니다. 티처블 머신에서도 제 자세를 정지 자세로 인식합니다.")

⑤ 다른 상황 설명을 듣고 자세를 취하는 것을 반복한다. 이때 상황 설명은 학생들이 직접 해도 좋다. (예: "좁은 골목길을 걸어가는데 반대편에서 자전거가 오고 있습니다. 어떻게 해야 할까요?")

그림 1-4-29 티처블 머신 포즈 프로젝트로 교통 안전 지키기

수업 TIP

이 수업은 저학년을 대상으로 교통 안전 교육을 할 때, 인공지능과 융합하여 놀이 형식으로 진행하기에 적합하다. 다만 저학년의 경우 티처블 머신을 학습시키는 것이 어려울 수도 있으니 짝과 함께 모델을 학습시키거나, 교사가 대표로 모델 학습하는 과정을 보여준 후 지목된 학생들이 나와서 포즈를 취해 보며 모델 학습의 결과를 확인해 볼 수도 있다.

4.4 블록 코딩 확장 –[스크래치]로 블록 코딩 경험하기

지금까지 우리는 티처블 머신으로 인공지능 학습 모델을 만들어 보았다. 이를 [스크래치]라는 교육용 프로그래밍 언어EPL, Educational Programming Language과 연결한다면, AI의 판단과 추론 과정을 기반으로 프로그래밍까지 해볼 수 있다. 스크래치는 MIT 연구소에서 만든 블록 코딩 소프트웨어로, 이 책에서 다루고 있는 엔트리와 같은 교육용 프로그래밍 언어이다.

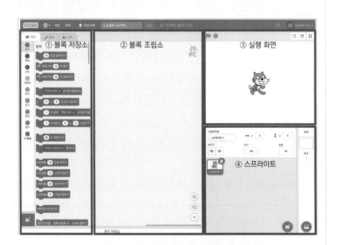

그림 1-4-30 [스크래치] 메인 화면

스크래치를 활용하면 블록을 쌓는 것처럼 코드를 조립하면서 누구나 쉽게 게임이나 애니메이션을 만들 수 있다. 초등 교육과정에서는 엔트리를 활용한 프로그래밍이 교과서에 반영되어 있기에 스크래치에 대해서는 확장 연계형으로 간단히만 다루어 보자.

먼저 웹사이트(stretch3.github.io)에 접속하여 스크래치 화면을 살펴보자. ①왼쪽에는 코드를 만들 수 있는 블록들이 모여 있고(블록 저장소), ②가운데에는 블록을 조립할 수 있는 공간이 있으며(블록 조립소), ③오른쪽 위에는 프로그래밍한 내용이 실행되는 화면이 있다(실행 화면). 또한 코딩 명령을 수행하는 객체를 '스프라이트'라고 부르는데, ④오른쪽 아래에 있는 버튼을 클릭하여 원하는 스프라이트를 추가할 수 있다.

우리는 게으름뱅이 탈출을 위한 포즈 프로젝트를 설계했다. 포즈 프로젝트를 구현하기 위해서는 [블록 저장소] 왼쪽의 메뉴 제일 아래에 있는 [확장 기능 추가하기]에서 두 가지를 불러와야 한다. 웹캠을 이용해 포즈를 촬영할 수 있는 [비디오 감지]와 티처블 머신 포즈 모델을 불러올 수 있는 [TMpose2Scratch]를 선택한다. (만약, 이미지 프로젝트나 오디오 프로젝트를 불러오고 싶다면 [TM2Scratch]를 선택하면 된다.)

포즈 분류 결과에 따라 화면에 다른 반응이 나타나도록 프로그래밍해 보자. 스크래치에 익숙하지 않은 학생들에게는 교사가 필요한 블록

그림 1-4-31 [스크래치]에서 포즈 프로젝트를 구현하기 위해 확장 기능 추가하기

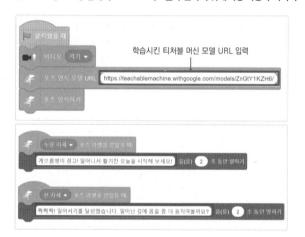

그림 1-4-32 포즈 분류 결과에 따라 반응이 달라지는 프로그램 스크래치 코딩 예시

의 예시를 제공하는 방법으로 도와줄 수 있을 것이다.

수업 TIP

티처블 머신으로 만든 모델을 스크래치에서 구현하기 위해서는 스크래치 사이트(https://stretch3.github.io/)로 접속해야 한다. 이는 티처블 머신 모델을 활용할 수 있는 블록이 추가된 사이트로 스크래치 공식 사이트(https://scratch.mit.edu/)와는 다르니 이 점에 유의한다.

Novel
Engineering

모글리의 인간 생활
적응 도와주기

인공지능 기술의 발달로 사회 구조에 다양한 변화가 생겨났고, 이에 따라 일상에서 손쉽게 AI 기술이 내재된 제품을 볼 수 있게 되었다. 인공지능은 우리의 삶을 편리하게 만들어 주는 역할 이외에도 생활 방식 전반에 걸쳐 많은 영향을 주고 있다. 따라서 AI의 발전을 이야기하려면 과학·기술을 포함함은 물론, 사회, 경제, 예술 분야까지 폭넓게 살펴보아야 한다. 더불어 인공지능을 활용하면서 긍정적인 사회 변화를 이끌어낼 수 있도록, 개인의 행복 추구와 함께 여러 사람의 이익을 고려하는 관점에 대한 교육도 필요하다.[1]

우리가 알고 있는 이야기 속 주인공에게도 인공지능을 활용할 수 있는 능력이 있다면 이야기의 결말은 어떻게 달라질까? 태어나면서부터 동물의 세계에서만 살아왔던 모글리는 인간 생활과는 거리가 먼 삶을 살고 있다. 이미 성장기가 지난 모글리가 인간 사회로 돌아가 그 생활에 적응하기 위해서는 누군가의 도움이 절실히 필요하다. 이렇듯 인공지능 기술을 체험하는 것에서 나아가 이를 기반으로 타인을 도와주는 경험을 통해 AI 사용의 방향까지 다루는 수업을 해보는 것은 어떨까?

01 인공지능 돋보기

이 수업에서는 [리빙 아카이브]로 모글리의 인간 생활 적응을 도와주기 위한 동작을 만들어 볼 것이다. 리빙 아카이브에 사용된 인공지능 기술을 활용하면 어떤 창작물을 만들어낼 수 있을까? 리빙 아카이브에 있는 여러 가지 데이터를 기반으로 생활 속 움직임을 하나의 창조적 예술로 재탄생시키고, 모글리가 사회의 구성원으로 자립할 수 있도록 도와주자.

1.1 창의성에 도전하는 인공지능

2016년 열린 프로바둑기사 이세돌과 인공지능 알파고의 대국은 세간의 관심을 끌기에 충분했다. 당시 대부분의 사람은 이세돌 9단의 승리를 점쳤으나, 3:1로 알파고의 승리로 끝났다. 전체적으로는 패배하였지만 이세돌 9단의 쾌거는 바둑 대국에서 인간이 거둔 마지막 승리로 기억될 것이다.

바둑 대국에서 알파고가 승리하고 난 후, 인공지능이 인간의 지성을 따라올 수 있겠다는 위기감이 짙어졌다. 언론은 온통 인공지능의 가능성을 보도하기 시작했으며, 인간과 인공지능의 공존의 길을 모색하려는 분위기가 형성되기 시작한 것이다. 그 가운데 가장 많이 언급된 것이 창의성이었다. 인공지능과 컴퓨터가 계산력에서 인간을 압도하니, 인간은 창의성을 길러 인공지능이 할 수 없는 일을 해야 한다는 것이었다.

그러나 몇 년이 흐른 지금 인공지능의 능력 범위에서 대전환이 일어나고 있다. 기존의 데이터로 학습을 하거나, 분석을 하는 것에 그치던 인공지능은 새로운 방법을 고안할 수 있게 되었다. 주어진 데이터를 학습할 수 있다면, 반대로 기존의 자료를 피할 수도 있게 된 것이다. 인간이 판별할 수 없는 광범위한 횟수로 도전하여 새로운 결과물을 만들어내는 GAN 알고리즘과, 거기서 한 단계 발전하여 마치 인간처럼 그리지만 독창적이고 고유한 결과를 만드는 CAN 알고리즘은 인공지능에게 창의성의 영역을 부여하였다. 기존의 것을 배워 새로운 것을 고안하는 인간의 창의력 발휘 과정이 그대로 구현되고 있는 것이다.

이제 인공지능은 많은 것을 해내고 있다. '창의성' 하면 떠오르는 분야인 문학, 음악, 그림 등에서 이미 성과를 보이고 있고, 어떤 부분에서는 이미 전문가의 수준을 따라잡기도 했다. 인공지능 연구자이자 미래학자인 레이 커즈와일 Ray Kurzweil을 비롯해, 많은 학자가 인공지능이 인간을 따라잡는 시기를 2045년으로 예측하고 있다.

지금까지 우리는 항상 경쟁이라는 키워드 속에서 인공지능을 바라보았다. 인공지능과 인간의 경쟁 구도에서, 인간은 필패할 수 밖에 없다. 이제는 상생의 방법을 찾아야 하지 않을까?

그림 1-5-1 미술전에서 우승한 인공지능 그림 '스페이스 오페라 극장'(위)**과 그림을 생성하는 Novel AI**(아래)

1.2 성취기준 및 인공지능 내용요소

- [2국 05-02] 인물의 모습, 행동, 마음을 상상하며 그림책, 시나 노래, 이야기를 감상한다.

- [2국 05-04] 자신의 생각이나 겪은 일을 시나 노래, 이야기 등으로 표현한다.

- [2즐 01-03] 나의 몸을 창의적으로 표현하고, 활발하게 움직일 수 있는 놀이를 한다.

- [4국 05-03] 이야기의 흐름을 파악하여 이어질 내용을 상상하고 표현한다.

- [4체 04-02] 느낌이나 생각을 창의적인 움직임으로 표현하는 데 적합한 기본 동작을 다양한 표현 상황에 적용한다.

- [4미 01-02] 주변 대상을 탐색하여 자신의 느낌과 생각을 다양한 방법으로 나타낼 수 있다.

- [6국 01-07] 상대가 처한 상황을 이해하고 공감하며 듣는 태도를 지닌다.

- [6도 02-03] 봉사의 의미와 중요성을 알고, 주변 사람의 처지를 공감하여 도와주려는 실천 의지를 기른다.

- [인공지능의 이해:초등학교 1-4학년:인공지능과의 첫 만남] 인공지능이 적용된 여러 가지 기기를 체험한다.

02 AI 플랫폼 살펴보기

2.1 AI 플랫폼 이해하기

[리빙 아카이브] 들어가기

리빙 아카이브Living Archive는 영국의 안무가 웨인 맥그리거Wayne McGregor와 구글 아트 앤 컬쳐가 합작하여 제작한 머신 러닝 기반의 AI 플랫폼이다. 리빙 아카이브에는 웨인 맥그리거의 작품에 사용된 약 50만 개 이상의 동작 데이터 정보가 들어 있다. 각 동작들은 시각적인 유사성을 가지고 구성되어 있으며, 이 중 몇 가지 동작을 선택하면 인공지능이 동작과 동작 사이를 매끄럽게 연결하여 하나의 움직이는 산출물로 탄생시킨다. 리빙 아카이브에 존재하는 동작 데이터 이외에도 비디오 인식 기능을 활용하여 새로운 동작을 표현할 수 있으므로, 창작을 위한 예술 도구로서 무궁무진한 가치를 지니고 있다. 카메라 기능을 가진 모든 스마트 기기에서 사용 가능하며 로그인 과정 없이 바로 체험을 시작할 수 있어 수업 활용도가 높다.

이제 리빙 아카이브(artsexperiments.withgoogle.com/living-archive)에 접속해 보자. Chorme이나 Microsoft Edge와 같은 웹 브라우저에서 사용 가능하며, 웹캠이 연결된 컴퓨터, 카메라가 내장된 노트북, 태블릿, 스마트폰 등 카메라 사용이 가능한 스마트 기기의 준비가 필요하다. 리빙 아카이브에 들어갈 때 카메라 권한 요청 안내가 왼쪽 상단에 뜬다면 [허용]을 눌러주자. 별도의 메시지가 뜨지 않는다면 웹 브라우저 설정에서 카메라 허용 여부를 확인하면 된다.

리빙 아카이브에 들어가면 <그림 1-5-2>와 같은 튜토리얼이 재생되는데, 튜토리얼은 영어로 지원되기 때문에 학생 수준을 고려하여 교사가 별도의 설명을 덧붙이거나 함께 제공되는 영상 화면으로 리빙 아카이브를 소개할 수 있다. 이미 여러 번 리빙 아카이브를 사용해 보았다면, 하단의 [SKIP INTRO]를 눌러 튜토리얼을 건너뛰어도 좋다.

그림 1-5-2 리빙 아카이브에서 제공되는 튜토리얼

튜토리얼이 끝나면 시작을 위한 팝업창이 뜬다. [GET STARTED]를 눌러 메인 화면에 진입하자. 리빙 아카이브 메인 화면에는 실제 사람의 움직임을 바탕으로 한 수많은 동작 데이터가 나타난다. 동작 데이터가 밀집되어 표현된 경우는 연속된 동작을 의미한다. 각 동작에 마우스 커서를 올려놓으면 동작이 하얀 원 내부에 확대되어 표시되며 상단에서는 동작에 대한 정보(사람 이름, 연도)를 확인할 수 있다.

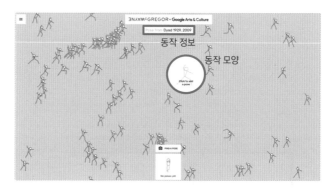

그림 1-5-3 리빙 아카이브 시작하기

화면에 보이지 않는 다른 동작을 보고 싶다면 마우스 휠을 위아래로 스크롤해 보자. 마우스 스크롤을 아래로 내리면 화면이 줌 아웃되며 더 많은 동작들을 볼 수 있다. 줌 아웃될수록 동작의 크기가 작아지다 아예 점으로 표시되는데, 점 위에 마우스 커서를 올려놓아도 마찬가지로 어떤 동작인지 확인 가능하다. 왼쪽 상단의 ≡ 버튼을 누르면 창이 세로로 확대되고, 리빙 아카이브의 소개 영상을 볼 수 있다.

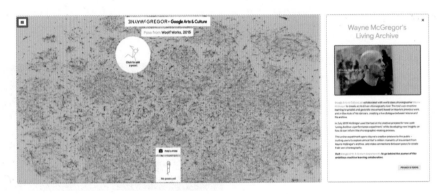

그림 1-5-4 리빙 아카이브 메인 화면(왼쪽)과 리빙 아카이브 소개 영상(오른쪽)

[리빙 아카이브] 사용 방법 이해하기

리빙 아카이브가 무엇인지 대략 살펴보았으니, 이제 본격적으로 리빙 아카이브로 동작을 만들어 보자. 리빙 아카이브를 통해 동작 산출물을 만드는 방법은 크게 두 가지로 나뉜다. 첫 번째 방법은 리빙 아카이브에 있는 동작을 활용하는 것이다. 순서는 다음과 같다.

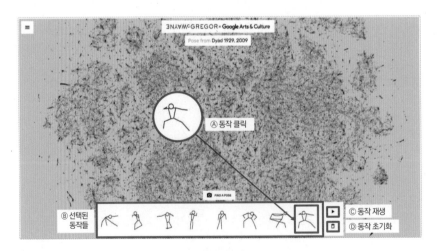

그림 1-5-5 리빙 아카이브 사용 방법(1) 동작 활용

> ① 동작을 클릭하면(Ⓐ), 화면 하단에 선택된 동작이 표시된다.
>
> ② 원하는 동작을 차례로 전부 클릭한 후(Ⓑ), 동작 재생 버튼(Ⓒ)을 클릭한다.
>
> ③ 새로운 창이 생성되며 완성된 하나의 동작을 볼 수 있다. 동작은 반복 재생된다.
>
> [주의] 동작 초기화 버튼(Ⓓ)을 누르면 선택된 동작 전체가 삭제되므로 유의하자. 동작을 개별
> 적으로 삭제하는 기능이 없다는 점을 수업 전 학생들에게 알려줄 필요가 있다.

Ⓑ 선택된 동작에 있는 개별 동작에 대해 자세히 알고 싶은 경우, 원하는 동작에 마우스 커서를
올려놓으면 <그림 1-5-6>처럼 ⓘ 아이콘이 보인다. 이 상태에서 동작 그림을 클릭하면, 왼쪽에
열린 화면에서 동작의 생성 배경에 대한 구체적인 정보를 영상과 글로 볼 수 있다.

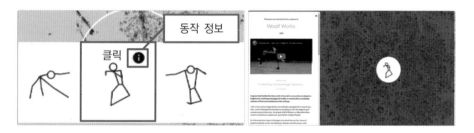

그림 1-5-6 개별 동작에 대한 정보 확인

두 번째로는 [비디오 인식] 기능을 활용하는 방법이 있다. 구체적인 순서는 다음과 같다.

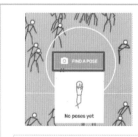

① 메인 화면 하단에 있는 [FIND A POSE] 버튼을 클릭한다.

② 새로운 창이 생성되면 사진을 찍기 위해 하단의 [TAKE A
PICTURE]를 클릭한다. 카메라 권한이 허용되어 있지 않
다면 이 단계에서 오류 메시지(We can't see your pose.)
가 뜰 수 있으므로 주의하자.

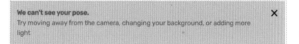

③ 카메라 위치를 조정하여 얼굴과 신체(몸통, 팔, 다리)가 잘 보일 수 있도록 한다.

④ 비디오 인식이 완료되면 성공 메시지(Keep the pose!)가 표시되며, 5초의 카운트다운이 시작된다. 카메라가 사람을 잘 인식할 수 있도록 5초 동안 움직이지 않고 정지 상태를 유지한다.

⑤ 비디오 인식이 완료되면, 화면 왼쪽에 리빙 아카이브에 내재된 데이터 중 비디오 인식 결과와 가장 유사한 동작 정보가 제공된다. 오른쪽에는 비디오 인식을 통해 만든 동작이 나타나는데, 해당 동작을 사용하고 싶다면 원을 클릭하고, 다른 동작으로 교체하고 싶다면 ①~④의 과정을 반복하자.

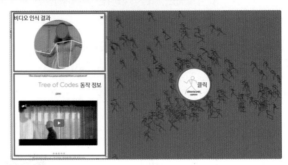

⑥ ⑤의 왼쪽 창을 닫으면 다시 메인 화면이 나타난다. 하단에서 새롭게 추가된 동작을 확인할 수 있다.

리빙 아카이브로 나만의 창의적인 동작을 만들었다면, 동작 재생 버튼을 눌러 완성된 작품을 확인해 보자. 선택된 동작들이 매끄럽게 연결되어 하나의 창작물이 만들어졌을 것이다. 산출물을

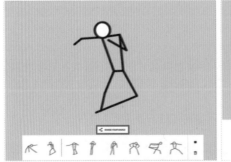

그림 1-5-7 리빙 아카이브 산출물 저장 방법

저장하고 싶은 경우 [SHARE YOUR DANCE]를 클릭하면 된다. 저장을 위한 새로운 창이 나타나면 하단 ☁ 버튼을 눌러 GIF 파일로 저장할 수 있다.

2.2 AI 플랫폼 체험하기

'자연' 주제 표현 활동

이처럼 리빙 아카이브를 활용하면 AI가 보유한 다량의 데이터를 기반으로 하나의 창조적인 예술 작품을 만들어낼 수 있다. 리빙 아카이브 속 동작 데이터는 정지 동작이지만, 인공지능을 통해 동작과 동작이 연결되어 모션화가 이루어진다. 리빙 아카이브로 동작의 재창조를 체험해 보면 어떨까?

이를 위해 특정 주제를 제시하고, 주제에 어울리는 표현 대상을 찾아 나만의 창의적인 동작을 만들어보는 활동을 할 수 있다. '자연'이 주제라면 학생들은 어떤 모습을 떠올릴까? 꽃이 피는 모습, 나무가 자라나는 모습, 구름이 흘러가는 모습, 동물이 먹이를 먹는 모습……. 자연의 이모저모가 학생의 시각에 따라 여러 가지 움직임 동작으로 표현될 것이다.

그림 1-5-8 ['자연' 주제 표현 활동] 학생 산출물 예시

다양한 동식물들이 살아 숨쉬는 자연 생태계를 예술로 탄생시키는 경험은 학생들에게 심미적 태도를 형성할 수 있는 기회를 제공한다. 실제로 활동을 진행했을 때, 학생들은 평소라면 그냥 지나쳤을지도 모르는 자연의 여러 가지 모습을 머릿속으로 떠올렸고, 이를 신체로 어떻게 표현할지 친구들과 이야기를 나누며 고민하며 작품을 완성하였다. 이 과정에서 인공지능은 단순히 우리에게 편리함을 주는 기계가 아닌 예술 작품을 창조하기 위한 중요한 매개체로서 다가올 것이다.

수업 TIP

주제 표현 활동에 다양한 교수·학습 방법을 얹어 다양한 형태로 수업해봐도 좋다. 예를 들어, 모둠별로 한 가지씩 주제를 제시하고 학생들이 작품을 만들면 다른 모둠의 친구들이 어떤 주제의 작품인지 맞혀보는 퀴즈 형식으로 진행할 수 있다. 또한 주제를 교사가 제시하는 것이 아니라 학생들이 직접 선택하는 것도 가능하다. 국어 교과와 연계하여 이야기 속 장면을 표현하거나 음악 및 사회 교과와 연계하여 여러 나라의 민속춤을 나타내 보는 등, 다방면으로 확장하여 수업해 보는 것은 어떨까?

03 노벨 엔지니어링 수업 톺아보기

책 속 주인공을 도와주기 위해 AI 플랫폼을 활용하여 나만의 창작물을 만들어보자. 이를 통해 AI의 과학·기술적 관점뿐만 아니라 예술적, 사회적 관점까지도 확장하여 체험해볼 수 있을 것이다. 문제 상황 설정을 위한 도서나 문제 인식 활동, 이야기 바꾸어 쓰기 활동은 학교급 상황에 따라 자유롭게 변경하여 수업을 진행해도 좋다.

차시	STEAM 준거틀	노벨 엔지니어링 수업 단계	활동
1~2차시	상황 관련 문제 정의	①책 읽기 ②문제 인식	- 《정글북》 책 읽기 - 이어질 이야기 몸으로 표현하기
3~5차시	융합적 설계 및 문제 해결	③해결책 설계 ④창작물 만들기	- 모글리에게 알려주고 싶은 동작 떠올리기 - 모글리에게 인간 생활을 위한 동작 알려주기
6~7차시	자기주도 및 성찰	⑤이야기 바꾸어 쓰기	- 모글리의 인간 생활 적응기 적어보기 - 모글리의 하루 발표하기

3.1 책 읽기 노벨 엔지니어링 ①

도서
소개

정글북
조지프 러디어드 커플링 지음 | 김민지 그림 | 정윤희 옮김 | 인디고(글담) | 2017

인간 아이 '모글리'는 유년 시절을 정글 속에서 동물들과 함께 생활하게 된다. 모글리는 주변 동물들의 도움으로 정글에서 살아가는 생존법을 하나씩 익혀간다. 어느 날, 호랑이의 침입을 받은 모글리는 동물 친구들에게 배웠던 정글 생존법으로 무사히 호랑이를 무찌르게 되고, 사람들에게 환호를 받으며 마을로 돌아갈 수 있게 되었다. 정글에서만 살아왔던 모글리가 인간들과 함께 살게 된다면 무슨 일이 생길까?

인간으로 살아가는 법을 아직 배우지 못한 모글리에게 AI를 활용해서 어떤 도움을 줄 수 있을지 생각해 보자. 《정글북》은 총 7개의 단편으로 이루어진 장편 소설이다. 본 수업은 첫 번째 단편 '모글리의 형제들'을 바탕으로 구성되어 있으므로, 해당 파트를 선별하여 수업하기를 권장한다. 디나 사니차르Dina Sanichar 사건처럼 실제로 어린아이가 동물에 의해 키워진 사례가 다수 있었기에, 이야기의 배경이 된 실제 사례를 들려주는 것도 추천한다.[2]

3.2 문제 인식 노벨 엔지니어링 ②

이어질 이야기 몸으로 표현하기

사람들과 함께 생활하게 된 모글리에게는 어떤 일이 생길까? 정글에서 동물들과 함께 살아가던 모글리는 인간으로 살아가는 법을 알지 못한다. 우리가 생활하는 공간에 모글리가 등장했을 때 어떤 일이 펼쳐질지 상상해 보자. 학생들이 직접 상상한 이야기 속 모글리가 되어 몸으로 이야기를 표현하는 활동이다. 구체적인 방법은 다음과 같다.

> ① 모둠별로 모글리가 생활하게 된 공간을 겹치지 않게 하나씩 고른다. (예: 학교, 집, 공원, 병원 등)
>
> ② 모둠 내에서 이야기를 표현하기 위한 순서를 정한다.
>
> ③ ②에서 정한 순서에 따라 차례대로 이야기를 몸으로 표현한다. 단, 언어를 사용하지 않아야 하며 전달 수단은 오로지 신체뿐이다. 첫 번째 학생이 몸으로 어떤 이야기를 나타내면, 두 번째 학생은 첫 번째 학생의 신체 동작을 보고 무엇인지 예상하여 이어질 다음 상황을 몸으로 표현한다. 같은 방법으로 마지막 학생까지 완료한다.
>
> ④ 나머지 학생은 몸으로 어떤 이야기를 표현한 것인지 예상하여 적어본다.
>
> ⑤ 몸으로 표현하고자 했던 이야기와 다른 모둠의 학생들이 예상한 이야기가 얼마나 일치하는지 확인한다.

PART I

PART II

PART III

PART IV

학생들은 재미있고 참신한 이야기를 여러 가지 생각해 냈다. 모글리와 함께 동물원으로 놀러갔는데 동물의 언어를 사용할 수 있는 모글리가 동물원에 취직하게 된다는 이야기, 우리 집에 모글리가 왔는데 사람의 언어를 사용할 줄 몰라 의사소통에 어려움을 겪는다는 이야기, 집에서 기어 다니면서 생활하다가 정글이 그리워서 다시 정글로 도망친다는 이야기, 인사하는 방법을 몰라 학교에서 마주친 선생님을 그냥 지나쳤다가 꾸중을 듣는다는 이야기, 수학 시간에 칠판에 문제를 풀러 나갔다가 분필을 음식으로 착각하여 먹을 뻔한 이야기 등이 있었다.

이야기를 오로지 몸으로만 표현해야 하기 때문에 실제 모글리가 어떻게 행동할지에 대해 계속 탐구하는 모습을 보였다. 학생들이 몸으로 표현하고자 했던 이야기와 다른 모둠이 예상한 이야기가 다른 경우도 있었지만, 몸 동작을 서로 해석하고 소통하는 과정에서 더 창의적인 이야기가 탄생하기도 하였다.

그림 1-5-9 [이야기 몸으로 표현하기] 학생 활동 모습

이러한 활동을 통해 학생들은 모글리에게 벌어질 일을 예상하고 이를 몸으로 표현하면서 모글리가 겪게 될 어려움을 간접적으로 경험하게 된다. 우리에게는 너무 당연한 행동이 모글리에게는 당연하지 않을 수 있다는 사실을 이해하고, 어떤 도움을 줄 수 있을지 고민하는 기회가 될 것이다.

3.3 해결책 설계 노벨 엔지니어링 ③

모글리에게 알려주고 싶은 동작 떠올리기

모글리가 사람들과 함께 살아가기 위해 어떤 일을 겪을지 예상하는 과정에서 "모글리에게 어떤

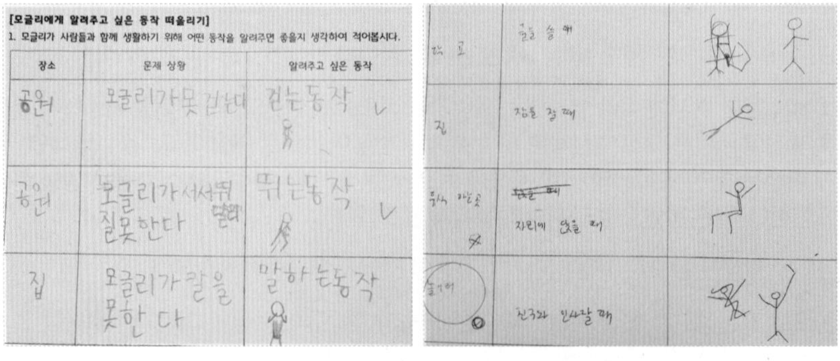

그림 1-5-10 [모글리에게 알려주고 싶은 동작 떠올리기] 학생 활동 예시

동작을 알려주면 좋을까?"라는 질문을 이끌어낼 수 있다. 학생들은 문제 인식 단계에서 몸으로 표현했던 이야기를 자연스럽게 상기시키며, 모글리의 문제 상황을 해결하기 위한 동작을 떠올리는 모습을 보였다. 주로 걷거나 뛰기, 인사하기, 자리에 앉기와 같은 기본 생활과 관련된 동작이 많았으며, 같은 동작이라도 학생이 떠올리는 동작 이미지에 따라 조금씩 다른 자세와 움직임을 가졌다.

> **수업 TIP**
>
> 학생들이 모글리에게 알려주고 싶은 동작을 떠올리는 것을 어려워한다면, 본 활동에 들어가기 전 충분하게 모글리가 겪을 수 있는 일에 대해 브레인스토밍을 해보자. 활동 형태를 개인이 아닌 짝이나 모둠으로 설정해도 좋다. 같은 동작일지라도 실제로 학생들이 똑같은 행동을 하지 않기 때문에 리빙 아카이브로 표현하고 싶은 동작 또한 본인의 습관이나 가치관이 반영되어 다양해진다. 따라서 각자 적은 내용을 서로 공유하여 풍부한 사고가 이루어질 수 있도록 지도한다.

3.4 창작물 만들기 노벨 엔지니어링 ④

모글리에게 인간 생활을 위한 동작 알려주기

모글리가 인간 생활에 잘 적응할 수 있도록, 리빙 아카이브로 동작을 만들어보자. 해결책 설계 단계에서 떠올린 내용을 실제의 창작물로 구현해 보는 활동이다. 먼저 리빙 아카이브로 어떤 동작을 만들 것인지 결정한다. 동작이 결정되었다면, 리빙 아카이브에서 여러 가지 동작을 찾아서 클릭한다. 동작은 정지된 하나의 상태가 아닌 연속적인 움직임이기 때문에, 움직임의 순간순간을 잘 포착할 수 있는 동작을 골라보자. 예를 들어, 모글리가 학교에서 급식을 먹은 후 뒷정리를 하는 방법을 알려주고 싶다면 다음과 같은 동작을 선택할 수 있다.

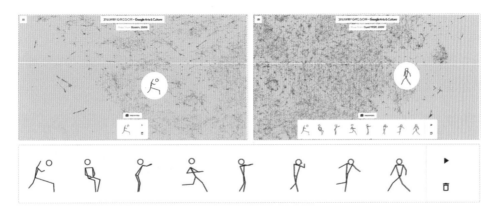

그림 1-5-11 **동작 추가 예시(1) 데이터 선택**

동작을 추가하는 과정에서 원하는 대로 잘 만들어지고 있는지 수시로 재생 버튼을 눌러 확인해 보면 동작의 정확도를 높일 수 있다. 리빙 아카이브에 있는 동작 데이터 중 원하는 동작을 찾지 못한다면 [FIND A POSE] → [TAKE A PICTURE] 버튼을 순서대로 클릭하여 비디오 인식 과정을 거쳐 동작을 추가해도 괜찮다.

그림 1-5-12 **동작 추가 예시**(2) **카메라 인식**

수업 TIP

리빙 아카이브에는 동작을 만드는 방법이 데이터 선택과 카메라 인식의 두 가지로 나뉜다. 두 가지 방법을 적절하게 섞어서 만들 수도 있지만, 같은 동작을 각각 두 가지의 방법으로 만든 후 어떻게 다르게 표현되는지 창작물을 비교해 보는 것도 추천한다.

동작이 완성되었다면 최종적으로 재생 버튼을 눌러 모글리가 잘 이해할 수 있을지 스스로 점검해 보도록 한다. 완성된 동작이 적절하다고 생각한다면 [SHARE YOUR DANCE]를 눌러 GIF 파일로 저장할 것을 안내하자.

학생들은 리빙 아카이브로 모글리에게 인간 생활을 위한 여러 가지 상황의 동작을 만들었다. 걷기, 뛰기, 일어서기와 같은 기본적인 움직임이나 인사하기, 계단 올라가기와 같은 일상생활 동작, 장기자랑 때 춤을 알려주는 모습이나 잠을 자기 위해 눕는 모양까지 매우 다채로웠다. 가장 많이 표현한 동작으로 '걷기'가 있었는데, 같은 행동이라 하더라도 동작을 만드는 방법이 학생별로 달랐기 때문에 개별적인 산출물로 완성되었다.

그림 1-5-13 **[모글리를 위한 인간 생활 동작 알려주기] 학생 산출물 예시**

학생들은 인공지능 기술을 활용하여 모글리가 앞으로 인간 사회에서 자립할 수 있도록 도와준
다는 맥락에서 일상생활 속 움직임을 하나의 창작물로 표현해냈다. 이렇게 완성된 창작물을 감
상하는 것은 서로의 작품에 담긴 다양한 움직임 요소를 비교할 수 있는 예술적인 관점을 길러줄
수 있을 것이다.

3.5 이야기 바꾸어 쓰기 노벨 엔지니어링 ⑤

모글리의 인간 생활 적응기 적어보기

지금까지 모글리가 인간 생활에서 잘 적응할 수 있도록 여러 가지 동작을 리빙 아카이브를 활
용하여 만들어 보았다. 모글리가 정글에서 생존을 위한 방법을 하나씩 배워 나갔던 것처럼 인간
생활에 적응하기 위한 동작을 하나씩 배워 나가는 과정을 이야기로 구성해 보자. 노벨 엔지니어
링을 통해 맥락에 푹 빠진 학생들은 교사가 따로 말하지 않아도, 스스로 과거의 연도를 직접 설
정하여 이야기를 쓰는 등 글쓰기에 주체적인 모습을 보였다. 또한 본인이 직접 이야기 속 등장
인물이 되었다고 생각하며 모글리가 동작을 하나씩 배우며 알게 된 사실이나 그때 느꼈을 여러
가지 감정을 생생하게 표현하기도 하였다.

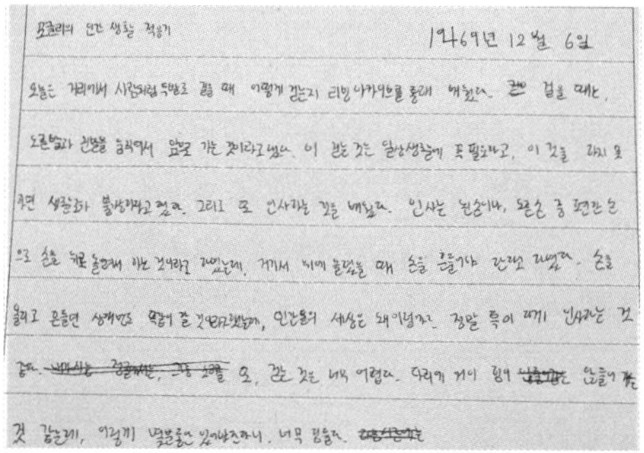

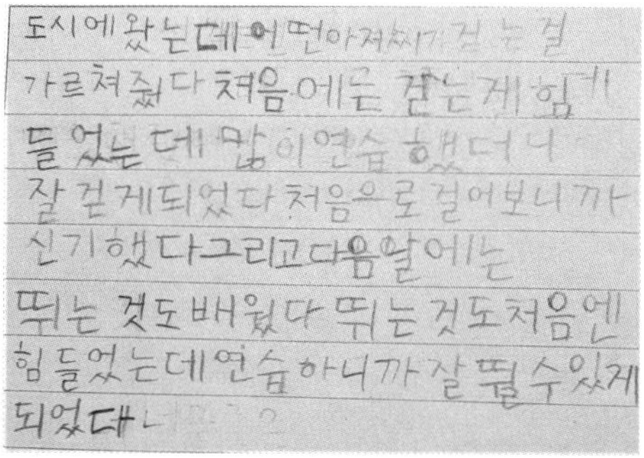

그림 1-5-14 [모글리의 인간 생활 적응기 적어보기] 학생 산출물 예시

> **수업 TIP**
>
> 모글리의 인간 생활 적응기를 적을 때의 글의 종류는 학생들이 자유롭게 선택할 수 있도록 한다. 이야기 형식, 일기 형식 등
> 다양한 방법으로 작성이 가능하다.

모글리의 하루 발표하기

모글리의 인간 생활 적응기를 리빙 아카이브로 만든 학생들의 창작물과 함께 발표하는 활동이

다. 모글리의 하루를 발표하는 학생은 모글리에 이입하여 실감나게 이야기를 읽어 내려갔고, 발표를 듣는 학생은 모글리의 이야기를 들으며 리빙 아카이브 동작을 함께 볼 수 있기 때문에 발표에 대한 집중도가 매우 높았다. 모글리의 하루를 발표할 때 앞서 문제 인식 단계에서 몸으로 표현한 경험을 바탕으로 리빙 아카이브의 동작을 몸으로 부연 설명하는 학생들이 많았다. 또한 모글리 역할과 리빙 아카이브로 동작을 설명하는 학생 역할로 나누어 1인 2역으로 발표하기도 하였다. AI 기술을 타인을 도와주기 위해 사용하고, 그것이 또 하나의 창작물이 되는 과정을 이야기로 녹여낼 수 있게 된다면, 인공지능이 열어갈 미래의 예술적, 사회적 측면까지도 체험해볼 수 있을 것이다. 바로 그 지점에서 노벨 엔지니어링 수업이 완성된다.

04 수업에 날개 달기

AI 플랫폼을 체험할 때 어떤 도서를 사용하는지에 따라 다양한 방향으로 수업이 가능하다. 다양한 주제의 도서나 여러 가지 교과의 융합 속에서 이루어지는 AI 플랫폼 활용 수업은 학생들로부터 창의적인 학습 산출물을 도출해낼 수 있다. AI 플랫폼과 함께하는 노벨 엔지니어링 수업으로 사고의 확장을 경험해 보자.

4.1 음악 융합 교육 -클라라에게 과자 왕국 무도회에서 추기 위한 춤 알려주기

호두까기 인형 수자 헴메를레 글 | 페터 프리들 그림 | 김서정 옮김 | 우리교육 | 2009

다른 이야기 속 줄거리에 리빙 아카이브를 더하면 어떤 수업이 가능할까? 모글리에게 인간 생활을 위한 동작을 알려주는 과정에서 AI 기술의 '생활'적 맥락이 중심이 되었다면, 이번에는 《호두까기 인형》이라는 도서를 통해 AI 기술의 '예술'적 맥락을 더욱 깊이 있게 다뤄보고자 한다. 호두까기 인형은 러시아 작곡가 차이코프스키가 작곡한 발레 음악으로, 독일 작가 에른스트 호프만의 동화 <호두까기 인형과 생쥐 왕>을 원작으로 하고 있다.

호두까기 인형은 클라라로부터 생쥐 왕과의 전투에 많은 도움을 얻었기에, 고마움의 표시로 클라라를 과자 왕국 무도회에 초대한다. 클라라는 다양한 과자 왕국의 무도회에 참석하게 되는데, 그때마다 분위기에 맞는 춤을 추어야 한다. 리빙 아카이브 속 여러 가지 동작 데이터를 활용해서 클라라에게 그 나라의 분위기에 어울리는 춤을 알려주는 수업은 어떨까?

그림 1-5-15 《호두까기 인형》속 과자 왕국의 춤 동작 예시

4.2 타교과 융합 –미술: 명화를 움직임으로 표현하기

미술 교과서에서만 보던 그림이 실제로 움직인다면 어떻게 표현될까? 화가들이 그린 그림은 정지된 상태의 어떤 생물이나 물체를 대상으로 삼는 경우가 대부분이다. 그림은 스스로 움직이지 않기 때문에 우리는 그림을 감상할 때 화가나 시대적 배경과 같은 관련 정보에 대해 공부하고 그 이면을 보려고 노력한다. 이러한 관점에서 명화가 실제로 움직일 수 있다면 어떻게 표현될 수 있을지 고민해 보고 리빙 아카이브를 사용해 나타내 보는 활동은 학생들의 상상력을 자극하는 융합 수업이 될 수 있을 것이다.

수업 TIP

명화가 실제로 움직이는 것을 표현한 다음의 영상을 학생들에게 보여준다면 작품 감상 능력의 확장에 도움을 줄 수 있으므로 활용해 보기를 추천한다.

그림 1-5-16 '명화를 움직임으로 표현하기'
(출처: LG챌린저스)

좋은 작품이 많지만, 필자는 미국 미술가인 키스 해링Keith Haring의 작품을 활용해 보길 추천한다. 키스 해링은 그림이 사람과 세상을 하나로 묶어주는 도구라고 믿었기에 대부분의 작품에 여러 가지 사람 모양의 형태를 담아냈다. 따라서 사람의 동작 데이터를 기반으로 하는 리빙 아카이브를 활용하기에 적합한 수업 주제라고 판단된다. 학생들은 키스 해링의 작품을 인터넷으로 검색한 뒤, 표현하고자 하는 그림을 찾아 작품에 대해 각자의 의미를 부여하고 이를 리빙 아카이브로 나타냈다. 이러한 활동은 학생들에게 미술 감상에 있어서 새로운 시각을 더해줄 수 있을 것이다.

키스 해링 작품 모음

그림 1-5-17 키스 해링 작품 '우리는 젊음이다(We are the Youth)'를 표현하는 움직임 예시

4.3 타교과 융합 -체육: 살아 숨쉬는 스포츠 픽토그램 만들기

픽토그램Pictogram은 중요한 사항이나 장소를 알리기 위해 어떤 사람이 보더라도 같은 의미로 통할 수 있는 아이콘이 사용된 기호이다.[3] 이는 일상생활을 포함하여 다양한 곳에 많이 활용되고 있는데, 그 중 사람들에게 친숙하면서도 많이 알려져 있는 것으로 스포츠 행사에 사용되는 픽토그램이 있다. 2020 도쿄올림픽 개회식에서는 사람이 직접 스포츠 픽토그램을 몸으로 표현해 화제가 된 적도 있다. 다음 그림은 스케이트보드 종목을 형상화한 것이다.

그림 1-5-18 도쿄올림픽 개회식의 픽토그램 퍼포먼스 (출처: 도쿄올림픽 공식 트위터, MBC스포츠탐험대)

이처럼 해당 종목의 상징성을 담아 동적인 스포츠 픽토그램을 만들어보는 것은 어떨까? 학생들의 생활과 연관 지어 평소 관심 있거나 즐겨 하는 운동 종목의 중요한 특징을 생각해본 후, 리빙 아카이브를 활용하여 움직이는 스포츠 픽토그램으로 나타내어 보자. 인공지능이 픽토그램에 숨을 불어넣어 줄 것이다.

그림 1-5-19 리빙 아카이브로 직접 표현해 본 스포츠 종목 픽토그램 예시

4.4 감정 이해 교육 -움직임으로 감정을 긍정적으로 표출하기

우리는 매일 여러 가지 감정을 느끼고 다양한 방법으로 그 감정을 표현한다. 타인의 감정을 이해하고 자신의 감정을 적절하게 표현하는 것은 인간관계 형성에 도움을 주며, 올바른 성장을 할 수 있도록 도와준다.[4] 따라서 학생들의 감정을 긍정적으로 표출하는 것은, 전인적 성장을 돕고 건강한 삶을 영위할 수 있는 밑바탕을 마련해줄 것이다. 인공지능을 활용하여 감정을 예술로 승화하고 하나의 창조물로 나타내 보는 것은 어떨까? 리빙 아카이브로 나의 솔직한 감정을 춤 동작으로 표현해 보자.

그림 1-5-20 감정을 표현하는 춤 동작 예시

수업 TIP

학생들이 춤 동작을 상상하길 어려워한다면, 《넌 어떻게 춤을 추니?(티라 헤더 글그림|천미나 옮김|책과콩나무2020)》란 그림책을 활용하여 힌트를 제공할 수 있다.

엔트리 AI 블록 활용
노벨 엔지니어링 프로젝트

Novel
Engineering

엔트리 활용
AI 융합 교육

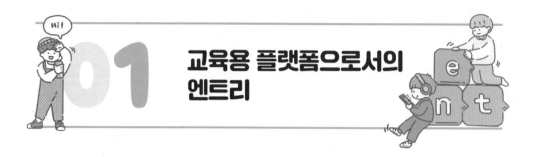

앞서 프롤로그에서도 언급했듯, 교육부는 2022 개정 교육과정 총론에서 미래교육을 강화하겠다는 의지를 천명했다. 미래 사회를 대비한 AI 교육의 필요성이 대두됨에 따라, AI 교육을 위한 다양한 플랫폼이 쏟아지고 있다. 이 책에서는 그중 콘텐츠, 접근성, LMS 기능, 데이터, 확장 가능성을 기준으로 엔트리Entry를 노벨 엔지니어링 기반 AI 융합 교육의 도구로 선정했다.

가장 먼저 콘텐츠를 기준으로 살펴보자. 엔트리 웹사이트(playentry.org)에서는 자체적으로 양질의 학습 콘텐츠를 제공한다. 상단 엔트리 로고에 마우스 커서를 올리면 전체 메뉴가 나타나는데, 그중 [교육 자료]를 클릭해 보면 교과별 주제에 따른 프로그래밍 PPT, PDF를 확인할 수 있다. 또 [생각하기] → [엔트리 학습하기]에서는 학생들이 쉽고 간단하게 따라할 수 있는 모듈을 제공하고 있으며, [생각하기] → [교과서 실습하기] 메뉴에서는 실과 6종 지도서별 프로젝트 소스와 활동지로 수업을 보조하는 등, 학습 콘텐츠의 양과 질이 독보적이다.

e n t r y	생각하기	만들기	공유하기	커뮤니티
엔트리 소개	엔트리 학습하기	작품 만들기	작품 공유하기	묻고 답하기
문의하기	교과서 실습하기	교과형 만들기	스터디 공유하기	노하우&팁
제안 및 건의		스터디 만들기		엔트리 이야기
다운로드				공지사항
교육 자료				

그림 2-1-1 엔트리 교육 자료 메뉴

엔트리 플랫폼이 공유 문화를 기반으로 한다는 점도 콘텐츠 측면에서 도움이 된다. 메뉴에서 [공유하기]를 클릭해 보자. 다른 엔트리 플랫폼 사용자가 제작한 수많은 프로그램을 확인할 수 있으며, 자유롭게 리메이크도 가능하다. 리메이크 시에는 원본 프로젝트를 제작한 사용자의 닉네임이 남기 때문에 서로 공유-확장-발전하는 프로그래밍 챌린지가 이루어지는 것이다.

그림 2-1-2 엔트리 공유하기 메뉴

이렇듯 엔트리 내에서 자체적으로 제공하는 교육 콘텐츠뿐만 아니라 수많은 사용자가 서로 협업·공유하는 과정에서 제공되는 소스들도 교수학습 자료의 양과 질에 한 몫을 보태고 있다.

그림 2-1-3 엔트리 인공지능 기능
추가 공지 화면

그렇다면 접근성은 어떨까? 엔트리는 2015 개정 교육과정의 실과 교과서 내용 요소로 채택되었기에 현장에서 압도적인 인지도를 가지고 있다. AI 교육 플랫폼 분석을 위한 전문가 사전 조사 결과 '인식 및 접근성' 부문에서 1위로 나타났으며,[1] 혼자서도 학습이 가능한 튜토리얼을 가지고 있어 학생 개인이 학습하기에도 뛰어나다는 평가를 받고 있다.[2] SW 교육 및 코딩이 가능했던 기존 플랫폼에, 인공지능과 관련된 기능들을 업데이트하여 하나의 블록 형태로 학습할 수 있기 때문에 AI 교수학습 접근성이 매우 높다. 교사의 입장에서 생각해 보면, 실과 교과 및 프로그래밍 교육용으로 이미 활용하는 친숙한 플랫폼에 인공지능 기능이 추가된 것으로 AI 교육에서의 선호도가 높을 수밖에 없는 것이다.

그림 2-1-4 나의 학급 진입 방법(왼쪽) 및 메인 화면(오른쪽)

그뿐 아니라, 엔트리는 교사가 학생들을 학습자로 관리하고 과제를 부여할 수 있는 LMS(Learning Management System)(학습관리시스템) 기능을 제공한다. 교사는 회원가입을 하여 학급을 만들고 학생들을 초대하거나, 학생 아이디를 발급해줄 수 있다. 여러 개의 학급을 동시에 생성하는 것도 가능하여, 필자의 경우에도 학급용과 동아리용으로 개설하여 사용하는 중이다. [나의 학급] 메뉴는 단순히 학생들의 작품을 공유하는 개념이 아니라 과제를 부여하고, 상호 교류를 활성화시키며, 교수학습에 도움이 되는 소스 자료를 쉽게 제공할 수 있다는 점에서 의의가 있다.

똑같이 교육용 프로그래밍 언어인 EPL(Education Programming Language)로 분류되는 스크래치에서는 '스튜디오' 기능을 제공하여, 한 공간에 작품을 공유하는 것에 중점을 둔다. 이에 반해 엔트리의 학급 메뉴는 교사가 학생을 관리하고 교수학습을 활성화시키는 기능을 지원하고 있어, 비대면 온라인 교육 시에도 그 활용도가 높았다.[3] 각 학급의 상단 메뉴 [우리 반 학습]에서 [과제 만들기] 버튼으로 과제를 부여할 수 있다. 또 과제 형식으로 관리하지 않더라도, 학급에 소속된 학생들은 [우리 반 작품] 메뉴의 각각의 산출물을 함께 공유하는 것도 가능하다.

그림 2-1-5 학급 과제 제시(위) **및 작품 공유 화면**(아래)

또한 AI 교육의 필수 재료인 데이터도 고려해야 한다. 인공지능은 그 자체로 매우 복잡한 알고리즘으로 구성되어 있으며, 데이터 탐색 및 전처리 과정도 난도가 있다. 인공지능을 즐겁게 체험해야 하는 초등 교육의 목표에 맞게 직관적으로 데이터를 활용하는 데 주안점을 두어야 한다.

엔트리는 웹캠을 활용하여 데이터를 바로 입력할 수 있고, 이미지 파일을 제공할 수도 있어 학급 수준에 따라 방법을 선택할 수 있다. 반면 Ml4kids나 AI4Children과 같은 플랫폼은 이미지 업로드 기능만 제공하여 초등학생에게는 어렵게 느껴질 수 있다.

그리고 많은 플랫폼에서 '분류' 기능을 이용하고 있는데, 스크래치에서는 티처블 머신에서 제작한 분류 모델을 연결하여 사용하는 반면 엔트리에서는 지도학습 모델을 플랫폼 내에서 생성할 수 있다는 것도 장점이다. 또 숫자로 이루어진 정형 데이터 분석을 지원하기 때문에 예측이나 군집 모델도 만들 수 있다. 데이터분석 에서는 공공 데이터를 활용할 수도 있고, 직접 숫자를 입력하여 간단한 데이터를 제작할 수도 있기에 학생 수준별로 선택이 가능하다. 반면 스크래치에는 현재 숫자 데이터 지원이 없다. 다시 말해 엔트리 플랫폼에서 데이터 취급이나 활용의 폭이 훨씬 넓다.

그림 2-1-6 엔트리 하드웨어 연결 화면

아울러 확장 가능성도 무시할 수 없다. 확장성은 '인공지능 모델을 기반으로 코딩이 가능한지'와 '피지컬 컴퓨팅과 연계가 가능한지'로 판단했는데, 두 기준에 모두 부합하는 것이 엔트리였다.[4] 엔트리에서는 AI 모델 체험에 그치지 않고, 기존의 SW 교육용 블록 프로그래밍을 활용하여 다양한 프로젝트를 그려낼 수 있다는 점이 매우 중요하다. 또 이 책의 [수업에 날개 달기] 파트에서 소개하는 피지컬 컴퓨팅 교구와의 연동성도 매우 좋다. 하드웨어 에서 연결이 가능한 교구를 확인해 보자. 네오봇, 마이크로비트, 햄스터봇, 센서보드, 코드위즈 등 초등학교에서 활용도가 높은 교구 대부분과 연결 지원이 되고 있음을 알 수 있다. 이렇게 확장 가능성이 높은 플랫폼일수록 교사의 교육과정 재구성이 덧붙여져 다양한 수업으로 펼쳐질 확률이 높다.

마지막으로 노벨 엔지니어링 수업 모델과의 연계성에 관한 부분도 빠질 수 없다. 교육용 플랫폼으로서 엔트리 기능 지원이 우수하더라도, 단순한 따라 하기식 프로그래밍 교육이 이루어지면 학생의 흥미나 사고력 신장이 어려울 수밖에 없다.[5] 엔트리 플랫폼에서는 이야기 속 인물, 배경, 사건을 오브젝트의 움직임이나 소리 재생 등으로 구체화할 수 있기에 노벨 엔지니어링과 접목했을 때의 시너지가 높았다. 프로젝트 과정을 자신이 구동한다는 성취감을 줄 수 있으며,[6] 책 속 상황에 대한 생각이나 느낌을 구체적으로 표현하고 공유할 수 있기 때문이다.[7]

따라서 책 읽기와 문제 해결에 중점을 두고 있는 노벨 엔지니어링의 도구로서 엔트리를 활용했을 때 그 교수학습 효과를 기대하며 이 책을 저술했다. 엔트리를 활용한 재미있고 다채로운 AI 노벨 엔지니어링을 만나보자.

02 엔트리 돋보기

이제 엔트리의 기본 화면 구성을 살펴보고 프로그래밍 구조를 익혀보자. 2015 개정 교육과정 실과 교과서에서는 엔트리를 SW 교육 도구로서 강조하고 있다. 그런 만큼 [인공지능] 외에도 엔트리의 다양한 기능을 활용하여 SW 교육을 구성해 보자. 엔트리의 기본 사용 방법을 파악하면 노벨 엔지니어링 기반 AI 융합 교육에 접근하기 훨씬 용이해질 것이다.

2.1 엔트리 기본 화면

이제 엔트리 → [만들기] → [작품 만들기]를 살펴보자. 이 화면에서 주로 프로그래밍을 체험하게 된다. 각 공간이 어떤 기능을 갖고 있는지 확인해 보자.

그림 2-1-7 엔트리 작품 만들기 기본 화면 구조

- ①상단 메뉴 : 작품의 제목을 짓는 공간과 저장 및 불러오기 등의 기본 기능들, 언어 지원 같은 설정 메뉴가 있다. 회원가입과 로그인을 한 경우 내가 만든 프로젝트를 저장할 수 있으며 [마이 페이지]로 이동 가능하다.

- ②실행 화면 : 엔트리봇 오브젝트와 배경이 나타나 있고, ▶시작하기 버튼을 눌러 작품을 실행시킬 수 있다. + 오브젝트 추가하기 버튼을 누르면 기본 제공되는 엔트리봇 외에 다른 오브젝트를 추가할 수 있다. 실행 화면 상단에는 마우스 포인터의 XY 좌표가 표시된다.

- ③보조 창 : 왼쪽 상단에 있는 (오브젝트 목록) 탭에서는 오브젝트들을 관리할 수 있다. 오브젝트를 여러 개 추가하면 보조 창에 그 개수가 표시되며, 각 오브젝트의 크기, 위치 좌표, 회전 방식 등의 조정이 가능하다. 그 아래 있는 ? (도움말) 탭에서는 블록에 대한 설명을 볼 수 있다.

- ④탭 설정 : [블록], [모양], [소리], [속성] 탭을 각각 선택하여 이동할 수 있다. 처음 기본 화면에는 [블록] 탭이 나타나 있는데, 자세한 설명은 이어지는 ⑤, ⑥, ⑦ 항목을 참고하자. [모양] 탭은 한 오브젝트가 가진 모양 목록을 관리할 수 있다. 사람 한 명에게 다양한 표정이 있듯이, 한 개의 오브젝트가 가진 여러 모양을 추가하거나 그리는 공간이다. 2-6장에서 자세히 확인할 수 있다. 또 [소리] 탭에서는 프로젝트에서 재생할 수 있는 소리를 추가, 관리하는 기능을 지원한다. 마찬가지로 2-5장에서 상세히 안내하고 있으니 참고하자. 마지막 [속성] 탭에서는 변수, 신호, 리스트, 함수 등을 만들고 관리한다. 이 책에서는 변수, 신호, 리스트 블록을 프로젝트 다양성을 위하여 추가해서 사용하고 있으므로, 구체적인 설명은 3-2, 3-3, 4-1장을 참고해볼 것을 권한다.

- ⑤블록 카테고리 : 엔트리 블록을 기능별로 분류하여 제공하고 있다. 기본적으로

의 14개 카테고리가 있으며, 클릭하면 ⑥블록 꾸러미가 나타난다.

- ⑥블록 꾸러미 : ⑤블록 카테고리를 클릭하면 카테고리에 속한 블록들이 나타난다. 이 블록들을 드래그하여 ⑦블록 조립소로 옮겨 프로그래밍에 사용할 수 있다. 각 장에서 활용하고 있는 블록과 기능은 <표 2-1-1>과 같다. 표에는 핵심 블록만을 담았으며, 이외에도 부가적인 기능들을 소개해 나갈 것이니 자세한 내용은 각 장을 확인해보자.

- ⑦블록 조립소 : ⑥블록 꾸러미의 블록을 마우스 드래그 앤 드롭으로 가져와 자유롭게 조립할 수 있다. 모든 오브젝트는 각각 하나씩의 블록 조립소를 가지게 된다. 이렇게 블록을 조립하여 내린 명령이 어떻게 구현될지는 ②실행 화면에서 미리 확인할 수 있다.

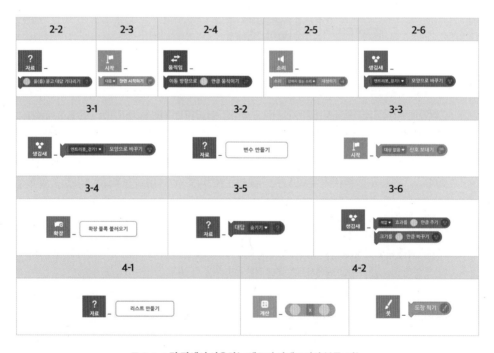

표 2-1-1 각 장에서 사용하는 엔트리 카테고리와 블록, 기능

2.2 기본 프로그래밍 구조 이해하기

이제 초등 실과 성취기준에서 명시하고 있는 프로그래밍 구조 3가지를 알아보자. 사각형을 그리는 프로그램을 구현하는 과정에서 자연스럽게 순차, 반복, 선택 구조를 익힐 수 있도록 제시했다.

순차 구조 이해하기

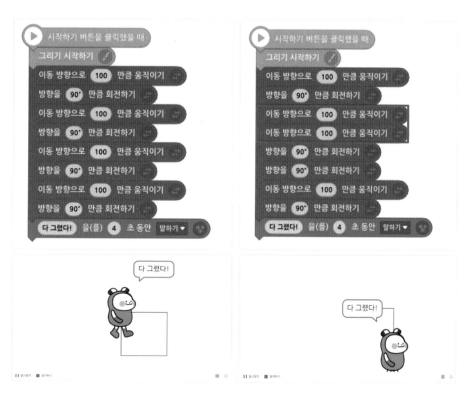

표 2-1-2 순차 구조 이해하기

<표 2-1-2>에 제시된 두 개의 블록 구조를 살펴보자. 길어서 어렵게 느낄 수도 있겠지만, 잘 보면 이동 방향으로 100 만큼 움직이기 블록과 방향을 90° 만큼 회전하기 블록으로만 이루어진 단순한 구조다. 표의 위 칸에는 블록 구조를, 아래 칸에는 블록 구조의 실행 화면을 짝 지어 제시했다.

자세히 보면 두 블록의 가운데 부분의 순서가 다르다. 첫 번째 블록 구조에서 엔트리봇은 프로그램 실행 시 먼저 이동 방향으로 100만큼 움직인 뒤 90도를 돌고, 다시 이동 방향으로 100을 움직인 뒤 또 90도를 돈다. 순서대로 프로그램이 진행되면 사각형이 그려지는 것이다. 반면두 번째 블록 구조는 도중에 100만큼 두 번을 이동하고 90도로 두 번 도는 명령을 가지고 있는데, 엔트리봇이 이 순서대로 진행하다 보면 사각형을 그릴 수 없다. 당연히 실행 화면도 다르게 나타난다. 이렇게 **조립한 블록의 순서대로 프로그래밍이 구현된다는 가장 기본적인 원리가 '순차 구조'**이다.

반복 구조 이해하기

이번에는 순차 구조에 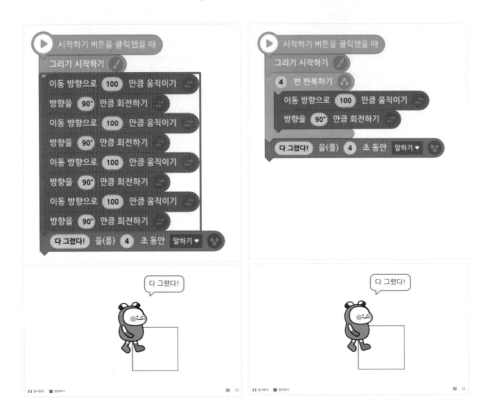 블록을 활용하여 효율성을 추구해볼 것이다. 다시 두 개의 블록 구조를 살펴보자. <표 2-1-3> 왼쪽은 앞서 제시했던 사각형 그리기를 위한 블록인데, 자세히 살펴보면 같은 블록 순서가 4번 반복되는 것을 알 수 있다.

표 2-1-3 반복 구조 이해하기

같은 명령인데 다 다른 블록을 가져다 쓸 필요가 있을까? 그래서 반복 횟수만큼을 블록에 넣어 표현하는 것이다. 같은 의미의 명령이므로, 실행 화면 역시 동일하게 나타날 것이다. 이렇게 **특정한 블록을 반복하여 시행하는 것을 '반복 구조'**라고 한다. 단순한 프로그램이라면 반복 구조로 나타내지 않아도 괜찮지만, 실생활과 관련된 복잡한 문제를 해결할 때에는 반복 구조가 기다란 프로그래밍 명령을 내리는 것보다 훨씬 효율적인 방법이다.

선택 구조 이해하기

이번에는 사각형을 지우는 기능을 추가할 것이다. <표 2-1-4>를 살펴보면 [만일 마우스를 클릭했는가? (이)라면] 블록을 통해 특수한 조건을 탐지할 수 있도록 했음을 알 수 있다. 이렇게 **조건을 확인하여 조건이 참일 때 특정 결과를 선택할 수 있도록 하는 것을 '선택 구조'**라고 한다.

표 2-1-4 **선택 구조 이해하기**

[만일 마우스를 클릭했는가? (이)라면] 블록 안에 [모든 붓 지우기] 블록을 넣어 마우스를 클릭했을 때 수행할 명령을 내렸다. 즉 마우스를 클릭하면 그려져 있는 사각형을 지우도록 프로그래밍한 것이다. 이 선택 구조는 순차적으로 사각형을 그린 후 "다 그렸다!"를 말한 후에 진행된다. 마우스 클릭이 언제 이루어질지 모르기 때문에 계속 반복하여 확인할 수 있도록 [계속 반복하기] 블록을 추가했다.

순차, 선택, 반복의 세 가지 구조는 초등 교육과정 성취기준에서도 제시하는 내용으로, 이 책에서도 다양한 프로젝트에 활용될 예정이니 미리 확실히 알아두도록 하자.

2.3 엔트리 AI 기능 알아보기

엔트리는 2020년 인공지능 기능을 담은 블록을 출시하였다. 크게 '인공지능 블록'과 '인공지능 모델' 두 가지로 나뉜다. '인공지능 블록'과 '인공지능 모델'은 똑같이 인공지능을 활용하지만, AI 서비스를 단순 활용하는지('인공지능 블록'), 아니면 AI를 사용자 맞춤으로 직접 설계할 수 있는지('인공지능 모델')로 구분할 수 있다. [인공지능] 을 클릭하면 [인공지능 블록 불러오기] 와 [인공지능 모델 학습하기] 메뉴를 확인할 수 있을 것이다.

그림 2-1-8 엔트리 인공지능 기능

인공지능 블록 불러오기

인공지능 블록 불러오기 를 클릭하면 <그림 2-1-9>와 같이 7가지 메뉴가 뜬다. 2020년 베타 출시 당시 4가지 메뉴를 지원하였으나, 2023년 8~9월 두 차례 업데이트를 통해 더 정교하고 다양한 인공지능 기술 체험을 지원하게 되었다. 특히 이 기능들은 다른 엔트리 블록들과 마찬가지로 인터넷 환경만 선행된다면 회원가입 없이도 활용할 수 있어 접근성이 좋다.

블록에 대한 자세한 설명과 이를 활용한 수업 아이디어 소개는 2부에서 이루어질 예정이다. 참

그림 2-1-9 인공지능 블록(실제 배치와 상이)

고로 본 도서에서는 엔트리 블록 업데이트 관련 내용을 모두 반영하였으나, 학생 산출물의 경우 2022년 하반기의 수업 내용으로 과거 블록을 사용하였다.

- [번역] : '네이버 랩스'에서 제공하는 인공신경망 기반 번역 서비스 '파파고'를 활용해 언어를 번역해준다.
- [읽어주기] : '네이버'의 인공지능 플랫폼 '클로바'에서 제공하는 nVoice 음성 합성 기술을 이용하여 다양한 목소리의 인공지능이 문장을 읽어준다.
- [오디오 감지] : '네이버'의 인공지능 음성 인식 서비스인 '클로바 스피치'를 기반으로, 마이크로 입력되는 소리를 감지하고 목소리를 문자로 바꿀 수 있다.
- [비디오 감지] : 카메라로 입력되는 이미지와 영상을 분석하여 사람/사물/손/얼굴을 인식한다.

특히 이 메뉴들은 쉽고 간단하게 인공지능을 체험할 수 있다는 점에서 수업 활용도가 높다. 인공지능 목소리로 내가 원하는 단어를 읽게끔 할 수 있고, 나의 얼굴 표정을 인식하게도 할 수 있다. 블록 하나로 어렵고 복잡한 프로그래밍 없이 재미있는 AI 체험이 가능한 것이다. 앞서 말했듯 회원가입 없이도 인터넷 환경만 필요하기 때문에 선생님들의 부담도 덜한 편이다.

인공지능 모델 학습하기

인공지능 모델 학습하기 를 클릭하면 <그림 2-1-10>과 같이 9개 모델이 나타난다. 2020년 출시 당시에는 분류: 이미지, 분류: 텍스트, 분류: 음성, 분류: 숫자, 예측: 숫자, 군집: 숫자의 6개 모델 학습이 가능하였는데, 2022년 11월 새로운 분류: 숫자 모델들이 업데이트되었다.[8]
모델 학습의 경우 인터넷 환경 외에도 회원가입이 선행되어야 한다는 점에 유의하자. 이 책에서는 2020년 미리 출시되어 활용도가 높고, 수업 연구가 활발했던 6개 모델 위주로 프로젝트를 실시하였다. 마찬가지로 모델 학습 과정과 생성되는 블록 그리고 이들을 활용한 수업에 대한 소개는 3부에서 이루어질 것이다.

- [분류: 이미지] : 업로드하거나 웹캠으로 촬영한 이미지로 모델을 만들고 분류할 수 있게 한다.
- [분류: 텍스트] : 직접 작성하거나 업로드한 텍스트로 모델을 만들고 분류할 수 있게 한다.
- [분류: 소리] : 마이크로 녹음하거나 파일로 업로드한 음성으로 모델을 만들고 분류할 수 있게 한다.
- [분류: 숫자 (kNN)] : 테이블의 숫자 데이터를 학습하여 가장 가까운 이웃(k개)을 기준으로 각각의 클래스로 분류할 수 있게 한다.
- [예측: 숫자 (선형 회귀)] : 테이블의 숫자 데이터를 특성값(x)과 예측값(y)으로 삼아 서로 선형 관계를 가지는 모델을 학습한다.

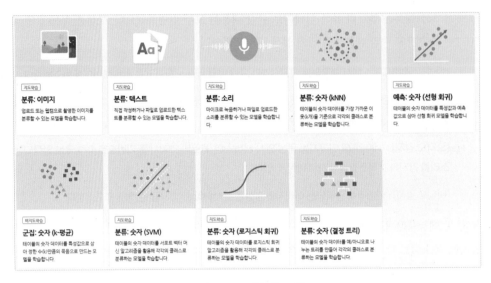

그림 2-1-10 인공지능 모델

- [군집: 숫자 (k-평균)] : 테이블의 숫자 데이터를 특성으로 삼아 정한 수(k)만큼의 묶음으로 만드는 모델을 학습한다.

- [분류: 숫자 (SVM)] : 테이블의 숫자 데이터를 서포트 벡터 머신 알고리즘을 기반으로 학습하여, 각각의 클래스로 분류할 수 있게 한다.

- [분류: 숫자 (로지스틱 회귀)] : 테이블의 이진 숫자 데이터를 로지스틱 회귀 알고리즘을 기반으로 학습하여, 각각의 클래스로 분류할 수 있게 한다.

- [분류: 숫자 (결정 트리)] : 테이블의 숫자 데이터를 예/아니오로 나누는 여러 트리를 만들어 학습하고, 최종적으로 각각의 클래스로 분류할 수 있게 한다.

2부의 인공지능 블록과는 달리 회원가입을 해야 한다는 것이 진입장벽으로 느껴질 수도 있다. 하지만 데이터를 웹캠으로 학습시키거나 이미지 파일을 업로드하는 등의 직관적인 데이터 수집 기능을 지원하고, 숫자 데이터를 인식시킬 수 있다는 것은 다양한 인공지능 모델을 만들 수 있다는 장점으로 작용한다.

현재 다양한 AI 융합 선행 연구에서 대부분 모델 학습을 통해 필요한 인공지능을 직접 만드는 방식으로 수업을 진행하는 것이 바로 그 반증이 아니겠는가?[9] 영어 교과에서도 과일의 그림을 직접 학습시켜 좋아하는 과일을 말하는 AI를 설계하는 방식으로 융합이 가능하고, 과학 교과에서는 달의 사진을 학습시켜 상현달과 하현달을 구분하는 인공지능을 만들 수도 있다. 교사나 학생이 원하는 주제로 다양한 인공지능을 디자인할 수 있다는 것은 수업의 빛깔을 더욱 다채롭고 깊이 있게 만든다.

지금까지 엔트리의 기본 화면 구성과 프로그래밍 구조, 그리고 인공지능 기능 지원까지 살펴보았다. 이해가 되었다면 엔트리를 활용한 노벨 엔지니어링 기반의 AI 융합 교육으로 한걸음 내딛어 보자. 이전에 엔트리를 활용해 보지 않았더라도 차근차근 따라 온다면, 재미있고 즐거운 인공지능 융합 프로젝트를 진행할 수 있을 것이다.

Novel
Engineering

독도 지킴이
선언문 알리기

대한민국 학생이라면 모두 독도가 우리 땅임을 알겠지만, 그 객관적 근거를 설명하기는 어려울 수 있다. 일본은 2021년 치뤄진 도쿄올림픽 공식 홈페이지에 독도를 일본 영토로 표기한 지도를 게시하고, 초·중·고 사회 교과서에 한국이 독도를 불법으로 점거 중이라는 내용을 서술하는 등, 독도 영유권에 대한 부당한 주장을 지속하고 있다.[1] 이렇듯 날로 심각해지는 독도 영유권 분쟁에 대응하기 위해서는 독도가 우리 땅인 근거를 구체적으로 제시할 수 있어야 한다.

이에 AI 번역 기술을 활용한 독도 프로젝트 수업을 구상했다. AI 번역 기술과 독도라는 수업 맥락을 연결함으로써, 학생들이 프로젝트의 주인이 되는 계기를 부여할 수 있다. 이 과정에서 AI 사용의 올바른 방향을 제시하고 사회적 영향력까지 고민해볼 수 있으며, 더 나아가 독도 수호를 위한 태도를 양성할 수 있을 것이다.

01 인공지능 돋보기

이 수업에서는 엔트리의 번역 블록을 활용하여 독도가 우리 땅인 이유를 외국어로 소개해주는 프로그램을 설계해볼 것이다. 단순히 번역 기능을 체험하는 수업이 아니라, 독도가 우리 땅임을 알리고자 하는 맥락과 사명감을 가지고 번역 블록을 이용하며, 생활 속에서 인공지능을 효율적으로 활용할 수 있는 태도를 기를 수 있다.

1.1 번역과 자연어처리(NLP)

기계를 이용한 번역 시도는 1940년대부터 시작되었다. 초창기에는 단어를 단순하게 사전적으로 바꿔주는 것에 불과했으나, 1990년대 '통계적 기계번역SMT'이 개발되며 점차 탄력을 받기 시작했다. 통계적 기계번역이란, 자주 쓰는 단어의 빈도수를 구하여 가능한 번역 단어들을 나열한 뒤 해당 문장에서 그 길을 따라 번역을 완성하는 방식을 말한다. 그러나 이 역시 단어나 구 단위로만 번역이 가능했기 때문에 유려한 수준의 문장을 만들어내지는 못했다.

이처럼 한계가 뚜렷했던 기계번역은 2010년대 '인공신경망 기반의 기계번역NMT' 등장을 기점으로 극적인 변화를 맞이했다. 이는 입력한 문장을 숫자들로 치환한 후 높은 차원의 공간상에 배치하는 방식이다. 입력 언어와 출력 언어의 문장 간 관계를 인공신경망으로 학습하여 인공지능 모델을 만든 후, 번역에 적용하는 것이다. 이 인공신경망의 내부 구조는 딥 러닝 기반 알고리즘인 관계로 세세하게 알 수는 없다. 하지만 단어의 의미나 어순, 문장 구조를 스스로 학습하여 최상의 번역 결과를 보여주었으며, 이후로도 관련 알고리즘이 개선을 거듭하면서 그 정확도가 날로 향상되고 있다.

이러한 기계번역의 발전은 인간의 말을 이해하는 인공지능의 한 분야인 **자연어처리**Natural Language Process 개선을 한층 더 앞당겼다. 지금까지만 해도 컴퓨터에 명령을 내리기 위해서는 정해진 형식(마우스 입력, 프로그래밍 등)을 따라야 했지만, 앞으로의 인공지능에게는 인간의 언어로 자연스럽게 명령할 수 있게 될 것이다. 대규모의 언어 데이터를 딥 러닝으로 학습한 자연어처리 모델은 인공지능이 스스로 글을 쓰게 하고, 문맥에 맞는 대화를 가능케 했으며, 퀴즈에 알맞은 답을 할 수 있게 만들었다. 우리 주변의 인공지능 스피커나 스마트폰 비서 등도 자연어처리가 적용된 결과이다.

그림 2-2-1 통계적 기계번역(SMT)**와 신경망 기계번역**(NMT)

1.2　성취기준 및 인공지능 내용요소

- [6사 08-01] 독도를 지키려는 조상들의 노력을 역사적 사료를 통하여 살펴보고, 독도의 위치 등 지리적 특성에 대한 이해를 바탕으로 하여 영토주권 의식을 기른다.

- [6실 04-07] 소프트웨어가 적용된 사례를 찾아보고 우리 생활에 미치는 영향을 이해한다.

- [6도 03-04] 세계화 시대에 인류가 겪고 있는 문제와 그 원인을 토론을 통해 알아보고, 이를 해결하고자 하는 의지를 가지고 실천한다.

- [6국 05-05] 작품에 대한 이해와 감상을 바탕으로 다른 사람과 적극적으로 소통한다.
- [인공지능의 사회적 영향:초등학교 5-6학년:인공지능과 함께하는 삶] 인공지능을 효율적으로 활용하기 위해 어떤 역할과 권한을 부여할지 제시할 수 있다.

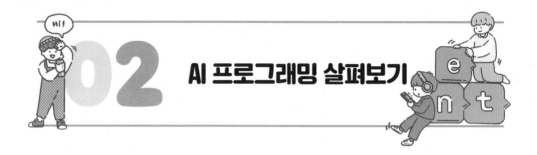

2.1 AI 블록 불러오기

인공지능 블록 불러오기: 번역

인공지능 블록을 불러오는 방법은 앞선 2-1장의 설명을 참고할 수 있다. 총 7가지 인공지능 블록 중 이번 장에서는 번역을 사용해 보자. 번역은 '네이버 랩스'가 자체 개발한 인공신경망 기반 번역 서비스 '파파고'를 기반으로 제공되는 언어 번역 기능을 사용할 수 있는 블록 모음이다.

그림 2-2-2 번역 블록 불러오기

화면 우측 상단의 [불러오기] 버튼을 클릭하면, 🔵인공지능의 블록 꾸러미에 아까는 없었던 AI 블록 2개가 새로 생성된 것을 확인할 수 있다. [번역] 블록들이 불러와진 것이다.

그림 2-2-3 [번역] 블록을 불러온
블록 꾸러미 모습

■ 한국어 ▼ ⬤ 을(를) 영어 ▼ 로 번역한 값 : 입력한 문자값을 선택한 언어로 번역해 주는 블록으로, 한 번에 3000자까지 처리 가능하다. ▼ (목록상자)를 클릭하면 번역할 언어를 선택할 수 있다. 참고로 한국어 번역이 가능한 언어는 영어, 일본어, 중국어, 스페인어, 프랑스어, 독일어, 러시아어, 포르투갈어, 태국어, 베트남어, 인도네시아어이다. ⬤ 을(를) ⬤ 초 동안 말하기 ▼ 블록 안에 넣어서 번역 결과를 출력할 수 있다.

■ ⬤ 의 언어 : 입력된 문자값의 언어를 감지하며, 마찬가지로 한 번에 3000자까지 입력 가능하다. 어느 언어인지 몰라 번역이 어려울 때, ⬤ 을(를) ⬤ 초 동안 말하기 ▼ 블록 안에 넣어서 활용할 수 있다.

2.2 AI 번역 모듈 체험하기

[번역] 블록이 실제로 어떻게 작동하는지, 다양한 블록 구조를 실행 화면과 짝지어 살펴보면서 알아보자.

표 2-2-1 [번역] 블록 모듈 체험 예시

외국인을 돕는 관광 안내 AI 설계하기

[번역] 블록을 활용하여 우리
나라에 여행 온 외국인을 도울
수 있는 관광 안내 AI를 설계하
여 보자. 외국인이 나에게 말을
걸어오는 상황이라면, 일단 그
사람이 어떤 언어를 사용하는
지 파악이 되어야 해당 언어로
응답이 가능할 것이다.
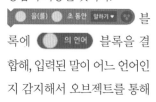 블
록에 블록을 결
합해, 입력된 말이 어느 언어인
지 감지해서 오브젝트를 통해

그림 2-2-4 태국어임을 인식한 예시

말해주도록 코딩했다. "ต้องการความช่วยเหลือจากคุณ"는 태국어였다. 외국인이 태국어를 사용하는 것
을 알았으니 이제 무슨 말을 하는지 번역해 보자.

그림 2-2-5 태국어를 한국어로 번역한 예시

 블록을 하나 추가하여 태국어 "ต้องการความช่วยเหลือจากคุณ"를 한국
어로 번역했다. "귀하의 도움이 필요합니다."라는 뜻이었다. 관광 안내 AI에 도움을 요청한 것이

니, 어떤 도움이 필요한지 태국어로 되물어보자.

그림 2-2-6 **한국어를 태국어로 번역한 예시**

과 블록을 이용하여 한국어 "무엇을 도와드릴까요?"를 태국어로 번역하는 데 성공했다. 이처럼 태국어를 한국어로, 한국어를 태국어로 번역하는 과정을 반복하며 외국인과 대화를 나누는 프로그램을 제작할 수 있다.

노벨 엔지니어링 수업 톺아보기

이 장에서는 독도가 우리 땅인 논리적 근거를 담은 독도 지킴이 선언문을 작성하고, 이를 AI 블록으로 번역해 보려고 한다. 외국인에게 독도에 대해 알린다는 상황을 부여하는 것으로, 주권 의식과 독도 수호 의지를 담은 AI 프로그래밍이 가능하다. 이처럼 노벨 엔지니어링을 활용하면 프로그램 설계의 유의미한 맥락을 제시함으로써 학습자의 몰입과 주도성을 향상시킨다는 특징이 있다.

차시	STEAM 준거틀	노벨 엔지니어링 수업 단계	활동
1~2차시 3차시	상황 관련 문제 정의	①책 읽기 ②문제 인식	- 《일곱 빛깔 독도 이야기》 책 읽기 - 독도와 다케시마
4~5차시	융합적 설계 및 문제 해결	③해결책 설계 ④창작물 만들기	- 독도 지킴이 선언문 구성하기 - 외국인을 위한 독도 지킴이 선언문 만들기
6~7차시	자기주도 및 성찰	⑤이야기 바꾸어 쓰기	- 독도 지킴이 선언문 SNS에 공유하기 - '일곱 빛깔 독도 이야기' 이야기 바꾸어 쓰기

3.1 책 읽기 노벨 엔지니어링 ①

 일곱 빛깔 독도 이야기

황선미 글 | 우지현 그림 | 이마주 | 2018

 환이는 이번 여름방학에도 독도의 이장님인 할아버지를 만나기 위해 독도에 방문했다. 할아버지와 함께 독도에서 여름방학을 보내는 환이의 하루하루가 담긴 이야기를 통해, 독도가 우리 땅인 지리적 이유, 독도가 일본을 노리는 이유, 독도가 우리 땅인 국제법상 근거, 독도가 우리 땅인 역사적 근거, 독도의 생태, 독도경비대, 독도지킴이 등에 대한 자연스러운 이해가 가능하다. 특히 이 도서는 독도가 우리 땅인 객관적 근거를 어린이의 시각에서 어렵지 않게 설명해준다는 점에서 수업 활용도가 높다.

3.2 문제 인식 노벨 엔지니어링 ②

독도와 다케시마

일본은 인터넷, 광고, 전시 등 다양한 방법으로 독도 영유권을 주장하고 있다. 실제로 인터넷 주소창에 '독도.com'이라고 입력하면, 한글 주소인데도 독도가 일본의 영토라고 주장하는 웹사이트에 접속이 된다. 독도에 대해서 잘 알지 못하는 외국인이 이 사이트를 통해 독도에 대

그림 2-2-7 독도.com 사이트 화면

한 정보를 접하게 되면 어떤 결과가 발생할까? 이 증거가 사실이 아니라고 반박할 수 있을까? 독도닷컴 사이트를 둘러보며 일본의 독도 영유권 주장에 대한 심각성을 느껴보자.

해당 사이트는 일본 외무성에서 일본의 독도 영유권을 주장하기 위해 만든 것이다. 독도닷컴 사이트는 일본 입장에서 잘못된 정보를 제공하고 있기 때문에, 비판적인 시각으로 볼 수 있도록 안내해야 한다. 관련 뉴스 보도 영상을 시청하며 이해를 도와주어도 좋다. 이 활동을 통해 왜 독도가 우리 땅이라는 객관적 근거를 제시할 수 있어야 하는지, 그 필요성을 느낄 수 있을 것이다.

* 참고 영상 : '독도.com 입력하니 '다케시마'…독도 '한글 도메인' 선점한 일본'
(출처 : KBS News https://youtu.be/47BUy0l-TNc)

독도닷컴 사이트에 접속하여 자유롭게 둘러보던 학생들은 이내 이상한 낌새를 눈치챘고, "선생님, 독도가 일본 땅이라는데요?"라며 노골적인 거짓 정보에 황당해하는 모습을 보였다. 더 심각한 것은 아무것도 모르는 외국인이 이 사이트에 접속해서 독도에 대한 잘못된 사실을 알게 된다는 것이다. <그림 2-2-9>의 활동지를 통해 독도닷컴으로 인해 독도가 일본 영토라고 믿게 된 외국인에게 사실을 반박하는 메시지를 보내 보도록 했다. 학생들은 마음을 담아 성의껏 내용을 작성해 보였다. 그렇지만 메시지를 읽어 보면, 앞서 책을 읽고 독도가 우리 땅인 이유를 어느 정도 이야기할 수 있게 되었으나 아직은 객관적인 근거를 제시하지 못하는 상태임을 알 수 있다.

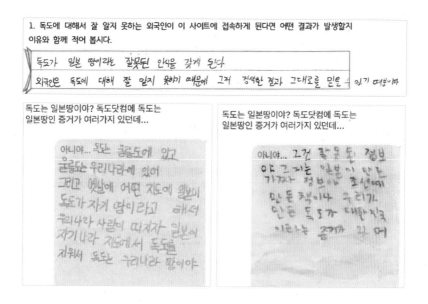

그림 2-2-8 [독도와 다케시마] 학생 활동 예시

[독도와 다케시마]

　일본은 인터넷, 광고, 전시 등 다양한 방법으로 독도 영유권을 주장하고 있습니다. 실제로 독도닷컴을 검색하면 독도가 일본 고유의 영토라고 주장하는 웹사이트에 접속됩니다.

> 🔍 독도.com　　　　　　　　　　　　　🎤

1. 독도에 대해서 잘 알지 못하는 외국인이 이 사이트에 접속하게 된다면 어떤 결과가 발생할지 이유와 함께 적어 봅시다.

2. 독도닷컴을 둘러본 후 독도는 일본 땅이라고 믿은 외국인에게 독도는 대한민국 땅이라는 증거를 보여주며 하고 싶은 말을 적어 봅시다.

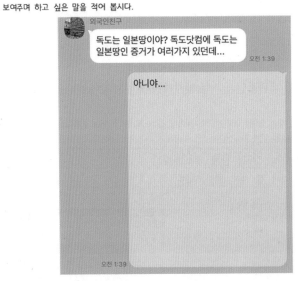

3. 2번에서 독도는 대한민국 땅이라는 객관적 증거를 제시하였는지 확인해 봅시다.

그림 2-2-9 [독도와 다케시마] 활동지 예시

3.3 해결책 설계 노벨 엔지니어링 ③

독도 지킴이 선언문 구성하기

독도가 우리 땅이라는 주장을 명확하게 하기 위해서는 먼저 이를 뒷받침할 수 있는 객관적 근거를 갖추어야 한다. 독도가 우리 땅이라는 지리적 근거, 역사적 근거, 국제법상 근거를 책 속에서 찾아 <그림 2-2-10>과 같이 정리해 보자. 앞선 활동을 통해 정확하고 논리적으로 대응할 필요를 느낀 학생들은 다시 책을 주도적으로 읽으며 객관적 증거를 수집했다.

그런 다음 책 속에서 찾은 증거를 바탕으로 독도 선언문을 작성해 보자. 이때 엔트리 ●(을) 초 동안 말하기▼ ● 로 줄글 상자를 마련해 준다면 선언문으로 구성한 내용 중 무엇을 핵심으로 프로그래밍할지 미리 고려해볼 수 있다.

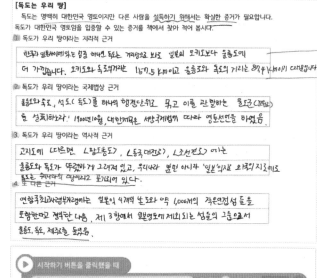

수업 TIP

학생들은 6학년 국어 주장하는 글 쓰기 관련 단원에서 상대방을 설득하는 글의 짜임이 서론(문제 상황) - 본론(주장 - 근거) - 결론으로 이루어져 있음을 배운 바 있다. 국어 교과와 연계하여 독도 지킴이 선언문을 쓸 때는 논설문의 짜임에 맞게 써보도록 지도하자.

그림 2-2-10 [독도 지킴이 선언문 구성하기] 학생 활동 예시

3.4 창작물 만들기 노벨 엔지니어링 ④

배경 및 오브젝트 불러오기

독도에 어울리는 배경과 오브젝트를 추가하여 짧은 애니메이션을 만들어 볼 수 있다. 바다와 섬

배경은 비슷하더라도 학생들마다 강조하고 싶은 내용이 다르기에 다양하고 풍부한 프로젝트가 제작된다.

그림 2-2-11 배경 및 오브젝트 디자인 예시

독도 지킴이 선언문 작성하기

독도는 우리 땅인 이유를 본격적으로 제시하기 전에, ██████████ 를 활용하여 이야기의 시작을 꾸며보도록 한다. 다양한 오브젝트를 통해 우리가 직면한 영토 분쟁 상황을 소개할 수 있다.

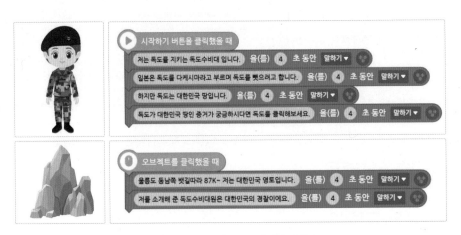

그림 2-2-12 오브젝트 스토리 디자인 예시

독도 지킴이 선언문 번역하기

학생들이 만든 독도 지킴이 선언문을 전 세계로 알리기 위하여 AI 번역 기능을 활용해볼 것이다. 단순히 인공지능 블록의 번역 기능을 체험하는 것을 넘어, 이를 활용하여 문제를 해결한다는 것에 노벨 엔지니어링의 핵심이 있다. 가장 보편적인 언어인 영어로 번역해도 좋고, 평소에 관심 있던 다른 언어도 좋다. 다른 나라의 사람들도 독도가 대한민국 땅임을 분명하게 알 수 있도록 번역 기능을 활용하여 소개하여 보자.

먼저 `한국어 ▼ 엔트리 을(를) 영어 ▼ 로 번역한 값` 블록을 블록 조립소로 가지고 온다. 번역할 수 있도록 [말하기] 블록에 입력했던 문장을 드래그로 끌고 와 [번역하기] 블록의 입력 칸에 넣어 보자.

그림 2-2-13 [번역] 블록 결합 방법

이제 번역한 내용을 말풍선으로 보여줄 수 있도록 다시 [말하기] 블록에 넣어준다.

그림 2-2-14 [번역] 블록과 [말하기] 블록 결합 방법

다음은 처음에 작성한 독도 지킴이 선언문과 [번역] 블록을 결합한 결과이다.

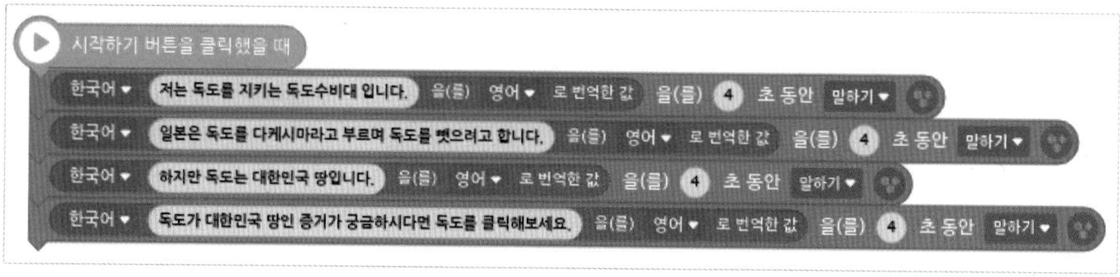

그림 2-2-15 완성된 독도 지킴이 선언문 번역 프로그램 예시

프로그래밍하기

학생들이 프로그래밍한 코드를 살펴보면 [번역하기]를 결합한 [말하기] 블록을 활용하여 간단한 순차 구조로 나타낸 것을 볼 수 있다. 코드는 간단하지만 학생들이 직접 고른 오브젝트와 실행 화면, 스스로 만든 문장 표현이 어우러지면서 훌륭한 작품이 탄생되었다. 효과적인 독도 지킴이 선언문을 만들기 위하여 오브젝트를 추가할 때부터 많은 고민을 하는 학생들의 모습을 엿볼 수 있었다.

예를 들어 하나의 오브젝트가 모든 내용을 설명하는 단순한 구조가 싫은 학생은 ◯◯◯◯ 블록을 활용하여 남자와 여자가 서로 대화를 주고 받듯이 정보를 제공하는 애니메이션을 만들었다. 남자 오브젝트가 첫 대사를 말하는 동안 여자 오브젝트는 4초를 기다린 후에 말하기를 실행하고, 다시 남자 오브젝트는 12초를 기다리다가 설명을 이어가는 식의 구조이다.

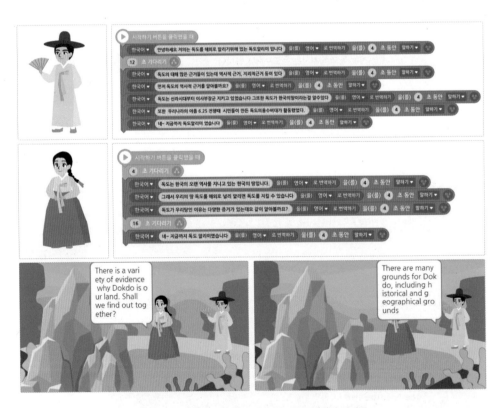

그림 2-2-16 학생 산출물1 - 대화하는 독도 지킴이 선언문

또 자신이 좋아하는 아이돌이 태국에도 팬이 많다는 점을 떠올려 독도 지킴이 선언문을 태국어
로 번역한 학생도 있었다. 평소 해외 축구를 좋아하여 프랑스에 관심이 많은 또 다른 학생은 프랑
스어로 번역하는 등 자신의 취미와 관련 지어 언
어를 선택하는 모습도 인상깊었다.

그림 2-2-17 학생 산출물2 - 태국어 독도 지킴이 선언문

더 나아가 독도에 대한 관심이 증가한 학생들은 자발적으로 독도의 자연환경과 관련한 오브젝
트를 추가하기도 했다. 특히 강치와 비슷한 돌고래 모양의 오브젝트를 추가하여 강치의 슬픈 역
사를 언급한 학생의 작품은 마음 속에 큰 울림
을 주었다.

그림 2-2-18 학생 산출물3 - 강치의 슬픈 역사가 있는 독도 지킴이 선언문

기능 추가하기

- **언어 선택 기능 추가하기**

독도 지킴이 선언문의 내용이 완성되었다면 보는 이가 원하는 언어를 선택할 수 있도록 기능을 업데이트해 보자. 사용자에게 원하는 언어를 묻기 위해서는 [? 자료] 의 [○ 을(를) 묻고 대답 기다리기 ?] 블록을 사용해야 한다. [○ 을(를) ○ 초 동안 말하기▼] 블록이 오브젝트가 하고 싶은 말을 일방적으로 출력하는 데 비해, 오브젝트의 질문에 대답이 가능하다는 차이가 있다.

그림 2-2-19 언어 선택 기능 구현하기

사용자는 띄워진 빈칸 [✓] 에 대답을 입력할 수 있으며, 입력된 대답은 [대답] 블록에 저장된다. 대답을 두 번 이상 받을 경우, 앞선 대답은 저장되지 않는 점에 유의하자. 값 블록(○)이 비어 있는 아무 곳에나 결합하여 활용할 수 있다. [대답 숨기기▼ ?] 는 실행 화면에서 대답을 숨길 수 있는 블록이다.

방법을 익혔으니, 이제 독도 지킴이 선언문을 어떤 언어로 읽을지 선택할 수 있도록 물어보자. 먼저 [○ 을(를) 묻고 대답 기다리기 ?] 블록으로 사용자가 원하는 언어를 묻고, 선택 구조 [만일 참 (이)라면 ∧] 를 활용하여 대답한 값에 따라 반응이 달라지게 한다. 선택 구조 안에 기존의 독도 지킴이 선언문을 결합해 두고, 사용자가 영어라고 대답했다면 ■▼(목록상자)를 눌러 영어로 번역을, 일본어라고 대답했다면 일본어로 번역을, 중국어로 대답했다면 중국어로 번역을 바꾸면 되는 것이다. 전체 코드는 길어 보이지만 같은 선택 구조와 내용을 반복하고 있으므로 복사-붙여넣기만 활용한다면 금방 완성할 수 있다.

그림 2-2-20 언어 선택 기능이 추가된 '독도 지킴이 선언문' 프로그램 예시

여기서는 영어, 일본어, 중국어로 제한하여 선택할 수 있도록 제시했으나, 엔트리에서 사용 가능한 언어에 한하여 학생이 소개하고 싶은 언어를 다양하게 선택할 수 있도록 장려한다.

노벨 엔지니어링을 통해 문제 해결 의지가 생긴 학생들은 더 좋은 작품을 만들기 위해 다양하고 풍부한 프로그래밍을 시도한다. 이렇듯 인공지능 기술을 활용한 문제 해결 경험이 있는 학생들은 앞으로 인공지능을 기술을 마주했을 때 효과적으로 활용할 수 있는 방법을 고민하게 될 것이다.

3.5 이야기 바꾸어 쓰기 노벨 엔지니어링 ⑤

독도 지킴이 선언문 SNS에 공유하기

이제 우리가 만든 독도 지킴이 선언문이 어떤 새로운 미래를 가져올지 생각하며 이야기를 바꾸어 쓸 것이다. 특히 선언문의 기반이 된 AI 프로그램이 독도 영유권 분쟁에 어떤 도움이 될지 상상해 보며 주권 의식을 높일 수 있다. 우리가 전달하고 싶은 이야기를 손쉽게 전달할 수 있는 까닭은 AI를 활용했기 때문이다. 이렇게 노벨 엔지니어링 기반의 AI-STEAM 수업은 학생들로 하여금 자연스럽게 인공지능의 유용성을 깨닫게 한다.

일본이 잘못된 정보를 퍼뜨리기 위해 인터넷 사이트를 활용했듯 학생들도 소셜 네트워크를 통해 독도가 대한민국 땅임을 홍보할 수 있다. 또 독도 지킴이 선언문을 공유하며 SNS의 순기능을 체험해볼 수도 있을 것이다. 더 많은 사람이 볼 수 있도록 게시글을 대표하는 해시태그를 고민해 보는 것도 재미있다.

그림 2-2-21 '독도 지킴이 선언문' SNS에 공유하기

실제 SNS에 게시물을 공유하자 학생들은 독도가 우리 땅인 이유를 홍보할 수 있겠다며 굉장히 설레는 모습을 보였다. 이미 해당 SNS에 가입된 학생들은 '좋아요'를 누르며 다른 반 친구에게도 홍보를 해줄 것을 부탁했다. 실제로 사람들이 '좋아요'를 누른 것을 보고 자신들이 만든 독도

지킴이 선언문이 효과가 있었음을 느끼며 기뻐하는 동시에 우리가 인플루언서였다면 더 널리 알릴 수 있었을 것이라며 아쉬워하는 모습까지……. 이렇듯 학생들이 수업의 흐름을 주도하는 모습은 바꾸어 쓴 이야기에서도 잘 드러난다.

가수 아이유를 좋아하여 SNS를 팔로우하고 있는 학생은 해당 가수가 자신의 게시물을 보고 감명을 받아 재게시를 한 상황을 상상했다. 그 게시물을 본 많은 외국인 팬이 엔트리 인공지능 블록이 번역해 주는 내용을 볼 수 있었기 때문에 독도 문제에 함께 하겠다는 의지를 밝히는 내용이 눈에 띈다. 또 AI 번역 기술을 통해 더 많은 외국인에게 도달할 수 있었기에, 독도가 대한민국 땅임을 세계적으로 알릴 수 있었다는 내용도 확인할 수 있었다. 이처럼 노벨 엔지니어링 기반의 일련의 프로젝트 과정이 학생들의 독도 주권 인식 및 실천 의지를 높였음을 알 수 있다.

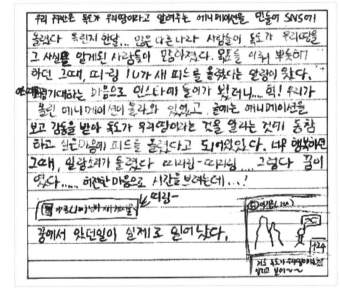

그림 2-2-22 [이야기 바꾸어 쓰기] 학생 산출물

공유 SNS의 경우 페이스북, 클래스팅, 인스타그램 등 학급 상황에 맞게 선정할 것을 권한다. 학생이 개인 계정에 게시했을 경우 좋아요, 댓글 등에 민감해할 수 있으므로 교사가 하나의 대표 계정을 만들어 학생들의 작품을 공유하는 방법도 있다.

04 수업에 날개 달기

인공지능 번역 기능은 특히 영어 교과와 연계성이 높다. 서로 언어를 모르는 상황에서 의사소통을 원활하게 해줄 수 있다는 AI 유용성을 기반으로 다양한 프로젝트가 가능할 것이다.

4.1 다문화 교육 -외국인 친구와 소통할 수 있는 번역기 만들기

번역 기능을 이용하여 외국인 친구와 대화를 나누는 프로그램을 제작할 수 있다. ⬤ 오브젝트를 클릭했을 때 블록을 활용하여 한국인 오브젝트를 클릭하면 한국어를 외국어로, 외국인 오브젝트를 선택하면 외국어를 한국어로 번역할 수 있게 만들어 보자. 블록은 굉장히 단순하지만 활용한 오브젝트와 배경에 따라 다양한 산출물이 나올 수 있다. 실제 다문화 학급이라면 교실 프로젝트로 활용하여 서로 가까워지고 친숙해지는 계기를 부여할 수도 있을 것이다.

그림 2-2-23 외국인 친구와 소통하는 번역기 프로그램 예시

수업 TIP

[오브젝트를 클릭했을 때] 블록을 활용하면 오브젝트마다 다른 명령을 입력할 수 있다. 한국인 학생 오브젝트를 클릭했을 때 한국어를 베트남어로 번역한 말을 전달하고, 반대로 베트남 학생 오브젝트를 클릭했을 때 베트남어를 한국어로 번역한 말을 전달하게 한다. 이를 활용하면 서로 대화하는 것 같은 효과를 줄 수 있다.

4.2 타교과 융합 –사회: 우리 음식 레시피를 소개하는 AI 만들기

우리나라의 우수한 한식 문화를 전 세계에 소개하는 수업 주제로서 연결도 가능하다. 외국인에게 우리 고유의 음식 레시피를 안내해주는 것은 어떨까? 우리 음식을 소개하는 과정에서 한식에 대한 자부심을 가질 수 있으며, 한 그릇 음식 만들기로 확장한다면 학생들에게 더욱 기억에 남는 수업이 될 것이다.

그림 2-2-24 우리 음식 레시피를 소개하는 AI 프로그램 예시

수업 TIP

'기능 추가하기'에서 학습했던 대답 기능을 활용하여 이용자의 편의에 맞는 언어를 제공할 수 있다.

4.3 타교과 융합 –사회: 우리 고장을 소개하는 AI 만들기

2021년, '범내려온다'를 주제곡으로 서울 곳곳의 명소를 소개한 문화관광체육부의 유튜브 영상이 큰 인기를 끈 바 있다. 그 후 서울이 아닌 다른 지역을 소개한 유튜브 영상도 연달아 인기 동영상에 오르며 외국인들이 한국에 여행 오고 싶다는 긍정적인 반응이 늘었다.

우리 학생들도 이처럼 우리 고장을 외국인에게 소개해 보는 것은 어떨까? 우리 고장을 소개하기 위해 정보를 수집하고 소개하는 과정에서 우리 고장에 대한 애정과 인공지능 기술의 유용성을 느낄 수 있을 것이다.

그림 2-2-25 Feel the Rhythm of Korea: SEOUL
(출처: Imagine Your Korea)

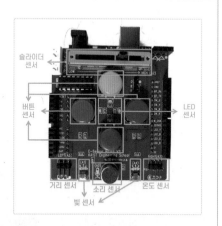

그림 2-2-26 우리 고장을 소개하는 AI 프로그램 예시

우리 문화를 소개하는 수업으로 확장하여 진행할 수 있다. 한복에 대해 학습했을 경우 아름다운 한복의 자태, 한복의 장점, 한복의 구성 등 학생이 소개하고 싶은 한복의 특징을 정하여 외국인에게 소개하며 우리 문화의 우수성을 바탕으로 배움에 대한 주도적 정리가 가능하다.

4.4 피지컬 컴퓨팅 확장 -[센서보드]로 언어 선택하기

앞서 [대답] 기능을 활용하여 이용자가 원하는 언어를 응답하게 했다면, 이번에는 버튼을 눌러 언어를 선택할 수 있는 기능을 구현하여 보자. 사용할 피지컬 컴퓨팅 도구는 [센서보드]로 빛, 소리, 온도 센서 등을 탑재하고 있으며, 게임기처럼 생긴 색깔 버튼이 있어 학생들이 친숙하게 접근할 수 있다. 또한 엔트리를 통한 피지컬 컴퓨팅 학습을 목적으로 만들어졌기 때문에 다른 피지컬 교구에 비해 엔트리와 호환성이 뛰어나다. 또한 크롬북에서 피지컬 컴퓨팅 교구를 사용하려는 경우 지원되는 하드웨어 종류가 적은데 센서보드는 크롬북에서도 활용이 가능하다는 점에서 접근성이 좋다.

그림 2-2-27 [센서보드] 구조

센서보드에서 파랑, 초록, 노랑, 빨강 색을 가진 버튼을 사용하여 색깔별로 다른 버튼을 눌렀을 때 다른 언어가 나올 수 있도록 프로그래밍할 수 있다. 예를 들면 노랑 버튼을 눌렀을 때 영어, 빨강 버튼을 눌렀을 때 중국어, 파랑 버튼을 눌렀을 때 일본어, 초록 버튼을 눌렀을 때 태국어로 번역하게 하는 것이다. 학생들은 아날로그 버튼이 디지털 신호로 입력되는 것을 보면서 컴퓨터의 인식 기능을 이해할 수 있다.

그림 2-2-28 센서보드로 언어를 선택하는 '독도 지킴이 선언문' 번역 프로그램 예시

피지컬 컴퓨팅 교구와 엔트리 프로그램을 연결하기 위해서는 '엔트리 하드웨어'를 설치해야 한다. https://playentry.org/download/hardware에서 내려받을 수 있으며, 연결된 후에도 [엔트리 하드웨어] 창을 종료시키지 않아야 연결이 유지된다. 크롬북을 활용할 경우 하드웨어 프로그램 다운로드 없이 [인터넷으로 연결하기]를 누르면 바로 연결이 가능하다.

Novel
Engineering

비비디바비디부!
신데렐라 변신시키기

명작 동화는 연령에 구애받지 않고 오랜 세월 읽히는 이야기로 대표적으로는 《백설공주》, 《신데렐라》가 있다.[1] 명작 동화의 주인공들은 어려운 위기에 부딪히지만, 이를 극복하는 과정에서 한 단계 성장하는 입체적인 인물로 묘사된다.[2] 학생들은 주인공의 모험을 따라 악당에게 맞서기도 하고 어려움에 처한 인물을 도와주기도 하는데, 이런 간접 경험은 학생들이 삶의 통찰력을 키우는 데 귀한 자양분이 되어줄 것이다.[3] 여기서 더 나아가 학생들이 AI를 활용해 주인공의 문제를 해결하는 능동적인 주체가 된다면 어떨까? 동화 속 상황을 내 삶으로 확장시켜 AI 활용 능력과 함께 창의적 문제 해결력을 길러보자.

인공지능 돋보기

이 수업에서는 엔트리 AI 블록 [비디오 감지]를 활용하여 신데렐라를 꾸며주는 프로그램을 제작할 것이다. AI가 사람을 인식하면 그 신체 부위에 신데렐라를 꾸며주는 오브젝트가 나타나 누더기 옷을 입은 신데렐라를 변신시킨다. 신데렐라를 꾸며줄 오브젝트를 직접 선택할 수 있기 때문에 호박 마차나 유리구두가 아닌 새로운 이야기도 상상할 수 있다.

1.1 객체 탐지(Object Detection)

본격적인 설계에 들어가기 앞서, '사람 인식'의 원리를 짚고 넘어가고자 한다. 컴퓨터 비전의 한 분야로 객체 탐지가 있는데, 이는 이미지 인식과도 긴밀하게 연결된다. AI는 배경과 피사체가 구분되지 않은 상태에서는 사물을 인식하기 어렵기 때문에, 먼저 배경에서 피사체만을 분리해 내게 된다. 이 기술이 **객체 탐지**Object Detection다. 일반적으로 객체 탐지는 전처리Pre-processing, 특징점 검출Feature point, 분류Classify 3단계를 거쳐 이루어진다.

전처리는 이미지를 분석하기 쉽도록 만드는 것으로, 사진을 흑백이나 그레이스케일로 변환하는 작업을 지칭한다. 특징점 검출은 사물이나 객체의 특징을 사전에 미리 학습시켜, 그 특징을 뽑아내서 해당 물체를 분류한다. 예를 들면 사진에서 물체가 가지는 특정한 경계선을 인식하거나, 그림에서 갑자기 색이 바뀌는 부분을 점으로 잇는 식이다. 실제로 자율주행 자동차에서는 이러한 방식으로 보행자를 인식하고 있다. 분류는 특징점들의 분포를 이용하여 해당 분포가 객체인지, 단지 배경인지 판단하는 과정을 말한다. 해당 세 과정을 거쳐 찾은 객체는 앵커 박스Anchor Box 의 네모 형태로 확인되고, 이를 인공지능 분류기에 넣어 무엇인지 식별하게 된다.

그림 2-3-1 객체 탐지의 전처리와 특징점 검출

1.2 성취기준 및 인공지능 내용요소

- [6국 01-07] 상대가 처한 상황을 이해하고 공감하며 듣는 태도를 지닌다.

- [6국 05-05] 작품에 대한 이해와 감상을 바탕으로 하여 다른 사람과 적극적으로 소통한다.

- [6실 04-08] 절차적 사고에 의한 문제 해결의 순서를 생각하고 적용한다.

- [6실 04-09] 프로그래밍 도구를 사용하여 기초적인 프로그래밍 과정을 체험한다.

- [인공지능 원리와 활용:초등학교 5-6학년:컴퓨터의 인식 방법] 다양한 센서를 통해 입력받은 정보를 컴퓨터가 인식하는 방법을 설명할 수 있다.

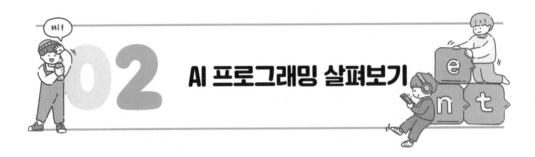

2.1 AI 블록 불러오기

인공지능 블록 불러오기: 사람 인식

의 [인공지능 블록 불러오기]에서는 여러 가지 AI 블록을 불러올 수 있다. AI 블록은 인터넷 환경에서 정상적으로 동작하므로 연결 상태를 확인하도록 하자.

그림 2-3-2 비디오 감지 블록 불러오기

이 메뉴에서는 [번역], [읽어주기], [사람 인식], [사물 인식], [손 인식], [얼굴 인식], [음성 인식]의 7가지 인공지능 활용 블록을 사용할 수 있는데, 이번 장에서는 [비디오 감지]의 [사람 인식] 블록을 사용할 것이다. [비디오 감지] 블록은 카메라에 비치는 사람, 얼굴, 사물 등을 인식하는 기능을 지원한다.

[비디오 감지] 블록을 불러오면, 화면 가운데에 열심히 걷고 있는 엔트리봇이 나타난다. [비디오 감지] 블록을 로딩하기 위

그림 2-3-3 비디오 감지 블록이 로딩 중임을 확인할 수 있는 화면

해서는 짧은 대기 시간이 필요하며, 로딩 시간은 컴퓨터 사양이나 네트워크 상태에 따라 달라질 수 있다.

비디오 감지 블록 살펴보기

인공지능 블록 불러오기가 완료되면 <그림 2-3-4>처럼 보라색 인공지능 블록 꾸러미들이 생성된다. 우리가 사용할 블록은 [사람 인식]의 `사람 인식  시작하기 ▼` 이다.

`▼`(목록상자)를 클릭하면 사람 인식 시작하기와 중단하기를 사용할 수 있다. 이번 장에서 사용할 [비디오 감지] 블록과 [사람 인식] 블록을 간단히 살펴보자.

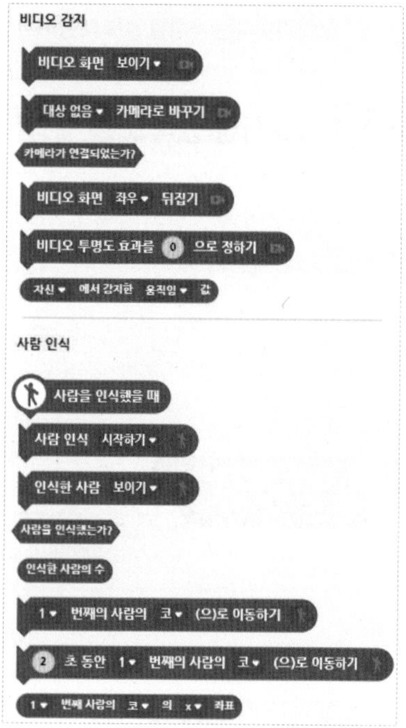

그림 2-3-4 **비디오 감지 블록**

- `비디오 화면  보이기 ▼` : 엔트리 작업 화면에 연결된 비디오 화면을 보여준다. 해당 블록을 사용하면 비디오가 비추는 화면을 엔트리 배경에 띄울 수 있다. `▼`(목록상자)를 눌러 숨길 수도 있다.

- `비디오 투명도 효과를 ⬤ 으로 정하기` : 엔트리 화면에 보이는 비디오 화면의 투명도를 조절할 수 있다. 투명도 효과는 0에서 100까지 설정할 수 있으며 투명도가 올라갈수록 비디오 화면이 점점 더 옅어진다.

- `사람을 인식했을 때` : 사람을 인식하면 아래에 연결된 블록들을 실행한다.

- `사람 인식  시작하기 ▼` : AI가 비디오 화면에 잡힌 사람, 얼굴, 사물을 인식하도록 한다. `▼`(목록상자)를 눌러 중지시킬 수 있다.

- `인식한 사람  보이기 ▼` : AI가 인식한 사람, 얼굴, 사물의 모습을 비디오 화면에 나타낸다. 사람 인식의 경우 얼굴, 팔, 다리 부분에 검정색 점과 파란색 선으로 사람의 형태를 인식한다. `▼`(목록상자)를 클릭하여 숨길 수 있다.

- `사람을 인식했는가?` : 사람이 인식된 경우 '참'으로 판단한다.

- `인식한 사람의 수` : 인식한 사람의 수를 나타낸다.

- `1▼ 번째의 사람의 코▼ (으)로 이동하기` , `● 초 동안 1▼ 번째 사람의 코▼ (으)로 이동하기` : 오브젝트가 선택한 사람의 신체 부위로 이동한다. 이동에 사용할 일정 시간을 지정할 수도 있다. 오브젝트의 중심점이 기준이 된다.

- `1▼ 번째 사람의 얼굴▼ 의 x▼ 좌표` , `1▼ 번째 사람의 얼굴▼ 의 y▼ 좌표` : AI가 인식한 사람의 얼굴 위치를 x좌표와 y좌표로 나타낸다. `▼` (목록상자)를 클릭하면 얼굴과 부위를 고를 수 있다. 보통 혼자 쓰이기보다는 움직임 블록과 함께 이동시킬 때 x와 y의 위치값으로 넣어서 사용한다.

2.2 AI 사람 인식 모듈 체험하기

다음 표의 안내를 따라, [비디오 감지] 블록을 하나씩 추가해 가며 AI 사람 인식 모듈이 어떻게 동작하는지 체험해 보자.

모듈	순서	실행 화면
`▶ 시작하기 버튼을 클릭했을 때` `사람 인식 시작하기▼`	1. 엔트리 배경에 비디오 화면이 보인다. 2. AI가 비디오 화면에 보이는 사람을 인식하기 시작한다. 하지만 어떻게 인식하는지는 확인할 수 없다.	
`▶ 시작하기 버튼을 클릭했을 때` `사람 인식 시작하기▼` `인식한 사람 보이기▼`	1. 엔트리 배경에 비디오 화면이 보인다. 2. AI가 비디오 화면에 보이는 사람을 인식하기 시작한다. 하지만 어떻게 인식하는지는 확인할 수 없다. 3. `인식한 사람 보이기▼` 블록을 추가하면 AI가 인식한 사람의 눈, 코, 입 등에는 빨간 점이, 팔, 다리 몸통에는 흰색 선이 생긴다.	

표 2-3-1 AI 사람 인식 모듈 체험하기

카메라를 연결했는데 블록이 동작하지 않는 경우, 주소 표시줄 오른쪽에서 카메라 설정을 확인해 보자. 사각형 X 표가 있다면 카메라 사용이 차단된 것이다. 카메라 아이콘을 클릭, [https://playentry.org에서 카메라에 액세스하도록 항상 허용]을 체크해 주면 해결된다.

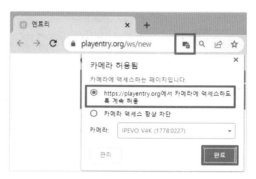

그림 2-3-5 카메라에 액세스하도록 허용하는 방법

사람 인식 블록으로 카메라 필터 제작하기

[사람 인식] 블록을 사용하면 화면에 다양한 오브젝트가 나타나도록 하는 카메라 필터 프로그램을 제작할 수 있다. 사용자 머리 위에 토끼 귀가 생기거나 눈 위에 선글라스가 생기도록 하는 카메라 필터는 어른들에게도 인기 만점이다. 엔트리로 카메라 필터를 제작할 수 있다니! 간단한 활동이지만 학생들의 호응이 매우 높다. 먼저 필터에 나타나도록 하고 싶은 오브젝트를 선택하여 추가해 보자. 예시에서는 얼굴(여) 오브젝트를 추가했다. 오브젝트를 클릭하고 다음과 같이 프로그래밍하면 배경에 비디오 화면이 보이면서 AI가 인식한 사람의 모습이 점과 선으로 나타난다.

그림 2-3-6 비디오 감지 블록 사용하기

카메라 필터에서 토끼 귀가 내 머리를 따라다니는 것처럼, 오브젝트가 내 얼굴을 따라 위치를 변경하도록 하려면 어떻게 해야 할까? [사람 인식]블록의 `1 ▾ 번째의 사람의 코 ▾ (으)로 이동하기` 블록을 사용하면 내가 원하는 신체의 위치로 오브젝트를 이동시킬 수 있다. 이때 오브젝트의 이동이 얼굴을 움직일 때마다 계속해서 반복되어야 하므로, `흐름` 의 `계속 반복하기` 블록으로 `1 ▾ 번째의 사람의 코 ▾ (으)로 이동하기` 블록을 감싸주어야 한다. 이렇게 프로그래밍하면 내 얼굴이 캐릭터 얼굴로 변한 것과 같은 필터 카메라 효과를 낼 수 있을 것이다.

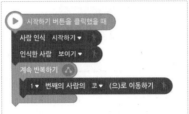

그림 2-3-7 필터 카메라 프로그램 (왼쪽: 사용 카테고리, 가운데: 전체 프로그램 블록, 오른쪽: 실행 화면)

03 노벨 엔지니어링 수업 톺아보기

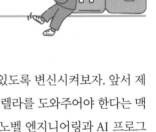

AI 블록 사람 인식 기능을 사용하여 신데렐라가 무도회에 갈 수 있도록 변신시켜보자. 앞서 제시한 카메라 필터 만들기 수업은 일회성의 흥미 위주이지만, 신데렐라를 도와주어야 한다는 맥락을 제공한다면 학생들의 프로그래밍에는 의미가 깃들 것이다. 노벨 엔지니어링과 AI 프로그래밍을 연계하면 AI 프로그래밍 수업뿐만 아니라 인물의 마음을 이해하는 하브루타 질문 만들기 수업, 뒷이야기 상상하여 쓰기 등 다양한 활동으로 확장할 수 있다.

차시	STEAM 준거틀	노벨 엔지니어링 수업 단계	활동
1차시	상황 관련 문제 정의	①책 읽기 ②문제 인식	- 《신데렐라》 책 읽기 - 신데렐라의 마음 헤아리기 / 물레방아 하브루타
2~4차시	융합적 설계 및 문제 해결	③해결책 설계 ④창작물 만들기	- 신데렐라를 무도회에 보낼 방법 떠올리기 - 비비디바비디부! 신데렐라 변신시키기
5~6차시	자기주도 및 성찰	⑤이야기 바꾸어 쓰기	- '신데렐라' 이야기 바꾸어 쓰기

3.1 책 읽기 노벨 엔지니어링 ①

도서소개

신데렐라

샤를 페로 글 | 최헵시바 옮김 | 더클래식 | 2020

《신데렐라》는 프랑스에서 전해 오던 민담을 다듬어 재구성해서 만든 이야기이다. 신데렐라는 요정이 마법을 사용하여 신데렐라를 변신시켜 준다는 환상적인 요소를 가지고 있다. 심성이 고운 신데렐라가 어려움 끝에 왕자님을 만나고 욕심쟁이 두 언니와 새엄마는 벌은 받는다는 이야기는 권선징악의 교훈을 주기도 한다. 전 세계적으로 인기 있는 동화로, 신데렐라가 새엄마와 언니들에게 구박을 받고 무도회에 참석하기 위해 요술 할머니의 도움을 받는다는 큰 이야기의 흐름이 비슷하기 때문에 어떤 도서를 선정해도 무방하다. 학급 학생들의 수준과 글의 양과 그림을 고려하여 도서를 선정하기를 권한다.

3.2 문제 인식 노벨 엔지니어링 ②

신데렐라의 마음 헤아리기 / 물레방아 하브루타

하브루타는 친구라는 뜻의 히브리어 '하베르'에서 유래된 말로 '짝을 지어 질문하고 대화, 토론, 논쟁하는 학습 방법'을 의미한다. 유대인들은 어렸을 때부터 질문하고 답을 찾는 과정을 통해 스스로 생각하는 힘과 창의성을 길렀다고 한다. 짝과 함께 질문을 주고 받는 과정을 통해 서로 다른 생각을 공유하고 존중하는 협력적 의사소통 능력을 함양할 수 있다. 하브루타 질문 만들기 활동은 글을 읽고 내용을 깊이 있게 이해하며 의견을 공유한다는 점에서 국어 교과에서의 활용도가 높다.

노벨 엔지니어링에서 학생들은 책을 읽고 인물이 처한 상황에 대한 질문, 인물의 마음에 공감하는 질문 등을 던짐으로써 문제 상황을 다양한 관점에서 파악하고 참신한 해결책을 고안할 수 있을 것이다. 하브루타 질문 만들기의 질문 유형과 예시는 <표 2-3-2>와 같다.

내용 질문	상상 질문
■ **정확한 뜻이나 사실 여부를 확인하는 질문** ① 단어의 뜻 질문: 단어에 대한 사전적 의미 이해를 묻는 질문하기 예) 누더기를 입은 신데렐라라는 표현에서 '누더기'는 어떤 옷차림을 말할까요? ② 육하원칙 질문: '누가, 언제, 어디에서, 무엇을, 어떻게, 왜'에 대한 질문하기 예) 새엄마는 신데렐라에게 무도회에 가기 위해 무슨 일을 하라고 했나요? ③ 사실/거짓 확인 질문: 내용의 진위 여부를 묻는 질문하기 예) 새엄마는 신데렐라를 무도회에 데리고 갔나요?	■ **텍스트나 상황에 나타나 있지 않은 사실을 가정하거나 추론으로 '만약 ~ 했다면' 상상하여 하는 질문** ① 누가? 예) 만일 내가 신데렐라였다면? ② 무엇을? 예) 만일 신데렐라가 아니라 새언니였다면? ③ 언제? 예) 만일 무도회가 12시가 아니라 1시에 끝났다면? ④ 어디서? 예) 만일 무도회장이 신데렐라 집 근처였다면? ⑤ 어떻게? 예) 만일 요술할머니가 나타나지 않았더라면? ⑥ 왜? 예) 만일 새 엄마가 신데렐라를 구박한 이유가 사실은 신데렐라를 위해서였다면?
적용 질문	**종합 질문**
■ **나, 너, 우리와 연관하여 생각해 보는 질문** ① 나에게 적용하기 예) 나에게도 그런 일이 생긴다면 어떻게 할 수 있을까요? ② 상대방에게 적용하기 예) 당신이 신데렐라라면 어떤 집안일이 가장 싫을까요? ③ 우리에게 적용하기 예) 우리가 새언니라면 어떻게 하면 좋을까요?	■ **이야기의 시사점, 교훈, 문제에 내재된 가치를 분석하거나 판단하는 질문** ① 교훈을 묻는 질문: 이 이야기가 주는 교훈은 무엇인가요? ② 인물의 행동에 대한 가치 판단 예) 새엄마가 신데렐라에게만 집안일을 시키는 것은 옳은 일인가요? ③ 내재된 가치를 분석하는 질문 예) 신데렐라는 어떤 가치를 중요시하는 사람일까요?

표 2-3-2 하브루타 질문 만들기[5]

수업 TIP

하브루타 질문 만들기 활동은 원래 두 명씩 짝을 이루어 활동하지만, 물레방아 질문을 통해 다양한 친구와 만나 이야기를 나눌 수 있다. 한 분단 기준으로 <그림 2-3-8>과 같이 한 줄(검정색 박스)은 그대로 앉아 있고, 나머지 한 줄의 학생들(빨간 박스)만 한 칸 씩 뒤로 이동하여 여러 명의 친구를 만나는 활동이다. 이때 맨 뒷자리 학생(4번)은 맨 앞자리로 이동하면 된다. 이 활동은 시간을 정하여 진행하는 것이 좋은데, 5분으로 시간을 정한다면 5분 동안 짝과 이야기를 나누고 그 후에 빨간 박스의 학생들이 한 칸씩 자리를 이동하여 새로운 짝을 만나면 된다. 한 분단이 4줄이라면 20분의 시간이 걸릴 것이고, 4번 이동한 후에는 원래의 자리로 돌아오게 된다.

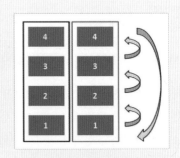

그림 2-3-8 물레방아 하브루타 좌석표

3.3 **해결책 설계** 노벨 엔지니어링 ③

신데렐라를 무도회에 보낼 방법 떠올리기

학생들의 설계 과정을 보조하기 위하여 인공지능의 시각이 되어주는 '인공지능 눈' 칩에 대해 알려줄 것이다. '시각지능 칩'으로도 불리는 '인공지능 눈' 칩은 마치 사람처럼 물체를 봤을 때 그 물체가 무엇인지 어디에 있는지 인식할 수 있다. 이 기술을 사용하여 시각적 어려움이 있는 사람들에게 도움을 줄 수 있지 않을까? 사람 인식 인공지능을 사용하여 신데렐라의 문제를 해결하기 전에, 우리 생활 속에서 인공지능 인식 기술이 어떻게 쓰이는지 살펴보고 어떻게 활용될 수 있을지 생각하는 시간을 가져보자.

또한 사람 인식 기술을 사용해서 신데렐라를 어떻게 도울지에 대한 고민이 필요하다. <그림 2-3-9>와 같은 활동지에 신데렐라가 무도회에 가는 데 도움이 되는 오브젝트를 떠올려보고 그 이유를 적어본다. 학생들은 신데렐라를 꾸미기 위한 드레스, 모자, 구두 등의 오브젝트를 제시하기도 하고, 마법 양탄자, 호박 마차, 헬리콥터 머리띠 등 무도회에 태우고 갈 교통수단을 떠올리기도 했다.

(출처: YTN NEWS https://www.youtube.com/watch?v=6-tc0UOOQMI)

▪ 사람처럼 사물을 인식할 수 있는 '인공지능 눈' 칩이 개발되었습니다. 인공지능의 영상인식 기술이 우리 생활 속에서 어떻게 활용될 수 있을까요?	
▪ 엔트리 AI 사람 인식 기술을 사용하면 카메라에 비친 사람과 사물을 인식할 수 있습니다. 카메라가 신데렐라를 인식했을 때 신데렐라를 도와줄 수 있는 오브젝트가 나타나는 프로그램을 개발해봅시다. 어떤 오브젝트로 신데렐라를 어떻게 변신시켜줄지 생각해보고 그 이유를 적어봅시다.	
<오브젝트>	<해결방법>

그림 2-3-9 [해결책 설계하기] 활동지

3.4 창작물 만들기 노벨 엔지니어링 ④

배경 및 오브젝트 불러오기

본격적으로 AI 기술을 활용하여 신데렐라를 멋지게 변신시켜 보자. 먼저 해결책 설계에서 고민했던 무도회에 필요한 오브젝트를 추가하여 본다. 신데렐라가 예의를 지켜 무도회에 참가할 수 있도록 드레스나 장신구가 나타나게 하거나, 궁전에 가기 위한 탈 것으로 신데렐라를 도와줄 수도 있다. 요술할머니 대신 새로운 인물이 등장한다면 어떨까? 이야기의 맥락과 뒤에 이어질 이야기를 상상하며 신데렐라를 변신시키기 위한 적절한 오브젝트를 추가해 보자. 오브젝트를 선택하는 것만으로도 아이들의 상상력이 자극될 것이다.

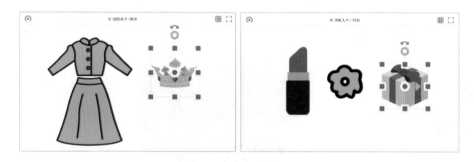

그림 2-3-10 오브젝트 디자인 예시

AI 사람 인식 시작하기

오브젝트 선택을 끝냈다면 앞에서 배운 비디오 감지 블록으로 사람 인식을 시작해 보자. 엔트리 화면에 내 모습이 나타나는 것만으로도 학생들은 너무나 즐거워한다. 먼저 [인공지능 블록 불러오기]에서 [비디오 감지]→[사람 인식] 블록을 가져온다(<그림 2-3-2> 참조).

비디오 감지의 [사람 인식] 블록을 사용해보자. <그림 2-3-11>처럼 코딩하면 엔트리 화면 배경에 비디오 화면이 나타나고 AI가 사람 인식을 시작한다. 하지만 AI가 사람을 인식하는 것을 직관적으로 확인할 수는 없다. 프로그램에 `인식한 사람 보이기▼` 블록을 추가해 보자. AI가 인식한 사람의 얼굴과 팔, 다리, 몸통에 점과 선이 뜨는 것을 확인할 수 있을 것이다.

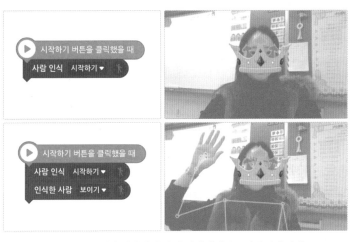

그림 2-3-11 **사람 인식 화면**(위)**과 인식된 사람 보이기 화면**(아래)

그림 2-3-12 **사람 인식 중인 학생들**

비비디바비디부! 신데렐라 변신시키기

이제 선택한 오브젝트가 인식한 사람을 따라 이동하며 위치하도록 해보자. 오브젝트의 종류에 따라 위치는 달라지는데, 오브젝트가 드레스인 경우에는 신데렐라의 몸통에, 왕관인 경우에는 신데렐라의 머리 위에 나타날 수 있도록 프로그래밍해야 한다. 따라서 오브젝트의 성격에 따라 신데렐라의 머리, 상체, 하체 등 정확한 위치를 찾을 수 있도록 x, y 좌푯값을 섬세하게 조정해야 한다. 좀더 세밀한 위치 조정을 위해서는 [움직임] 블록 꾸러미가 필요하다. 그중 [x: ● 위치로 이동하기], [y: ● 위치로 이동하기] 블록을 사용하면 빈칸에 설정한 x, y 좌표에 따라 오브젝트를 이동시킬 수 있다. 이때 특정 좌표가 아니라 내 얼굴의 x, y 좌표가 필요하므로, [인공지능]의 [1▼ 번째 사람의 코▼ 의 x▼ 좌표], [1▼ 번째 사람의 코▼ 의 y▼ 좌표] 블록을 끌어와 앞 블록들에 각각 넣어주자.

왕관이 얼굴 중앙이 아닌 머리의 위쪽에 위치하도록 하려면 코의 y좌표를 조정해주어야 한다. [계산] 에서 [● + ●] 블록을 활용해보자. 양쪽 빈칸에 [1▼ 번째 사람의 코▼ 의 y▼ 좌표] 블록과 숫자 100을 넣어 얼굴의 y좌표에서 100만큼 더 위로 올라간 위치로 오브젝트가 이동하도록 [y: 1▼ 번째 사람의 코▼ 의 y▼ 좌표 + 100 위치로 이동하기] 와 같이 코딩한다. 수정 후에는 왕관 오브젝트가 머리 위에 위치하는 것을 볼 수 있다.

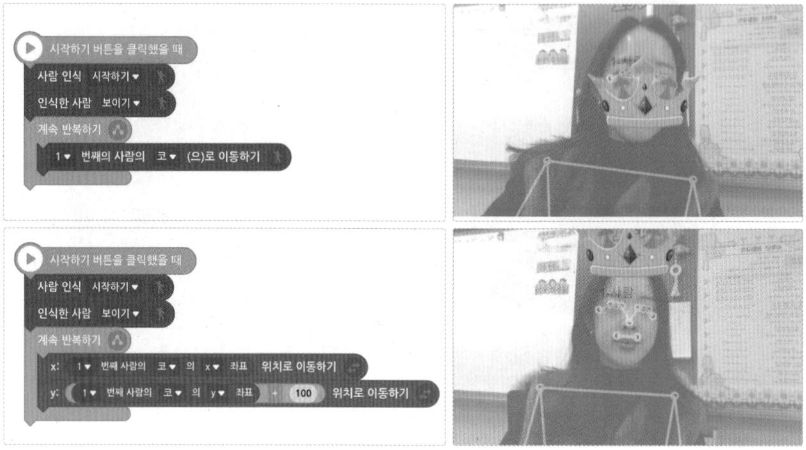

그림 2-3-13 **왕관의 y좌푯값 수정 전**(위)**과 후**(아래)

프로그래밍하기

기능을 다 익혔으니 이제 학생들이 자신만의 이야기를 가지고 창의적으로 프로그래밍하는 시간이다. 신데렐라 이야기의 맥락을 살려 원하는 오프젝트를 고르고, 오브젝트에 따라 머리면 머리, 다리면 다리 등 이동할 위치로 x, y좌푯값을 정하도록 한다. 학생마다 독창성을 발휘하여 다양한 오브젝트를 사용하기 때문에 창의적이고 기발한 작품을 볼 수 있다. 기차 오브젝트가 사람의 몸에 나타나도록 코딩한 학생의 의도는 무엇일까? 신데렐라 이야기에 '웬 KTX가?'라고 생각할 수도 있겠지만, 이야기 속에서는 어떠한 상상도 가능하다.

다음 학생 작품은 신데렐라가 현대의 기술을 통해 KTX를 타고 무도회에 갈 수 있도록 프로그래밍한 것이다. 오브젝트의 위치를 AI가 인식한 사람의 오른쪽 어깨 위치에 뜨도록 하여 마치 사람이 KTX에 탄 것처럼 보이도록 했다. 호박마차 대신에 KTX를 타고 무도회에 갈 수 있도록 설계한 작가의 의도를 읽는 것도 수업에 재미를 보탠다.

그림 2-3-14 **학생 산출물1 - KTX를 타고 무도회를 가는 신데렐라**

다음은 신데렐라 머리에는 귀여운 토끼 머리띠가, 몸에는 예쁜 드레스가 나타나게 해 변신시킨 작품이다. 머리띠, 상의, 하의가 모두 AI가 인식한 사람에게 나타나도록 하기 위해 3가지 오브젝트를 선택해, 각각의 오브젝트가 알맞은 위치에 나타나도록 코딩했다. 제시한 코드는 드레스 하의의 코드이다. 치마의 위치를 얼굴 x, y축 기준 y으로만 -200만큼 내려간 위치로 이동하도록 했다.

그림 2-3-15 **학생 산출물2 - 토끼 머리띠와 드레스를 입은 신데렐라**

이번에는 신데렐라의 왼쪽 손목에 바이올린이 나타나도록 하는 프로그램이다. 신데렐라가 무도회에 갈 수 있도록 변신시켜주는 이야기인데 왜 바이올린이 나타나게 했을까? 아이들은 저마다의 상상력을 발휘해서 새로운 이야기를 만들어낸다. 바이올린을 나타나게 한 학생의 신데렐라 이야기는 어떨지 벌써부터 기대된다. 자세한 이야기는 뒤의 이야기 바꾸어 쓰기 단계에서 소개할 예정이다.

그림 2-3-16 **학생 산출물3 - 바이올린을 얻게 된 신데렐라**

기능 추가하기

- **이어질 장면 제작하기**

AI 비디오 감지를 사용하여 핵심적인 장면을 설계했다면 이어질 장면을 추가하여 프로그래밍할 수 있다. 이야기의 맥락과 인물의 성격을 고려하여 어울리는 장면을 제작해 보자.

그림 2-3-17 장면 추가하기

장면은 엔트리 화면 상단의 [+] 버튼을 눌러 추가할 수 있다. 장면1에서 장면2로 전환하고 싶은 경우 다음▼ 장면 시작하기 블록을, [장면2]에서 프로그래밍하는 경우 ▶ 시작하기 버튼을 클릭했을 때 블록 대신 장면이 시작되었을 때 블록을 사용한다.

[장면1]의 왕관을 클릭하면 무도회에 간 신데렐라가 왕자님을 만나는 [장면2]로 넘어가도록 프로그래밍할 것이다. 먼저 시작 에서 오브젝트를 클릭했을 때 , 다음▼ 장면 시작하기 블록들을 가져와 블록 조립소에 놓는다. 인식한 사람의 머리를 따라 다니는 AI 프로그램과 상관없이 왕관 오브젝트를 클릭하면 다음 장면으로 넘어가게 되는 것을 볼 수 있다.

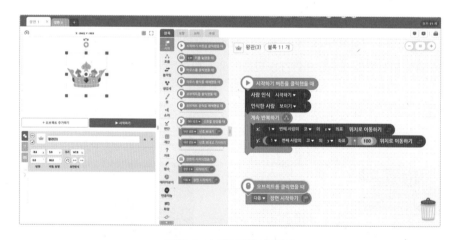

그림 2-3-18 다음 장면 시작하기

[장면2]로 넘어오는 데 성공했다면 무사히 무도회에 도착한 신데렐라의 뒷이야기를 상상해서 표현해 보자. 아름다운 신데렐라에게 반해버린 왕자님의 모습은 어떨까? 새엄마와 새언니가 먼저 도착한 신데렐라의 모습을 보고 깜짝 놀라는 장면도 통쾌하고 재미있을 것이다. 전에 없던 등장인물이 극의 흐름을 반전시키고 또 다른 긴장감을 불어넣을 수도 있다. 노벨 엔지니어링에서는 내가 상상하는 것들이 바로 다양한 작품이 된다. 나만의 배경과 오브젝트를 추가하여 [장면2]를 꾸미고 새로운 작품을 창작해 보자. 이때 바뀐 장면에서는 ▶ 시작하기 버튼을 클릭했을 때 블록이 아닌 장면이 시작되었을 때 블록을 사용할 것을 한 번 더 강조하여 안내하는 것이 좋다.

그림 2-3-19 신데렐라 장면 추가 예시

- **오브젝트 추가하기**

이번에는 내가 그린 그림으로 오브젝트를 만들어보자. 다양한 오브젝트가 존재하지만, 내가 원하는 스토리나 활동을 하기 위해 나만의 오브젝트를 디자인하고 싶을 수 있다. 엔트리에서는 내가 원하는 그림 파일이나 내가 그린 그림을 오브젝트로 사용할 수 있는 기능을 지원하고 있다. 먼저 엔트리 화면에서 [오브젝트 추가하기] 버튼을 눌러보자.

그림 2-3-20 나만의 오브젝트 추가하기

[오브젝트 추가하기] 창이 뜨면 좌측 상단에 [오브젝트 선택] 외에도 [파일 올리기], [새로 그리기], [글상자] 등의 탭이 있는 것을 볼 수 있다. 첫 번째로 [파일 올리기] 탭을 클릭하여 내가 원하는 이미지 파일을 추가하여 보자. 나타난 [파일 올리기] 버튼을 클릭, 내가 원하는 이미지 파일을 오브젝트로 추가하여 사용할 수 있다. 이때 사용할 수 있는 이미지는 10MB 이하의 jpg, png, bmp, svg 이미지 파일이다. 폭력적이고 잔인한 그림, 선정적인 신체노출 그림, 불쾌감을 주거나 혐오감을 일으키는 그림, 무단 사용이 금지된 저작권이 있는 그림은 제재를 받을 수 있으니 주의하도록 지도하는 것이 좋다.

수업 TIP

구글이나 네이버와 같은 검색 사이트에서 내가 원하는 이미지 파일을 찾을 수 있다. 이때 저작권이 무료인 이미지를 사용하고 싶다면 저작권 무료 이미지를 제공하는 사이트에서 찾으면 된다. 픽사베이(Pixabay), 언스플래시(Unsplash), 픽점보(Picjumbo), 스플릿샤이어(SplitShire), 펙셀스(Pexels), 버스트(Burst), 프리이미지(Free Images), ISO 리퍼블릭(ISOrepublic), 스톡스냅(Stocksnap) 등이 있다.

그림 2-3-21 Pixabay 화면

또는 구글에서 이미지 검색 후 검색창 아래의 [도구] → [사용권]에서 [크리에이티브 커먼즈 라이선스]를 선택하여 검색하면 저작권 무료인 이미지를 찾을 수 있다.

그림 2-3-22 구글 이미지 검색에서 저작권 무료 이미지 찾는 방법

이미지를 사용할 때 이미지 뒷배경을 제거한 이미지만 사용하고 싶은 경우가 있는데, 그럴 때에는 remove.bg 웹사이트(remove.bg/ko)에 접속해 배경을 제거한 이미지만 추출할 수 있다. 별도의 로그인 없이 사용 가능하며, 이미지 파일을 업로드하면 배경을 제거한 이미지를 내려받을 수 있도록 해준다.

그림 2-3-23 remove.bg 웹사이트에서 이미지 배경 제거하기

이렇게 오브젝트로 추가하고 싶은 이미지 파일이 준비되었으면 엔트리 [오브젝트 추가하기] → [파일 올리기]에서 업로드해 보자. 다음과 같이 이미지가 오브젝트로 추가된 것을 확인할 수 있다. 내가 원하는 이미지를 오브젝트로 사용할 경우 학생들이 상상하는 것들을 더 자유롭고 창의적으로 표현할 수 있다. 필자는 엔트리에서 제공하는 드레스 오브젝트가 한정적이라고 생각하여 구글 사이트에서 드레스 사진을 오브젝트로 추가했다.

그림 2-3-24 이미지 파일을 엔트리 오브젝트로 추가하기

두 번째로 내가 직접 그림을 그려서 오브젝트를 추가하는 방법도 있다. [새로 그리기] 탭에서 내가 원하는 드레스를 직접 그려서 사용해 보자. 내가 원하는 이미지 파일을 찾기 어렵다면 내가 상상하는 바를 그림으로 옮겨서 다양한 작품을 만들 수 있다. <그림 2-3-25>에서는 간단하게 사과 모양을 그려보았다.

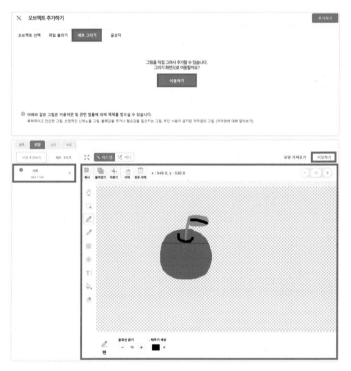

그림 2-3-25 내가 그린 그림을 엔트리 오브젝트로 추가하기

세 번째는 글상자를 오브젝트로 추가하는 것이다. [글상자] 탭에서 내가 원하는 글상자의 내용을 입력하면 된다. 엔트리에서 제공하는 16가지의 글씨체를 선택할 수 있으며, 글자의 굵기, 밑줄, 기울임, 가운데줄, 색상, 배경색 등을 조절할 수 있다.

그림 2-3-26 글상자를 엔트리 오브젝트로 추가하기

3.5 이야기 바꾸어 쓰기 노벨 엔지니어링 ⑤

'신데렐라' 이야기 바꾸어 쓰기

드디어 노벨 엔지니어링의 꽃이라고도 할 수 있는 이야기 바꾸어 쓰기 단계이다. 학생들이 AI 기술을 사용하여 신데렐라를 도와준 후의 이야기를 새롭게 상상하여 써보는 것이다. 이야기를 쓸 때에는 학생들이 사용한 오브젝트가 자연스럽게 이야기의 흐름에 나타나도록 하며, 학생들이 사용한 AI 기술에 대한 내용도 녹여서 쓸 수 있도록 강조해주자. 작품만 봤을 때는 이 오브젝트가 왜 나왔을까 궁금했던 것들도, 학생들의 이야기를 읽으면 자연스레 고개가 끄덕여진다. 친구들과 이야기를 돌려 읽고 칭찬 댓글을 남겨주는 것도 좋다. 학생마다 신데렐라를 도와주는 방법이 모두 다르기 때문에 아이디어를 공유하고 확장하는 배움의 시간이 될 것이다.

학생 작품 '신데렐라2'는 생쥐 거스가 AI 사람 인식 기술을 사용해서 신데렐라를 위한 왕관과 멋진 옷을 선물하는 이야기로 구성되었다. 하지만 왕관이 너무 아래에 있고 옷이 너무 위에 있는 등 오브젝트의 위치를 조정해야 하는 문제 상황을 제시하여 위치 조정을 위한 코딩의 과정을 자연스럽게 이야기 속에 녹여낸 점이 인상깊다.

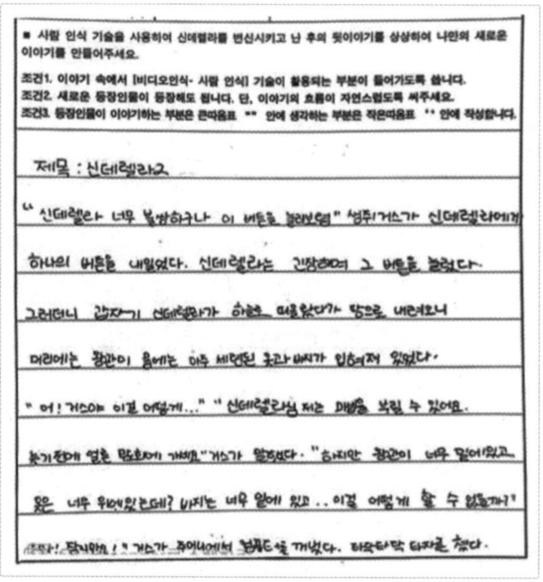

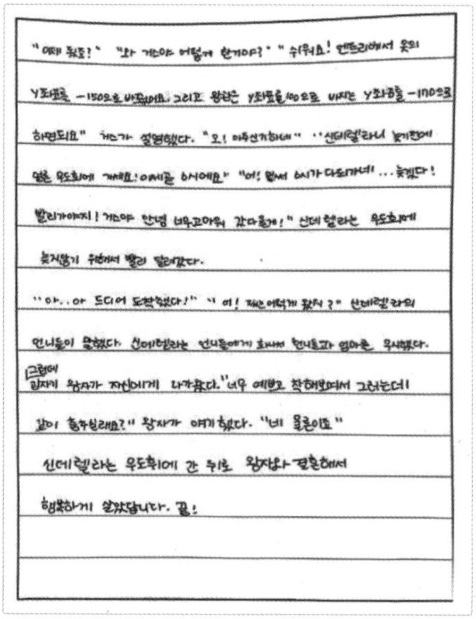

그림 2-3-27 학생 작품1 - 신데렐라2

학생 작품 '신데렐라의 바이올린'은 신데렐라의 아버지가 물려주신 바이올린이 AI 인식으로 등장하며 이야기가 전개된다. 슬픔에 잠긴 신데렐라가 아버지의 바이올린을 켜자 쥐와 새엄마가 신데렐라가 원하는 대로 움직였고, 바이올린의 신비한 힘 덕분에 신데렐라는 무도회에 갈 수 있게 된다. 결국 신데렐라는 왕자님과 결혼을 하게 되는데 이야기는 여기에서 끝나지 않는다. 왕비가 된 후 초심을 읽고 기고만장해진 신데렐라의 꿈에 아버지가 나타나 바이올린을 켠다. 아버지는 힘든 시절을 잊은 신데렐라를 혼내고 이에 신데렐라가 아버지와의 추억을 떠올리며 자신의 행동을 반성하고 다시 고운 마음으로 백성들을 잘 다스리며 해피 엔딩으로 막을 내린다. 바이올린이라는 오브젝트가 신데렐라와 어떻게 연결될지 의아했는데, 아이들의 상상력에 무릎을 탁 치게 되는 부분이다. 이처럼 단순한 AI 체험 수업이 아니라 AI를 활용하여 자신만의 이야기를 그려낼 때 노벨 엔지니어링의 진면목이 발휘된다. 신데렐라의 성격을 입체적으로 변화시켜 재미와 교훈 두 마리 토끼를 잡은 학생의 작품에 칭찬의 박수를 보낸다.

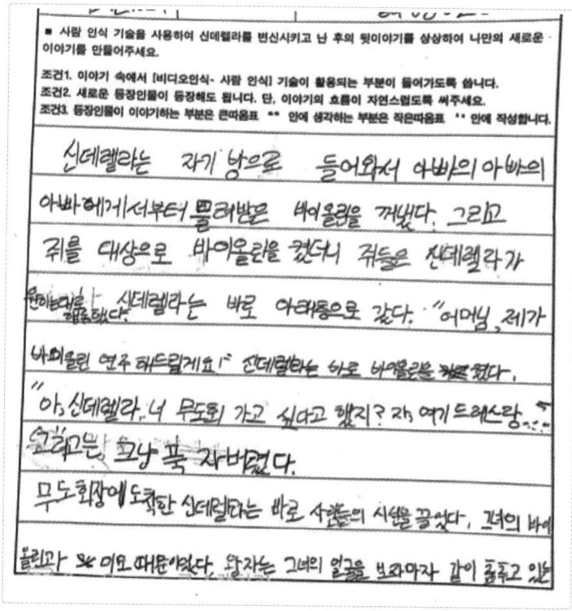

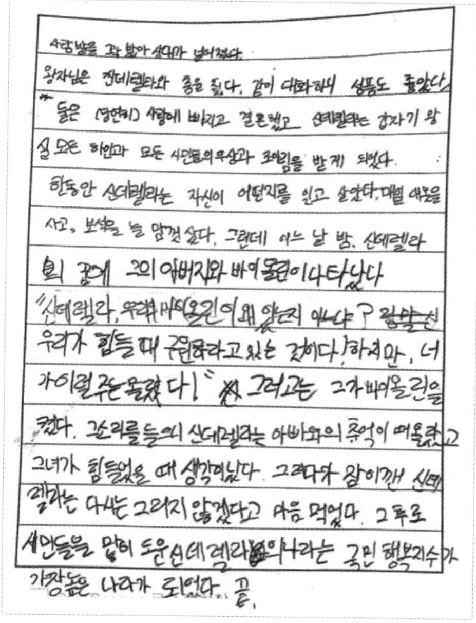

그림 2-3-28 학생 작품2 - 신데렐라의 바이올린

04 수업에 날개 달기

이번 수업에서 사용한 [사람 인식] 기술은 다른 이야기 책, 교과, 주제의 맥락 안에서 녹여내면 또 다른 새로운 수업으로 탄생할 수 있다.

4.1 다문화 교육 - 다른 나라의 의상 체험하기

신데렐라에게 아름다운 옷과 장신구 오브젝트를 선물해줬던 것처럼, 여러 나라의 전통 의상을 체험할 수 있는 다문화 교육 프로그램을 제작해 보자. 엔트리에서 제공하는 오브젝트에는 한계가 있으므로 학생들이 조사하고 싶은 나라를 나누어 인터넷에서 전통 의상과 악기, 모자 등을 조사해볼 것을 추천한다. AI가 사람을 인식하면 알맞은 위치에 각 나라의 전통의상을 입어보는 체험을 할 수 있다. 직접 구하기 어려운 나라의 의상도 AI 기술을 사용하여 실제로 입어보는 것과 같은 효과를 낼 수 있다. 다음 예시는 멕시코의 전통 의상인 판초와 모자인 솔브레로를 오브젝트로 만든 작품이다.

그림 2-3-29 멕시코 전통 의상 체험하기 프로그램 예시 (위: 솔브레로, 아래: 판초)

'기능 추가하기'에서 소개했던 remove.bg 사이트를 활용하면 저장한 이미지의 배경을 제거하고 깔끔한 오브젝트로 사용할 수 있다.

4.2 명작 동화 활용 교육 -오즈의 마법사 등장인물 도와주기

AI 사람 인식 기술은 신데렐라뿐 아니라 다른 동화 속 인물들을 도와주기 위해 사용될 수 있다. 라이먼 프랭크 바움의 동화《오즈의 마법사》는 큰 회오리바람과 함께 시작된 도로시의 모험을 담은 이야기이다. 도로시는 원래 살던 캔자스로 돌아가기 위해 위대한 마법사 오즈를 만나러 가던 중 여러 등장인물들을 만나게 된다. 지혜로움을 위해 뇌를 갖고 싶은 허수아비, 따뜻한 심장을 가지고 싶은 양철 나무꾼, 용기를 갖고 싶은 겁쟁이 사자는 하나씩 부족한 점을 가지고 있는 인물들이다. 인물들이 원하는 바를 얻고 도로시가 집으로 돌아갈 수 있도록 AI 사람 인식 기술을 사용해 보자. 예시에서는 양철 로봇에게 심장을 선물해주는 프로그램을 만들어 보았다. 같은 블록으로 완전히 다른 맥락에서 문제를 해결하고 새로운 이야기를 만들어내는 노벨 엔지니어링의 매력이 여기에 있다.

그림 2-3-30 **양철 나무꾼에게 심장 선물해주기 프로그램 예시**

4.3 타교과 융합 -역사: 신석기 시대 체험하기

AI [사람 인식] 블록은 다른 교과와도 함께 재구성하여 사용할 수 있다. 사회 교과의 역사 영역에서는 다양한 시대의 도구와 사람들의 모습을 배운다. 학생들이 직접 구석기, 신석기, 청동기, 삼국시대 등 여러 시대의 도구와 특징을 조사하고 그 시대의 사람이 되어보는 프로그래밍을 할 수 있다. 예시에서는 신석기 시대의 대표 유물인 빗살무늬 토기와 신석기 시대 의상, 조개가면을 오브젝트로 하여 그 당시의 모습을 체험해 볼 수 있는 역사 작품을 제작해 보았다.

그림 2-3-31 **신석기 시대 체험하기 프로그램 예시**

4.4 AI 윤리 토론 - 완전 자율주행을 위한 윤리적 딜레마 토론

테슬라의 자율주행 자동차를 시작으로 운전자가 운전을 하지 않아도 원하는 목적지에 도착하는 꿈같은 일이 눈앞으로 다가왔다. 자율주행 자동차는 6개의 레벨이 있는데 이 중 운전자 없이 온전히 AI가 운전을 할 수 있는 레벨은 4 이상이다. 이러한 자율주행을 가능하게 하는 기술에는 AI 비디오 감지와 유사한 AI 객체 인식 기술이 있다.

엔트리에서 사용한 비디오 인식은 비디오 화면에 보이는 사람, 사물 등을 AI가 인식하는 것이라면, 객체 인식은 지능형 영상처리Vision AI의 대표 기술로 이미지나 비디오상의 객체를 인식하고 딥 러닝, 머신 러닝과 같은 알고리즘을 통해 결괏값을 산출하는 기술이다.

하지만 4레벨 이상의 완전한 자율주행 자동차가 현실화되기 위해서는 AI 자율주행 자동차의 윤리적 문제에 대한 논의가 선행되어야 한다. 일명 '트롤리 딜레마'라고 알려진 문제로 만약 자율주행 자동차가 피치 못하게 A와 B 중 누군가를 희생시켜야 하는 경우 어떤 선택을 해야 할지에 대한 윤리적 딜레마 상황이다. 교사가 제시할 수 있는 자율주행 자동차의 트롤리 딜레마 상황은 다음과 같다.

- 사례1: 직진을 할 경우 10명의 보행자를 치게 되고, 방향을 돌리면 1명을 치게 되는 상황에서 어떤 선택을 할 것인가?
- 사례2: 직진을 할 경우 1명의 보행자를 치게 되고, 방향을 돌리면 운전자가 위험한 상황에서 어떤 선택을 할 것인가?
- 사례3: 직진을 할 경우 3명의 보행자를 치게 되고, 방향을 돌리면 탑승자 4명이 위험한 상황에서 어떤 선택을 할 것인가?
- 사례4: 직진을 할 경우 어린이가 위험하고, 방향을 돌리면 노인이 위험한 상황에서 어떤 선택을 할 것인가?

대개 학생들은 꼭 이런 선택을 해야만 하는 거냐며 괴로운 표정을 짓는다. 무엇이 정답이라고 판단하기 어려운 상황이지만, AI 시대로 나아가기 위해 반드시 함께 논의해야 할 문제이기도 하다. 사례와 같은 상황에서 어떤 윤리적 판단을 할 것인지, AI 기술 발전에 따라 새롭게 논의되어야 하는 도덕적, 윤리적 주제에 대해 학생들과 함께 토론해 보자.

MORAL MACHINE(moralmachine.net)은 자율주행 자동차 같은 인공지능의 윤리 결정에 대한 사회적 인식 데이터를 수집하기 위한 사이트이다. 자율주행 자동차가 직면할 수 있는 13가지의 윤리적 딜레마 상황을 제공하는데, 사용자는 두 가지 중 하나를 선택할 수 있고, 선택이 끝나면 윤리적 판단에 있어 내가 어떤 가치를 중요시하는지를 분석해준다. 이때 [요약 보기] 버튼을 클릭하면 그림에 대한 자세한 설명이 나오니 참고해 보자.

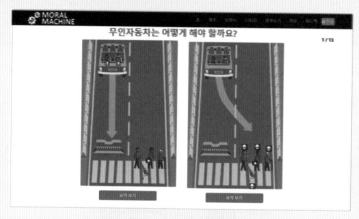

그림 2-3-32 MORAL MACHINE 사이트에서 제공하는 윤리적 딜레마 상황

다음은 필자의 선택에 대한 분석 결과이다. '당신(파란색 막대)'은 사용자가 선택한 수치를, '다른 사람들(빨간색 막대)'은 다른 사용자들의 수치를 나타내는데, 필자는 자율주행 딜레마 상황에서 희생자 숫자를 중요하게 생각하며, 특히 승객 보호와 법규 준수에 대한 선호도가 높은 것을 볼 수 있다. AI 윤리 토론 시에 MORAL MACHINE을 활용하면 교사가 따로 상황을 제시하지 않아도 학생들이 직관적으로 윤리 문제에 깊게 몰입할 수 있고, 선택 결과를 참고해 다른 생각을 가진 친구들과 의견을 나눌 수 있어 활용도가 높다.

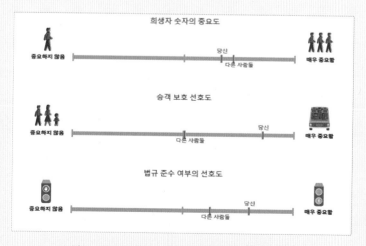

그림 2-3-33 MORAL MACHINE 사이트의 선택 분석 결과

Novel
Engineering

목소리를 잃은 인어공주의
감정을 표현하는 AI 제작하기

명작 동화는 인간이 만든 상상력의 집약체로, 동화 속 세상에서 아이들은 실제로 경험하기 어려운 일들을 만나며 무궁무진한 학습의 장으로 빠져든다. 특히 명작 동화는 등장인물의 사랑과 미움, 질투 등의 감정을 몰입감 있게 그려낸다는 점에서 읽는 이를 빠져들게 한다.[1] AI는 인간을 위해 사용되는 기술로 인간 본질에 대한 이해가 선행되어야 하는데, 이때 명작 동화는 효과적인 자료가 될 수 있다.[2] 이번 장에서는 얼굴을 인식하는 AI 기술로 인물의 감정을 파악하는 프로그램을 제작하여, 학생들의 정서 발달에 도움을 주고자 한다. 인간이 지닌 고유한 특성인 '감정'을 파악하고 표현하는 AI를 제작하여 인문학이 녹아 있는 인공지능 기술을 구현해 보자.

인공지능 돋보기

이 수업에서는 엔트리 AI 블록 중 [비디오 감지]→[얼굴 인식] 블록들을 활용하여 목소리를 잃은 인어공주 대신 감정에 어울리는 대사를 말해주는 프로그램을 만들어 볼 것이다. 얼굴 인식으로 인어공주의 행복, 슬픔, 놀람, 분노 등의 감정을 파악하고 인물의 상황과 감정에 알맞은 대사를 말할 수 있도록 프로그래밍해 보자. 사람마다 같은 감정도 다양하게 발현되기 때문에, 학생들이 인어공주의 감정을 다채롭게 표현하며 새로운 이야기를 풀어갈 것으로 기대된다.

1.1　얼굴 인식(Face Detection)

얼굴 인식 Face Detection 알고리즘은 대개 3단계를 거쳐 완성된다. 먼저 객체 탐지 방식을 통해 얼굴을 검출face detection한다. 얼굴을 검출한 다음에는 얼굴의 특징(윤곽, 눈, 코, 입) 위치를 68개의 점으로 마킹한다face alignment. 사람마다 두 눈 사이의 거리, 이마와 턱의 거리, 코와 입 사이의 거리, 광대뼈 모양, 입술 모양, 눈의 깊이 등이 모두 다르기 때문에 이러한 특징들이 점 위치에 나타난다. 마지막으로 해당 점들의 집합을 표준 크기로 정규화normalization시킨 후, 기존에 학습되어 있던 인공지능 얼굴 분류 모델에 넣어 가장 가까운 얼굴을 인식하게 된다. 얼굴 분류 모델 역시 수많은 얼굴의 특징점을 기반으로 학습된 것이다. 이 얼굴 인식 알고리즘은 SNS에 올린 사진에서 친구를 추천한다거나, 인물별로 앨범을 만들어주는 등 다양한 분야에서 사용되고 있다.

얼굴 인식은 사진이나 영상 안의 모든 얼굴을 찾아야 하며, 다른 곳을 보고 있더라도 같은 사람이라는 것을 인식해야 한다. 이러한 알고리즘의 발달은 보안 방식을 혁신할 수 있다. 기존의 비밀번호 입력과 같은 보안 방식에 얼굴 인식 과정이 덧붙여진다면 보안을 더욱 강화할 수 있는 것이다. 은행 거래자의 신원 확인이나 출입국 관리, 의료서비스에서의 환자 감정 탐구 등 다양한 분야에서 사용이 가능하다. 특히 다른 생체 인식 기술(지문, DNA, 홍채, 지문, 음성)들과 함께 사용한다면 거의 100%에 가까운 보안율을 만들어낼 수 있다고 점쳐지고 있다. 앞으로의 세상에서는 손 조작 없이 생체 보안만으로도 많은 것이 가능해지지 않겠는가?

그림 2-4-1 얼굴인식률 향상을 위한 다양한 알고리즘

1.2 성취기준 및 인공지능 내용요소

- [6국 05-01] 문학은 가치 있는 내용을 언어로 표현하여 아름다움을 느끼게 하는 활동임을 이해하고 문학 활동을 한다.

- [6실 04-08] 절차적 사고에 의한 문제 해결의 순서를 생각하고 적용한다.

- [6실 04-09] 프로그래밍 도구를 사용하여 기초적인 프로그래밍 과정을 체험한다.

- [6도 01-01] 감정과 욕구를 조절하지 못해 나타날 수 있는 결과를 도덕적으로 상상해 보고, 올바르게 자신의 감정을 조절하고 표현할 수 있는 방법을 습관화한다.

- [인공지능 원리와 활용:초등학교 5-6학년:컴퓨터의 인식 방법] 다양한 센서를 통해 입력받은 정보를 컴퓨터가 인식하는 방법을 설명할 수 있다.

2.1 AI 블록 불러오기

인공지능 블록 불러오기: 얼굴 인식

이전에 활용한바 있는 [비디오 감지] AI 블록 중, [얼굴 인식] 블록을 사용해 볼 것이다. 먼저 엔트리의 <인공지능>에서 [인공지능 블록 불러오기]를 클릭하고, [얼굴 인식]을 선택해 [불러오기] 하자. <그림 2-4-2> ③과 같이 [비디오 감지], [얼굴 인식] 블록 꾸러미가 생성된다.

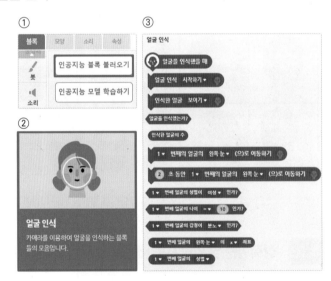

그림 2-4-2 얼굴 인식 블록 불러오기

얼굴 인식 블록 살펴보기

그럼 이 장에서 사용할 [얼굴 인식] 블록 꾸러미를 간략히 살펴보겠다.

- 얼굴을 인식했을 때 : 얼굴을 인식하면 아래에 연결된 블록들을 실행한다.
- 얼굴 인식 시작하기▼ : 얼굴 인식을 시작하거나 중지한다.
- 인식한 얼굴 보이기▼ : 인식한 얼굴의 형태를 실행 화면에 보이게 하거나 숨긴다.
- 얼굴을 인식했는가? : 얼굴이 인식된 경우 '참'으로 판단한다.

- ▪ `인식한 얼굴의 수` : 인식한 얼굴의 수를 나타낸다.

- ▪ `1 ▾ 번째의 얼굴의  왼쪽 눈 ▾  (으)로 이동하기`, `초 동안  1 ▾  번째의 얼굴의  왼쪽 눈 ▾  (으)로 이동하기` : 오브젝트가 선택한 얼굴의 부위로 이동한다. 일정 시간 동안 이동하게 정할 수 있다. (오브젝트의 중심점이 기준이 된다.)

- ▪ `1 ▾  번째 얼굴의 성별이  여성 ▾  인가?` : 선택한 얼굴이 선택한 성별이면 '참'으로 판단한다.

- ▪ `1 ▾  번째 얼굴의 나이  = ▾     인가?` : 선택한 얼굴의 나이가 입력한 수식에 해당하면 '참'으로 판단한다.

- ▪ `1 ▾  번째 얼굴의 감정이  분노 ▾  인가?` : 선택한 얼굴이 선택한 감정이면 '참'으로 판단한다.

2.2 AI 얼굴 인식 모듈 체험하기

어떤 블록들이 있는지 알았으니, 다음 표의 안내에 따라 AI의 얼굴 인식 모듈이 어떻게 동작하는지 체험해 보자.

모듈	순서	실행 화면
▶ 시작하기 버튼을 클릭했을 때 / 얼굴 인식 시작하기 ▾ / 인식한 얼굴 보이기 ▾	1. 엔트리 배경에 비디오 화면이 보인다. 2. AI가 비디오 화면에 보이는 얼굴을 인식한다. 3. AI가 인식한 얼굴의 외곽과 눈, 코, 입 위에 푸른 선이 나타난다.	
▶ 시작하기 버튼을 클릭했을 때 / 얼굴 인식 시작하기 ▾ / 인식한 얼굴 보이기 ▾ / 계속 반복하기 / 1 ▾ 번째 얼굴의 성별 ▾ 을(를) 4 초 동안 말하기 ▾	1. 비디오 화면에 인식된 사람의 성별을 계속 말하게 한다. 2. 성별은 '여성' 또는 '남성'으로 출력된다. 비디오 화면에 여러 명의 얼굴이 인식되는 경우 1번째, 2번째 등 어느 얼굴의 성별을 인식할지도 선택할 수 있다.	
▶ 시작하기 버튼을 클릭했을 때 / 얼굴 인식 시작하기 ▾ / 인식한 얼굴 보이기 ▾ / 계속 반복하기 / 1 ▾ 번째 얼굴의 나이 ▾ 을(를) 4 초 동안 말하기 ▾	1. 비디오 화면에 인식된 사람의 나이를 계속 말하게 한다. 2. 나이는 숫자로 출력되며 얼굴을 움직일 때마다 조금씩 다른 값이 나오다가 시간이 지나면 비슷한 범위의 숫자를 출력하게 된다.	

	1. 비디오 화면에 인식된 사람의 감정을 계속 말하게 한다. 2. 입꼬리나 눈, 코의 움직임에 따라 행복, 슬픔, 놀람, 분노, 무표정, 혐오 등의 감정을 인식할 수 있다.

표 2-4-1 AI 얼굴 인식 모듈 체험하기

그런데 모듈 체험과 같이 나이, 성별, 감정값만 출력된다면 조금 어색하게 보일 수 있다. 정보를 자연스럽게 알려주기 위해 [계산] 의 ⬤ + ⬤ 블록을 불러와 문장을 만들어보자. 한쪽에는 출력하고 싶은 나이, 성별, 감정 중 하나를 선택하여 입력하고 다른 한쪽에는 이어질 문장을 입력한다. 그러면 <그림 2-4-3>과 같이 자연스러운 문장으로 말하는 것을 확인할 수 있다.

그림 2-4-3 감정 인식 프로그램 예시

활동 중 학생들은 카메라를 보고 눈썹을 찡그리고 입을 삐죽거리며 다양한 표정을 지어 보였다. 그러다 AI가 표정을 인식해 감정을 맞힐 때에는 감탄사가 터져 나온다. "와 선생님, 인공지능에 눈이 달려있나 봐요! 제 표정을 어떻게 아는 거죠?" 한 학생의 질문에서는 AI의 원리에 대한 호기심이 엿보인다. 이렇게 충분히 모듈 사용법을 익히고, 호기심 유발에도 성공했다면 이제 단순한 프로그래밍을 넘어서 AI 얼굴 인식 기능을 사용해야 하는 맥락이 제공되는 본격적인 노벨 엔지니어링 수업으로 넘어가 보자.

노벨 엔지니어링 수업 톺아보기

AI 블록 얼굴 인식 기능을 사용하여 목소리를 잃은 인어공주의 감정을 대신 전해주는 프로그램을 설계할 수 있다. 노벨 엔지니어링의 이야기 속 맥락과 AI 프로그래밍이 만나면 수업은 더 풍성해지고 다양해진다. 이번 장에서는 이야기 속 인물이 되어보는 핫시팅 인터뷰 활동과 8컷 만화 활동으로 수업의 폭을 넓혀보자.

차시	STEAM 준거틀	노벨 엔지니어링 수업 단계	활동
1차시	상황 관련 문제 정의	①책 읽기 ②문제 인식	-《인어공주》 그림책 읽기 - 핫시팅 인터뷰로 인어공주 공감하기
2~4차시	융합적 설계 및 문제 해결	③해결책 설계 ④창작물 만들기	- 인어공주의 감정을 표현하는 AI 설계하기 - 얼굴 인식 AI로 인어공주의 감정 표현하기
5~6차시	자기주도 및 성찰	⑤이야기 바꾸어 쓰기	- 이야기를 8컷 만화로 표현하기

3.1 책 읽기 노벨 엔지니어링 ①

도서소개 인어공주

한스 크리스티안 안데르센 글 | 찰스 산토레 그림 | 한성남 옮김 | 어린이작가정신 | 2022

《인어공주》는 바다 속 인어공주가 인간세계의 왕자를 사랑하게 되며 일어나는 슬픈 사랑 이야기이다. 인어공주 이야기의 핵심 키워드는 '사랑'이다. 인어공주는 자신이 사랑하는 왕자를 만나기 위해 인간의 다리를 얻는 대신 아름다운 목소리를 잃는다. 인어공주는 왕자와 결혼하지 못할 경우 물거품이 되어버리는 비극적인 운명에 처했으나, 결국 왕자의 목숨을 지키고 거품이 되어 사라진다. 인어공주의 이야기 속에서 왕자를 향한 인어공주의 사랑을 느낄 수 있으며 행복, 슬픔, 놀람 등의 여러 감정에 공감할 수 있다.

인어공주는 유아부터 청소년까지 다양한 버전의 도서로 출간되었는데, 본 수업은 인어공주의 상황에 따른 감정을 이해하는 것이 중요하므로, 인어공주의 말과 행동을 자세히 묘사한 도서를 선택했다.

3.2 문제 인식 노벨 엔지니어링 ②

핫시팅 인터뷰로 인어공주 공감하기

핫시팅은 교육연극에서 많이 사용하는 기법 중 하나로, 구성원 중 한 명이 작품 속 등장인물이 되어 의자에 앉으면 다른 친구들이 그 인물에게 궁금한 점을 묻고 답하는 인터뷰 활동이다. 이야기 속에서는 직접적으로 드러나지 않았던 인물의 생각이나 행동의 이유, 속마음을 묻고 싶을 때 핫시팅 활동을 통해 다양한 관점에서 인물을 이해하고 탐구할 수 있다. 의자에 앉아서 인터뷰를 받게 된 학생에게는 머리띠나 모자를 씌워주어 등장인물에 몰입할 수 있도록 하는 것을 추천한다. 의자에 앉은 순간부터는 내가 아닌 등장인물이 되었다고 생각하고 행동이나 말투, 대사 하나하나 실감나게 연기를 하면 더 재미있는 수업이 될 것이다. 다음의 핫시팅 인터뷰 대화 예시를 참고하자.

> 선생님: 지금부터 이 의자에 앉은 리우는 인어공주 이야기 속의 '인어공주'가 되어 봅니다. 하나, 둘, 셋! 이제 인어공주에게 궁금했던 것들을 질문해 보세요.
>
> 승재: 공주님, 처음으로 다리를 얻게 되었을 때 기분이 어땠나요?
>
> 리우(인어공주): 왕자님을 볼 수 있을 거라는 생각에 설레기도 했지만, 다리로 걷는 것은 처음이어서 불편하기도 했습니다.
>
> 현호: 아름다운 목소리를 잃게 되었는데 아쉽지는 않았나요?
>
> 리우(인어공주): 왕자님을 사랑하는 마음이 더 컸기 때문에 많이 아쉽지는 않았습니다.
>
> 시우: 자신의 많은 것을 잃을 정도로 좋은 왕자님의 매력이 무엇입니까?
>
> 리우(인어공주): 인간 세상의 물건들을 자유롭게 사용할 수 있는 모습이 멋져 보였습니다.
>
> 선생님: 인터뷰에 응해준 인어공주에게 박수 부탁드립니다. 이제 하나, 둘, 셋을 외치면 인어공주에서 다시 리우로 돌아옵니다. 하나, 둘, 셋!
>
> 다같이: 짝짝짝!

한편 학생들이 핫시팅 인터뷰 활동을 하기 전에 이야기와 관련된 유의미한 질문들을 할 수 있도록 미리 질문을 만들 시간을 주는 것이 좋다. 좋은 질문으로는 '등장인물의 속마음 물어보기', '말과 행동에 대한 이유 물어보기', '이야기 속 사건에 대해 물어보기' 등이 있다. 간혹 이야기와 상관없는 질문을 하는 학생도 있는데 이럴 때에는 교사가 질문의 범위를 좁혀서 학생이 작품과 관련된 중요한 질문을 할 수 있도록 유도하는 것이 필요하다.

또한 핫시팅의 인터뷰 대상은 주인공의 친구, 악역, 가족 등 누구나 가능하며 꼭 핵심 주인공이 아니어도 괜찮다. 다양한 등장인물을 만나 질문을 던지는 활동을 통해 아이들은 인물을 다양한 시야에서 분석할 수 있게 된다. 등장인물을 직접 만나 대화를 나누는 특별한 활동은 아이들의 몰입도와 참여도를 높이며, 타인의 감정에 공감하는 능력을 길러줄 수 있을 것이다.

그림 2-4-4 인어공주 핫시팅 인터뷰 활동 모습

수업 TIP

핫시팅 인터뷰 활동에서 의자에 앉아 등장인물이 된 학생의 몰입도는 높으나, 등장인물에게 질문하는 학생들의 참여도가 떨어질 수 있다. 모든 학생이 수업에 적극적으로 참여하고 흥미를 느낄 수 있도록 질문을 하는 학생들에게도 등장인물 중 한 가지씩 역할을 맡아서 인터뷰를 할 수 있도록 지도한다. 질문을 하는 학생이 왕자가 되어서 인어공주에게 질문을 할 수도 있고, 마녀가 되어서 인어공주에게 질문을 할 수도 있다. 질문을 주고 받는 학생 모두가 역할을 맡아서 핫시팅 활동을 하면 이야기 속 다양한 인물을 탐구하면서 활동에 몰입할 수 있으며, 여러 인물의 입장을 반영한 다양한 질문을 들어볼 수 있다. 아이들도 등장인물에 몰입하여 연기를 하기 때문에 한층 더 재미있는 핫시팅 인터뷰 활동을 진행할 수 있다.

3.3 해결책 설계 노벨 엔지니어링 ③

인어공주의 감정을 표현하는 AI 설계하기

여기까지 왔다면 학생들은 인어공주를 도울 마음의 준비가 다 되었다. 이제 엔트리 AI의 얼굴 인식 기술 중 어떤 기능을 사용하여 인어공주를 도와줄지 물어보자. 목소리를 잃은 인어공주가 자신의 마음을 표현하려면 성별, 나이, 감정 중에 [감정 인식] 블록을 사용해야 할 것이다. 이어서 인어공주의 감정에 따라 왕자님에게 어떤 대사를 전달해야 자연스러우면서도 인어공주의 마음을 전할 수 있을지 생각해 보도록 한다. 학생들마다 감정을 표현하는 다양한 대사가 나오기 때문에 참신하고 다양한 해결책이 만들어진다.

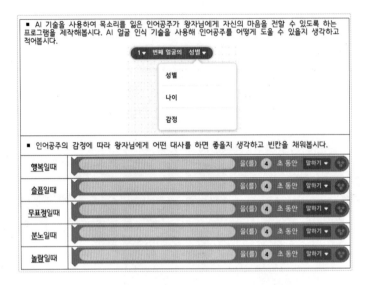

그림 2-4-5 [인어공주의 감정을 표현하는 AI 설계하기] 활동지 예시

3.4 창작물 만들기 노벨 엔지니어링 ④

[장면1] 배경 및 오브젝트 불러오기

설계를 마쳤으니 실제 창작물을 만들 시간이다. 먼저 이야기의 흐름을 자연스럽게 풀어내기 위한 배경과 오브젝트를 추가해 주자. 우리는 배경과 비디오 화면을 둘 다 사용하기 위하여 장면을 추가할 것이다. (장면에 대한 자세한 설명은 2-3장에서 다시 확인할 수 있다.) 인어공주와 왕자가 만나는 장소는 어디로 할지, 인어공주에게 AI 프로그램을 전해주는 조력자는 누구로 할지 오브젝트를 탐색할 시간을 주면 학생마다 끝없는 상상의 나래를 펼치는 모습을 볼 수 있다.

그림 2-4-6 배경 및 오브젝트 디자인 예시

[장면1] 스토리 디자인하기

배경과 오브젝트를 선택했다면 인물의 대사를 입력하여 이야기에 생명을 불어 넣을 차례다. 예시로 왕자가 거북이로부터 감정을 읽어주는 AI 프로그램을 얻는 스토리를 구상했다. 스토리 속에서 인물들이 자연스럽게 자신의 역할을 할 수 있도록 대사로 들어갈 문구를 고민해 보자.

오브젝트가 서로 대화를 주고받는 듯한 효과를 주기 위하여 3 초 기다리기 블록을 사용할 수 있다. 다음 코드는 왕자가 3초 동안 말을 한 후에 거북이가 대사를 할 수 있도록 거북이의 [말하기] 블록 앞에 [기다리기] 블록을 붙였고, 거북이의 대사가 끝나면 이 장면도 끝나는 것이므로 [다음 장면 시작하기] 블록으로 마무리했다.

그림 2-4-7 스토리 디자인 예시

[장면2] 장면 복제하기

'감정 인식' 프로그램을 얻은 왕자는 인어공주의 감정을 알 수 있을까? [장면2]는 AI 얼굴 인식 기술을 사용하여 인어공주의 감정을 인식하고 알맞은 대사를 읽어주도록 프로그래밍할 것이다. [장면1]에서 선택한 배경과 오브젝트를 그대로 복사하면서 새로운 장면을 만들고 싶다면, 엔트

그림 2-4-8 장면 복제하기

리 화면 좌측 상단의 [장면1] 탭 위에서 마우스 오른쪽 버튼을 클릭하여 복제할 수 있다. 새로 생긴 장면의 이름은 마우스 오른쪽 버튼을 클릭하여 '장면2'로 변경하자.

[장면2] 얼굴 인식 시작하기

인어공주를 도와주기 위한 모든 준비를 마쳤다면 [인공지능 블록 불러오기]를 통해 [얼굴 인식] 블록을 가져와보자.

[장면1]의 오브젝트, 배경뿐만 아니라 코드도 그대로 복제되었기 때문에 거북이와 왕자 오브젝트에 입력되어 있는 코드는 모두 삭제하도록 한다. 여러 오브젝트가 있을 때에는 명령을 내릴 오브젝트를 잘 선택했는지 다시 한번 확인하도록 여러 번 안내하는 게 좋다. [장면2]에서는 인어공주의 감정을 음성으로 표현해주는 AI를 제작할 것이기 때문에 인어공주 오브젝트를 선택하고 블록 코딩을 시작했다. [장면1]에서 [장면2]로 장면이 새롭게 시작될 때 얼굴 인식이 시작되어야 하므로, ▶ 시작하기 버튼을 클릭했을 때 블록이 아닌 ◉ 장면이 시작되었을 때 블록을 사용해야 하는 점에 유의하자.

그림 2-4-9 장면2 얼굴 인식 시작하기

그런데 <그림 2-4-9>와 같이 코딩하면 배경이 있기 때문에 비디오 화면은 보이지 않는다. 만약 배경에 비디오 화면을 보이게 하고 싶다면 배경을 삭제하거나, 배경의 투명도를 조절하여 카메라에 비친 사람의 얼굴을 보이게 할 수 있다. 배경의 투명도를 조절할 때에는 오브젝트 목록에서 배경을 클릭하고 투명도 ▼ 효과를 10 만큼 주기 ♥ 블록을 조립할 수 있도록 한다. 투명도가 높을수록 배경이 투명해지면서 비디오 화면이 보이게 된다. <그림 2-4-10> 예시에서는 투명도를 80으로 설정해 보았다.

그림 2-4-10 **장면2 배경 투명도 조절 및 비디오 보이기**

[장면2] 감정을 표현하는 AI 음성 프로그램 제작하기

얼굴 인식이 잘 작동한다면 인어공주의 감정에 따라 음성으로 마음을 표현하는 프로그램을 제작하여 보자. [만일 참(이)라면 ~아니면] 블록(왼쪽 참조)을 사용하면, '만약 인어공주의 감정이 행복이라면, 슬픔이라면, 놀람이라면' 등의 조건을 만족할 때 알맞은 대사를 하도록 만들 수 있다.

그림 2-4-11 **장면2 감정에 따른 알맞은 대사 읽어주기**

참 자리에는 같은 육각형 모양의 블록이 들어갈 수 있는데, 주로 ☒ 에 있는 ◖ ▬ ◗ 블록을 많이 사용한다. 이 프로그램에서는 [얼굴 인식] 블록에 있는 육각형 블록들을 사용하면 된다. '인식한 얼굴의 감정이 행복과 같다면'이라는 조건을 넣고 싶다면, ◖ 1▾ 번째 얼굴의 감정이 분노▾ 인가? ◗ 블록에서 '행복'으로 조건을 변경해주면 된다. 만일 조건을 충족하지 않는다면, 감정에 해당하는 부분만 ◖ 1▾ 번째 얼굴의 감정이 슬픔▾ 인가? ◗ , ◖ 1▾ 번째 얼굴의 감정이 놀람▾ 인가? ◗ , ◖ 1▾ 번째 얼굴의 감정이 무표정▾ 인가? ◗ 로 바꾸어, 하늘색 블록 가운데 위치한 [아니면] 아래 빈자리에 넣어준다.

각 감정에서 내가 인어공주였다면 왕자님에게 어떤 말을 전했을지 떠올려 볼 시간을 주는 것도 좋다. 인어공주가 물거품이 되지 않기 위해 자신의 감정과 좋아하는 마음을 어떻게 표현할 수 있을까? 타인의 감정에 공감하며 알맞은 대사를 작성해본다. 다음 완성된 코드가 어려워 보이지만,

 블록이 반복될 뿐으로 핵심 구조만 파악하면 어렵지 않은 수준이니 지레 겁먹지 않도록 격려해주자.

이때 주의할 점은 [감정 인식]만으로는 카메라에 인식된 얼굴의 감정을 계속 인식할 수 없다는 점이다. 따라서 모든 코드를 작성한 후 감정에 대한 조건 부분이 계속 반복될 수 있도록  블록으로 감싸주어야한다.

그림 2-4-12 인어공주의 감정을 표현하는 AI 프로그램 완성 예시

그림 2-4-13 인어공주 감정을 표현하는 AI 프로그램을 제작 중인 학생들

프로그래밍하기

학생들의 창의력과 개성을 자유롭게 펼칠 프로그래밍 시간이다. 아이들은 자신의 경험과 감정에 비추어 저마다의 인어공주를 만들어낸다. 이야기의 맥락을 살릴 배경과 오브젝트를 정하고, 인어공주가 자신의 마음을 왕자에게 전할 수 있도록 대사를 계속해서 수정하며 이야기에 완전히 몰입하는 모습을 보였다. 학생들은 프로그래밍 과정에서 친구들의 대사를 비교하며 '행복'이라는 감정 하나에도 그 마음을 표현하는 방법은 수백 가지라는 것을 자연스럽게 깨달았다.

첫 번째 학생 작품은 인어공주의 바다 친구 물고기가 인어공주를 대신해 감정을 이야기하는 스

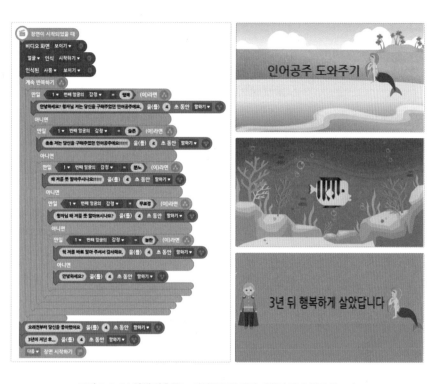

그림 2-4-14 학생 산출물1 - 인어공주의 감정 대변인 바다 친구 물고기

토리를 담고 있다. 학생은 장면 서술 대신 배경을 3개로 구성하여 마치 한 편의 애니메이션을 보는 것처럼 이야기를 풀어나간다.

두 번째 학생 작품은 요술램프의 지니가 나타나서 왕자님에게 인어공주의 감정을 대신 전해주는 이야기이다. 바다를 떠다니던 요술램프를 얻게 된 인어공주는 지니에게 소원을 빌게 되는데, 지니는 인어공주가 AI 얼굴 인식 기능을 사용해 자신의 감정을 말할 수 있도록 도와준다. 배경과 오브젝트를 우리나라 전래동화 버전으로 꾸며 한복을 입은 왕자와 공주로 나타낸 점이 특색있었다. 다음 코드처럼 `인식한 얼굴 보이기▼` 블록을 빼면 엔트리 화면에 인식된 얼굴이 빨간 선으로 나오는 것을 생략할 수 있다. (작품에는 당시 엔트리 버전의 [인식된 얼굴 보이기] 블록이 사용되었다.)

마지막 학생의 작품은 인어공주의 선생님이자 용궁의 신하인 가재가 인어공주를 보필하는 전개가 흥미롭다. 언제나처럼 인어공주를 보호하기 위해 열심히 운동을 하던 가재는 인어공주가 목소리를 잃고 물거품이 될 위기에 처했다는 사실을 알게 된다. 한걸음에 달려온 가재는 AI 얼굴 인식 기술을 사용하여 인어공주가 자신의 감정을 음성으로 표현할 수 있도록 도와준다. 왕자는 인어공주가 자신을 구해준 여인임을 깨닫고 사랑에 빠지게 되는 행복한 결말이 사랑스럽다.

그림 2-4-15 학생 산출물2 - 한국 인어공주의 마음을 전하는 요술램프 지니

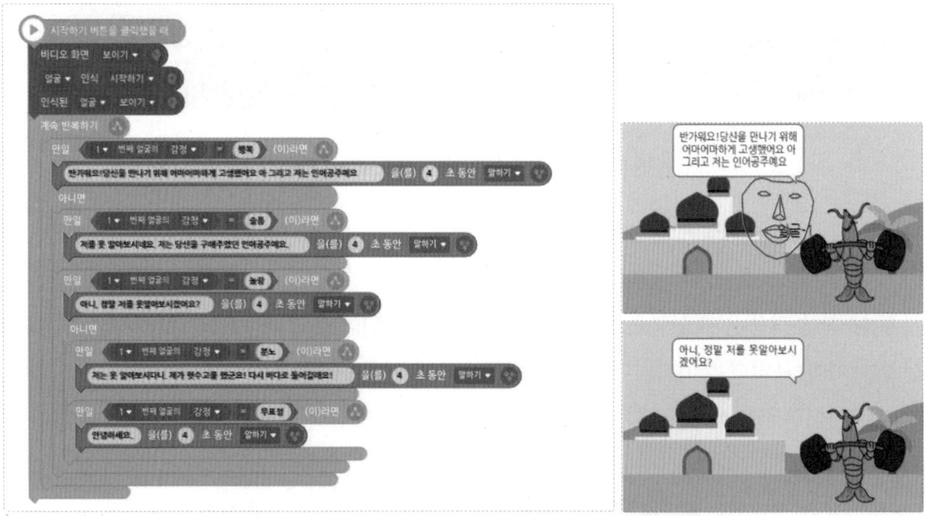

그림 2-4-16 학생 산출물3 - 인어공주를 보필하는 용궁 신하 가재

기능 추가하기

• 오브젝트 움직이기

엔트리에서 오브젝트가 움직이는 이동 효과를 주고 싶다면 을 살펴보자. 여기 있는 블록을 사용하면 인어공주가 왕자님을 향해 달려가는 이동 효과를 줄 수 있다. 에서 이동 방향은 오브젝트의 가운데에 있는 노란색 화살표의 방향을 말하는데, 입력한 값만큼

오브젝트가 이동 방향으로 움직인다. <그림 2-4-17> 왼쪽 코드를 시작해 보면 인어공주가 오른쪽으로 10만큼 움직인 것을 확인할 수 있다.

그림 2-4-17 **이동 방향으로 움직이기**(왼쪽)**와 [반복하기] 블록으로 움직이기**(오른쪽)

이번에는 ![흐름] 의 ![번 반복하기] 블록을 사용해서 먼 거리를 이동하도록 해보자. 이동 방향으로 10만큼씩 10번 움직이면 총 100만큼의 거리를 이동하는 것이다. ![이동 방향으로 100 만큼 움직이기] 블록으로 프로그래밍하는 것과 같은 결과이지만 반복 구조를 활용하면 학생마다 다르게 코딩할 수 있다. <그림 2-4-17> 오른쪽에서 신데렐라가 거북이 위치까지 이동한 것을 볼 수 있다.

이 기능을 활용해 신데렐라가 왕자님에게 달려가면 왕자님이 신데렐라에게 "어디선가 많이 본 얼굴인데" 하며 말을 걸 수 있도록 프로그래밍해보자. 신데렐라가 왕자님에게 도착한 후에 말을 걸 수 있도록 ![초 기다리기] 블록을 사용했다(<그림 2-4-18> 참조). 그 밖에도, 이동 방향의 반대로 움직이게 하고 싶다면 음수(-)값을 넣거나, 노란 화살표의 방향을 반대로 바꾸는 방법이 있다. 이렇게 오브젝트들을 원하는 위치로 움직여 스토리의 풍부한 구성이 가능하다.

그림 2-4-18 **왕자님에게 달려간 인어공주 예시**

3.5 이야기 바꾸어 쓰기 노벨 엔지니어링 ⑤

이야기를 8컷 만화로 표현하기

프로그래밍을 마쳤다면 나만의 창의적인 해결책으로 새로운 이야기를 만들어보자. 이어질 뒷이야기를 상상하여 글을 쓰는 것이 노벨 엔지니어링의 가장 보편적인 방법이지만, 학급 상황에 맞게 다양한 활동으로 변형할 수 있다. 이번 장에서는 AI 기술 덕분에 자신의 감정을 표현할 수 있게 된 인어공주의 이야기를 8컷 만화로 나타내어 보았다. 이처럼 만화로 구성하는 활동은 평소 글쓰기에 자신이 없었던 학생도 그림으로 표현이 가능하기 때문에 더 편안하고 즐겁게 참여할수 있다. 학생들마다 다른 그림체와 이야기가 어우러져 한층 더 풍성하고 재미난 산출물들이 나온다. 만화의 경우 이야기의 흐름뿐 아니라 학생들의 그림도 중요한 역할을 하므로 발표 시에실물화상기를 이용하여 다른 친구들도 만화를 볼 수 있도록 하는 것도 추천한다.

그림 2-4-19 학생 작품 '램프의 요정 AI 지니'(왼쪽)와
'근손실은 참아도 인어공주님 물거품 되는건 못참아'(오른쪽)

첫 번째 학생의 작품은 '프로그래밍하기'에서 소개했던 램프의 요정 지니가 인어공주를 도와주는 장면으로 시작한다. 만화를 자세히 살펴보면 마녀에게 목소리를 내주고 다리를 얻게 된 인어공주가 인간의 다리로 헤엄치는 법을 몰라 허우적대고 이를 꽃게와 물고기가 도와주며 뭍으로나가는 재미있는 장면도 찾을 수 있다. 이 작품은 그림 그리는 것을 좋아하는 학생의 작품으로글로 표현할 수 없는 부분들을 그림으로 재치있게 풀어낸 점이 인상깊다. 두 번째 작품은 인어공주의 보디가드인 가재가 AI 얼굴 인식 기술로 인어공주를 도와주는 이야기이다. 엔트리 오브젝트 그대로 가재가 역기를 들고 있는 모습을 살렸으며 이를 '운동하는 것을 좋아하는 가재' 설정으로 만화에 녹여낸 점이 재미있다.

마지막 작품은 인어공주가 미래도시에 도착하게 되면서 대신 감정을 표현해주는 기계를 얻게 되

그림 2-4-20 학생 작품 '미래도시에서 찾은 천생연분'

는 전개이다. 인어공주가 도착한 인간세계가 미래도시라는 점이 참신하다. 흔히 왕자와 공주 하면 옛날을 배경으로 떠올리기 쉬운데 그런 편견을 한 번에 뒤집는 독특한 아이디어가 돋보인다.

평소에 글쓰기라면 몸을 배배 꼬던 학생들도 만화를 그려보자고 하면 언제 그랬냐는 듯이 눈을 이리저리 굴리며 즐거운 상상을 펼친다. 누구한테 보여주기도 전에 자기 혼자 만화를 그리면서 벌써부터 웃음이 새어 나오는 학생도 있다. 얼른 친구들에게 소개해주고 싶어 너도 나도 실물화상기 앞으로 모여드는 모습이 진풍경이다. 노벨 엔지니어링 수업 한 편에 인물의 마음을 이해하고 상황을 판단하는 국어 수업, AI 기술을 활용해 프로그래밍을 하는 실과 수업, 그림으로 이야기를 표현하는 미술 수업이 모두 녹아 있다. AI 얼굴 인식 블록에 대해서만 배웠더라면 선생님의 코드를 따라 하기 바빴을 학생들이 자기만의 오브젝트와 스토리로 개성과 창의력을 살린 한 편의 수업을 만들어 나간다. 이것이 진정한 학생 주도 학습이자 교육과정 재구성이자 STEAM 융합 수업이 아닐까?

04 수업에 날개 달기

이번 수업에서는 [얼굴 인식] 기술을 사용하여 인어공주가 물거품이 되는 것을 막고 왕자님께 자신

의 마음을 전할 수 있도록 도와주었다. [얼굴 인식]은 간단한 기능이지만 다른 도서와 만나거나 관련
된 윤리 주제를 다룸으로써 폭넓은 수업으로 확장할 수 있다.

4.1 감정 이해 교육 −눈물바다에 빠진 친구 위로하는 AI 토닥토닥봇 제작하기

그림책 《눈물바다(서현 글그림│사계절│2009)》의 주인공은 오늘 하루 속상한 일투성이었다. 학교에서는 시험
을 망쳤고 짝꿍 때문에 선생님께 혼났으며 하교길에는 비까지 맞았다. 집에 오니 부모님이 무섭게 싸우고
계셨고 저녁밥을 남겼다고 엄마에게 혼이 났다. 주인공이 눈물을 흘리다가 온 세상을 눈물 바다에 잠기게
하기 전에, 주인공의 감정을 위로하는 AI 토닥토닥봇을 제작하여 보자. 주인공이 들으면 위로가 될 것 같은
말을 감정에 맞게 프로그래밍하며 이야기 속 인물의 감정에 공감하고 위로해줄 수 있다.

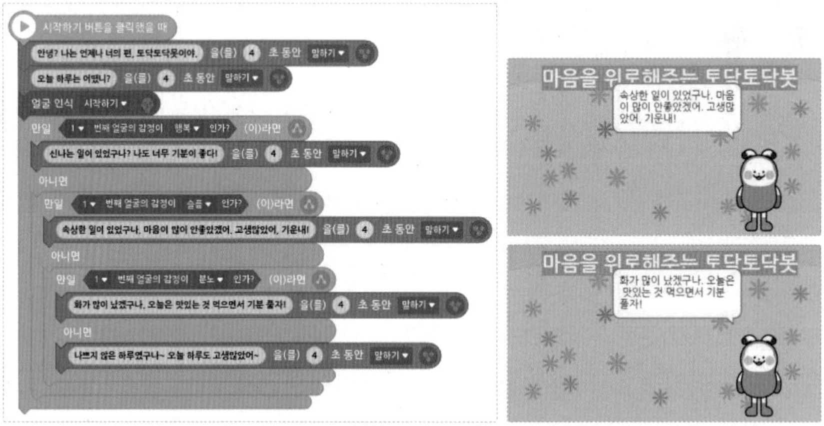

그림 2-4-21 마음을 위로하는 AI 토닥토닥봇 프로그램 예시

수업 TIP

내가 만드는 작품의 제목을 글상자 오브젝트로 추가해 보자. 아이들이 만드는 프로그램의 기능과 역할을 직관적으로 소개
할 수 있어 친구들과 작품을 공유할 때 유용하다.

4.2 타교과 융합 −도덕: 다양한 감정 이해하기

AI 얼굴 인식은 학생들이 다양한 감정을 이해하는 도덕 수업에도 활용할 수 있다. 도덕 '자신과의 관
계'와 '타인과의 관계' 영역에서는 다양한 상황에서 느끼는 감정을 이해하고 감정을 올바른 방법으로
표현하는 방법에 대한 학습 요소가 있다.

이때 AI [얼굴 인식] 기능을 사용하여, 학생들이 오브젝트가 설명하는 감정을 얼굴 표정으로 표현해 보는 융합 활동을 해보자. 예시에서 돼지 삼형제는 각각 '행복', '슬픔', '분노'의 감정을 설명하고 있다. 퀴즈를 푸는 학습자가 삼형제 중에 한 오브젝트를 클릭했을 때 감정에 대한 설명이 나오도록 하기 위해 오브젝트를 클릭했을 때 블록으로 코드를 시작했다.

첫째 돼지를 클릭하면 '행복'이라는 감정을 느낄 수 있는 상황을 설명한다. 예시에서는 행복을 느끼는 순간을 '맛있는 음식을 먹을 때', '엄마가 나를 두 팔로 꼭 안아줄 때', '열심히 노력해서 목표하던 것을 이루었을 때'로 설명해 보았다. 감정을 설명하는 부분은 학생이 자신의 경험을 떠올려 직접 작성할 수 있도록 하자. 감정을 느낄 수 있는 상황을 설명하는 과정을 통해 학생들은 그 감정에 몰입하고 더 깊이 이해할 수 있을 것이다. 서로가 만든 작품을 짝과 바꾸어서 감정 퀴즈를 풀며 다양한 상황에서 느끼는 '감정'을 내면화해 보자.

그림 2-4-22 감정 돼지 삼형제 감정 퀴즈 맞히기 프로그램 예시

4.3 AI 윤리 토론 –얼굴 인식, 사생활 침해 vs 범죄 예방

AI 기술이 발전함에 따라 생활이 편리해지고 유익해지는 반면, 개인 정보 보호 등 우려되는 문제도 함께 존재한다. 대표적인 예로, 많은 나라에서 널리 쓰이는 안면 인식 기술을 살펴보자.

안면 인식 기술을 활용하면 범죄를 예방하는 프로그램을 만들 수도 있겠지만, 반대로 개인을 감시하고 사생활을 침해하는 부정적 요인이 되기도 한다. 실제로 세계 최고의 안면 인식 기술을 자랑하는 중국은 무단횡단과 불법주차, 안전벨트 미착용 등의 교통 법규 위반을 잡아내기 위해 AI를 적극 활용 중이다. 하지만 정확한 안면 인식 기술을 위해 돌아가는 4억 대 이상의 감시카메라는 사람들의 일거수일투족을 감시하는 사생활 침해의 주범이라는 지적도 나오고 있다.

이처럼 AI 기술의 명과 암을 보여주는 세계의 사례를 살펴보고, 안면 인식 기술이 사생활 침해의 요인 인지 범죄 예방을 위한 처방책인지에 대해 토론해 보고 생각을 나누어보자. 사회 구성원 모두를 위해 서 인공지능을 어떻게 사용하는 것이 좋을지, 그 방향성을 고민할 수 있을 것이다.

■ 시민들의 안전하고 편리한 생활을 위해 안면인식 기술은 생활 속에서 다방면으로 쓰이고 있습니다. 하지만 안면인식 기술을 위해 수많은 감시카메라를 설치해두어야 한다는 문제점이 제기되기도 합니다. 기사를 읽어보고 안면인식 기술의 '긍정적 영향'이 더 큰지 '부정적 영향'이 더 큰지 자신의 의견과 이유를 적어봅시다.

| |
| |
| |
| |
| |

그림 2-4-24 [얼굴 인식, 사생활 침해 vs 범죄 예방] 윤리 토론 활동지 예시

교사의 설명으로는 얼굴 인식 기술이 가져오는 여러 영향에 대해 이해하기 충분치 않을 수도 있으므로, 다양한 기사와 영상으로 논쟁의 배경을 보충해 주도록 하자.

*참고 기사: 김수현. (2019.10.07). 중국의 안면인식기술, 왜 세계 최고인가. 머니투데이, https://news.mt.co.kr/mtview.php?no=2019100715130696748

4.4 AI 윤리 토론 -인공지능 편향성

'인공지능 편향성'이란 인공지능이 사람이나 사회가 가지고 있는 편견을 포함하여 판단을 내리는 것을 의미한다.[4]

인공지능은 방대한 양의 데이터를 통해 학습하는데, 이때 학습 데이터 자체가 인종, 성별, 종교 등과 관련하여 한쪽으로 치우친 경우 AI는 편향성을 갖게 된다. 이처럼 AI의 편향성에 영향은 미치는 요인 으로는 '선택 편향', '확증 편향', '자동 편향'을 들 수 있다.

선택 편향이란, 표본을 잘못 설정함으로써 통계 분석이 왜곡되는 것을 말한다. 예를 들어 부산에서 데이터를 생성하고 학습시킨 AI는 부산이라는 지역에 대한 편향이 존재하게 되는데, 이를 모든 지역으로 확대해서 적용할 때 오류가 생길 수 있다. 확증 편향은 데이터를 수집하는 사람이 무의식적으로 자신의 믿음이나 신념과 일치하는 방향으로 데이터를 수집하면서 일어난다. AI는 사사로운 감정이 없어 공정하고 이성적으로 판단할 수 있다고 믿지만, 학습한 데이터가 인간에 의해 편향성을 가지는 경우 오히려 어떤 분야의 차별을 가져올 수도 있다. 마지막으로 자동 편향은 자동화된 소프트웨어 시스템이 인간의 판단보다 더 나은 결과를 제공한다는 믿음이다. 이는 곧 데이터의 배제로 이어져 편향성을 강화시킨다.

학생들과 함께 인공지능 편향성과 관련된 사례들을 살펴보고, 편향된 데이터로 학습된 인공지능이 사회에 미치는 인간의 존엄성과 안전 문제에 대해 이야기를 나누어보자. AI와 인공지능이 공존할 수 있는 공정한 인공지능을 만들기 위해 인간이 가져야 할 윤리적 태도는 무엇일까?

■ 다음의 사례들은 인공지능 데이터 편향성이 빚어낸 여러 가지 차별 사례를 보여주고 있습니다. 공정한 판단을 내리는 안면인식 AI를 구현하기 위해서 인간들은 어떤 윤리적 태도를 취해야 할까요?

그림 2-4-25 [인공지능 편향성] 윤리 토론 활동지 예시

 수업 TIP

*참고 기사: 임화섭. (2015.07.02). 구글 사진 얼굴 자동인식 오류... 흑인을 '고릴라'로 표시. 연합뉴스, https://www.yna.co.kr/view/AKR20150702004500091

윤영주. (2020.12.30). "또 생사람 잡았다" 미 경찰, 안면인식기술 활용해 흑인 오인 체포. AI타임스, http://www.aitimes.com/news/articleView.html?idxno=135277

Novel
Engineering

심봉사를 위한 사물 인식 웨어러블 기기 만들기

2022 개정 교육과정에서는 첨단 기술 기반의 에듀테크도 강조하고 있지만, 다른 사람을 배려하며 더불어 살아가는 인간적인 가치관 또한 중시하고 있다.[1] 그중 타인을 존중하고 이해하는 것은 바른 인성의 기본일 것이다.[2] 인공지능 기술을 체험하는 것도 좋지만, 한발 더 나아가 그 기술을 시각장애인을 위해 활용해 보는 것은 어떨까?

실제로 AI 기술은 장애를 가진 사람들의 신체적, 인지적 문제를 보완할 수 있을 것으로 기대되고 있다.[3] 이러한 상황에서 시각장애인이 어떤 불편함을 겪는지, 인공지능 기술로 어떻게 해결할 수 있을지 고민해 본 경험은 AI 활용 능력과 더불어 공감과 배려를 기반으로 협력적인 가치관을 함양할 수 있도록 학생들을 안내할 것이다.

01 인공지능 돋보기

이 수업에서는 사물 인식 기능과 읽어주기 엔트리 AI 블록을 활용하여 《심청전》 속 심봉사를 돕기 위한 웨어러블 기기를 설계해볼 것이다. 시각장애인인 심봉사를 위해 인공지능 프로그램을 설계하고 활용하는 과정은 생활 속 AI 기술을 이용한 문제 해결 능력과 인간적인 가치관을 두루 갖춘 미래 인재로 성장해 나갈 수 있는 발돋움판이 될 수 있다.

1.1 음성 합성(TTS)

음성 합성TTS 기술은 문자로 정보를 전달하기 어려운 경우 음성으로 접근성을 높이기 위해 개발된 기술이다. 처음에는 단어와 문장이 따로 녹음된 탓에 어조가 어색한 경우가 많았다. 따로 따로 녹음된 단어를 붙여 듣게 되면, 마치 어색하게 붙인 사진을 보는 것 같은 느낌이 드는 것이다. 그러나 이러한 TTS 기술 역시 2016년, 딥마인드(알파고를 개발한 회사)가 새로운 음성 합성 기술 WaveNets를 공개하면서 새로운 국면을 맞았다. 웨이브넷은 기존의 음성 합성 기술과는 다르게 딥러닝 방식으로 작동하여, 녹음된 발음을 기초로 기존에 녹음되지 않은 소리까지 예상하여 생성해낼 수 있었다.

이후 음성 합성 기술은 빠르게 발전하고 있다. 이제 주어진 문장 맥락을 이해할 수 있게 된 인공지능은 문장 맥락에 따라 필요한 어조와 발음을 예상하여 합성해내는 수준에 이르렀다. TTS 역시 적용하는 방식마다 세부적인 과정은 다르지만, 대략적으로는 먼저 문자열을 분석하는 것으로부터 시작된다. 입력된 문자의 형태소와 구문 등을 분석하여 읽을 내용과 매칭되는 음성을 검색한다. 그리고 음절마다 매칭된 음성과 그 음절들을 잇는 자연스러운 소리를 합성하여 최종적으로 완성된 소리를 출력하는 것이다. 여기에서 음율이나 연음 등을 자연스럽게 매칭하고, 맥락에 따라 어조를 만드는 것 역시 학습된 딥러닝 모델에 의해 적용된다.

이제 300문장 정도를 학습된 모델에 덧대어 녹음시켜주면, 누구나 자신의 목소리로 자동 안내음을 만들어낼 수 있는 세상이다. 이러한 음성 합성 기술은 ARS의 안내 음성을 넘어서, 스마트폰 비서나 시각장애인용 앱까지 다양한 용도로 사용되고 있다. 앞으로의 활용도도 기대해 보자.

그림 2-5-1 음성 합성 프로세스

1.2 성취기준 및 인공지능 내용요소

- [4국 05-03] 이야기의 흐름을 파악하여 이어질 내용을 상상하고 표현한다.

- [6실 04-07] 소프트웨어가 적용된 사례를 찾아보고 우리 생활에 미치는 영향을 이해한다.

- [6국 05-05] 작품에 대한 이해와 감상을 바탕으로 다른 사람과 적극적으로 소통한다.

- [인공지능의 이해:초등학교 5-6학년:인공지능의 다양한 활용] 우리 주변의 사물에 인공지능 기술을 적용할 수 있다.

- [인공지능의 원리와 활용:초등학교 5-6학년:컴퓨터의 인식 방법] 다양한 센서를 통해 입력받은 정보를 컴퓨터가 인식하는 방법을 설명할 수 있다.

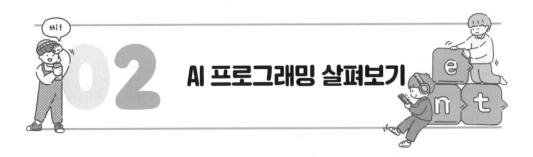

02 AI 프로그래밍 살펴보기

2.1 AI 블록 불러오기

인공지능 블록 불러오기: 사물 인식, 읽어주기

에서 [인공지능 블록 불러오기]를 눌러 인공지능 블록을 불러오자. 2-2장에서 설명했듯이 인터넷 환경이 선행되어야 한다. 총 7가지 인공지능 블록 중 이번 장에서는 [사물 인식] 블록과 [읽어주기] 블록을 동시에 사용할 것이다. [사물 인식] 타일을 눌러 활성화한 상태에서 [읽어주기] 타일을 누르면 중복 선택이 가능하다.

[읽어주기] 블록은 네이버가 개발한 '클로바'의 nVoice 음성 합성 기술을 이용해 인공지능이 다양한 목소리로 문장을 읽어주는 기능이다. 학생들에게 AI 스피커나 온라인 수업 동영상을 통해 인공지능 음성 합성 기술에 대한 경험을 열어주며 수업에 들어가보자. 참고로 아직 엔트리에서는 한국어 기능만 지원하므로 외국어를 읽어주는 기능을 활용하기에는 제약이 있다.

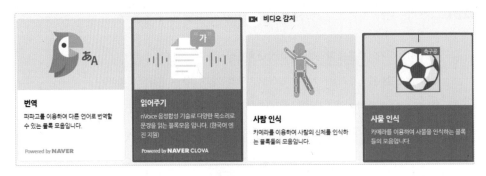

그림 2-5-2 사물 인식 및 읽어주기 블록 불러오기

사물 인식 및 읽어주기 블록 살펴보기

이 장에서 사용할 [사물 인식] 블록과 [읽어주기] 블록을 각각 살펴보고자 한다. [사물 인식] 블록으로는 다음과 같은 것들이 있다.

- 【사물을 인식했을 때】 : 사물을 인식했을 때 아래에 연결된 블록을 실행하는 시작 블록이다.

- 【사물 인식 시작하기▼】 : 사물 인식을 시작하거나 중지할 수 있다. 사물 인식 모델을 불러오기 위해서는 이 블록을 반드시 사용해야 하며 실행 화면에 비디오 화면이 보이게 된다.

- 【인식한 사물 보이기▼】 : 인공지능 모델이 인식한 사물을 나타내기 때문에 카메라가 제대로 인식하고 있는지 확인할 수 있다. 필요하지 않을 땐 ▼(목록상자)를 눌러 숨길 수도 있다. 배경 오브젝트가 있는 상태에서는 인식한 사물이 배경에 가려져서 보이지 않는다.

- 【사물을 인식했는가?】 : 사물 인식 여부를 참과 거짓으로 판단하는 블록이다. 앞서 【사물 인식 시작하기▼】 블록을 사용하지 않았다면 항상 거짓으로 판단된다.

- 【인식한 사물의 수】 : 인식한 사물의 수를 가져오는 값 블록으로 【 을(를) ● 초 동안 말하기▼ 】 등에 넣어서 인식한 사물의 수를 알려주는 프로그래밍에 활용할 수 있다.

- 【사물 중 자전거 ▼ 을(를) 인식했는가?】 : 선택한 사물에 대한 인식 여부를 참과 거짓으로 판단하는 블록이다. ▼(목록상자)를 누르면 다양한 사물을 선택할 수 있다.

이번에는 [읽어주기] 블록들을 알아보자.

- 【 읽어주기 ● 】 : 입력한 문자값을 인공지능이 읽어준다. 읽기 시작하는 순간 다음 블록이 실행된다.

- 【 읽어주고 기다리기 ● 】 : 입력한 문자값을 인공지능이 읽어준다. 문자를 다 읽어야 다음 블록이 실행된다.

- 【 여성▼ 목소리를 보통▼ 속도 보통▼ 음높이로 설정하기 ● 】 : 인공지능이 문장을 읽어주는 목소리, 읽는 속도, 음높이를 정할 수 있다. ▼(목록상자)를 클릭해 선택하면 된다. 목소리 종류로는 '여성', '남성', '친절한', '감미로운', '울리는', '장난스러운', '앙증맞은', '마녀', '악마', '야옹이', '멍멍이' 등이 있다. 속도는 '매우 느린', '느린', '보통', '빠른', '매우 빠른'의 5단계로 조절할 수 있고, 음높이도 '매우 낮은', '낮은', '보통', '높은', '매우 높은'의 5단계로 변경 가능하다.

2.2 AI 사물 인식 모듈 체험하기

어떤 블록이 있는지 알았으니, 다음 표의 안내에 따라 본격적으로 사물 인식 블록을 체험해보자.

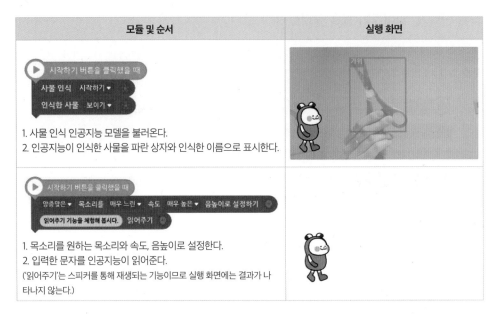

모듈 및 순서	실행 화면
시작하기 버튼을 클릭했을 때 / 사물 인식 시작하기 / 인식한 사물 보이기 1. 사물 인식 인공지능 모델을 불러온다. 2. 인공지능이 인식한 사물을 파란 상자와 인식한 이름으로 표시한다.	
시작하기 버튼을 클릭했을 때 / 앙증맞은 목소리를 매우 느린 속도 매우 높은 음높이로 설정하기 / 읽어주기 기능을 체험해 봅시다. 읽어주기 1. 목소리를 원하는 목소리와 속도, 음높이로 설정한다. 2. 입력한 문자를 인공지능이 읽어준다. ('읽어주기'는 스피커를 통해 재생되는 기능이므로 실행 화면에는 결과가 나타나지 않는다.)	

표 2-5-1 AI 사물 인식 모듈 체험하기

동물 이름 알려주는 프로그램 설계하기

이제 [사물 인식] 블록과 [읽어주기] 블록으로 동물 이름을 알려주는 프로그램을 만들어 보자. 선택 구조를 활용하면 인식한 동물의 결과에 따라 다양한 반응을 추가하여 프로그래밍할 수 있다. 먼저 앞에서 학습한 기본 모듈을 활용하여 여러 가지 동물을 인식시켜 본다. 사진으로 인식이 가능하므로, 여러 동물 사진을 여분의 스마트 기기에 준비해 두고 활동할 것을 추천한다.

그림 2-5-3 사물 인식으로 동물을 인식한 예시

인식한 사물의 수 블록을 활용하여 인식된 동물의 마리 수도 확인해 보자. 값 블록만 사용하면 3이라는 숫자만 나타나기 때문에, 계산 의 과(와) 을(를)합친값 블록을 활용하여 인식된 사물의 개수를 포함한 문장을 만들어 주었다. 사진에는 고양이가 세 마리 있기 때문에 인식된 사물의 수 '3'과 '개의 사물이 앞에 있어요.'가 합쳐진 '3개의 사물이 앞에 있어요.'와 같은 안내 문구가 완성된다. 또한  블록과  블록을 함께 사용하여 인공지능이 음성 합성 기술로 안내 문구를 들려주는 동시에 실행 화면에서도 안내 문구를 확인할 수 있다.

그림 2-5-4 인식한 사물의 수 활용 예시

이제 선택 구조를 활용하여 인식한 동물의 결과에 따라 다른 반응을 추가하여 보자. 블록에 블록을 결합하면, 고양이가 인식되었을 때의 반응을 프로그래밍할 수 있다. 이전과 마찬가지로 블록을 통해 귀로 결과를 듣고, 블록의 내용을 실행 화면에서 확인해 보자.

기본 선택 구조를 완성했다면 복사-붙여넣기 기능을 활용하여 다른 동물을 인식했을 때 반응으로 확장할 수 있다. 여기서는 개와 소만 추가했으나 엔트리에서 인식할 수 있는 동물은 '고양이', '개', '소' 외에도 '새', '말', '양', '코끼리', '곰', '얼룩말', '기린'이 있으니 다양하게 프로젝트를 만들어 볼 수 있다.

그림 2-5-5 사물 인식에 따른 선택 구조 활용 예시

03 노벨 엔지니어링 수업 톺아보기

노벨 엔지니어링을 활용하면 학생들에게 시각장애인이 겪는 문제나 어려움에 대해 자연스럽게 인식시킬 수 있다. AI 블록 사물 인식 기능과 읽어주기 기능을 활용하여 앞이 보이지 않는 심봉 사에게 위험 요소를 알려주는 제품을 만들어 선물하는 프로젝트를 준비했다. 이처럼 노벨 엔지 니어링으로 AI 수업을 진행하면 자연스럽게 인공지능 기술을 따뜻한 방향으로 사용하게 된다.

차시	STEAM 준거틀	노벨 엔지니어링 수업 단계	활동
1차시	상황 관련 문제 정의	①책 읽기 ②문제 인식	- 《심청전》 책 읽기 - 심봉사의 뇌 구조 그리기
2~4차시	융합적 설계 및 문제 해결	③해결책 설계 ④창작물 만들기	- 심봉사를 위한 웨어러블 기기 설계하기 - 사물 인식 웨어러블 기기 만들기
5~6차시	자기주도 및 성찰	⑤이야기 바꾸어 쓰기	- 심봉사에게 웨어러블 기기를 설명하는 편지 쓰기 - 편지 낭독하기

3.1 책 읽기 노벨 엔지니어링 ①

심청전

장철문 글 | 윤정주 그림 | 창비 | 2003

《심청전》은 대한민국의 대표적인 전래동화로, 판소리의 다섯 마당 중 하나인 심청가로도 유명하다. 원작자가 알려져 있지 않아 뺑덕어멈, 곽씨 부인 등 등장인물이나 기타 서사 요소가 추가된 버전도 많지만, 주인공 심청이 가난한 심봉사의 딸로 태어나 아버지의 눈을 뜨게 하기 위해 공양미 300석에 인당수에 몸을 던진 이야기 구조는 동일하다. 그림책으로 된 심청전은 전체적인 이야기의 흐름 파악이 쉽고, 글밥이 많은 심청전은 인물의 감정을 상세하게 파악하기 좋으므로 학급 수준 및 연계할 교과 성취기준을 고려하여 도서를 선택하면 된다.

3.2 문제 인식 노벨 엔지니어링 ②

심봉사의 뇌 구조 그리기

심봉사를 위한 프로그램 설계에 앞서, 심봉사의 뇌 구조를 그려보고 그에게 공감해볼 것이다. '뇌 구조 그리기'는 인물이 가장 중요하게 여기는 생각일수록 큰 칸에, 중요도가 떨어지는 생각일수록 작은 칸에 적는 활동이다. 중요도를 나눠야 하기에 자연스럽게 심봉사의 입장에서 생각하게 되고, 특히 앞이 보이지 않아 겪게 된 상황에 이입하여 문제를 쉽게 인식할 수 있다.

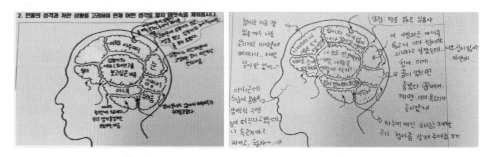

그림 2-5-6 학생들이 그린 심봉사의 뇌 구조

심봉사가 되어 일상을 마주한 학생들은 감사함, 후회, 안타까움 등의 다양한 감정을 바탕으로 해결해야 할 문제를 발견하고, 이를 해결할 수 있는 방안을 현재의 기술적 관점에서 고민하게 된다. 학생들이 찾은 심봉사의 가장 큰 문제 상황은 눈이 보이지 않아 겪는 어려움이었다. 앞을 볼 수 없어 사고를 당하게 되고, 이는 딸 심청이 인당수에 빠지게 되는 결과를 낳고 말았다. 더 나아가 생계 유지의 막막함까지 연결 짓는 학생도 있었다.

한편 현재 기술을 활용한 문제 해결 방안은 학생들이 흔히 사용하는 스마트폰 기능이 주를 차지했다. 인공지능 비서처럼 날씨를 알려주거나 음성으로 길을 안내하는 물건, 위치 추적을 동반한 연락 등이 그 예이다. 또한 현재의 시각장애인을 생각하며 안내견 대신 안내 로봇을 이용한다는 의견도 다수 있었다. 이렇듯 전래동화 속 장애를 가진 주인공에게 현대의 인공지능 기술로 도움을 주는 프로젝트 맥락은 학생들의 다양한 생각을 이끌어낸다.

그림 2-5-7 [심봉사의 문제 상황 구체화 및 해결책 제시하기] 학생 활동 예시

3.3 해결책 설계 노벨 엔지니어링 ③

심봉사를 위한 웨어러블 기기 설계하기

'뇌 구조 그리기' 활동을 통해 심봉사에게 필요한 것을 생각해 보았다면, 이제 그 내용을 담아 심봉사를 위한 웨어러블 기기를 설계해 보자. 웨어러블 기기는 신체의 일부처럼 착용하여 사람의 능력을 보완할 수 있는 스마트 기기로 사용자의 편의를 고려한 제품 개발을 위해서는 어떤 신체 부위에 어떤 방식으로 착용하면 좋을지 고려할 필요가 있다. 이렇듯 노벨 엔지니어링 기반의 활동은 타인을 위한 기술 설계를 자연스럽게 제시할 수 있다는 장점이 있다. 물건의 심미적 측면도 중요하므로 심봉사가 만족할 수 있는 디자인을 고려해봐도 좋다.

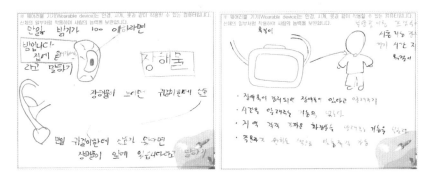

그림 2-5-8 [심봉사를 위한 웨어러블 기기 설계하기] 학생 설계 예시

학생들은 시각장애인들이 선글라스로 눈을 가리고 다녔던 사실을 떠올리며 안경 형태의 디자인을 많이 떠올렸으나, 일부 학생들은 웨어러블 기기를 사용함에 있어 굳이 시각장애인임을 드러내고 싶지 않을 것이라며 눈에 띄지 않는 작은 귀걸이나 목걸이와 같은 패션 아이템을 떠올리기도 했다. 시각장애인의 입장에서 공감하며 프로젝트에 참여하는 모습이 인상깊었다.

한편 귀걸이의 경우 정면의 위험을 감지하지 못하므로 심봉사가 짚고 다니는 지팡이에 센서를 부착하여 연동하는 방법을 고려한 것이 기발한 아이디어였다. 또한 교사가 소개할 사물 인식, 읽어주기 기능 외에도 주변의 밝기가 어두워지면 밤이 되었으니 집으로 들어갈 것을 안내하는 기능, 현재 시각을 알려주는 기능, 가까운 화장실을 알려주는 기능 등 심봉사에게 도움이 될 만한 여러 가지 편리한 기능을 추가적으로 제안하며 인간을 위한 기술 사용에 한 걸음 다가가는 모습을 보였다.

3.4 창작물 만들기 노벨 엔지니어링 ④

배경 및 오브젝트 불러오기

그럼 노벨 엔지니어링과 함께 AI 프로그래밍을 진행해 보자. 자신이 설계한 웨어러블 기기를 표현할 수 있는 오브젝트를 불러오는 것만으로도 개성 있는 작품이 만들어진다. 원하는 오브젝트가 없는 경우 전봇대와 버튼 오브젝트를 합쳐 손목 시계 모양처럼 배치했으며 직접 그림을 그려 창의적인 산출물을 디자인하기도 했다.

그림 2-5-9 배경 및 오브젝트 디자인 예시

웨어러블 기기 사용법 안내하기

이제 웨어러블 기기의 사용법을 안내할 것이다. 특히 이 장의 수업 맥락에서는 사용자인 심봉사가 앞이 보이지 않는 특성을 고려하여 귀로 들을 수 있는 [읽어주기] 블록을 사용할 필요가 있다. 노벨 엔지니어링을 통해 AI 보이스를 활용해야 하는 자연스러운 맥락 제시가 가능한 것이다. 설명하는 내용이 차례차례 넘어가는 것을 보며 순차 구조에 대한 이해도 가능하다.

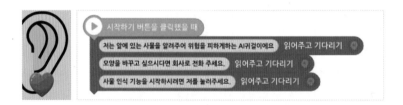

그림 2-5-10 웨어러블 기기 사용법 안내 오브젝트 스토리 예시

이 대사는 예시일 뿐이며, 학생이 앞에서 설계한 대로 자신이 만들 웨어러블 기기에 대한 설명을 넣을 수 있게 안내해 보자. [읽어주기] 블록 하나만 활용했을 뿐인데도 자신이 설계한 웨어러블 기기를 설명한다는 점에서 개발자가 된 것 같은 기분을 느낄 수 있을 것이다.

선택 구조와 반복 구조 이해하기

실제 프로그래밍에 들어갈 때, <그림 2-5-11>처럼 알고리즘을 미리 구성하여 씨앗 파일(소스 파일)로 제공하면 학생들의 프로그래밍에 대한 부담을 줄여줄 수 있다. 단, 인식한 사물에 대한 반응은 학생이 작성할 수 있도록 빈칸으로 비워 두자. 자신이 입력한 내용으로 실행되는 알고리즘을 살펴보며 선택 구조에 대한 이해가 가능하다. 혹시 선택 구조를 이해하지 못하더라도 학생 스스로 입력한 내용이 실행되는 모습을 보면서, 프로그래밍에 대한 두려움보다 인공지능 기술을 활용하여 문제를 해결했다는 성취감을 느낄 수 있게 하는 것이다.

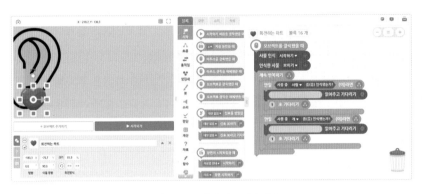

그림 2-5-11 학생 제공 씨앗 파일

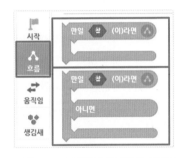

그림 2-5-12 선택 구조를 만드는 블록들

그림 2-5-13 선택 구조 예시

그림 2-5-14 선택 구조와 반복 구조의 결합

먼저 선택 구조부터 살펴보자. 우리는 AI가 인식한 사물에 따라 다른 반응을 보이도록 할 수 있다. 앞에 사람이 인식되었을 때와 앞에 강아지가 인식되었을 때 각각 다른 결과가 나오도록 프로그래밍하는 것이다. 이렇게 선택 구조를 만들기 위해서는 블록들을 사용해야 한다(<그림 2-5-12>).

블록 자리에 블록을 결합하면 특정 사물을 인식했을 때 해당하는 결과를 선택하여 출력할 수 있다. 혹은 아예 <그림 2-5-13>과 같이 알고리즘 구조를 제시하여 내용만 스스로 구성할 수 있도록 하는 방법도 있다.

그런데 현재 만들어진 알고리즘은 사람을 인식하면 프로그램이 종료되는 구조이다. 실생활에 이 인공지능 웨어러블 기기를 사용한다고 상상해 보면, 분명 문제가 될 테다. 길을 가다가 사람을 한 명만 마주치고 말 것이 아니므로, 반복하여 인식할 수 있도록 의 블록을 사용해 보자.

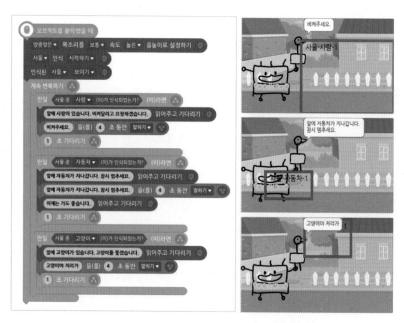

그림 2-5-15 완성된 사물 인식 웨어러블 기기
프로그램 예시

이 안에 넣은 블록들은 순차적으로 진행되다가 끝에 닿으면 처음부터 시작하게 된다. 앞에서 만든 선택 구조가 계속 실행될 수 있게 반복 구조 안에 선택 구조를 넣도록 강조시켜 줄 필요가 있다. 또한 인식 결과가 중첩되어 프로그램에 오류가 생길 수 있으므로, 초 기다리기 블록을 추가해 잠시 기다린 후 다음 블록이 동작할 수 있게 해주어야 한다.

하나의 선택 구조를 넣었다면 복사-붙여넣기 기능을 활용하여 선택 구조를 추가해 보자. 대사만 바꾸면 인식한 사물마다 다른 반응이 나타나게 설계할 수 있다.

프로그래밍하기

한번 전체 프로그래밍 구조를 이해하고 나면, 나머지는 학생들의 창의적인 생각으로 채워지게 된다. 이때 유의할 점은 엔트리에서 제공하는 사물 인식 기능은 현대적인 물건이 많아 조선시대를 배경으로 하는 심청전 상황에 어울리지 않을 수 있다는 것이다. 그렇다면 심봉사뿐만 아니라 현대 사회의 시각장애인에게도 도움이 되는 설계물이 될 수 있도록 대상의 범위를 확장시켜 주어도 좋다.

그림 2-5-16 학생 산출물1 - 심봉사를 위한 교통 안전 웨어러블 기기

학생들의 산출물을 살펴보면 교통 안전에 대한 우려로 자동차나 트럭 같은 교통 수단에 대한 사물 인식 기능을 추가하는 경우가 많았다. 인식된 사물의 위험도에 따라 경고 반응을 다르게 설정하기도 했는데, 교통 수단과 마주할 경우 즉시 멈출 것을 경고하지만 고양이나 사람일 경우 잠시 멈춰 서서 기다릴 것을 안내하는 것이다.

그림 2-5-17 **학생 산출물2 - 심봉사의 집안일을 돕는 웨어러블 기기**

또 위험을 알려주는 기능 외에도 일상 생활에 도움을 주는 웨어러블 기기를 설계하기도 했다. 심봉사가 집안일을 할 수 있도록 설계된 웨어러블 기기의 경우 뾰족한 물건에 다치지 않게 안내를 덧붙인 점이 인상깊다.

기능 추가하기

정말 위험한 상황에는 말 한마디보다 짧은 경고음이 더 효과적일 수 있다. 앞서 [사물 인식] 기능과 [읽어주기] 기능을 활용하여 사용자에게 위험 요소를 설명해 주었다면, 다음으로 '경고음 재생' 기능을 추가하여 웨어러블 기기의 완성도를 높여보자.

- **소리 블록 살펴보기**

프로그램에 소리를 추가하려면 ![소리] 를 이용한다. 엔트리에서 제공하는 다양한 효과음을 선택할 수 있으며, mp3형식의 파일을 업로드해 추가도 가능하다. 다음 [소리] 주요 블록들을 하나씩 살펴보자.

- ![소리 대상 없음 재생하기] , ![소리 대상 없음 재생하고 기다리기] : 지정된 소리를 재생한다. 첫 번째 블록은 소리를 재생하는 동시에 다음 블록이 실행되지만, 두 번째 블록은 소리가 다 재생된 후에 다음 블록이 실행되는 점에서 차이가 있다.

- ![소리 대상 없음 초 재생하기] : 소리를 재생하되, 정해진 시간만큼만 재생한다. 초의 숫자는 직접 입력해 변경할 수 있다.

- ![소리 크기를 만큼 바꾸기] : 입력한 수의 크기만큼 작품의 소리 크기를 변경한다. -100부터 100의 범위에서 소리를 조절할 수 있으며 입력한 수가 음수면 소리가 작아지고, 양수면 커진다.

- ![소리 빠르기를 만큼 바꾸기] : 입력한 수의 크기만큼 작품의 소리 빠르기를 변경한다. 기본 빠르기는 1(배)로 0.5부터 2(배)의 범위에서 빠르기를 조절할 수 있다. 입력한 수가 양수이면 소리가 빨라지고, 음수이면 느려진다.

- ![모든 소리 멈추기] : ▼(목록상자)에서 선택한 대상의 소리를 멈춘다. 참고로 '모든'을 선택해도 배경음악은 멈추지 않는다.

- ![대상 없음 을(를) 배경음악으로 재생하기] : 장면이 바뀌어도 소리를 끝까지 재생한다.

- ![배경음악 멈추기] : 소리가 아닌 배경음악만을 멈추게 한다.

그림 2-5-18 소리 블록들

상단 ![소리] 탭의 [소리 추가하기] 메뉴에서 다른 소리를 추가할 수 있다. 엔트리에서 제공하는 다양한 소리가 주제별(Ⓐ)로 정리되어 있는데, ▶ 아이콘을 통해 소리를 들어보고 선택하면 된다 (Ⓑ). 이때 재생 아이콘 아래에 있는 텍스트 영역을 클릭해야 소리가 선택되며, 오른쪽 영역에서 선택한 내용을 확인할 수 있다. 원하는 소리를 고른 후 오른쪽 상단 [추가하기](Ⓒ)를 클릭하면 추가가 완료된 것이다. 한편 엔트리에 없는 소리를 원할 경우 [파일 올리기](Ⓓ) 탭에서 mp3 파일을 업로드해 사용할 수도 있다.

그림 2-5-19 엔트리에 소리 추가하는 방법

- **경고음 기능 추가하기**

경고음은 청자에 따라 두 가지 방향으로 설계할 수 있다. 첫 번째는 사용자에게 위험을 알리는 소리이며, 두 번째는 시각장애인을 마주하는 사람이나 동물이 피해갈 수 있도록 안내하는 소리이다. 창의적인 작품을 구성할 수 있도록 허용적인 분위기를 조성하되 사람을 향해 사용되므로 다른 사람의 기분을 나쁘게 하는 소리나 너무 큰 경고음은 자제할 수 있도록 안내한다.

<그림 2-5-20>은 사용자를 위해 소리를 추가한 상황이다. 블록을 살펴보면 개를 인식했을 때 강아지 짖는 소리를 재생하는 효과를 주었다. 이때 강아지 짖는 소리는 듣는 사람에게 날카로운 소리로 느껴질 수 있기 때문에 [소리 크기를 ⬤ % 로 정하기] 블록을 이용하여 소리 크기를 50%로 줄이도록 안내했다. 소리를 재생한 후에는 다시 원 상태인 100%로 돌려줌으로써 다른 사물을 인식했을 때 소리 크기에 지장이 가지 않도록 했다.

그림 2-5-20 **경고음 기능 추가 프로그램 예시**(1)

이번에는 사용자와 마주치는 사람이나 동물을 향해 경고음을 주어 시각장애인을 피해갈 수 있도록 하는 상황이다. 앞에 사용한 것과 같은 [소리 재생하기] 블록이지만 구성하는 블록의 순서와 내용에 따라 다른 맥락으로 활용이 가능하다. 마주친 사람에게 비켜줄 것을 요청하고 있으므로 상대방의 기분을 고려한 효과음을 골라보자.

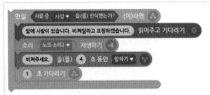

그림 2-5-21 경고음 기능 추가 프로그램 예시(2)

이렇듯 노벨 엔지니어링 프로젝트를 활용하면 사용자를 배려하는 정의적 영역까지도 자연스럽게 학습이 가능하다. 소리 재생 기능을 단순한 재미적 요소보다는 청자를 위한 프로그래밍으로

끌어갈 수 있다는 점이 놀랍다. 수업 후 아이들은 인공지능 기술을 활용하여 다른 사람을 도왔다는 사실 자체만으로 큰 성취감을 보였다. 처음에는 인공지능이 사물을 인식하고 읽어주는 것을 단순히 신기해하고 재미있어 했지만, 프로젝트 이후 작성한 소감을 보면 웨어러

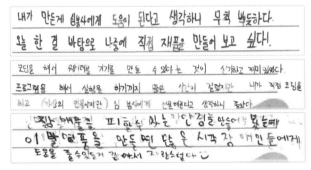

그림 2-5-22 [심봉사를 위한 웨어러블 기기 만들기] 활동 학생 소감

블 기기가 시각장애인에게 도움이 되어 스스로가 자랑스럽다는 사실이 잘 드러나 있다. 이는 사물 인식 기능과 읽어주기 기능에 대한 단순한 체험이 아닌 시각장애인의 상황에 대한 공감을 바탕으로 학생 주도적인 AI 프로그래밍이 가능했기에 나타난 결과로 보인다.

3.5 **이야기 바꾸어 쓰기** 노벨 엔지니어링 ⑤

심봉사에게 웨어러블 기기를 설명하는 편지 쓰기

이제 노벨 엔지니어링의 마지막 단계, 글쓰기로 표현을 해 볼 차례이다. 이 장의 프로젝트는 '뇌 구조 그리기'부터 '웨어러블 기기 설계하기'의 전 과정이 공감을 기반으로 이루어졌다. 그렇다면 글에도 공감적 요소가 포함되면 어떨까? 자신이 직접 개발한 사물 인식 웨어러블 기기를 심봉사에게 선물하는 상황을 가정하며 개발하게 된 계기, 개발 과정, 사용 방법을 담은 편지를 써볼 것이다. 학생들은 편지를 통해 심봉사와 소통하게 되고, 심봉사의 반응을 상상하며 감정 이입을 극대화하는 과정을 겪게 된다. 이 과정에서 학습의 내면화와 자기성찰까지도 기대해볼 수 있다.[4]

심봉사 아저씨에게

안녕하세요. 심봉사 아저씨~ 저는 시각장애인분들 에게 글 못 읽으시는 것을 대신 읽어주는 시계를 만든 도면서 라고 합니다. 아저씨가 눈이 안보여서 위험한 일을 겪었다고 하셔길래 너무 마음이 안좋아서 이 제품을 만들었습니다. 이 제품을 사용하기 어려울 수 있으니 사용방법을 알려드리겠습니다! 방법은 어렵지 않아요! 시계를 받으면 아침 먹는 시간, 점심, 저녁 식사 시간을 맞추면 시간을 맞춰 시간대로 알람이 울릴 것 입니다. 그것만이 아니에요! 만약 위험한 일이 생기거나 앞에 사물, 사람이 있다하고 연락이 와서 위험한 상황을 대처 할 수도 있습니다. 이 시계로 항상 위험한 일이 안생겼으면 좋겠네요~ 항상 조심하시고, 위험한일이 안생겼으면 좋겠네요~ 만약 불편하다면 다시 연락 주면 좋아요! 항상 도와드리겠습니다~ 그럼 안녕히계세요~

TO. 심봉사 아저씨에게

안녕하세요. 심봉사 아저씨? 저는 사물 감지기 시계, 계단 감지기 반지 개발자 지예라고 합니다. 얼마 전 심봉사 아저씨가 눈이 보이시지 않아서 길을 걷다가 밖에 부딪히고, 계단에 올라 갔다가 넘어질 뻔 하셨다면 위험한 소식을 들었습니다. 그래서 저는 다시 그런 위험한 일이 없도록 인공지능이 장애물을 알려주고 계단을 오르는데 도움이 될 수 있는 사물 감지기 시계, 계단 감지기 반지를 개발 하였고 선물을 드리려고 합니다.
사물 감지 시계와 계단 감지기 반지의 사용법은 간단 합니다. 먼저 시계의 사용법은 그냥 평범한 시계처럼 착용 하시고 오른 쪽에 있는 버튼을 누르면 것을 합니다. 삐삐 처럼 길을 걷다가 오른쪽에 사물이 있다면 오른 쪽에 사물이 있습니다. 위험하니 조심하세요 라고 얘기합니다. 그리고 반지도 넘어가면 반지를 착용하면 자동으로 작동됩니다. 반지는 계단이 처음으로 시작되면 계단이 처음 하고 말하고, 계단의 마지막 계단이라면 계단이 마지막 계단입니다. 하고 얘기 해 줍니다. 시계를 그만 사용하고 싶으시다면 오른쪽 버튼을 다시 눌러주세요.
이 제품을 사용하고 아저씨가 위험하지 않으시면 좋겠습니다. 불편한 점이 있다면 메일을 보내주세요. 피드백을 바탕으로 AS 해보겠습니다. 제품이 도움이 될 거라고 생각하니 기분이 좋네요. 항상 안전한 하루 되세요.
2022.11.25
from. 지예

그림 2-5-23 [심봉사에게 편지 쓰기] 학생 산출물

학생의 편지를 살펴보면 심봉사가 느꼈을 불편함과 이에 공감하여 도움이 되기 위해 고민하고 노력한 과정이 잘 드러난다. 수업에서 의도한 주요 기능은 사물 인식을 활용하여 위험 요소를 알려주는 것이었지만, 시간을 못 보는 심봉사를 위해 밥 먹는 시간을 알려주는 기능을 넣었다는 이야기나 사용하기 편한 형태의 디자인을 설명하는 문장에서, 프로젝트 내내 섬세하게 고민했던 학생들의 모습이 그려진다. 또한 자신이 개발자가 되어 만든 제품이 심봉사에게 어떤 영향을 주었을지 상상함으로써 인공지능의 사회적 영향력까지도 자연스럽게 사고할 수 있게 되었다.

편지를 읽지 못하는 심봉사를 위해 낭독하는 활동을 연계해 보아도 좋다. 학생들은 심봉사 앞에서 자신이 만든 제품을 소개하는 편지를 읽게 되자 제품에 대한

그림 2-5-24 편지 낭독 활동 모습

기능을 전달하기 위해 직접 제품을 시연하며 설명해 주는 등 타인을 위해 개발자가 된 자신의 모습에 몰입하는 모습을 보였다. 심봉사를 위해 만든 기기를 그 사람에게 직접 소개한 경험을 통해 문제를 해결한 성취감을 오래도록 간직할 것이다.

04 수업에 날개 달기

[사물 인식]과 [읽어주기]는 간단한 기능이지만 다양한 주제와 다른 도서를 통해 폭넓은 변신이 가능하다. 노벨 엔지니어링을 기반으로 생활 속 문제를 AI 기술로 해결함으로써, 다른 사람에게 도움이 되는 학습 경험을 확장시켜 보자.

4.1 에너지 절약 교육 -사물 인식 전등 설계하기

우리는 학교에서 이동 수업을 갈 때나 급식을 먹으러 갈 때 불을 켜놓고 가는 경우가 종종 있다. 이때 전기가 낭비되지 않도록 사람이 있을 때만 전등이 켜지는 프로그램이 있으면 어떨까? `확인 중 1개이건만` 블록과 `을(를) 초 동안 말하기` 블록을 활용하여 사람을 감지할 때는 전등이 켜지고, 그렇지 않을 땐 전등이 꺼지도록 인공지능의 인식 과정을 설명하는 프로그램을 제작할 수 있다. 기본 모듈을 바탕으로 학생마다 원하는 기능을 추가하도록 해보자. 프로그램이 간단하여 순차 구조, 선택 구조에 대한 이해를 도울 수 있으며 에너지 절약 관점에서 인공지능의 인식 기술을 실생활로 확장하여 생각할 수 있는 좋은 사례가 될 수 있다.

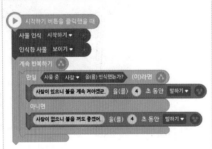

그림 2-5-25 사물 인식 전등 프로그램 예시

실제로 에너지 관련 원격 관리 사업은 사물인터넷 기반의 스마트홈 사업에서 핵심이 되는 사업으로 주목받고 있다. 사물인터넷(IoT, Internet of Things)이란 사물이 사람의 개입 없이도 스스로 다른 사물 혹은 인터넷 서버와 정보를 주고받는 환경을 의미한다.[5] 사물 인식 전등의 경우 사람이 스위치를 누르지 않았지만 카메라를 통해 사람을 인식하여 전등에 불을 켜도록 정보를 주고받았다고 볼 수 있다. 우리는 스마트폰을 통해 외부에서도 집을 모니터링할 수 있으며 필요할 때만 가전 제품을 가동시키는 원격 제어 기능을 통해 에너지 비용을 절감할 수 있다. 전등 말고도 에너지 절약에 활용할 수 있는 다양한 아이디어를 적용한 물건으로 확장이 가능하다. 사람 얼굴을 정면으로 인식하면 켜지는 텔레비전, 사람을 인식하는 에어컨 등이 예시가 될 수 있다.

수업 TIP

사물인터넷은 다소 생소한 개념일 수 있다. IoT에 대한 자세한 설명과 스마트홈 기술에 대한 예시 이해를 돕기 위해 동영상을 준비했으니 참고해 보자.

* 참고 영상 : 'IOT 3분 요약' (출처 : 연합뉴스 경제TV https://youtu.be/ mpexvMBJl7Y)

* 참고 영상 : '스마트 싱스 에너지 서비스로 편리한 에너지 절약! | 전기사랑기자단 8기' (출처 : 한국전력 KEPCO https://youtu.be/ ts7y0eUJDgE)

4.2 교통 안전 교육 - 사고 예방을 위한 안전 수칙 프로그램 설계하기

엔트리에서 제공하는 사물 인식 모델은 교통과 관련한 사물이 많다. 교통과 관련한 사물로는 자전거, 자동차, 오토바이, 비행기, 버스, 기차, 트럭, 신호등, 정지 표지판 등이 있다. 이 사물들을 이용하여 교통 안전 수칙을 알려주는 프로그램을 설계해 보자. 녹색아버지가 아이들에게 안전 수칙을 알려주는 듯한 이야기 구현을 통해 안전 규칙에 대한 프로젝트 학습이 가능하다. 코드의 구조는 앞에서 소개했던 구조와 동일하며 복사-붙여넣기 기능을 활용하여 다양한 교통 사물을 인식해 볼 수 있다. 자동차나 트럭 같은 움직이는 교통 수단을 인식했을 때 자동차 경적 소리를 추가하며 다양한 기능을 추가하는 것도 재미있을 것이다.

그림 2-5-26 사고 예방을 위한 안전 수칙 프로그램 예시

교실에 가져올 수 없는 신호등, 자동차, 트럭 같은 경우 스마트 기기에 사진을 내려 받아 인식시켜 볼 수 있다.

4.3 AI 윤리 토론 -자율주행 자동차, 교통 사고의 책임은 누구에게 있을까?

자율주행 자동차는 주행을 하다가 카메라를 통해 사람, 사물, 신호등, 차선 등을 인식했을 때 스스로 판단하여 속도를 줄이거나 정지할 수 있는 자동차이다. 운전자의 운전 없이도 편리하고 안전한 자율주행 자동차를 개발하기 위해 정교한 센서와 사물 인식과 관련한 알고리즘 개발 등 수많은 연구가 진행 중이다.[6] 하지만 이러한 노력에도 불구하고 2016년 5월 7일 미국 플로리다주 윌리스톤 고속도로에서 자율주행 자동차의 사물 인식 오류로 인한 사고가 발생했다. 교차로에서 오는 흰색 트레일러를 하늘로 인식한 자율주행 자동차가 멈추지 않고 그대로 직진하여 트레일러와 충돌한 것이다.

앤드류 응 스탠포드 교수는 사물 인식 기술과 관련하여 자율주행 자동차가 해결해야 할 기술적 문제를 지적했다. 인간 운전자는 아이스크림 트럭이 보이면 어린 아이가 등장할 수 있다고 예상하며 속도를 줄이지만, 자율주행 자동차는 아이스크림 트럭을 인식했을 때 사람과 같은 상황 분석이 어렵다. 또한 밝은 햇빛이 역광으로 비추었을 때 신호등의 색을 인식하기 어려우며, 폭우, 짙게 낀 안개 등과 같은 시야 확보가 어려운 기상 상황에서 사물 인식 기능이 제대로 작동되지 않는다.[7]

이와 같이 자율주행 자동차의 사물 인식 오류로 인해 교통 사고가 발생하면 책임은 운전자와 자동차 중 어디에 있다고 보는 것이 맞을까? 교사는 이러한 질문을 통해 학생들의 사고를 촉진시키며 토론을 진행할 수 있다. 운전자는 자율주행 모드에서도 운전에 집중할 의무가 있기 때문에 차량의 결함이 발견되지 않는 한 책임은 운전자에게 있다는 실제 판례가 있다. 하지만 곧 도입될 자율주행 4레벨 이상의 자율주행 자동차는 운전자의 개입을 필요로 하지 않기 때문에 책임 논란은 더욱 커질 것이다. 대한민국 정부는 사회적 합의를 통해 자율주행 자동차 교통법규 위반에 대한 행정 처벌과 자율주행 자동차 사고에 대한 원칙을 구체화할 것이라고 발표했다.[8]

학생들과 자율주행 자동차가 도입되면서 생길 여러 이슈들에 대해 도의적 측면, 법과 제도적 측면, 윤리적 측면을 나누어 이야기해 보는 것은 어떨까?

자율주행 자동차 사고와 관련한 여러 보도와 기사를 통해 학생들의 문제 이해도를 높일 수 있다.

* 참고 영상 : '자율주행차 사고 나면 누구 책임? 제도는 무방비'

(출처 : MBCNEWS https://youtu.be/6dCrb1JW_-4)

4.4 피지컬 컴퓨팅 확장 -[햄스터 S 로봇]으로 길 안내하기

사물 인식 웨어러블 기기에서 한 걸음 더 나아가 안내견처럼 길을 안내하여 보자. 사용할 피지컬 컴퓨팅 교구는 햄스터 S 로봇으로, 국내에서 출시되었으며 작고 귀여운 모양과 노란색, 주황색, 파란색, 초록색, 흰색과 같은 밝은 색상으로 이루어져 있어 학생들에게 친근함을 줄 수 있다. 별도의 조립 과정이 필요 없는 완성형 로봇으로 적외선 센서, 가속도 센서, 밝기 센서를 통한 입력 기능과 LED, 스피커를 이용한 출력 기능의 체험이 가능하다.[9]

그림 2-5-27 **햄스터 S 로봇**

이번에는 주행 기능과 LED 출력 기능을 활용해 보자. 카메라로 전방의 사람을 감지하면 햄스터 S 로봇이 LED를 빨간색으로 출력하면서 동작을 멈추도록 프로그래밍했다. 프로그램을 실행하면 컴퓨터 속 엔트리 실행 화면은 사물 인식을 작동하고, 햄스터 S 로봇은 초

그림 2-5-28 **햄스터 S 로봇 프로그램 예시**

록색 LED를 켠 채 주행하게 된다. 이때 사람을 감지했다는 신호를 받으면 컴퓨터 속 엔트리 프로그램은 음성으로 잠시 멈출 것을 안내하고, 현실 세계의 햄스터 S 로봇은 빨간색 LED를 출력하며 가던 길을 멈춘다. 프로그램의 안내가 끝나면 반복 구조의 처음으로 돌아가, 햄스터 S 로봇은 초록색 LED를 출력한 채 다시 길을 앞장서서 안내할 것이다. 이처럼 피지컬 컴퓨팅 교구를 활용하면 사물 인식의 결과를 구체적인 실물 움직임으로 확인할 수 있어 알고리즘의 이해도를 훨씬 높일 수 있다.

햄스터 S 로봇을 구동하는 것 자체로도 학생들은 즐거워하지만 심봉사가 안전하게 다닐 수 있도록 길을 안내하는 맥락을 부여하면 상황에 깊이 몰입하게 되어 학생 주도의 탐구형 수업이 가능하게 된다.

수업 TIP

피지컬 컴퓨팅 교구와 엔트리 프로그램을 연결하기 위해서는 '엔트리 하드웨어' 프로그램을 설치해야 한다. https://playentry. org/download/hardware에서 내려 받을 수 있으며, 연결된 후에도 '엔트리 하드웨어' 창을 종료시키지 않아야 연결이 유지된다.

Novel
Engineering

노인을 위한 음성 인식 키오스크 만들기

코로나19의 영향과 기술 발달은 사람 간의 소통, 거래를 디지털 서비스로 대체해 가고 있다. 손 안의 핸드폰으로 무엇이든 주문하고 현금 없이도 계산할 수 있는 지금, 일상 생활의 편의성은 매우 향상되었다. 하지만 누구에게나 그럴까?

최근 영화관, 패스트푸드점, 은행 등에서 키오스크를 확대하고 있으나 실버 연령층을 고려하지 않았다는 논란이 일었다. 키오스크 사용에 관한 질문에 60대 이상은 33.9%나 '능숙하지 못함'으로 대답한 것을 보면, 디지털 격차가 벌어지고 있음을 확인할 수 있다.[1] 이처럼 인공지능이나 데이터 기반의 기술이 발전할수록 소외 계층도 생겨난다는 것을 잊지 않아야 한다. 모두가 차별이나 배제를 당하지 않고 함께 할 수 있는 방향을 교수-학습할 필요가 있는 것이다.[2] 이번 장에서는 노인을 포함한 취약 계층을 포용하고 더불어 살아가기 위해, '모든 사람을 위한 디자인Design for all'[3] 개념을 융합하고자 한다. 평소 스마트폰이나 컴퓨터를 사용하는 것이 어렵지 않았던 초중등 학생들을 대상으로 키오스크를 조금은 불편하게 바라볼 기회를 제공할 것이다. 디지털 소외 계층을 위해 필요한 디자인은 무엇일까? 모두를 위한 유니버설 디자인을 적용한 AI 키오스크를 제작해 보자.

01 인공지능 돋보기

이 수업에서는 엔트리 [오디오 감지] 기능을 활용하여 터치 없이 음성으로 주문할 수 있는 키오스크를 만들어볼 것이다. 디지털 기기에 익숙하지 않아 키오스크 앞에 서면 자신감이 줄어드는 할머니의 이야기를 읽으며 상황에 몰입해 보자. 모두를 위해 AI 기술을 사용하고 프로그래밍하는 과정을 통해 디지털 소외 계층과 디지털 격차 문제에 대해 생각해볼 수 있다.

1.1 음성 인식(Speech Recognition, STT)

음성 인식 Speech to Text 기술은 2-5장에서 제시한 음성 합성 기술TTS과 반대 방향으로 동작한다. 사람의 음성은 매우 불규칙한 형태를 띄고 있기에 인식하기 어려운 데이터이다. 인간은 각각 다른 억양, 말투, 발음, 소음, 또는 예측하지 못한 문법에 대응할 수 있는 경험치를 가지고 있지만, 컴퓨터는 그렇지 못하다. 그렇기에 음성 인식의 개념이 처음 나온 1950년대, 이 기술로는 16개 정도의 단어만을 인식할 수 있었다.

1980년대 들어 음성 인식의 비약적 발전이 일어나기 시작했다. HMM Hidden Markov Model 알고리즘의 적용을 통해 인식 가능한 음성이 대폭 확장된 것이다. HMM은 소리로부터 단어를 추출하는 데 그치지 않고, 발화된 소리가 특정 단어가 될 수 있는 가능성을 통계적으로 추측했다. 음성 인식의 개념이 '분석'에서 '예측'으로 전환된 셈이다. 이후 인터넷의 발전과 음성데이터의 축적, 결정적으로 딥러닝 알고리즘의 발견은 음성 인식 기술에 날개를 달아주었다. 발전한 딥러닝은 사용자의 음성 인식 결과가 불명확하더라도, 가장 가까운 단어 또는 음절로 예측하여 바꿔주기 시작했다. 예를 들어 "가지"를 "가즈"라고 발음하더라도, "가즈 먹을래요"라는 맥락을 분석하여 "가지 먹을래요"로 바꿔줄 수 있게 된 것이다.

음성 인식 기술의 발전으로 많은 변화가 예상된다. 지금까지 우리는 키보드와 마우스 같은 입력장치로 컴퓨터에 명령을 내렸다. 하지만 가까운 미래에 우리는 영화에서 보던 것처럼, 기계와 언어로 소통하게 될 것이다. 물론 여기에는 음성 인식 기술뿐만 아니라 자연어처리, TTS 등 다양한 기술들이 복잡하게 적용될 것이지만, 우리가 공상과학과 같은 현실들을 마주할 날이 점점 가까워지고 있음은 분명하다.

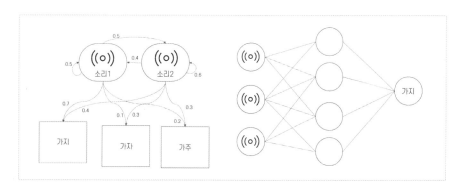

그림 2-6-1 HMM과 딥러닝에 의한 음성 인식

1.2 성취기준 및 인공지능 내용요소

● [6도 03-04] 세계화 시대에 인류가 겪고 있는 문제와 그 원인을 토론을 통해 알아보고, 이를 해결하고자 하는 의지와 태도를 지닌다.

- [6실 04-10] 자료를 입력하고 필요한 처리를 수행한 후 결과를 출력하는 단순한 프로그램을 설계한다.

- [6국 05-05] 작품에 대한 이해와 감상을 바탕으로 다른 사람과 적극적으로 소통한다.

- [인공지능의 이해:초등학교 5-6학년:인공지능의 다양한 활용] 우리 주변의 사물에 인공지능 기술을 적용할 수 있다.

- [인공지능의 사회적 영향:초등학교 5-6학년:인공지능과 함께하는 삶] 인공지능을 효율적으로 활용하기 위해 어떤 역할과 권한을 부여할지 제시할 수 있다.

AI 프로그래밍 살펴보기

2.1 AI 블록 불러오기

인공지능 블록 불러오기: 오디오 감지, 음성 인식

인공지능 블록을 불러오는 과정은 앞선 2-2장을 참고하자. 이번 장에서는 [음성 인식] 기능을 사용할 것이다. [음성 인식] 기능은 마이크를 통해 입력되는 소리를 감지하고 감지한 목소리를 문자로 바꾸도록 지원한다. [음성 인식] 블록은 Chrome 브라우저에서 안정적으로 동작하며, 음성 기반의 활동이기에 마이크 사용이 필수적이다. 노트북이나 크롬북의 경우 마이크가 내장되어 있으나, PC라면 헤드셋 등과 같은 별도 마이크를 준비해 주어야 한다.

[음성 인식] 기능을 선택하고 화면 우측 상단의 [불러오기] 버튼을 클릭하면 <그림 2-6-2> 오른쪽처럼 [오디오 감지] 2개, [음성 인식] 4개의 블록이 생성된 것을 확인할 수 있다.

그림 2-6-2 오디오 감지 및 음성 인식 블록 불러오기

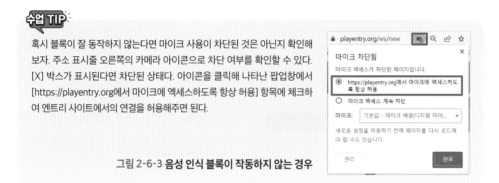

그림 2-6-3 음성 인식 블록이 작동하지 않는 경우

오디오 감지 및 음성 인식 블록 살펴보기

[음성 인식] 블록을 불러오면 오디오 감지와 음성 인식 탭으로 나뉘어 블록이 생성된다. 각 블록이 어떤 기능을 하는지 차례대로 알아보자.

- **마이크가 연결되었는가?** : 기기에 마이크가 연결되어 있는지 참과 거짓으로 판단한다. 만일 ~ (이)라면 블록에 넣어 활용한다.

- **마이크 소리 크기** : 음성을 인식할 때 입력된 소리의 크기 값을 가져온다.

- **한국어 음성 인식하기** , **초 동안 한국어 음성 인식하기** : 한국어, 영어, 일본어 중 선택한 언어로 음성을 인식한다. 실행 화면에 녹색 마이크 표시가 나타난다(오른쪽 참조). 첫 번째 블록은 시간 제한이 없으나 녹색 마이크가 나타난 지 2초 이상 음성 인식이 되지 않으면 인식이 종료되며 두 번째 블록은 입력한 시간이 지나면 인식이 종료된다. 듣고 있어요

- **인식한 음성 보이기** : 실행 화면에 음성 인식 창을 보이게 하거나 숨길 수 있다. 음성 인식 창에서는 음성 인식을 선택한 언어와 음성을 문자로 바꾼 값을 확인할 수 있다. 음성 인식:한국어 노벨 엔지니어링

- **음성을 문자로 바꾼 값** : 인식한 목소리를 문자로 바꿔준다. 목소리가 들리지 않거나 음성 인식 중에 오류가 발생한 경우에는 null의 값을 갖는다. (을(를) 초 동안 말하기 등에 넣어서 활용할 수 있다.)

2.2 AI 음성 인식 모듈 체험하기

가장 기본적으로 음성 인식 기능을 체험할 수 있는 모듈을 소개한다. 인공지능이 음성을 잘 인식하는지 다양한 단어와 문장을 말해 보자. 목소리가 너무 작거나 발음이 부정확한 경우 인식을 하지 못해 빈 말풍선이 보일 수 있으니 유의해야 한다.

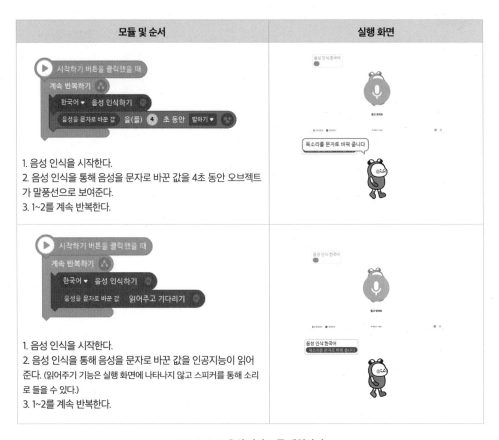

모듈 및 순서	실행 화면
1. 음성 인식을 시작한다. 2. 음성 인식을 통해 음성을 문자로 바꾼 값을 4초 동안 오브젝트가 말풍선으로 보여준다. 3. 1~2를 계속 반복한다.	
1. 음성 인식을 시작한다. 2. 음성 인식을 통해 음성을 문자로 바꾼 값을 인공지능이 읽어준다. (읽어주기 기능은 실행 화면에 나타나지 않고 스피커를 통해 소리로 들을 수 있다.) 3. 1~2를 계속 반복한다.	

표 2-6-1 AI 음성 인식 모듈 체험하기

소음 탐지 프로그램 만들기

음성 인식 기능을 확인해 보았다면 소음 탐지 프로그램을 만들어보자. 마이크 소리 크기 블록을 활용하여 소리 값이 특정 수보다 커지면 소곤소곤 말해줄 것을 안내하는 로봇을 설계할 것이다.

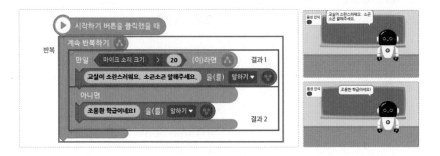

그림 2-6-4 [마이크 소리 크기] 블록을 이용한 소음 탐지 프로그램 예시

'마이크 소리 크기가 20보다 클 때'를 기준으로 결과를 나누어 프로그래밍했다. AI는 소리가 20보다 큰 경우에는 "교실이 소란스러워요. 소곤소곤 말해주세요."라고 말하고 그렇지 않은 경우에는 "조용한 학급이네요!"라는 반응을 보인다. 물론 기준이 되는 숫자나 오브젝트의 대사는 학생들마다 다르게 지정할 수 있다. 이때 전체 코드를 [계속 반복하기] 블록으로 감싸, 한 번만 탐지하고 프로그램이 끝나지 않도록 유의해야 한다.

수업 TIP

소리의 수치가 궁금하다면, 내 목소리 크기 값을 확인해 보아도 좋다. 오른쪽 그림과 같이 프로그래밍하면 된다.

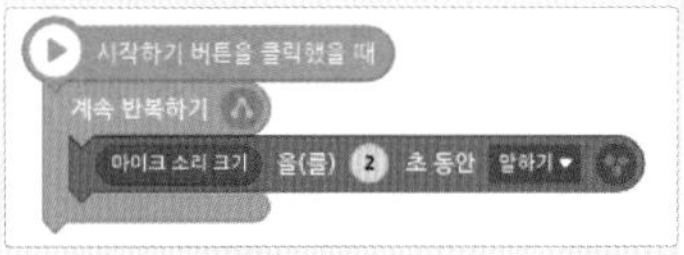

인공지능이 내 목소리 크기를 인지한다는 사실에 학생들은 매우 즐거워한다. 흥분한 학생들이 소리를 질러 교실이 소란스러워질 수 있으니 일정 크기 이상의 소리를 내지 않도록 유의시켜주자.

발음 연습 게임 해보기

이번에는 [음성을 문자로 바꾼 값] 블록을 이용하여 발음 연습 게임을 해보자. 학생이 제시한 문장을 따라서 읽어보고 음성 인식 기능을 활용하여 내가 어떻게 발음했는지 확인해 볼 수 있다.

그림 2-6-5 [음성을 문자로 바꾼 값] 블록을 이용한 발음 연습 게임 프로그램 예시

학생은 [을(를) 말하기] 블록을 이용하여 문장을 제시한다. [을(를) 초 동안 말하기]와 달리 특정 시간이 정해진 것이 아니므로, 프로그램을 실행하는 동안 계속해서 문장이 뜰 것이다. 이외

활용할 수 있는 연습문장으로는 '경찰청 쇠창살 외철창살, 검찰청 쇠창살 쌍철창살', '간장공장 공장장은 강 공장장이고 된장공장 공장장은 공 공장장이다.' '내가 그린 기린 그림은 긴 기린 그림이고 니가 그린 기린 그림은 안 긴 기린 그림이다.' 등이 있다.

로봇은 블록을 이용하여 음성을 문자로 바꾼 값을 화면에 보여준다. 블록을 통해 본인이 발음한 내용을 반복적으로 확인할 수 있다. 학생들은 발음 연습 게임을 하며 음성 인식이 잘 이루어지기 위해서는 큰 소리로 또박또박 말해주어야 함을 느낄 것 이다.

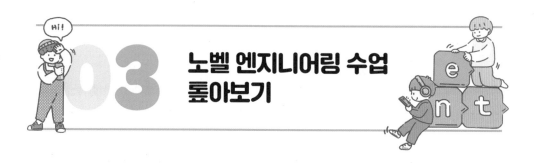

03 노벨 엔지니어링 수업 톺아보기

이 음성 인식 기능을 활용하여 디지털 기기 사용이 익숙하지 않은 할머니를 위한 키오스크를 설계할 수 있다. 디지털 소외 계층의 어려움을 이해하여 누구나 사용 가능한 제품을 만드는 유니버설 디자인의 과정을 체험할 수 있도록, 고객여정지도 그리기와 키오스크 개발 시연회 활동을 준비했다. 노벨 엔지니어링과 AI 프로그래밍을 연계하여 모두를 위한 사회적 관점을 담은 AI-STEAM 수업을 실천해 보자.

차시	STEAM 준거틀	노벨 엔지니어링 수업 단계	활동
1차시	상황 관련 문제 정의	①책 읽기 ②문제 인식	- 《할머니와 디지털 훈민정음》 그림책 읽기 - 키오스크 고객여정지도 그리기
2~4차시	융합적 설계 및 문제 해결	③해결책 설계 ④창작물 만들기	- 키오스크 화면 꾸미기 - 음성 인식 키오스크 프로그래밍하기
5~6차시	자기주도 및 성찰	⑤이야기 바꾸어 쓰기	- 키오스크 개발 시연회 열기 - '할머니와 디지털 훈민정음' 이야기 바꾸어 쓰기

3.1 책 읽기 노벨 엔지니어링 ①

도서 소개 할머니와 디지털 훈민정음

세미가 글 | 규리안 그림/만화 | 좋은땅 | 2022

주인공의 할머니는 바닷속에서는 빗창과 까꾸리로 무장한 사냥꾼 해녀지만, 뾰족뾰족한 성게로 변한 바코드와 넓은 그물로 변한 QR 코드의 공격을 당해낼 수 없다. 키오스크의 카드 투입구는 날카로운 이빨을 가진 큰 상어가 되어 할머니를 공격하고, 겁을 먹은 할머니는 키가 자꾸 줄어든다. 70대 할머니가 디지털 기기를 대면하면서 느끼는 어려움을, 8살 손자의 시선을 빌려 실체가 있는 대상에게 공격당하는 것으로 풀어내는 점이 재미있다.

평소 우리에게 익숙하고 편리했던 디지털 기기가 누군가에게는 사용하기 어렵고 불편하다는 사실을 느낄 수 있는 공감의 씨앗이 될 수 있는 도서이다.

3.2 문제 인식 노벨 엔지니어링 ②

키오스크 고객여정지도 그리기

고객여정지도는 고객이 제품이나 서비스를 경험할 때 느끼는 감정을 단계별로 살펴보며 고객의 입장에서 개선사항을 발견할 수 있는 디자인 사고 방법이다. 할머니의 관점에서 키오스크를 이용할 때 느끼는 감정을 사용 전, 중, 후 단계별로 정리하며 개선해야 할 문제를 찾아갈 수 있다.

실제 제품을 사용하는 사람의 입장이 되어 키오스크에 대한 감정을 표현할 수 있도록 안내한다. 키오스크 사용 전, 중, 후에 따라 변화하는 감정을 살피면서 사용자의 입장에서 문제를 인식할 수 있을 것이다.

학생이 그린 고객여정지도를 보면 키오스크를 사용할 때 할머니가 느낄 당혹스러운 상황이 잘 나타나 있다. 학생들이 공통적으로 발견한 문제는 뒤에서 다른 손님이 재촉하여 마음은 급해지는데, 영어가 많고 글씨가 작아 주문이 더욱 어렵다는 것이다. 이에 꼭 필요한 개선사항으로 글씨 확대, 한국어 사용, 선택의 개수를 단순화하기 등의 아이디어를 떠올렸으며, 2-5장에서 학습했던 [읽어주기] 기능으로 음성 안내하는 기능을 추가할 것을 제안하기도 했다.

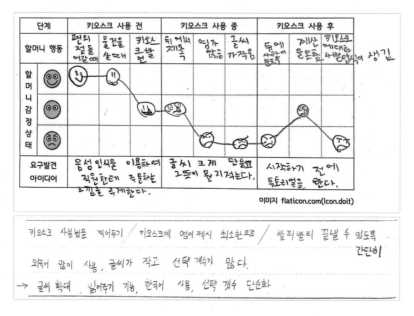

그림 2-6-6 [키오스크 고객여정지도 그리기] 학생 활동 예시

3.3 해결책 설계 노벨 엔지니어링 ③

키오스크 화면 꾸미기

이제 내가 만들 키오스크에 어울리는 배경과 오브젝트를 골라보자. 그동안 사용자의 입장에서 키오스크의 화면을 접했다면, 이번에는 설계자의 입장에서 사용자를 고려하여 키오스크의 화면을 구성해 보는 것이다. 학생들은 글상자를 이용하여 메뉴를 큰 글씨로 나타냈는데, 이는 유니버설 디자인의 단순하고 간결하게 정보를 전달하는 조건을 반영한 것이다. 사용자

그림 2-6-7 배경 및 오브젝트 디자인 예시

의 특징을 고려하여 화면을 설계하는 과정은 디자인 소외 계층에 대한 배려를 기반으로 모두를 위한 기술의 중요성을 체감할 수 있다.

3.4 창작물 만들기 노벨 엔지니어링 ④

키오스크 사용법 안내하기

키오스크를 사용하기 전에, 미리 사용법을 안내해 주면 더욱 좋을 것이다. [계속 반복하기] 블록을 활용하여 가게의 인사말을 전하거나 키오스크 사용법을 안내해 보자. 앞 장에서 사용한 [읽어주기] 블록(다음 코드의 보라색 블록)을 사용하여 AI 보이스가 동시에 나오도록 한다면, 좀더 실감나는 키오스크를 만들 수 있다.

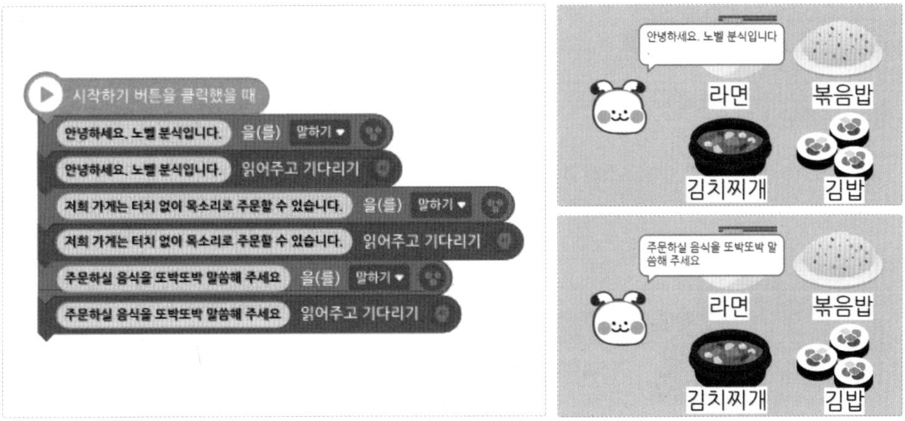

그림 2-6-8 키오스크 사용법 안내 오브젝트 스토리 예시

학생이 각자 자유롭게 운영하는 가게와 키오스크 이용 방법에 대한 설명을 넣을 수 있도록 하자. 기존 키오스크에서 개선한 부분을 소개한다면 소외 계층을 배려한 관점이 시작부터 잘 드러날 수 있을 것이다. [읽어주기] 블록을 응용한 학생들은 실제 키오스크에서 기계음으로 안내받았던 경험을 떠올렸고, 자신이 정말 키오스크를 조작하는 기분이라며 즐겁게 프로그래밍에 참여했다.

선택 구조 이해하기

우리는 고객이 주문한 메뉴에 따라 다른 반응을 나타나게 할 수 있다. 고객이 라면을 주문했을 때 다른 메뉴와 다른 특정한 결과를 나타내기 위해, [만일 참 (이)라면] 블록을 사용하여 선택 구조를 만들어 줄 것이다. 여기에 [=]과 [음성을 문자로 바꾼 값] 블록을 결합하여 선택의 조건을 만들어 준다. 음성 인식 결과 '음성을 문자로 바꾼 값이 메뉴의 이름과 일치한다면', [참]으로

그림 2-6-9 선택 구조 프로그래밍

그림 2-6-10 선택 구조와 반복 구조의 결합 예시

선택 구조 1

주문 실패 알림

그림 2-6-11 완성된 키오스크 메뉴 선택 프로그램 예시

분류되어 선택 구조 안에 있는 동작을 실행하게 된다. 학생들에게 <그림 2-6-9>의 구조를 제시하여 조건과 동작만을 구성하게 하면, 모두가 부담 없이 프로그래밍에 참여할 수 있다.

메뉴가 여러 가지이므로, 메뉴마다 이러한 선택 구조가 하나씩 필요하다. 어렵게 생각 말고, 하나의 메뉴에 대한 선택 구조를 복사-붙여넣기함으로써 메뉴 수만큼 선택 구조를 만들 수 있다. 안의 조건과 동작만 바뀌 주면 된다. 학생들에게도 이처럼 하나의 선택 구조를 완성한 후 반복하여 덧붙이도록 지도한다면 쉬운 프로그래밍이 가능하다. 어느새 길어진 코드를 보며 뿌듯함을 느끼는 학생들의 표정을 보는 것도 재미있다.

반복 구조 이해하기

[음성 인식] 사용 시 주의할 점은, 주변 소음이나 학생의 발음에 따라 음성 인식이 잘 이루어지지 않을 수 있다는 것이다. 음성 인식 결과가 문자와 정확히 일치하지 않으면 알고리즘이 더 이상 진행되지 않기에, 프로그램이 바로 종료되고 만다. 반복 구조를 활용하여 음성을 문자로 바꾼 값이 메뉴의 이름과 일치할 때까지 인식을 되풀이하도록 해보자.

방법은 간단하다. <그림 2-6-10>과 같이 앞에서 작성한 선택 구조 블록 전체를, 요소 의 블록 안에 넣어 주면 된다. 여기까지는 다른 반복 구조와 동일하지만, [음성 인식] 코드는 '음성을 문자로 바꾼 값'이 메뉴 이름과 일치하여 동작을 실행했더라도 반복이 계속된다. 이를 방지하려면 반복 중단하기 블록을 추가해 반복을 멈추고 다음 단계로 넘어가게 하는 것이 좋다.

이제 다른 메뉴에 대해서도 동일한 코드를 적용하여 프로그램을 완성하여 보자. 다시 한번 강조하는 점은 코드가 길어졌다고 겁을 먹을 필요가 없다는 것이다. <그림 2-6-11>의 완성 코드를 잘 살펴보면, 선택한 메뉴에 따른 반응을 실행할 수 있도록 하나의 메뉴에 대한 구조를 복사하여 붙여넣기 했음을 확인할 수 있을 것이다.

이 프로그램은 세 개의 메뉴 중 어느 하나의 메뉴라도 음성을 문자로 바꾼 값이 일치하지 않는다면, 반복 구조에 따라 다시 처음으로 돌아가 음성 인식을 시작하게 된다. 이 경우 사용자에게 다시 음성을 입력해 줄 것을 요청해야 하므로, 마지막 선택 구조 아래에 주문이 실패했음을 알리는 안내 문구도 추가해 보자.

프로그래밍하기

전체 구조를 이해한 학생들은 다양한 기능을 추가하여 자신만의 키오스크를 만들어 나간다. 다만 학생들이 창의력을 발휘하는 과정에서 '모두를 위한 디자인'의 관점에서 벗어날 수 있다. 예를 들어 한 학생은 주문한 음식을 만들기 귀찮을 것 같다는 이유로 하나의 메뉴를 빼고는 "품절입니다." 안내를 넣어 특정 음식을 선택할 때까지 주문을 반복하게 했다. 이는 가게 주인의 입장만 생각한 모습으로 키오스크 사용자는 오히려 불편함을 느낄 것이다. 키오스크를 만들게 된 계기를 상기하며 사용자에게 도움을 주는 관점으로 키오스크를 만들도록 강조할 필요가 있다.

학생들의 키오스크 작품을 몇 개 살펴보자면, 한 학생은 [장면] 기능을 활용하여 주문이 완료된 후 가격을 안내하는 기능까지 확장했다. 화면을 단순화하여 꼭 눌러야 하는 버튼([시작하다], [주문하기] 등)만 밝은 색으로 강조한 것에서도 사용자를 위한 세심한 배려가 돋보인다.

코드	실행 화면

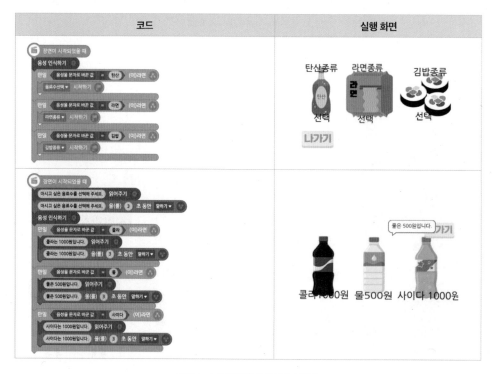

그림 2-6-12 **학생 제작 키오스크 1**

한편 다양한 메뉴를 제공하고 싶은 학생은 비슷한 종류끼리 범주화했다. 또한 메뉴 값을 알려주는 기능도 추가했다. 이 또한 큰 그림과 글씨를 이용하여 사용자가 직관적으로 이해할 수 있다는 점에서 유니버설 디자인을 잘 녹여낸 것으로 보인다.

그림 2-6-13 **학생 제작 키오스크 2**

인공지능이 음성을 잘 인식하지 못하여 자꾸 주문에 실패하던 어느 학생은 처음에는 짜증을 내며 포기하려고도 했다. 하지만 그동안 디지털 소외 계층이 얼마나 큰 불편함을 느꼈을지 다시 한번 생각해 보는 계기가 되었다면서, 음성을 문자로 바꾼 값을 보여주며 어느 부분에서 오류가 나는지 확인할 수 있는 기능을 추가했다. 사용자의 입장에서 체험해 보고 어느 부분이 불편할지 끊임없이 고민하며 수정하는 과정에서 모두를 위한 디자인에 몰입했음을 알 수 있다.

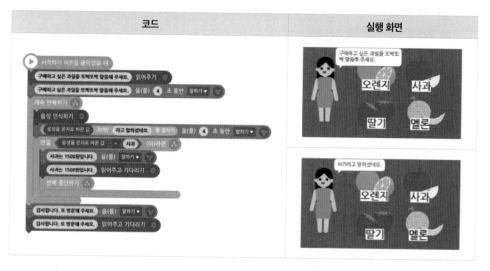

그림 2-6-14 학생 제작 키오스크 3

기능 추가하기

음성 인식 기능과 선택 구조를 이용하여 음성 인식 키오스크를 설계했다면, 주문이 완료되었을 때 나타나는 오브젝트의 모양을 바꿔보자. 주문이 성공했을 때와 실패했을 때 그림 모양이 서로 다르다면, 사용자가 시각적으로 이해하기 더욱 쉬워질 것이다.

• 오브젝트 모양 변경하기

오브젝트는 하나의 형태처럼 보이지만 사실은 여러 모양을 가진 그룹의 성격을 띤다. 내가 선택한 오브젝트의 다른 모양을 보고 싶다면 블록 상단에 있는 모양 탭을 클릭해 보자. 같은 엔트리봇의 걷는 모습도 여러 가지가 있음을 알 수 있다.

생김새 의 다음▼ 모양으로 바꾸기 , 엔트리봇_걷기1▼ 모양으로 바꾸기 블록을 활용하면 모양 변경이 가능하다. 이때 다음▼ 모양으로 바꾸기 블록은 그룹에 나열된 순서에서 현재 모양의 다음 순서에 있는 모양으로 오브젝트를 바꾸고, 엔트리봇_걷기1▼ 모양으로 바꾸기 블록은 그룹에 속해 있는 모양 중 하나를 선택하여 바꿀 수 있다.

엔트리봇 오브젝트의 경우 연결 동작으로 이루어진 경우가 많은데,  이동 방향으로 **10** 만큼 움직이기 와 다음 ▾ 모양으로 바꾸기 가 차례로 반복되면 걷는 것처럼 보이는 효과를 줄 수 있다. 연속적으로 모양을 바꾸고 싶을 땐 시간차를 두기 위해 모양 블록 사이에 ● 초 기다리기 블록을 넣어준다. 기다리는 시간을 짧게 설정할수록 모양이 빨리 바뀌며 뛰는 것처럼 느껴진다.

그림 2-6-15 [모양 바꾸기]를 이용한 엔트리봇 애니메이션 만들기

한편 선택한 오브젝트에 모양이 두 개 이상 있어야 이런 변경이 가능하다. 내가 선택한 오브젝트에 모양이 하나밖에 없다면 [모양 추가하기] 창에서 그룹을 만들어보자.

그림 2-6-16 오브젝트 모양 추가하기

[모양 추가하기]에서는 [오브젝트 추가하기]와 마찬가지로 다양한 오브젝트 모양을 볼 수 있다. 제시 도서의 '할머니'를 떠올리며 할머니를 검색해 보았다. 여러 자세를 취하고 있는 할머니가 '_5'까지 보인다. 시험삼아 첫 번째와 두 번째를 선택해 추가해 보자. 생김새 블록들에 그룹이 추가될 것이다.

그림 2-6-17 오브젝트 모양이 추가된 모습

- **키오스크에 주문 성공/실패 알림 기능 추가하기**

이제 [오브젝트 모양 변경]을 이용해 키오스크에 주문 성공/실패 알림을 추가해 보자. 다음 예시를 보면, 음성 인식이 제대로 이루어져 라면을 주문에 성공했을 때는 엔트리봇 얼굴 오브젝트가 웃는 표정으로 바뀐다. 반면 음성 인식이 되지 않아 다시 주문을 해야 할 때는 엔트리봇 얼굴 오브젝트가 우는 표정으로 바뀐다. 덕택에 글을 읽지 못하더라도 시각적으로 주문 완료 여부를 확인하기 좋다.

그림 2-6-18 키오스크 주문 성공/실패 알림 기능 추가 예시

앞에서 만든 알고리즘에 엔트리봇 표정_웃는 ▼ 모양으로 바꾸기 블록 하나만 추가하면 실현되는 간단한 기능이다. 하지만 안내하는 엔트리봇의 표정이 바뀌면서 보다 풍부하고 재미있는 키오스크 화면이 구성되며, 한글을 읽지 못하는 사람까지 추가로 배려할 수 있다.

학생들은 키오스크를 어려워하는 주인공을 위해 사용자 중심의 관점에서 AI를 활용한 프로그래밍을 해봄으로써 모두를 위한 유니버설 디자인을 체험해 보았다. 이전에는 엔트리의 오디오 감지 블록을 단순 체험해 보는 것에 그쳤다면 노벨 엔지니어링을 통해 [음성 인식] 블록을 활용해야 하는 맥락을 불어넣어보자. 인공지능 기술은 더 이상 먼 곳의 이야기가 아니라 학생들의 생활을 바꾸어 주는 멋진 기술로 자리매김할 것이다.

3.5 이야기 바꾸어 쓰기 노벨 엔지니어링 ⑤

키오스크 개발 시연회 열기

내가 만든 키오스크를 다른 친구에게 설명하고 시연해 보는 시간을 가져보자. 자신이 처음부터

그림 2-6-19 [키오스크 개발 시연회] 학생 활동 모습

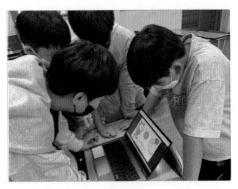

끝까지 만든 프로그램인 만큼, 자신 있게 기능을 설명하는 모습을 볼 수 있다. 설명하면서 스스로 개선할 점을 발견하기도 하고, 서로 피드백을 주고받기도 한다. 이 과정에서 학생들은 프로그램 제작자로서의 책임감을 느끼며 사회적 영향력을 고려한 기술 개발의 중요성을 함께 생각해볼 수 있을 것이다.

수업 TIP

작품 나눔 활동에 개발 시연회라는 명칭을 붙임으로 인해 학생들은 작품 발표에 흥미와 책임감을 갖는다. 이 활동은 동료 평가로 연계할 수 있다.

이제 해녀 할머니가 자신이 만든 키오스크를 사용하고 있는 모습을 상상해 보도록 하자. 디지털 기술 앞에 작아졌던 해녀 할머니가 내가 설치한 키오스크를 사용하면서 어떤 변화가 생겼을지 생각해 보며 뒷이야기를 바꾸어 쓰는 것이다. 학생들의 이야기를 보면 영어를 한국어로 표현하고 어려운 메뉴는 설명을 덧붙이는 등, 할머니를 위해 고민하여 적용한 개선점이 잘 드러나 있다. 이렇게 새로 개선된 키오스크를 사용하며 할머니가 느꼈을 상세한 감정 묘사가 돋보인다.

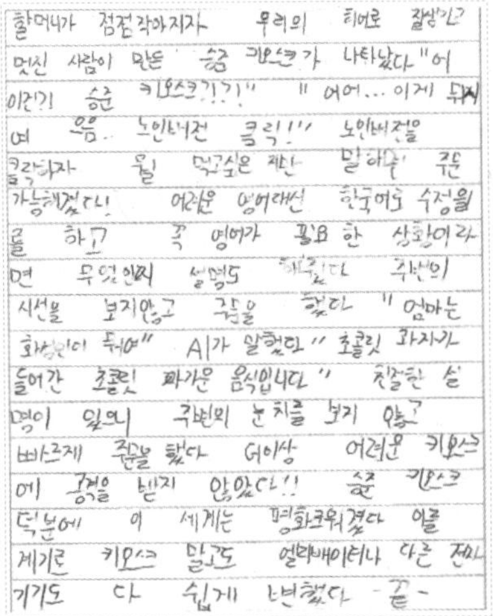

할머니가 점점 작아지자 우리의 히어로 잘생기고
멋진 사람이 만든 슈퍼 키오스크가 나타났다 "어
이건?! 슈퍼 키오스크?!?" "어어... 이게 뭐지
며 음.. 노인버전 클릭!" 노인버전을
클릭하자 "뭘 먹고싶은 지 말하세요" 주문
가능해졌다! 어려운 영어대신 한국어로 수정을
을 하고 꼭 영어가 필요한 상황이라
면 무엇인지 설명도 해줬다 주변의
시선을 보지않고 주문을 했다 "엄마는
화장실이 급해" AI가 말했다 "초콜릿 과자가
들어간 초콜릿 파가운 음식입니다" 친절한 설
명이 있으니 주변의 눈치를 보지 않고
빠르게 주문을 했다 더이상 어려운 키오스크
에 공격을 받지 않았다!! 슈퍼 키오스크
덕분에 이 세계는 평화로워졌다 이를
계기로 키오스크 말고도 엘리베이터나 다른 전자
기기도 다 쉽게 변했다 -끝-

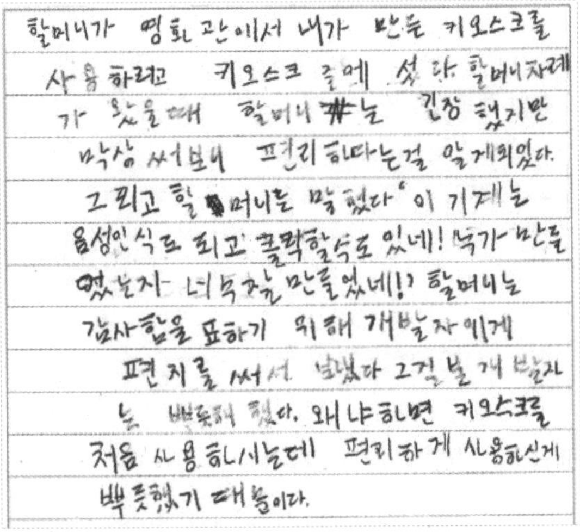

할머니가 영화관에서 내가 만든 키오스크를
사용하려고 키오스크 줄에 섰다. 할머니차례
가 왔을때 할머니는 긴장했지만
막상 써보니 편리하다는걸 알게되었다.
그리고 할머니는 말했다 "이 기계는
음성인식도 되고 클릭할수도 있네! 누가 만들
었는지 너무 잘 만들었네!" 할머니는
감사함을 표하기 위해 개발자에게
편지를 써서 보냈다 그걸 본 개발자
는 뿌듯해 했다. 왜냐하면 키오스크를
처음 사용하시는데 편리하게 사용하신게
뿌듯했기 때문이다.

그림 2-6-20 [이야기 바꾸어 쓰기] 학생 산출물 예시

특히 인상깊었던 점은 이 키오스크 설계를 시작으로 다른 제품도 모두를 위해 디자인되는 방향으로 변했다는 서술이다. 노벨 엔지니어링을 통해 '디지털 격차 현상'을 나와 우리 사회의 문제로 느끼고, 앞으로 개발될 기술의 사회적 영향력까지도 고민했음을 엿볼 수 있다.

지금까지 유니버설 디자인을 적용한 노벨 엔지니어링을 통해 모든 사람이 혜택을 누릴 수 있도록 인공지능 프로그램의 설계 과정에 다양한 기능과 개선점을 반영해 보았다. 이렇게 책 속 상황에 학생들을 인도하기만 해도, 학생들은 AI 기술 사용의 포용적 가치관을 갖고 올바른 사회로 나아갈 수 있을 것이다.

04 수업에 날개 달기

음성 인식 기술을 활용하여 다양한 문제를 해결해 볼 수 있도록 수업을 확장할 수 있는 예시를 준비했다. 학생들은 같은 구조를 바탕으로 다양한 문제 상황을 해결해 보며 인공지능 기술의 유용성을 인식해볼 수 있다. 인공지능 수업을 준비하는 교사들에게는 수업 아이디어의 씨앗이 되길 바란다.

4.1 장애 이해 교육 - 듣지 못하는 친구를 위한 음성 인식 보드 설계하기

《보청기 낀 소년 티보(실비 드조르 글|말리크 드조르 그림|전광철 옮김|한올림스페셜|2016)》의 주인공 티보는 보청기를 끼고 생활해야 하는 소년이다. 티보는 책을 아주 잘 읽고 문법 시험에서도 95점이나 받지만, 받아쓰기를 매우 어렵게 느낀다. 하지만 수업보다 더 어려운 것은 바로 선생님의 답답한 눈초리와 친구들의 오해와 편견을 이겨내는 것이다. 티보가 대화 내용을 눈으로 읽을 수 있다면 수업 내용을 이해하고 친구들과 의사소통하는 데에 도움이 될 것이다.

다음 예시 코드를 살펴보면 앞선 'AI 음성 인식 모듈 체험하기'에서 학습했던 모듈로, 음성을 인식하여 실행 화면에 보이게 하는 굉장히 단순한 구조이다. 음성 인식을 체험할 수 있는 가장 기본적인 모듈이지만, 독서를 통해 듣지 못하는 친구를 위한 상황을 설정함으로써, 배려를 기반으로 한 인공지능 기술 체험과 활용이 가능하다.

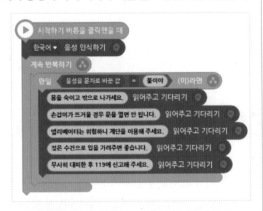

그림 2-6-21 티보를 위한 음성 인식 보드 프로그램 예시

오브젝트와 [말하기] 블록을 추가하여 티보와 대화를 나누는 듯한 애니메이션 기능을 만들면 더욱 몰입감 있는 산출물 제작이 가능하다.

4.2 화재 예방 교육 -화재 대피 수칙 안내 방송 프로그램 만들기

초등학교 국어 6학년 2학기 교과서에 나오는 "마지막 숨바꼭질" 이야기 속 아버지는 어릴 적 동생과 숨바꼭질을 하다가 화재 사고로 인해 동생을 잃었다. 불이 나자 무서웠던 동생이 대피하지 않고 오히려 깊숙한 곳에 꼭꼭 숨었던 것이다. 이 상황에서 동생이 화재 대피 수칙을 알고 있었다면 생존할 수 있었으리란 아쉬움이 남는다.

이러한 문제점에서 출발하여 음성 인식 기술을 활용하여 "불이야!"라는 외침을 들으면 화재 대피 수칙을 알려주어 사람들의 대피를 돕는 프로그램을 만들어 볼 수 있다. 불이 났을 때 "불이야" 음성 인식을 듣고 대피 수칙이 음성으로 나오는 상황을 상상해 본다면, 우리가 만든 프로그램은 간단하지만 화재 현장에서는 큰 도움이 될 것이라는 것을 느낄 수 있다.

그림 2-6-22 화재 대피 수칙 안내 방송 프로그램 예시

소방 안전 교육과 연계한다면 화재 대피 수칙을 간접적으로 체험할 수 있는 프로젝트가 될 것이다.

4.3 피지컬 컴퓨팅 확장 -[마이크로비트]로 키오스크 터치 기능 개선하기

키오스크 이용 시 화면을 터치했을 때 기기의 반응이 느려 눌리지 않은 것으로 오해하여 계속해서 터치했던 경험이 있을 것이다. 키오스크 사용에 익숙한 우리는 답답함에 그칠 뿐이지만, 기기 사용에 익숙하지 않은 노인들에게는 매우 당황스러운 일이다. 이러한 문제 인식을 바탕으로 음성 인식 키오스크에서 더 나아가, 아날로그 버튼을 추가하여 보자.

사용할 피지컬 컴퓨팅 교구는 마이크로비트 v2로, 영국 BBC에서 출시한 프로그래밍 교육 도구다. 가속도 센서, 온도 센서, 자기 센서 등을 포함하고 있으며, 버튼 및 LED 등의 직관적인 구조로 이루어져 있다. 메이크 코드, 스크래치, 엔트리 등 다양한 프로그램과 호환되지만, 앞서 진행한 프로젝트와 연계성을 위해 엔트리로 연결할 것을 추천한다. 그러기 위해서는 마이크로비트 v2를 구비하는 편이 연동성 면에서 적합하다.

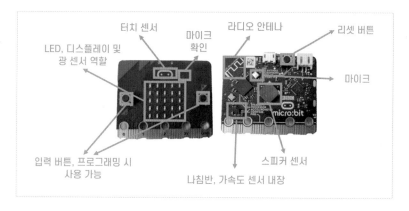

그림 2-6-23 **마이크로비트 v2 구조**

우리는 마이크로비트의 입력 버튼을 이용할 것이다. 누르면 '딸깍' 소리가 나며 현실 세계의 아날로그 신호를 디지털 세계의 신호로 변환하여 준다. 다음 예시 코드를 살펴보면 음성 인식을 바탕으로 엔트리봇이 "맞으면 A버튼을 눌러주세요. 틀리면 B버튼을 눌러주세요."와 같이 주문 확인을 요청하고 있다. A버튼이 눌렸다면 엔트리봇은 실행 화면에서 주문 완료를 말하고 인공지능은 '음성을 문자로 바꾼 값'과 '를 주문합니다.'를 합쳐서 읽어준다. 반대로 B버튼이 눌리면 엔트리봇은 실행 화면에서 주문 취소를 말하고 인공지능은 '주문이 취소되었습니다.'를 읽어주며 음성 인식 주문 단계로 돌아가도록 프로그래밍했다.

그림 2-6-24 **아날로그 버튼이 있는 키오스크 프로그램 예시** (A버튼을 눌렀을 경우)

피지컬 컴퓨팅 교구와 엔트리 프로그램을 연결하기 위해서는 '엔트리 하드웨어'를 설치해야 한다. https://playentry.org/download/hardware에서 내려 받을 수 있으며, 연결된 후에도 '엔트리 하드웨어' 창을 종료시키지 않아야 연결이 유지된다.

4.4 AI 윤리 토론 - 디지털 시대에 필요한 가치

'노벨 엔지니어링 톺아보기'에서 활용했던 도서 《할머니와 디지털 훈민정음》에는 키오스크 외에도 디지털 격차로 인해 겪는 다양한 어려움이 소개되어 있다. 디지털 도어 록 때문에 딸 집에 방문하지 못하는 할머니, 외래어와 부호로 된 전자제품 사용 설명서 이해가 어려운 어르신, 기차역에서 줄을 서서 표를 사는 어르신, 에어컨 리모컨 배터리가 없는데 에어컨이 고장 난 것으로 오해한 어르신 등이다. 디지털 기기가 익숙한 MZ세대는 디지털 전환으로 인해 더 편리한 세상이 되었다고 느끼지만, 더 불편함을 느끼는 사람들도 많다.

주말에 기차역에 나가보면 이 차이를 극명하게 느낄 수 있다. MZ세대는 모바일 티켓 발권을 적극 활용하여 미리 좋은 자리를 선택하여 표를 구매했지만, 모바일 티켓 발권이 익숙지 않은 고령 세대가 창구에서 발권 가능한 표는 세 시간 후에 출발하는 기차뿐이다. 기술 발전의 편리함을 모두가 누리고 있는가? 분명히 아니다. 이처럼 디지털 정보화 속도에 따라 접할 수 있는 서비스의 격차가 커지는 현상을 '디지털 정보 격차'라고 한다. 디지털 정보 격차는 인식, 생각, 문화 등의 사회적 수준으로 확대되어 소외 현상을 불러오며, 일반적으로 고령층, 장애인, 저소득층, 농·어민이 디지털 정보 소외 계층으로 간주된다.

이러한 시대에 우리가 갖추어야 할 마음가짐은 무엇일까? 우리는 어떻게 기술을 받아들이고 어떤 가치를 담아 사용해야 할까? 태어날 때부터 스마트 기기와 가까이 자란 학생들은 디지털 소외 계층이 느끼는 어려움을 신기하게 여기고, "우리가 공부하는 것처럼 디지털 기기 사용 방법을 공부시키자." 란 대답을 했다. 실제로 디지털 정보 격차를 줄이기 위해 소외 계층을 대상으로 교육을 실시하고 있으나, 이는 적극적이고 실제적인 대안책이 될 수 없다. 원활한 토론을 위해서는 나중에 노인이 되어 신기술을 마주한 모습을 상상할 수 있도록 제시하는 등, 공감이 먼저 이루어질 수 있도록 안내해 줄 필요가 있다. 학생들과 이야기를 나누며 디지털 기초 교육 필요성에 대한 공감을 바탕으로 모두가 편리하게 사용할 수 있는 방안을 함께 모색해 보자.

* 참고 영상 : '[사이언스 취재파일] 노인을 위한 기술은 없다?'

(출처 : YTN 사이언스 https://youtu.be/f2av6HokdS4)

PART

III

엔트리 AI 모델 활용
노벨 엔지니어링 프로젝트

Novel
Engineering

해님 달님 오누이를 위한
AI 초인종 만들기

전래동화는 그 자체로도 교육적 효과가 충분하다. 오랜 역사를 통해 소비되어 온 전래동화는 인간의 보편적인 감정을 담고 있으며,[1] 주 내용이 상상력을 자극하는 요소들로 이루어져 있다.[2] 특히 과학/기술/공학 요소를 어렵게 느끼는 학생으로 하여금, 그 필요성을 쉽고 재미있게 인식시키는 매개가 될 수 있다. 학생들에게 쉽고 친숙하게 다가갈 수 있는 상황을 제시함으로써 과학 개념을 탐구할 기회를 부여하는 것이다.[3] 특히 전래동화의 내용과 과학/기술/공학 요소의 관련성이 높을 때 유의미한 교수학습이 가능하기에,[4] 인공지능 기술로 해결이 가능한 서사 구조를 선택하는 것이 중요하다.

이 장에서는 이미지 분류를 활용하여 사람 손과 호랑이 손을 구분하는 초인종을 설계하여 '해님 달님' 이야기 속 문제 상황을 해결해볼 것이다. 재미있고 흥미로운 이야기와 관련도 높은 인공지능 기술이 만났을 때, 학생들의 과학 기술적 창조력과 인문학적 상상력을 고취시킬 수 있다.

인공지능 돋보기

이 수업에서는 지도학습 원리와 엔트리 AI 블록을 활용하여 해님 달님 오누이를 돕기 위한 프로그램을 설계해볼 것이다. 단순히 블록을 코딩하는 수업이 아니라, 책 속 주인공을 돕기 위한 맥락을 가지고 참여할 수 있기에 학생 주도형 AI-STEAM 수업이 가능하다.

1.1 이미지 분류 알고리즘: CNN

그동안 이미지 분류 알고리즘이 사용되는 Computer Vision 분야는 인공지능이 인간을 대체할 수 없다는 공고한 믿음을 주고 있었다. 인공지능이 지속적으로 발전했음에도 이미지 인식에서는 번번이 인간에게 미치지 못했기 때문이다. 심지어 간단한 숫자 이미지의 경우에도 일주일 이상 학습해야 하는 등, 인공지능이 인간을 추월할 수 없다는 인식을 주기에 충분했다. 그러나 2012년 이미지 인식 경진대회 ILSVRC에서 딥러닝 방식을 사용하는 팀이 압도적인 성능

(74%→83.5%)으로 정확도를 향상시켰고, 2015년에는 인간을 추월하여 96.43%의 정확도를 나타내기 시작했다. 마침내 2020년에는 인식률이 99%에 도달하며 대회는 폐지되었다.

이러한 발전에는 CNN Convolution Neural Network 알고리즘의 개발이 중요한 역할을 했다. CNN의 핵심 아이디어는 우리가 그림을 아주 세밀하게 뜯어보지 않고 전체적으로, 일부분만 보아도 이미지를 판별할 수 있다는 점에서 출발한다. 기존 인공지능은 이미지의 방대한 데이터를 처리하기 위해 이미지에 들어 있는 모든 픽셀(작은 점)을 데이터로 간주, 일일이 계산하며 자원을 낭비한 반면, CNN은 복잡한 계산 중 일부를 고의로 누락시키는 방식을 사용했다. 어떤 그림을 알아보기 위해 주변의 비슷한 곳의 점들을 하나로 합쳐서 계산량을 획기적으로 축소한 것이다.

그림 3-1-1 CNN 알고리즘의 원리

컴퓨터의 기하급수적인 발전 속도는 우리 사회 곳곳에 인공지능 기술을 퍼트리고 있지만, 용량이 큰 이미지나 영상을 분석하는 것은 여전히 어려운 분야다. 인공지능 학자들은 알고리즘을 바탕으로 해결을 꾀하고 있으며, 새로운 알고리즘이 발견된다면 더욱 강력한 성능을 기대할 수 있을 것이다.

1.2 성취기준 및 인공지능 내용요소

- [4국 05-03] 이야기의 흐름을 파악하여 이어질 내용을 상상하고 표현한다.
- [6실 04-07] 소프트웨어가 적용된 사례를 찾아보고 우리 생활에 미치는 영향을 이해한다.
- [6국 05-05] 작품에 대한 이해와 감상을 바탕으로 다른 사람과 적극적으로 소통한다.
- [인공지능 원리와 활용:초등학교 5-6학년:기계학습 원리 체험] 인공지능이 적용된 교육용 도구를 통해 기계가 학습하는 과정을 설명할 수 있다.

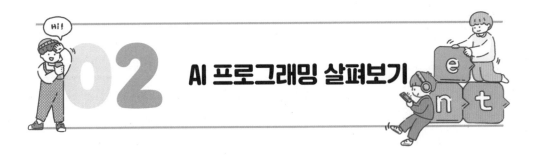

2.1 AI 모델 불러오기

인공지능 모델 학습하기: [분류: 이미지]

단순 블록이 아닌 더 고도화된 '인공지능 모델'을 활용할 것이지만, 도입 방법 자체는 이전과 크게 다르지 않다. 마찬가지로  을 통해 모델을 불러온다. [인공지능 블록 불러오기] 대신 아래쪽의 [인공지능 모델 학습하기]를 클릭해야 한다. 이 메뉴에서 여러 가지 인공지능 모델을 만들 수 있다. 로그인이 되어 있어야 활용 가능한 점에 유의하자. 당연히 인터넷 환경은 선행되어야 하며, 수업에 활용하기 전 엔트리 회원가입을 하도록 안내하는 것이 좋다.

[학습할 모델 선택하기] 창을 보면 총 9가지의 인공지능 모델이 보인다. 그중 [분류: 이미지] 모델을 사용할 것이다. 학생들 입장에서 직관적으로 인공지능의 지도학습의 원리를 이해할 수 있는 이미지 학습으로 시작하는 것을 추천한다. [분류: 이미지] 모델을 선택해 활성화한 뒤 오른쪽 상단의 [학습하기] 버튼을 클릭하자.

그림 3-1-2 [분류: 이미지] 인공지능 모델 불러오기

[이미지 모델 학습하기] 창이 열린다. 간단하게 인공지능에게 가위바위보를 학습시키면서 사용법을 익혀보자. 학습 결과를 바탕으로 프로그래밍 과정을 덧붙일 수도 있지만, 아직은 이미지

학습 체험 위주로 해볼 것이다. 물론 가위바위보 외에도 색종이를 활용하여 색깔을 학습시키거나, 컵, 공책, 가위 등의 학용품을 데이터로 활용할 수도 있다.

그림 3-1-3 [분류: 이미지] 모델 학습하기 창

<그림 3-1-3>에서 ①은 모델을, ③은 클래스를 각각 나타낸다. 모델과 클래스의 이름은 자유롭게 지정할 수 있다. 가위, 바위, 보로 클래스를 나누어 보자. 기본적으로 2개 클래스가 제공되는데, ②[+클래스 추가하기] 버튼을 눌러 추가할 수도 있다.

필요한 만큼 클래스 준비가 끝났다면, 클래스 타일 하단의 [클릭해서 데이터를 입력해 주세요.] 문구를 클릭하여 이미지 데이터를 학습시켜 보자. 학습할 이미지 데이터는 각 클래스마다 5개 이상씩 필요하다. 데이터는 모델 학습의 중요한

그림 3-1-4 이미지 데이터 입력하기

재료가 되기 때문에, 정확하고 분명한 데이터를 충분한 양으로 제공하도록 유의하자. [업로드] 모드에서 준비된 이미지 파일을 제공해도 좋고(도서 자료에 포함), [촬영] 모드로 학생들의 손 사

진을 직접 찍어 학습시켜도 좋다. 또 구글링 등을 통해 이미지 데이터를 모을 수도 있다. 이미지 파일만 학습할 경우 학생들의 손 모양을 인식하기 어려울 수 있으니 이미지 파일과 손 사진 촬영 데이터를 함께 사용할 것을 추천한다.

그림 3-1-5 가위, 바위, 보 이미지 분류 모델 학습 결과 확인하기

<그림 3-1-5>의 왼쪽처럼 데이터 입력이 끝났다면, 화면 중앙의 [모델 학습하기] 버튼을 눌러 인공지능에 데이터를 학습시킨다. 데이터 숫자가 많을수록 학습 시간이 오래 걸리며, 도중에 데이터를 추가하거나 삭제한다면 다시 한번 [모델 학습하기] 버튼을 눌러 학습시켜 주어야 한다는 것을 잊지 말자. 학습이 완료되면 화면 오른쪽에서 이미지 분류 결과를 확인할 수 있다. 제대로 학습이 되었다면 사람 손을 비추거나 업로드했을 때 '엄마 손' 클래스로 분류할 것이다. 이미지 모델을 정교하게 만들고 싶은 학생들에게는 원하는 만큼 데이터를 추가, 삭제할 수 있도록 시간을 충분히 줄 수 있다.

[분류: 이미지] 모델 인공지능 블록 생성하기

마지막으로 화면 오른쪽 상단의 [적용하기] 버튼을 누르면(<그림 3-1-3> 참조), 에 아까는 없었던 인공지능 블록들이 생성된 것을 확인할 수 있다. 각 블록이 어떤 기능을 하는지 하나씩 살펴보자.

- **학습한 모델로 분류하기** : 엔트리 인공지능이 공부한 모델로 데이터를 분류하도록 한다. 해당 명령어를 사용하면 데이터를 입력할 수 있는 창이 새로 생성된다.

▪ `비디오 화면을 학습한 모델로 분류 시작하기 ▼` : 비디오 화면에 띄워진 데이터 자체를 분류한다. 이 블록을 활용하려면 [비디오 감지]의 `비디오 화면 보이기 ▼` 블록과 함께 프로그래밍해야 한다. `▼`(목록상자)를 눌러 중지할 수도 있다.

▪ `분류 결과` : 인공지능이 분류한 결과값을 저장한다. `생김새`의 `을(를) 초 동안 말하기 ▼` 블록 안에 넣어서 분류 결과를 출력하는 프로그래밍에 활용할 수 있다.

▪ `가위 ▼ 에 대한 신뢰도` : 분류 결과의 신뢰도가 저장된다. 마찬가지로 단독보다는 `을(를) 초 동안 말하기 ▼` 등에 넣어서 분류 결과의 신뢰도를 설명해 주는 프로그래밍에 활용 가능하다. `▼`(목록상자)를 눌러 다른 클래스를 선택할 수 있다.

▪ `분류 결과가 가위 ▼ 인가?` : 분류 결과가 지정된 클래스와 일치하는지 확인한다. 대답에 따라 다른 동작을 하도록 프로그래밍할 수 있다. 주로 `흐름` 블록과 함께 사용한다. `▼`(목록상자)를 눌러 다른 클래스를 선택할 수 있다.

2.2 AI 모듈 체험하기

모듈 및 순서	실행 화면
(블록 코드) 시작하기 버튼을 클릭했을 때 계속 반복하기 학습한 모델로 분류하기 분류 결과 을(를) 2 초 동안 말하기 ▼ 1. 학습한 모델로 분류할 수 있는 창이 생긴다. 2. 학습한 모델로 데이터를 분류한다. 3. 오브젝트가 분류 결과를 말해준다.	(데이터 입력 화면)
(블록 코드) 시작하기 버튼을 클릭했을 때 비디오 화면 보이기 ▼ 계속 반복하기 비디오 화면을 학습한 모델로 분류 시작하기 ▼ 분류 결과 을(를) 2 초 동안 말하기 ▼ 2 초 기다리기 1. 비디오 화면을 띄운다. 2. 배경에 비친 비디오 화면을 분류한다. 3. 오브젝트가 분류 결과를 말해준다.	(비디오 화면)

1. 학습한 모델로 분류할 수 있는 창이 생긴다.
2. 학습한 모델로 데이터를 분류한다.
3. 분류 결과가 특정 값일 때(가위일 때) 신뢰도와 분류 결과를 알려준다.
(바위와 보를 추가하고 싶다면 블록을 복사-붙여넣기하면 된다.)

표 3-1-1 [분류: 이미지] AI 기본 모듈 체험하기

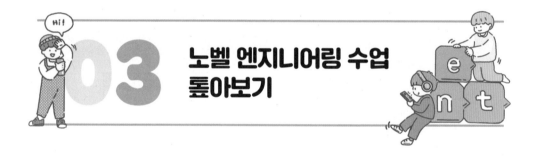

이제 이미지 분류 모델을 활용하여 사람 손과 호랑이 손을 구분하는 AI 초인종을 설계해 보자. 해님 달님 오누이를 돕기 위해 인공지능 기술로 설계된 초인종을 만드는 수업의 맥락은, 아이들의 상상력을 자극하고 수업 몰입도를 높인다. 특히 이미지 분류 AI 모델과 전래동화의 서사 구조가 맞아 떨어질 때 수업의 재미는 배가된다. 노벨 엔지니어링의 핵심이 되는 AI 프로그래밍 외 활동 및 이야기 바꾸어 쓰기 연계 활동은 학교급 상황에 맞게 변형이 가능하므로 참고하길 바란다.

차시	STEAM 준거틀	노벨 엔지니어링 수업 단계	활동
1차시	상황 관련 문제 정의	①책 읽기 ②문제 인식	- 《해님 달님》 그림책 읽기 - 지금이라면? 문제 해결 마인드맵
2~4차시	융합적 설계 및 문제 해결	③해결책 설계 ④창작물 만들기	- AI 이미지 분류 학습하기 - AI 초인종 만들기
5~6차시	자기주도 및 성찰	⑤이야기 바꾸어 쓰기	- '해님 달님' 이야기 바꾸어 쓰기 - 전기수 발표회 열기

3.1 책 읽기 노벨 엔지니어링 ①

해님 달님
원유순 편집 | 남주현 그림 | 사파리 | 2008

《해님 달님》은 대한민국의 대표적인 전래동화로, 해와 달이 된 오누이 설화로부터 전해 내려온 것이다. 해와 달의 기원에 관련된 이야기를 담은 신화가 바탕이 되었으나, 지금은 동화로 인식된다. 호랑이가 떡을 팔고 돌아오는 어머니를 잡아먹고, 이후 오누이도 잡아먹으려고 하는 과정에서 사건이 벌어진다는 이야기 구조는 동일하기 때문에, 꼭 제시 도서로 수업할 필요는 없다. 학급 수준에 맞는 글, 그림의 양을 고려해 해님 달님 이야기를 담은 도서를 고르면 된다.

3.2 문제 인식 노벨 엔지니어링 ②

지금이라면? 문제 해결 마인드맵

지금의 과학/기술/공학 관점으로 해님 달님 이야기를 읽어보면 재미있는 학습이 가능하다. 과거와 현재의 기술 차이에서 오는 문제 해석을 통해 학생들로 하여금 과학/기술/공학을 쉽게 느끼도록 해줄 수 있다. 단순한 마인드맵과 달리 '문제 해결 방법'을 고민할 수 있도록 고안된 활동이다.

그림 3-1-6 문제 해결 마인드맵 예시

 수업 TIP

본 활동 시 유의할 점은 마인드맵을 문제점-해결 방법-관련 기술의 순서대로 작성하여 기술 공학적 관점으로 정교화할 수 있도록 안내해야 한다는 것이다. 또한 기술을 어렵게 생각하지 않도록 생활 속에서 사용하는 전화, 카메라 등의 용어로 표현해도 좋다.

유의사항과 예시 마인드맵을 제시하고, 해님 달님의 문제 해결 마인드맵을 그려보게 했다. 학생들은 지금의 관점에서 해님 달님 문제 상황을 해석하며 "호랑이가 찾아와도 문을 안 열어주면 된다."거나 "빨리 스마트폰으로 신고를 한다."는 재미있는 대답을 내놓았다. 전래동화 속 문제 는 현재의 과학/기술/공학 관점으로 읽어보면 쉽고 재미있게 해결되는 경우가 많다. 학생들의 생활 속 제품에도 다양한 기술이 들어가 있다. 인터폰에는 카메라와 음성 통신 기술이 반영되었 으며, 전화를 걸 수 있는 것도 통신 기술의 발달 때문이다.

그림 3-1-7 [문제 해결 마인드맵 그리기] 학생 활동 예시

3.3 해결책 설계 노벨 엔지니어링 ③

이미지 분류 로봇 구상하기

학생들이 '문제 인식' 단계에서 구상한 초인 종, CCTV, 전화 등의 아이디어로부터 해결 책을 설계해 보자. 초인종에 인공지능 기술 을 바로 접목하기 어려워한다면 영상 자료를

그림 3-1-8 **방역로봇 keemi 안내 영상**

활용하여 AI가 어떻게 이미지를 분류하는지 참고해볼 수 있다. 한 국내 기업이 개발한 영상 속 로 봇은, 지도학습을 바탕으로 마스크 착용과 미착용 상태를 구분해 마스크 착용을 안내하고 있다. 지도학습의 원리를 이해했다면, 학생들에게 만들고 싶은 이미지 분류 로봇을 글로 써보게 할 수 있다. 마스크 착용과 미착용을 구분하는 로봇의 원리를 실생활로 가져오는 것이다. 다음 양식을 제시해 이미지 분류 로봇 구상에 도움을 줄 수 있다.

제가 만들고 싶은 이미지 분류 AI 로봇은 (   )과 (   )을/를 분류하는 로봇입니다.

이미지 분류 모델 제목은 (   )입니다.

클래스1 (   )에는 (구체적 특징 :   ) 이미지를 (   )장 학습시킬 것입니다.

클래스2 (   )에는 (구체적 특징 :   ) 이미지를 (   )장 학습시킬 것입니다.

이 이미지 분류 AI 로봇은 (   )한 상황에 사용될 수 있습니다.

설계가 끝났다면 발표를 하게 해보자. 버섯 캐기가 취미인 할머니를 둔 학생은 할머니를 위해 독버섯과 일반 버섯을 분류하는 프로그램을 제작하고 싶다는 아이디어를 냈다. 이렇게 인공지능의 원리를 생활 속으로 가져옴으로써 그 유용성을 자연스럽게 체득시킬 수 있다.

3.4 창작물 만들기 노벨 엔지니어링 ④

배경 및 오브젝트와 스토리 디자인하기

이제 노벨 엔지니어링의 맥락 속에서 AI 프로그래밍을 진행해 보자. 책 속 상황과 어울리는 배경과 오브젝트를 디자인하는 것부터 시작할 수 있다. 학생들은 엔트리의 다양한 오브젝트를 바탕으로 자신만의 장면과 스토리를 산출해 낸다. 전래동화 속 한 장면에 인공지능이 있다면? 상상만 해도 재미있을 것이다. 로봇 오브젝트를 넣거나 사이렌 오브젝트 등으로 경고음을 내는 학생들도 있었다.

그림 3-1-9 **배경 및 오브젝트 디자인 예시**

학생들의 다양한 스토리 디자인을 위해 <그림 3-1-11>의 활동지를 제공함으로써 설계를 보조할 수 있다. 또한 이야기의 흐름을 생각하며 오브젝트들의 대사나 기능을 미리 고민해 보는 것도 이후의 프로그래밍에 도움이 된다.

이렇게 구상한 AI가 등장하기 전 이야기 상황을 블록으로 그려낼 수 있다. 앞 장에

그림 3-1-10 **오브젝트 스토리 디자인 예시**

DOCUMENT

활동지 예시

이미지 분류를 사용하여 오누이가 문밖의 인물을 분류하여 안전하게 지낼 수 있도록 돕는 나만의 AI 초인종을 설계하여 봅시다. 엔트리 화면에 추가하고 싶은 배경과 오브젝트를 설계하여 봅시다.

<사용할 배경과 오브젝트 설계>

이어질 뒷이야기를 생각하며 필요한 오브젝트와 기능을 생각하며 설계해봅시다.

필요한 오브젝트	기능
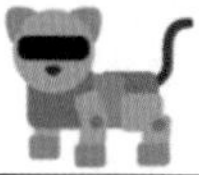 예) 로봇 강아지	예) 초가집을 지키던 강아지처럼 AI 로봇 강아지를 집에 두어서 카메라로 인식한 인물이 엄마가 아닌 경우 짖으면서 따라가서 낯선 사람으로부터 오누이를 지킨다.

그림 3-1-11 [나만의 AI 초인종 설계] 활동지 예시

서 사용한 읽어주기 블록을 같이 사용하여 AI 보이스가 동시에 나오도록 해도 재미있다. 대사는 학생마다 자유롭게 지정할 수 있도록 해주는 것이 좋다. [말하기]와 [읽어주기] 블록 두 종류만 활용해도 풍성한 이야기가 그려진다.

AI 이미지 분류 학습하기

AI 이미지 분류 모델을 해님 달님 속 문제 상황에 녹여 엄마손과 호랑이손을 분류할 수 있도록 하자. 가위바위보와 달리 문제 상황과 해결해야 하는 맥락이 명확한 것이 노벨 엔지니어링의 핵심이다. 모델과 데이터 클래스의 이름은 자유롭게 지정해도 좋다.

우리는 엄마손(사람손), 호랑이손을 분류하여 학습시킬 예정이기 때문에, 두 개의 클래스로 진행할 것이다. 도서 자료로 제공하는 이미지 데이터를 활용해도 좋고, 사람손의 경우에는 학생들의 손을 직접 촬영하여 학습시킬 수 있다. 데이터 입력을 마쳤다면, 화면 중앙의 [모델 학습하기]를 눌러 인공지능에게 '엄마손'과 '호랑이손'을 학습시키자. 결과를 확인한 후 우측 상단의 [적용하기]를 누르면 앞서 설명한 대로 인공지능 블록이 생성된다.

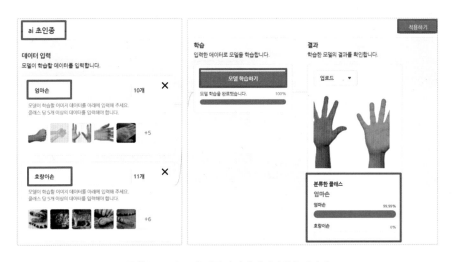

그림 3-1-12 AI 초인종 이미지 데이터 학습시키기

프로그램 과정 계획하기

우리가 만들고자 하는 프로그램의 순서를 떠올려 보자. 바로 프로그래밍에 들어가기보다는, 어떤 기능이 필요한지 말로써 먼저 풀어보는 활동이 도움이 된다. 알고리즘을 작성해 보는 의사코드 기반의 활동을 통해, 설계와 디버깅을 위한 사전 사고과정을 정리할 수 있다.

그림 3-1-13 프로그램 진행 과정(왼쪽)**과 실제 코드 구조**(오른쪽)

이후 프로그래밍에 들어갈 때는 <그림 3-1-14>처럼 코드의 재료가 되는 블록들을 미리 나열하여 소스 파일로 제공해도 좋다. 학급방을 이용하면 쉽게 리메이크할 수 있으므로, 학생들이 블록들을 탐색하며 프로그래밍에 집중할 수 있도록 블록 자체를 씨앗의 형태로 주는 것이다.

그림 3-1-14 학생 제공 씨앗 파일

핵심이 되는 선택 구조를 살펴보자. 우리는 미리 학습시킨 모델을 바탕으로 사람손과 호랑이손을 분류해야 한다. 학습한 모델로 분류한 다음, 분류 결과가 엄마손일 때와 그렇지 않을 때(호랑이손일 때) 각각 다른 명령을 내리는 것이다. 이렇게 선택형으로 프로그래밍을 하기 위해서는 🔺 블록들(<그림 3-1-14> 참조)을 사용해야 한다. 특정 조건에 만족할 때에 해당하는 결과

그림 3-1-15 AI 초인종 프로그램 완성 예시

를 선택하여 출력해줄 것이다. 학생들에게 미리 전체 구조(<그림 3-1-13> 오른쪽)를 제공하고, 반응 만 프로그래밍해볼 수 있도록 해도 좋다.

선택 구조를 활용할 경우, 분류 결과를 끝없이 인지할 수 있도록 반복 구조도 더해 주는 것이 좋다. 컴퓨터는 순차적으로 코드를 실행하기 때문에, '엄마'로만 분류 결과를 인지하고 프로그 램이 종료될 수도 있다. 그럴 때는  블록을 활용하여 계속적으로 인지할 수 있도록 해 주자.

프로그래밍하기

전체 구조만 제시하고 나머지는 자유롭게 설계하도록 허용적인 분위기를 조성하면, 학생마다 창의적이고 재미있는 기능을 추가하거나, 이야기의 내용을 엔트리 프로그램에 담고자 노력하여 풍부한 수업 사례가 나온다. 학생들이 실제로 만든 AI 초인종을 몇 가지 소개한다.

<그림 3-1-16>은 분류 결과가 '엄마'일 때와 '호랑이'일 때 초인종 역할을 하는 AI 로봇의 모양을 바꾸어 직관적으로 프로그래밍 결과를 표현했다. 분류 결과가 '호랑이'일 때 오브젝트의 좌표를 변경하여, 도망치는 모습을 구현한 것도 재미있다(<그림 3-1-17>).

그림 3-1-16 학생 산출물1 - 엄마는 환영하고 호랑이는 물리치는 AI 초인종

그림 3-1-17 학생 산출물2 - 오누이를 도망치게 하는 AI 초인종

또 사이렌이 울리는 모습을 구현하기 위해 를 반복하고 소리 효과를 추가한 작품도 있었는데, 다양한 기능을 탑재했다는 점에서 훌륭하다.

그림 3-1-18 학생 산출물3 - 사이렌을 울리는 AI 초인종

그런가 하면 이전에 소개했던 [비디오 탐지] 기능을 추가해 배경에 뜨는 데이터를 판단하도록 한 학생도 있었다.

그림 3-1-19 학생 산출물4 - 비디오 탐지를 이용한 AI 초인종

기능 추가하기

이렇게 핵심인 엄마와 호랑이 분류 기능을 설계했다면, 추가로 이야기를 프로그래밍할 수 있다. 이번에는 엔트리의 오브젝트가 움직이는 듯한 애니메이션 효과를 넣어보자. (엔트리 모양 탭과

![생김새]에 관한 자세한 설명은 2-6장에서 참고할 수 있다.)

· 애니메이션 만들기

[모양]은 오브젝트의 연결 동작으로 이루어진 경우가 많으므로,
[다음▼ 모양으로 바꾸기] 블록을 반복시키면 오브젝트가 움직이는 듯
한 애니메이션 효과를 줄 수 있다. AI 초인종 프로그램의 분류 결
과가 호랑이손일 때 움직이도록 해보자.

먼저 [모양] 탭에서 오브젝트가 가진 모양 목록을 확인해야 한다.
단순히 모양을 한 번 바꾸는 것이 아니라 이를 반복하여 움직이
는 듯한 효과를 주는 것이 목표니, 모양이 4~5개 이상 있으면 좋
다. 필자는 '소놀 AI 로봇' 오브젝트를 골랐다. 총 8개의 모양 목
록 순서대로 변화시킬 것이다. 만약 모양 목록의 순서와 상관없
이 특정 모양을 지정하고 싶다면 [소놀 AI 로봇_1▼ 모양으로 바꾸기] 블록
의 [▼](목록상자)를 눌러 선택할 수 있다.

이제 [흐름]의 [번 반복하기] 블록을 이용해 오브젝트가 모양을 반복
해서 바꾸도록 프로그래밍해 보자. 대부분 학생은 단순히 <그림
3-1-21> 위와 같이 블록 사이에 [다음▼ 모양으로 바꾸기] 블록을 넣
을 것이다. 하지만 이대로 실행해 보면 컴퓨터의 모양 바꾸는 속
도가 너무 빨라서 오브젝트의 모양 변화 과정이 보이지 않는다.
따라서 [초 기다리기] 블록을 추가해 모양과 모양 사이의 시간을
조절해 주어야 한다. 여기서는 0.5초로 지정했지만 여러 번 실행
해 보면서 원하는 속도로 애니메이션 효과를 설정할 수 있다.

<그림 3-1-22>의 완성 코드 예시에서는 '분류 결과가 엄마손'일
때, AI 초인종이 모양을 바꾸며 어머니를 반기게 된다. 또 오누이
오브젝트에게도 애니메이션 효과를 준다면, 더 풍부한 이야기를
구성할 수 있을 것이다. 블록을 살펴보면, 기존 코드에 있는 엄마

그림 3-1-20 **오브젝트 모양
목록 확인**

그림 3-1-21 **[기다리기] 블록
활용하기**

손으로 분류된 경우의 선택 구조 안에 모양을 반복하여 바꾸는 코드를 추가했을 뿐으로, 크게
어렵지 않은 수준이다.

이렇듯 AI 프로그래밍과 이야기 속 맥락이 어우러진다면 풍부한 산출물이 설계된다. 지도학습
의 원리로 단순 프로그래밍을 하는 수업이 아니라, 책 속 주인공을 돕겠다는 맥락을 주는 노벨

시작하기 버튼을 클릭했을 때
6 초 기다리기
양중맞은▼ 목소리를 보통▼ 속도 보통▼ 음높이로 설정하기
문밖에 누가 왔습니다. 누구세요? 읽어주기
문밖에 누가 왔습니다. 누구세요? 을(를) 4 초 동안 말하기▼
카메라에 손을 비춰주세요. 읽어주기
카메라에 손을 비춰주세요. 을(를) 4 초 동안 말하기▼
학습한 모델로 분류하기
만일 분류 결과가 엄마손▼ 인가? (이)라면
엄마 어서오세요! 보고싶었어요! 읽어주기
엄마 어서오세요! 보고싶었어요! 을(를) 4 초 동안 말하기▼
10 번 반복하기
다음▼ 모양으로 바꾸기
0.5 초 기다리기
아니면
에끼 호랑이 녀석! 112에 신고할거야! 읽어주기
에끼 호랑이 녀석! 112에 신고할거야! 을(를) 4 초 동안 말하기▼

그림 3-1-22 애니메이션 기능이 추가된 AI 초인종 프로그램 예시

엔지니어링을 통해 다양한 뒷이야기, 창의적인 기능 등이 나올 수 있다. 수업 후 아이들은 인공지능 기술이 어떻게 사람들을 도울 수 있는지 인지하며 그 영향력을 생각해 보는 모습을 보였다. 실제로 AI 초인종이 있다면 좋겠다는 이야기를 가장 많이 했는데, 특히 교사가 주입하지 않아도 AI 기술의 유용성을 알고 윤리적으로 활용하고자 다짐하는 모습이 인상깊었다.

그림 3-1-23 [AI 초인종 만들기] 학생 활동 소감

3.5 **이야기 바꾸어 쓰기** 노벨 엔지니어링 ⑤

전기수 발표회 열기

프로그래밍으로만 수업을 마무리할 수도 있지만 가능하다면 학생들이 배운 내용으로 새로운

결말을 상상할 수 있도록 내면화 기회를 주는 것이 좋다. '이야기 바꾸어 쓰기'는 노벨 엔지니어링의 핵심이자 자연스러운 학습 정리가 가능한 활동으로, 이야기를 바꾸어 쓰면서 AI의 사회적 활용이나 유용성을 고민해볼 수도 있다.

전래동화라는 포인트를 살려 바꾸어 쓴 이야기를 발표하되, 전기수라는 상황을 주면 더욱 흥미로워한다. 전기수는 조선시대 글을 모르는 사람이 많을 때 이야기를 읽어주고 돈을 벌던 직업으로, 재미있는 부분에서 잠깐 이야기 읽기를 멈추고 돈을 받아야 다음 부분을 읽어주었다고 한다. 학교급 상황에 맞게 약간의 간식과 함께 전기수 발표회로 연결한다면, 아이들이 훨씬 몰입하는 수업이 가능할 것이다.

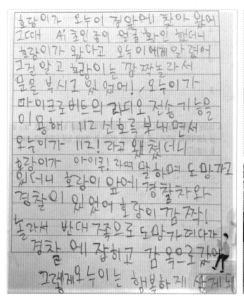
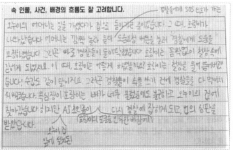

그림 3-1-24 [이야기 바꾸어 쓰기] 활동 학생 산출물과 전기수 발표회 모습

반 학생들은 동그랗게 모여 앉고, 원 가운데에 전기수가 서서 실감나게 뒷이야기를 들려주며 발표를 한다. 전기수는 실감나는 발표를 위해 억양, 동작, 표정을 가미할 수 있다. 이야기의 절정이나 재미있는 부분에서 잠깐 끊어 읽으면 이야기를 더 듣고 싶은 학생들은 간식을 던져준다. 또는 이야기가 재미있을 경우 호응의 의미로 던져줄 수 있다.

04 수업에 날개 달기

이렇게 AI 프로그래밍을 활용하면 다양한 도서 속 맥락과 함께 수업을 확장할 수 있다. 길고 어려운 코드를 생성하는 수업이 아니라 학생들에게 AI를 활용하여 문제를 해결하는 경험을 주는 수업이 필요하다. 교사가 인공지능 개발자와 같은 지식이 없더라도 같은 구조를 바탕으로 다양한 수업이 가능하도록, 노벨 엔지니어링이 도울 것이다.

4.1 코로나19 문제 해결 교육 - 마스크 착용 안내 AI 프로그램 만들기

앞서 마스크 착용과 미착용을 분류하던 방역봇과 같은 프로그램을 직접 만들어볼 수 있다. 학생들이 마스크를 쓴 모습과 쓰지 않은 모습을 카메라로 촬영하여 데이터를 수집해 보자. 블록을 살펴보면 클래스의 명칭이 마스크 착용과 미착용으로 변경되었을 뿐, [만일 참 (이)라면] 블록을 사용하여 선택 구조로 인공지능이 이미지를 분류하게 하는 핵심은 같다는 것을 알 수 있다. 마찬가지로 분류했을 때 어떤 반응을 보일지는 학생마다 다르게 프로그래밍할 수 있다.

그림 3-1-25 **마스크 착용 여부 판단 AI 프로그램 예시**

수업 TIP

마스크를 벗은 모습 데이터를 촬영하기 어려운 상황이라면, X자를 그린 마스크를 활용해 보자. 여분 마스크에 매직으로 크고 굵게 X자를 그리면 이미지 데이터 분류가 가능하다.

4.2 전래동화 활용 교육 -심청이를 위한 아빠 찾기 AI 프로그램 만들기

《해님 달님》 말고 다른 전래동화를 활용해 볼 수도 있겠다.《심청전》속 문제 상황을 지도학습으로 해결해 보자.《심청전》을 보면 왕비가 된 심청이가 아버지를 찾기 위해 맹인 잔치를 여는 장면이 있다. 학생들과 이 장면에 대해 지금의 관점에서 이야기 나누어 보면, 전국의 맹인을 모으는 것보다 인공지능을 활용하는 것이 효율적이라는 결론에 도달할 수 있다.

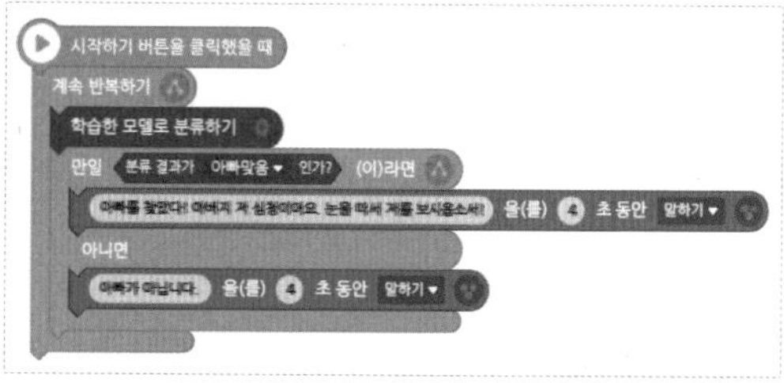

그림 3-1-26 **심청이를 위한 아빠 찾기 AI 프로그램 예시**

수업 TIP

아빠 데이터를 수집할 때는 책 속 그림을 사진 찍어도 좋고, 원하는 이미지 데이터를 찾아서 학습시켜도 좋다. 또는 학생들 중 한 명을 아빠로 지정하여 그 얼굴을 사진 찍어 프로그래밍해도 재미있다.

4.3 AI 윤리 토론 -데이터 전처리의 중요성

AI 초인종 프로그램에 다른 데이터를 활용하여 윤리적 관점에 관한 토론 수업도 가능하다. 사람 손과 호랑이 손은 잘 구분하지만, 만약 토끼 사진 데이터가 들어가면 어떤 결과가 나타날까?

그림 3-1-27 **토끼 데이터를 호랑이로 분류하는 AI 초인종 프로그램의 모습**

학생들의 산출물에 토끼 사진 데이터를 넣자 바로 호랑이로 분류하는 것을 확인할 수 있었다. 교사는 이때 "왜 AI가 토끼를 호랑이로 분류했을까?"라고 질문하며 학생들의 사고를 촉진시켜줄 수 있다. 이미 이미지 데이터를 학습시켜본 학생들은 "토끼 데이터는 학습하지 않아서 그렇다."라고 유추하는 모습을 보였다.

그러면 이 AI 초인종이 상용화되어도 괜찮을까? 모든 사람이 우리가 만든 AI 초인종을 쓸 수 있을까? 학생들은 자연스럽게 데이터의 양과 질이 모두 중요함을 체득할 수 있게 된다.

또 모든 사람의 손을 '엄마손'으로 분류하는 것은 안전할까? 전래동화 속 상황이 아니라 현재의 관점으로 생각해 보면, 사람 손을 인식했을 때 모두 문을 열어주는 것이 더 위험할 수 있다. 그러면 어떻게 디버깅하면 좋을까? 학생들은 가족들의 얼굴 사진 데이터를 넣자고 하거나, 지문을 인식시켜야 한다는 등의 다양한 해답을 도출했다. 이렇게 직접 프로그래밍에 참여한 후 자신이 만든 산출물의 한계로부터 시작하는 윤리적 관점의 토론은 학생들의 풍부한 사고력을 촉진할 수 있다.

4.4 피지컬 컴퓨팅 확장 -[마이크로비트]로 SOS 신호 보내기

AI 초인종에서 한 걸음 더 나아가 근거리 통신 기술을 활용한 신고 기능을 구현하여 보자. 확장시킬 피지컬 컴퓨팅 교구는 마이크로비트로, 자세한 설명은 2-6장을 참고하자. 우리는 마이크로비트의 센서들 중 내장되어 있는 라디오 센서와 전면의 버튼 센서, LED 센서 출력 기능을 활용할 것이다.

마이크로비트의 라디오 전송 기능은 공식 홈페이지 (microbit.org)에서도 프로젝트로 제공하고 있는 소스로, 두 개의 마이크로비트가 각각 수신기와 발신기의 역할을 하게 할 수 있다. 우리가 라디오를 들을 때 채널 숫자를 돌려 전파수를 맞추는 것처럼, 라디오 채널의 숫자를 같게 프로그래밍한다면 서로가 보내는 신호를 잡을 수

프로젝트 소개

2 개의 micro:bit 와 무선 라디오 메시지 기능을 사용해서, 중요한 물건이나 반려동물을 찾을 수 있습니다.

그림 3-1-28 **마이크로비트 라디오 전송 기능**

있다. 마이크로비트의 경우 영어와 숫자만 출력할 수 있으니 '119, 112, SOS' 등 간단한 내용의 신호를 보낼 것을 추천한다.

예시 코드는 호랑이를 발견한 오누이가 112 신호를 보낼 수 있도록 한 것이다. 왼쪽 코드는 발신기로, 라디오 채널 211번으로 112라는 숫자 신호를 보낸다. 오른쪽 코드는 라디오 채널을 211번으로 맞춘 후, 수신한 신호를 마이크로비트의 LED에 출력한다. 짝과 함께 프로그램을 실행하면, 수신기 역할을 한 마이크로비트 LED 화면에 숫자 '112'가 출력되는 걸 볼 수 있다. 이러한 과정을 통해, AI 초인종 외에도 현대 사회의 정보통신 기술 관점에서 해님 달님 속 문제 상황을 해결하는 추가 경험을 제공할 수 있다. 또는 AI 초인종이 호랑이로 분류한 즉시 마이크로비트로 구조 신호를 보내는 방식으로 프로그램을 확장하는 것도 가능하다.

그림 3-1-29 112 신호를 보내는 프로그램 코드 예시(위)와 실행 모습(아래)

수업 TIP

피지컬 컴퓨팅 교구와 엔트리 프로그램을 연결하기 위해서는 '엔트리 하드웨어'를 설치해야 한다. https://playentry.org/download/hardware에서 내려 받을 수 있으며, 연결된 후에도 '엔트리 하드웨어' 창을 종료시키지 않아야 연결이 유지된다. 또 마이크로비트v2의 경우에도 40~50분 정도 연결이 유지되다가 끊기는 경우가 있으니, 그럴 때마다 다시 연결할 수 있도록 상세하게 안내해줄 필요가 있다.

Novel
Engineering

사이버폭력을 해결하기 위한
AI 클린봇 설계하기

인터넷과 스마트폰이 발전하면서 학생들이 사이버 공간을 경험하는 빈도가 매우 높아졌으며, 최근 코로나19 팬데믹으로 온라인 수업과 더불어 사이버폭력이 사회적인 이슈가 되고 있다.[1] 학생들 대다수가 사이버폭력을 직·간접적으로 경험해 보았을 정도로[2] 사이버폭력이라는 주제는 학생들의 삶과 밀접하다. 이 장에서는 지능 정보사회를 살아갈 학습자들에게 AI 기술을 활용하여 사이버폭력을 해결하는 프로그래밍에 참여할 기회를 제공하고자 한다. 이와 같은 경험은 학생들로 하여금 AI 기술의 올바른 활용에 대한 지평을 넓히고 AI 리터러시를 함양할 수 있게 할 것이다. 단순한 사이버폭력 예방 교육에서 한 발 더 나아가 AI 기술과 함께 살아갈 학생들이 이를 활용하여 문제를 해결할 수 있는 역량을 기르는 수업은 그 자체로 의미 있는 일이다.

인공지능 돋보기

이 수업에서는 3-1장에서 이미지를 분류할 때 사용한 지도학습의 원리를 바탕으로, 텍스트 데이터를 분류하는 AI를 설계해 볼 것이다. 인공지능이 선플과 악플로 텍스트를 분류할 수 있다면, 책 속에 등장하는 사이버폭력 문제를 해결할 수 있지 않을까? AI 클린봇을 만들어보는 활동을 통해 학생들은 사이버폭력을 자신의 문제로 여기고 올바른 방향으로 해결해 나가려는 의지를 기를 수 있게 된다.

1.1 텍스트 분류 알고리즘: 워드 임베딩(Word Embedding)

1부터 10까지의 수를 큰 숫자와 작은 숫자로 나누려면 어떻게 할까? 저마다 답은 다를지라도 "5보다 크다."라거나 "7보다 크다."와 같이 기준을 세워 말할 것이다. 그러나 우리가 하는 말, 언어는 어떻게 나눌 수 있을까? 가치판단이 들어가는 두루뭉술한 답일수록 더욱 분류하기 어려울 것이다. 이렇게 언어를 수학적으로 분류하기 위해서는, 먼저 단어들을 수학적 연관성이 있도록 표현하는 방법이 필요했다. 이 방법의 일환으로 등장한 것이 **워드 임베딩**Word Embedding이다.

예를 들어 바다, 산, 오두막, 선실이라는 네 개의 단어를 두 종류로 나누어 보자. 자연스럽게 바다와 선실, 산과 오두막으로 나누게 될 것이다. 우리가 떠올리는 단어의 의미가 서로 가까운 것끼리 분류하게 된다. 실제로 수많은 문장을 모아 각각 단어를 추출하여 학습시키면, 의미가 가까운 단어끼리 가까운 거리에 배치된다. 인공지능이 학습한 실제 문장 데이터 속에서 산과 선실보다는 바다와 선실이 한 문장에 있을 확률이 높기 때문이다. "He escaped from the cabin and plunged into the sea."란 문장을 번역하라 하면, sea와 함께 있는 cabin은 선실로 번역될 가능성이 높다. 반대로 "He rested in his cabin."은 오두막이 될 가능성이 높아진다.

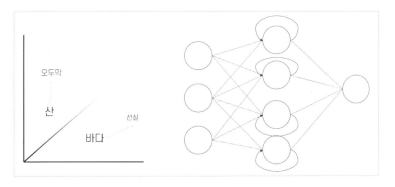

그림 3-2-1 Word2Vec(왼쪽)과 RNN 구조(오른쪽)

이 같은 알고리즘들의 진화는 자연어처리 기술의 눈부신 발전을 이뤄내고 있다. 앞 단어의 맥락을 기반으로 번역을 시도하는 RNN이나, 인간이 하듯이 중요한 것으로 판단되는 정보를 더 많이 기억하는 Attention 메커니즘 등이 대표적이다. 1950년대에 개발된 '튜링테스트'는 10년 전만 하더라도 난공불락으로 여겨졌다. 하지만 현재 대규모로 수집한 언어 말뭉치를 빠르게 학습하여 인간 수준의 언어를 구사하는 인공지능이 대거 등장하고 있으며, 생각보다 더 빠른 속도로 인공지능과 대화가 가능해질지도 모른다.

1.2 성취기준 및 인공지능 내용요소

- [6국 05-05] 작품에 대한 이해와 감상을 바탕으로 다른 사람과 적극적으로 소통한다.

- [6국 05-06] 작품에서 얻은 깨달음을 바탕으로 하여 바람직한 삶의 가치를 내면화하는 태도를 지닌다.

- [6도 02-01] 사이버 공간에서 발생하는 여러 문제에 대한 도덕적 민감성을 기르며, 사이버 공간에서 지켜야 할 예절과 법을 알고 습관화한다.

- [6실 04-09] 프로그래밍 도구를 사용하여 기초적인 프로그래밍 과정을 체험한다.

- [6실 04-11] 문제를 해결하는 프로그램을 만드는 과정에서 순차, 선택, 반복 등의 구조를 이해한다.

- [인공지능 원리와 활용:초등학교 5-6학년:기계학습 원리 체험] 인공지능이 적용된 교육용 도구를 통해 기계가 학습하는 과정을 설명할 수 있다.

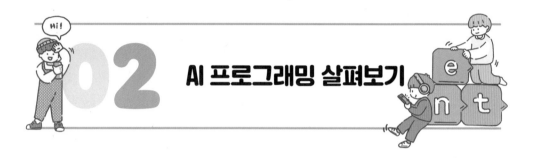

AI 프로그래밍 살펴보기

2.1 AI 모델 불러오기

인공지능 모델 학습하기: [분류: 텍스트]

3-1장에서 한 것처럼 의 [인공지능 모델 학습하기] 버튼을 클릭해 보자. 설명했듯이 엔트리에 로그인이 되어 있어야 한다.

그림 3-2-2 [분류: 텍스트] 인공지능 모델 불러오기

총 9가지의 인공지능 모델 중 이번 장에서는 [분류: 텍스트] 모델을 사용할 것이다. 이 인공지능 모델은 3-1장에서 본 [분류: 이미지] 모델과 학습 원리는 동일하지만, 텍스트 데이터를 사용한

다는 점에서 다르다. 오른쪽 상단의 [학습하기]를 클릭해 [텍스트 모델 학습하기] 창으로 진입하자.

우선 텍스트를 입력하면 긍정 감정과 부정 감정으로 판단하여 분류하는 인공지능을 만들어 볼 것이다. ①모델 이름은 [감정 상태]로, ②클래스는 [긍정 감정], [부정 감정]의 2개로 나누었다. 여기서 모델과 클래스의 이름은 예시이므로 사용자가 자유롭게 지정할 수 있다.

그림 3-2-3 [분류: 텍스트] 모델 학습하기 창

클래스 하단 [클릭해서 데이터를 입력해 주세요.] 문구를 클릭하면 모델이 학습할 데이터를 입력할 수 있다. 이때 텍스트 데이터는 클래스별로 최소 5개 이상씩 필요하다. 3-1장에서 서술한 바와 같이 인공지능은 데이터를 바탕으로 학습

그림 3-2-4 텍스트 데이터 입력 방법

하므로, 충분한 데이터가 필요함을 잊지 말자. 텍스트 데이터를 입력하는 방법은 크게 두 가지인데, 텍스트를 쉼표로 구분하여 직접 작성하거나(①), 10MB 이하의 txt, csv 형식의 파일을 업로드(②)할 수 있다. 여기서는 직접 텍스트를 입력해 보자. <그림 3-2-5>처럼 쉼표로 구분하여 입력할 수 있으며, 입력한 데이터의 개수를 오른쪽 상단에서 확인할 수 있다.

그림 3-2-5 텍스트 데이터 입력 예시(긍정 감정, 부정 감정)

이제 모델을 학습시켜 결과를 확인해 보자. [모델 학습하기] 버튼을 눌러 인공지능을 학습시켰다면, 화면 오른쪽 [결과] 파트에서 텍스트 분류 결과를 확인할 수 있다. '기분 진짜 좋아'라는 텍

스트를 입력하고 [결과 확인하기] 버튼을 눌렀더니 긍정 감정 클래스로 분류되었다.

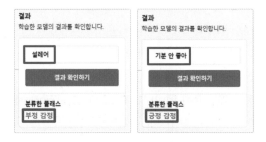

그림 3-2-6 감정 상태 텍스트 모델 학습하기

하지만 학습시킨 클래스와 데이터가 제한적이기 때문에 분류 결과가 항상 정확한 것은 아니다. 실제로 '설레어'와 '기분이 안 좋아'를 입력해 보았더니, 분류 결과가 잘못 출력되었다.

이를 보완하기 위해서는 더 많은 데이터를 수집하여 인공지능에게 학습시킬 필요가 있다. 또한 [긍정 감정], [부정 감정]

그림 3-2-7 학습 결과 확인하기

이외에 [중립 감정] 등의 클래스를 추가하면 보다 정교한 인공지능 제작이 가능하다.
중립 감정에는 '그냥 그래', '괜찮아', '평범해', '아무렇지도 않아', '평소랑 똑같아', '그냥 있어' 등의 텍스트가 입력 가능할 것이다.

인공지능은 인간이 학습시킨 데이터에 기반해 판단을 내린다. 따라서 미학습 데이터 입력 시의 판단은 신뢰도가 낮을 수 있다. 특히 텍스트 분류의 경우 직관적인 이미지에 비해 정확도가 낮기 때문에, 훈련 데이터의 정선이 더욱 필요하다. 학습 결과가 정확하지 않을 때에는 "왜 인공지능이 잘못된 판단을 내렸을까?"란 발문을 통해 학생들이 인공지능의 학습과 데이터 간 상관 관계를 인지하도록 돕자.

그림 3-2-8 [중립 감정] 클래스를 추가해 텍스트 모델 학습 완료하기

[분류: 텍스트] 모델 인공지능 블록 생성하기

마지막으로 화면 오른쪽 상단의 [적용하기] 버튼을 누르면, [분류: 텍스트 모델]이라는 분류와 함께 새로운 AI 블록이 생성된 것을 확인할 수 있다. 각 블록이 어떤 기능을 하는지 하나씩 살펴보자.

- **학습한 모델로 분류하기** : 엔트리 인공지능이 학습한 모델로 데이터를 분류하도록 한다. 해당 명령어를 사용하면 데이터를 입력할 수 있는 창이 새로 생성된다.

- **⬤ 을(를) 학습한 모델로 분류하기** : 빈칸에 입력한 텍스트 데이터를 학습한 모델로 분류한다. **⬤ 을(를) 묻고 대답 기다리기** 블록과 **대답** 블록을 이용하면 다른 사람으로부터 입력 받은 대답을 학습한 모델로 분류하는 것도 가능하다.

- **분류 결과** : 인공지능이 분류한 결과값을 저장한다. **생김새** 의 **⬤ 을(를) ⬤ 초 동안 말하기 ▾** 블록 안에 넣어서 분류 결과를 출력하는 프로그래밍에 활용할 수 있다.

- **긍정 감정 ▾ 에 대한 신뢰도** : 분류 결과의 신뢰도가 저장된다. 마찬가지로 단독보다는 **⬤ 을(를) ⬤ 초 동안 말하기 ▾** 등과 함께 분류 결과의 신뢰도를 설명해 주는 프로그래밍에 활용 가능하다. **▾**(목록상자)에서 신뢰도를 가져올 클래스를 선택할 수 있다.

- **분류 결과가 긍정 감정 ▾ 인가?** : 분류 결과가 지정된 클래스와 일치하는지 확인한다. 대답에 따라 다른 동작을 하도록 프로그래밍할 수 있다. 주로 **흐름** 블록과 함께 사용한다. **▾**(목록상자)에서 다른 클래스를 선택할 수 있다.

2.2 AI 모듈 체험하기

모듈 및 순서	실행 화면
1. [데이터 입력] 창을 띄운다. 2. 입력된 값을 학습한 모델을 사용해 분류한다. 3. 오브젝트가 분류 결과를 말해준다.	
1. 오브젝트가 "현재의 감정 상태를 입력해 주세요."를 묻고, 대답을 기다린다. 2. 입력된 값을 학습한 모델을 사용해 분류한다. 3. 오브젝트가 분류 결과를 말해준다. 4. 2초 기다린 후 [계속 반복하기]로 돌아가 다시 코드를 실행한다.	
1. [데이터 입력] 창을 띄운다. 2. 입력된 값을 학습한 모델을 사용해 분류한다. 3. 분류 결과가 특정 값일 때(긍정 감정일 때) 신뢰도와 분류 결과를 알려준다.	

표 3-2-1 [분류: 텍스트] AI 기본 모듈 체험하기

03 노벨 엔지니어링 수업 톺아보기

노벨 엔지니어링 기반 AI-STEAM 수업과 함께라면 사이버폭력 문제에 대한 학생들의 깊은 공감을 이끌어내는 것이 가능하다. 또한 사이버 공간 속 문제를 AI 설계물로 해결하는 과정에서 자연스럽게 인공지능의 올바른 활용, 사용 방향에 대해 고민할 수 있다. 이렇듯 노벨 엔지니어링 수업에서는 지식을 스스로 구성하고 문제 해결 과정에서 학습의 내면화가 이루어질 뿐 아니라, 학생들의 정의적 영역 또한 변화하게 된다.

차시	STEAM 준거틀	노벨 엔지니어링 수업 단계	활동
1~2차시	상황 관련 문제 정의	①책 읽기 ②문제 인식	- 《13일의 단톡방》 책 읽기 - 사이버폭력 사진 포스터 만들기
3~5차시	융합적 설계 및 문제 해결	③해결책 설계 ④창작물 만들기	- 텍스트 데이터 수집하기 - AI 텍스트 분류 학습하기 - AI 클린봇 만들기
6~7차시	자기주도 및 성찰	⑤이야기 바꾸어 쓰기	- '13일의 단톡방' 이야기 바꾸어 쓰기 - 사이버폭력 예방 캠페인 하기

3.1 책 읽기 노벨 엔지니어링 ①

13일의 단톡방

방미진 글 | 국민지 그림 | 신나민 감수 | 상상의집 | 2020

이 책은 사이버 공간 속에서의 욕설과 악플로 인해 상처받는 친구들에 대한 이야기를 다루고 있다. 특히 사춘기에 겪을 수 있는 감정을 잘 묘사하여 공감대를 높일 수 있고, SNS상에서 지켜야 할 예의와 규칙에 대해 수업하기 좋다. 주인공 민서는 단톡방에서 익명의 다수로부터 공격적인 말을 듣고 이유도 모른 채 친구들에게 따돌림을 당한다.

민서는 '악질 해커'이자 '학교 최고의 SNS 스타'인 루킹 때문에 자신이 따돌림을 받게 되었다고 생각한다. 자신의 탓이 아니라며 억울함을 호소하는 루킹의 도움을 받아 민서는 따돌림에서 벗어나기 위해 노력하는데… 과연 민서는 사이버폭력에서 벗어날 수 있을까?

3.2 문제 인식 노벨 엔지니어링 ②

사이버폭력 사진 포스터 만들기

노벨 엔지니어링의 출발점은 문제 인식이다. 이를 위해서는 주인공의 입장이 되어보거나 책 속 상황에 몰입하는 경험이 필요하다. 실제로 학생들과 사이버 공간에서 겪은 일을 주제로 이야기를 나누면 다양한 경험담이 쏟아져 나온다. 단톡방에서 소외를 당했다거나 사이버 공간에서 비속어를 들어봤다는 등, 주인공이 겪은 것과 비슷한 일을 겪었다는 학생들이 상당수였다. 그 상황에서 학생들이 느꼈던 감정에 대해 들어보면 '억울하고 답답했다', '속상했다', '화가 났다' 등으로 다양했다. 이렇듯 경험을 공유하는 과정에서 학생들은 주인공이 느끼는 문제 상황에 진지하고 심각하게 감정이입할 수 있다. 이를 바탕으로 한 걸음 나아가 사진 포스터를 만듦으로써 책에 대한 몰입을 극대화시키고자 했다. 사진 포스터는 알리고 싶은 내용을 사진이라는 수단을 통해 일정 지면에 표현하는 것이다. 학생들이 전달하고자 하는 메시지가 시각적으로 강조되면서, 자연스럽게 사이버폭력에 대한 문제 의식을 가질 수 있다.

그림 3-2-9 사진 포스터 예시

학생들은 사이버폭력으로부터 받는 상처와 고통에 집중하여 사진 포스터를 만들었다. 첫 번째 작품을 보면 한 아이가 가운데에 웅크리고 있고, 손가락과 텍스트, 주먹질과 발차기 등 신체적 폭력에 둘러싸인 모습을 볼 수 있다. 사이버 공간에서 자판을 두드리는 손가락과 무심코 날리는 비난의 메시지가 신체 폭력의 아픔과도 비슷하다는 메시지를 전하는 것이다. 두 번째 작품은 핸드폰 화면 속에 갇혀 있는 학생이 자판을 두드리는 손에 의해 고통을 받고 있다. 주변에 핏자국을 더해 상처받은 학생의 마음을 표현한 것이 인상적이다. 마지막 작품은 구타를 당하는 피해 학생의 모습이 핸드폰 카메라에 비치도록 하여 사진 포스터를 만들었다. 사이버 공간에서는 글이나 말로 인한 폭력이 많이 발생하지만 이 역시 물리적 폭력 못지 않게 다른 사람을 힘들게 한다는 의미를 전하고자 했다. 이렇게 장면을 구성하기 위해 학생들은 주제, 구도, 분위기 등을 고려했으며, 자연스럽게 '사이버폭력의 위험성'이라는 문제점을 파악하는 모습을 보였다. 또한 피해자의 역할을 경험한 학생은 짧은 순간의 사진 촬영이었음에도 피해자의 마음에 공감하며 안타까움을 표현하기도 했다.

> **수업 TIP**
>
> 사진 포스터 만들기 활동 시, 학생들이 장난스럽게 임하지 않도록 진지한 분위기 속에서 활동을 진행하도록 하자. 활동 후에 학생들이 포스터를 만드는 과정에서 느낀 점을 서로 공유하게 한다면 폭력을 당하는 학생의 입장에 더욱 몰입하고 공감할 수 있다.

3.3 해결책 설계 노벨 엔지니어링 ③

앞서 연습해 본 AI 텍스트 분류 모델을 이야기 속 문제 상황에 녹여낼 것이다. 노벨 엔지니어링은 단순한 블록 쌓기식 코딩 수업이 아니라 책 속 문제 해결이라는 수업 전체를 아우르는 맥락을 제공한다. 이러한 맥락 속에서 학생들은 자연스럽게 어떤 데이터를 수집해야 할지 깨닫게 된다. SNS상에서 나쁜 댓글로 인해 고통받는 주인공을 돕기 위해서는 좋은 댓글과 나쁜 댓글을 구분하는 인공지능이 있으면 좋겠다는 생각으로 연결되는 것이다. 학생들과 텍스트 데이터를 수집하기 전에, 책 속에서 나온 말들 중 좋은 말과 나쁜 말 데이터를 찾아보도록 한다. 그리고 학생들의 생활 속으로 확장시켜, 실제로 어떤 말들이 오가는지 성찰해 보고 AI 클린봇의 필요성을 느끼도록 해보자.

텍스트 데이터 수집하기

많은 데이터를 혼자 수집하려면 시간이 오래 걸리므로 학생들과 함께 데이터를 모으는 방법을 추천한다. 교실에서는 개별 포스트잇에 데이터를 적어 모으거나 모둠 활동을 통해 모둠 칠판에 데이터를 모으는 방법이 있다. 데이터를 수집한 후 학생들이 직접 자판을 쳐서 텍스트를 입력할 수도 있고, 교사가 파일의 형태(txt, csv)로 정리하여 학생들에게 제공할 수 있을 것이다.

그림 3-2-10 [텍스트 데이터 수집하기] 활동 모습(오프라인)

선플 데이터와 악플 데이터를 수집할 때 학생들이 비속어나 욕설을 적는 경우가 있다. 학생들이 악플 데이터에 욕설을 사용하지 않도록 하기 위해 활동의 목표는 데이터의 분류임을 상기시킨다. 선플이나 악플로 분류하기 어려운 데이터가 있는 경우 삭제를 하거나 [중립 단어] 클래스를 만들어 데이터를 따로 수집해도 좋다. 본 과정을 거치면서 학생들이 데이터 전처리의 중요성을 인식할 수 있도록 한다.

학생마다 개별 PC가 제공된다면 온라인 협업 도구(구글 문서, 구글 스프레드시트 등)를 활용하여 함께 데이터 목록을 작성해 보는 것도 좋다. 구글 문서에서 작업하는 경우 데이터 사이에 쉼표를 적어 각각의 데이터를 구별하도록 해야 한다. 구글 스프레드시트에서는 자신의 학급번호에 해당하는 행의 셀에 5개 정도의 데이터를 입력하라고 하면 동시에 접속해도 혼선 없이 데이터를 모을 수 있다. 수집한 데이터를 csv 파일로 내려받으면 각 셀의 데이터가 자동으로 쉼표로 구분되어 저장되는데, 이후 교사가 학생들에게 파일을 제공하거나 학생들이 직접 파일을 다운로드하는 방법을 안내할 수 있다. 파일의 형태는 구글 문서의 경우 txt

그림 3-2-11 협업 도구로 수집한 데이터를 파일로 내려 받기

로, 구글 스프레드시트의 경우 csv로 저장할 것을 유의하자.

학생들이 직접 모은 데이터로 인공지능 모델이 생성됨으로써 자연스럽게 활동에 주체성을 갖게 된다. 학생들과 직접 데이터를 수집하여 인공지능 모델 학습하기를 해보는 것을 추천하지만, 부담스럽게 느껴지는 경우 이 책에서 제공하는 파일을 이용할 수 있다.

AI 텍스트 분류 학습하기

수집한 데이터를 이용해 엔트리에서 텍스트 모델을 학습시켜보자. 모델 이름을 '선플 악플 분류'로 설정하고, '선플'과 '악플' 두 개의 클래스를 만든다. [클릭해서 데이터를 입력해 주세요.]를 클릭하여 학습 데이터를 입력하자. 입력창에 텍스트 데이터를 직접 입력해도 되고(①), 데이터 파일을 업로드해도 된다(②). 업로드 가능한 파일은 10MB 이하의 txt 또는 csv이니, 유의하도록 하자.

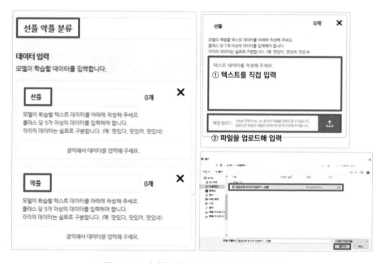

그림 3-2-12 '선플 악플 분류' 모델 학습시키기

[모델 학습하기]를 눌러 학습을 시킨 후, 오른쪽에 있는 [결과] 아래 빈칸에 텍스트를 입력하여

제대로 된 결과가 나오는지 확인해 보자. '항상 응원해'라는 텍스트를 입력하니 선플로 분류되었다. 그 외에 몇몇 텍스트를 더 시도해 보고, 만족할 만한 결과를 얻었다면 창 오른쪽 상단 [적용하기]를 누른다. 그럼 [분류: 텍스트] 모델이 적용되면서 사용할 수 있는 인공지능 블록

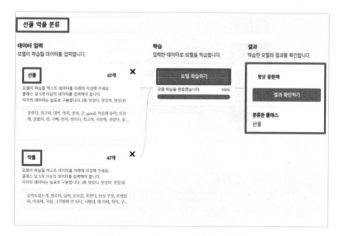

그림 3-2-13 텍스트 모델 학습시키기

이 생성되는 것을 확인할 수 있다.

3.4 창작물 만들기 노벨 엔지니어링 ④

그림 3-2-14 배경 및 오브젝트 디자인 예시

배경 및 오브젝트와 스토리 디자인하기

책 속 상황과 어울리는 배경과 오브젝트를 추가해 보자. 엔트리에서는 기본적으로 제공하는 배경과 오브젝트가 다양하여 책 속의 한 장면뿐만 아니라 실생활과 밀접한 모습을 꾸미는 것까지 가능하다.

학생들의 다양한 스토리 디자인을 위해 <그림 3-2-16>의 활동지를 활용하여 설계를 보조할 수 있을 것이다. 또한 이야기의 흐름을 생각하며 오브젝트들의 대사나 기능을 미리 고민해 보는 것도 이후의 프로그래밍에 도움이 된다.

그러면 AI가 등장하기 전 이야기 상황을 ▨ 을(를) ▨ 초 동안 말하기 ▨ 블록을 활용하여 그려내 보자. 2-3장에서 사용한 ▨ 다음 ▼ 장면 시작하기 ▨ 블록을 사용하면 장면마다 배경과 오브젝트가 달라지면서 다채로운 스토리를 제작할 수 있다. 장면 구성, 오브젝트, 대사 등은 학생마다 자유롭게 지정할 수 있도록 한다.

그림 3-2-15 스토리 디자인 예시

프로그램 과정 계획하기

만들고자 하는 프로그램의 과정을 말이나 글로 풀어서 작성해 보자. 엔트리 블록을 쌓아 프로그램을 만들기 전에 의사코드 기반의 활동을 해보면 전체 프로그램 과정을 머릿속에 그리기 쉬워진다.

텍스트 분류를 사용하여 선플과 악플을 분류하여 사이버 폭력을 예방할 수 있는 나만의 AI 클린봇을 설계하여 봅시다. 엔트리 화면에 추가하고 싶은 배경과 오브젝트를 설계하여 봅시다.

<사용할 배경과 오브젝트 설계>

이어질 뒷이야기를 생각하며 필요한 오브젝트와 기능을 생각하며 설계해봅시다.

필요한 오브젝트	기능
 예) 스마트폰	예) 주인공의 대사가 끝나고 스마트폰이 등장한다. 스마트폰을 클릭하면 장면이 넘어가고 단톡방 대화창이 뜬다.

그림 3-2-16 [AI 클린봇 설계하기] 활동지 예시

이와 같은 활동이 뒷받침된다면 학생들은 보다 복잡하고 자세하게 스토리를 구성할 수 있게 된다.

그림 3-2-17 **프로그램 진행 과정**(왼쪽)**과 실제 코드**(오른쪽)

이후 프로그래밍에 들어가기 전 <그림 3-2-18>처럼 코드의 재료가 되는 블록들을 교사가 미리 제시할 수 있다. 이 활동의 목표는 블록을 잘 쌓아서 코딩을 잘하는 것

그림 3-2-18 **학생 제공 씨앗 파일**

이 아닌 AI 블록을 활용하여 문제를 해결하는 것에 있기 때문이다. 필요하다면 사용 블록을 전부 결합하여 모듈 형태로 블록을 제공하는 방법도 좋다. 이렇게 하면 학생들이 코딩에 느끼는 부담이 줄어들어, 핵심에만 집중하면서 작품을 창작할 수 있게 된다.

우리는 미리 학습시킨 모델을 바탕으로 좋은

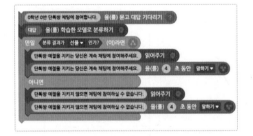

그림 3-2-19 **AI 클린봇 프로그래밍 완성 예시**

댓글과 나쁜 댓글을 분류해야 한다. 학습한 모델로 분류한 다음, 분류 결과가 좋은 댓글일 때와

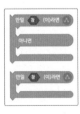

아닐 때(나쁜 댓글일 때) 각각 다른 결과를 넣는 것이다. 이렇게 선택형으로 프로그래밍을 하기 위해서는 블록들을 사용해야 한다. 이 블록들로 인공지능 텍스트 모델의 분류 결과에 따라 서로 다른 반응을 출력할 수 있다. <그림 3-2-17> 오른쪽과 같은 프로그래밍의 뼈대가 되는 구조를 학생들에게 제

공하고, 반응만 프로그래밍해볼 수 있도록 해도 좋다.

프로그래밍하기

프로그램에 필요한 핵심
적인 구조를 파악했다면
나머지는 자유롭게 설계
하도록 허용적인 수업 분
위기를 조성해 주자. 학
생들은 책 속 문제를 자
신의 문제 상황으로 가지
고 와서 다양하고 풍부한
작품들을 만들어낸다. 몇
작품을 예로 살펴보자.

첫 번째는 '댓글 매너를
지키도록 도와주는 핸드

그림 3-2-20 학생 산출물1 - 댓글 매너를 지키도록 도와주는 핸드폰 속 AI 클린봇

폰 속 AI 클린봇'이다. 이 작품은 마치 태블릿 PC를 연상하게 하는 디자인으로 장면이 변경되는
효과가 실제 앱과 같아 인상깊었다. 선플을 입력하면 댓글이 추가되었다는 대사와 함께 [장면2]
의 댓글 추가 성공 장면을 보여주고, 악플을 입력하면 타인을 비방하는 댓글은 입력이 제한된다
는 말과 함께 [장면3]의 댓글 추가 실패 장면을 보여주는 식으로 구성되었다.

두 번째 작품에서는 [읽어주기] 블록 중 `여성 ▼ 목소리를 보통 ▼ 속도 보통 ▼ 음높이로 설정하기` 를 활용했다. 선플
이 달렸을 때와 악플이 달렸을 때의 목소리를 다르게 설정한 것에서 학생의 재치를 엿볼 수 있었다.

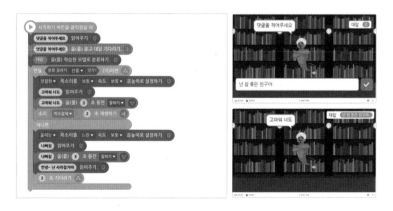

그림 3-2-21 학생 산출물2 - 선플/악플에 따라 목소리가 달라지는 AI 클린봇

세 번째 작품은 실생활에서 볼 수 있는 실시간 스트리밍 방송 장면을 표현했다. 왼쪽에 있는 텍스트 오브젝트는 실제 스트리밍 앱에서 사용자들이 채팅을 하는 것 같은 효과를 주어 이 작품을 체험하는 다른 학생들의 감탄을 자아냈다.

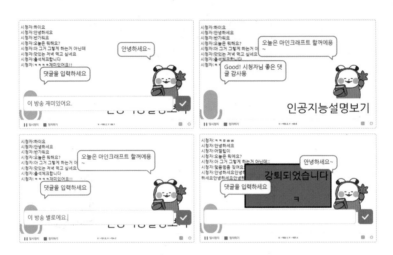

그림 3-2-22 학생 산출물3 - 악플러를 퇴장시키는 스트리밍 방송 AI 클린봇

기능 추가하기

텍스트 분류를 이용한 엔트리 작품을 만들었다면 기능을 추가하여 작품을 좀더 다채롭게 꾸밀 수 있다. 변수를 추가하여 '언어예절온도'를 표시하고 댓글의 종류에 따라 변하는 값을 나타내 보자.

· 변수 추가하기

변수란 여러 가지 값으로 변하는 수이다. 예를 들어 두더지 게임에서 두더지를 제대로 잡으면 10점, 20점, 30점…과 같이 점수가 오른다. 이처럼 임의의 값으로 변하는 수가 바로 변수이다. 변수는 값을 저장하는 상자와도 같은데, 예를 들어 '점수'라는 변수 상자에는 10점이 들어갈 수도 있고, 20점이 들어갈 수도 있다.

그림 3-2-23 변수 개념 이해하기

이때 변수 상자에는 정보를 한 가지만 저장할 수 있다는 점에 유의하자. <그림 3-2-23> 코드를 보면 변수를 10으로 정했을 때 엔트리 화면 왼쪽 상단에 변수 10이라고 출력되는 것을 볼 수 있다. 그런데 오른쪽 코드처럼 변수를 10으로 정한 후 또다시 변수를 20으로 정하는 블록을 연속하여 프로그래밍하면 원래 저장되어 있던 10은 사라지고 20만 남게 된다. 상자에 물건을 넣었다 뺐다 하듯이 변하는 정보를 저장할 수 있는 공간인 셈이다.

변수는 ? 에서 만들 수 있다. 제일 위쪽에 있는 [변수 만들기] 버튼을 누르면 상단의 탭이 속성 으로 바뀌면서 변수의 이름을 지정할 수 있는 화면이 나온다. [변수 이름] 아래 빈칸에 '언어 예절 온도'를 입력하고, [변수 추가] 버튼을 눌러보자.

그리고 나서 다시 블록 탭으로 나가면, ? 에 새 블록들이 생긴 것을 볼 수 있다. 기능은 다음과 같다.

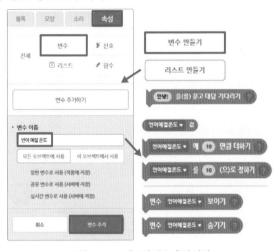

그림 3-2-24 엔트리 변수 추가 방법

- 언어예절온도 를 (으)로 정하기 : 변수 값을 설정해 준다. 작품(코드) 실행 시마다 언제나 같은 변수 값이 저장된다.

- 언어예절온도 에 만큼 더하기 : 변수 값을 증가시키거나 감소시킬 때 사용한다. -1, -2 같은 음수를 넣으면 뺄셈도 가능하다.

- 언어예절온도 값 : 변수의 값 자체다. 을(를) 말하기 나 + 블록 등에 넣어 폭넓게 사용 가능하며, (목록상자)를 클릭하여 값을 가져올 변수를 변경할 수도 있다.

지금부터는 선플을 입력하면 언어예절온도가 올라가고 악플을 입력하면 언어예절온도가 낮아지도록 만들어 볼 것이다. [시작하기]를 눌러 프로그램을 실행했을 때의 초기 변수 값을 설정하는 것이 매우 중요한데, 프로그램이 종료되었다가 다시 시작될 때 변수는 초기 설정값으로 돌아가기 때문이다. 분류 결과가 선플이면 언어예절온도에 10씩 더하고, 반

그림 3-2-25 언어예절온도 프로그램 코드 예시

대로 악플이면 10씩 뺄 것이다. 변수 블록에는 '빼기'가 없지만, 블록에 -10을 넣어 주면 뺄셈이 가능하다. 숫자값은 예시이므로 자유롭게 바꾸어도 좋다.

<그림 3-2-25> 코드의 실행화면은 <그림 3-2-26>과 같다. 언어예절온도 값은 처음에 30으로 설정되어 있고, '정말 멋져'라는 텍스트를 입력했을 때에는 선플로 분류하여 언어예절온도 값이 40으로 올라간다. 반면에 '너무 별로다'라는 텍스트를 입력했을 때에는 악플로 분류하여 언어예절온도 값이 20으로 내려가는 것을 확인할 수 있다.

그림 3-2-26 언어예절온도 프로그램 실행 화면 예시

2-3장에서 설명했던 장면 바꾸기 기능을 넣어서 언어예절온도 값이 0이 되었을 때에는 단톡방에서 퇴장했다는 경고창 장면으로 전환시키는 것도 가능하다.

그림 3-2-27 '단톡방 퇴장' 코드와 실행 화면 예시

3.5 이야기 바꾸어 쓰기 노벨 엔지니어링 ⑤

'13일의 단톡방' 이야기 바꾸어 쓰기

학생들은 사이버폭력 예방을 위해 AI 기술을 활용하여 스스로 해결책을 설계하고 창의적인 작

품을 만들었다. 멀게만 느껴졌던 AI 기술이 우리 생활 속의 문제를 돕는 데 쓰일 수 있다는 사실에 감탄도 했다. 내가 만든 창작물이 책 속에 등장한다면 어떻게 될까? 원래의 이야기에 자신이 만든 창작물을 등장시키는 것만으로 학생들은 즐거워한다. 자연스럽게 자신이 만든 AI기술을 활용하여 책 속 문제를 해결하는 이야기를 써 나가며 AI의 유용성을 발견할 수 있을 것이다.

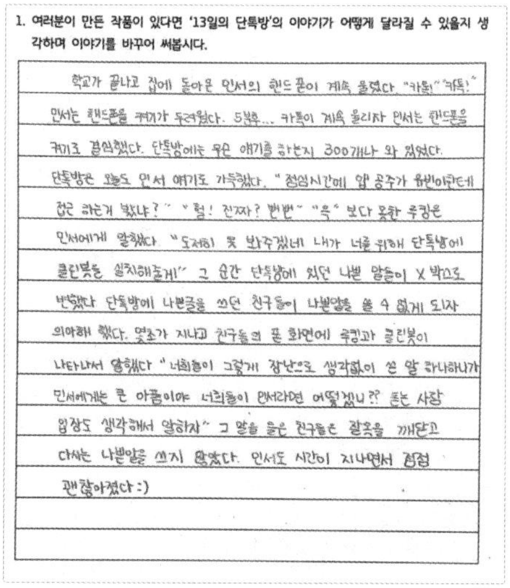

그림 3-2-28 [이야기 바꾸어 쓰기] 학생 산출물 예시

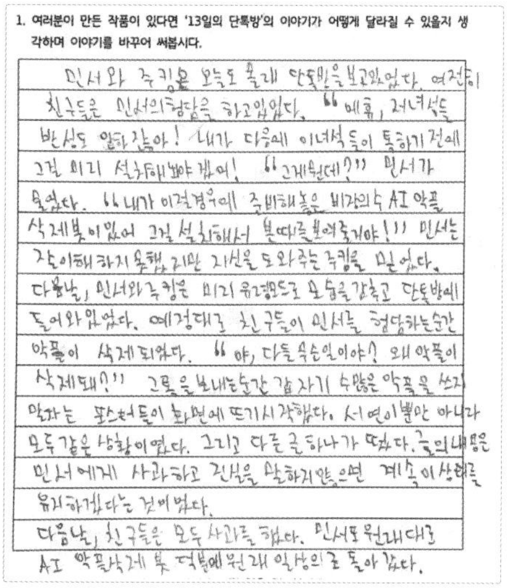

학생들은 이야기 속에 자신이 만든 AI 클린봇을 등장시켜 주인공의 문제를 해결하기 위해 노력했다. 첫 번째 이야기를 쓴 학생은 단톡방에서 여러 명이 한 명을 비난하는 상황을 바꾸어 주인공을 구해주고 싶다고 했다. 두 번째 이야기를 쓴 학생은 악플을 쓰는 사람들의 행동이 잘못됐음을 알리고자 악플 사용 경고 포스터를 화면에 띄우는 프로그램을 만들었다. 악플로 인해 상처 입은 학생의 속상한 마음을 대변해주고, 사과를 유도하여 피해자의 마음을 어루만져주고 싶었다고 작품을 만든 의도를 밝혔다. 단순히 악플을 숨기는 것에 그치지 않고 주인공의 마음을 대변하여 이야기를 하는 AI 클린봇이 따뜻하게 느껴진다.

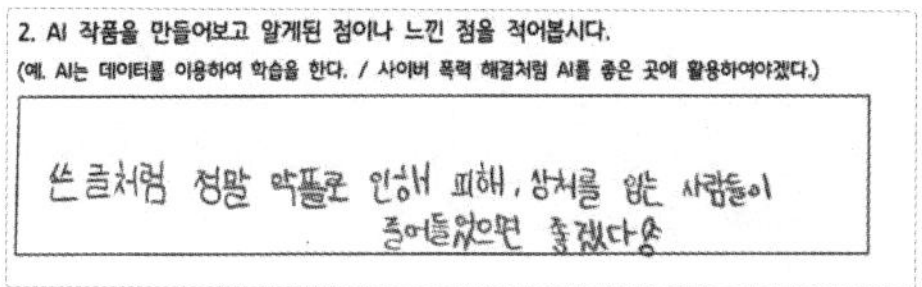

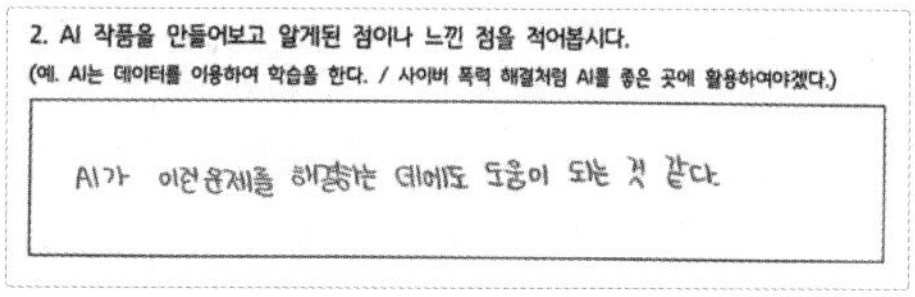

그림 3-2-29 학생들의 AI 클린봇 제작 소감

학생들은 자신들이 모은 데이터로 선플과 악플을 구별하는 프로그램을 만드는 것에 흥미를 느꼈으며, 인공지능으로 주인공을 돕는 과정에서 AI의 사회적 활용 방식을 내면화하는 모습을 보였다. 몇몇 학생들은 "이제《13일의 단톡방》수업 없어요?" 하며 수업이 끝나가는 것을 아쉬워했고, 교실에서도 나쁜 말을 쓰는 학생에게 "AI 클린봇 경고!"라는 말을 하는 등 실생활로의 확장도 이루어졌다. 이러한 프로그램이 진짜 생겨서 실제 우리 반 단톡방에서도, 교실에서도 나쁜 말로 인해 상처받는 사람들이 줄었으면 좋겠다는 의견도 나누었는데, 일련의 노벨 엔지니어링 프로젝트를 통해 인공지능을 가치 있게 사용해야 한다는 것을 깨달은 것으로 보인다.

사이버폭력 예방 캠페인 하기

《13일의 단톡방》이라는 책 속 상황이 학생들이 충분히 겪을 수 있는 내용이었기에, 사이버폭력 예방 포스터를 만드는 활동을 통해 학생들의 설계물과 실생활을 연결 지어주고자 했다. 학생들은 캠페인 전체 행사에 주인 의식을 갖고 참여했으며, 책 속 상황-문제 해결 과정-실생활을 아우르는 프로젝트의 마무리가 되었다.

그림 3-2-30 사이버폭력 예방 캠페인

04 수업에 날개 달기

이 수업에서 만든 AI 프로그램은 다양한 주제에 다채롭게 적용할 수 있다. 텍스트 데이터 기반 인공지능 모델로 펼치는 여러 가지 수업 디자인을 다음과 같이 제시하고자 한다.

4.1 감정 이해 교육 -내 마음을 알아주는 챗봇 설계하기

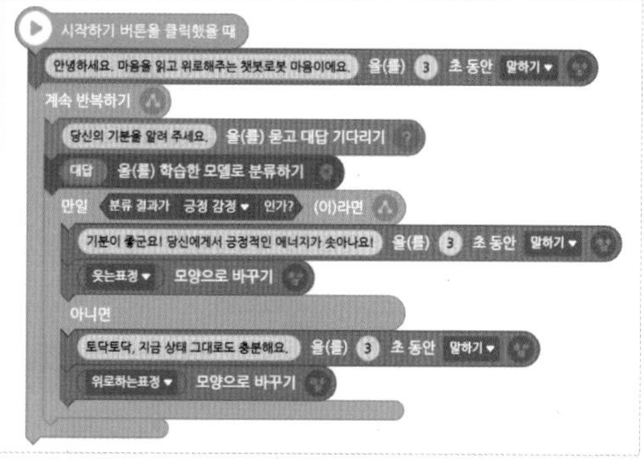

도서《나의 특별한 감정 수업(최태림 글| 시미씨 그림|M&Kids|2018)》은 생활 속 사 례들을 통해 여러 가지 감정들을 소개 하고 있다. 비슷한 감정, 반대되는 감정 을 알아보거나 감정 퀴즈를 푸는 등의 활동이 담겨 있어 도덕이나 자율활동 등 수업 활용도가 높다. 이 책을 읽고, 앞서 [텍스트 모델 학습하기]로 만들었던 감 정을 분류하는 인공지능을 활용하여 내 마음을 알아주는 챗봇을 만드는 활동을

그림 3-2-31 내 마음을 알아주는 챗봇 프로그램 예시

연계해 볼 수 있다. '긍정 감정'과 '부정 감정', 필요에 따라 '중립 감정'의 클래스를 만들고 학생들과 함 께 데이터를 수집해 보자. 분류 모델을 학습시키고 텍스트 데이터를 입력했을 때 각 클래스마다 다른 반응이 나올 수 있도록 프로그래밍하는 것이 핵심이다. 이를 위해서는 선택 구조로 프로그래밍을 하 면 된다.

수업 TIP

'긍정 감정'과 '부정 감정'은 인공지능이 인간의 다양한 감정을 보다 간단하게 파악하기 위해 분류하는 것임에 유의한다. '부정 감정'이라고 이름 붙인 감정들이 '나쁜' 감정이 아님을 안내할 필요가 있다. 책을 읽으며 다양한 감정들 중 함께 즐길 수 있는 감정도 있고 위로나 격려가 필요한 감정도 있다는 것을 이해해야 한다. 그리고 각 감정에 따라 어울리는 반응을 해줄 수 있도 록 감정을 분류해 본 뒤, 인공지능의 도움으로 감정 문제를 해결할 수 있을지에 초점을 두고 수업을 진행하도록 한다.

4.2 타교과 융합 -사회: 시대별 문화재 쏙쏙! 텍스트봇 만들기

텍스트 분류 인공지능 프로그램은 다른 교과 수업에도 연계하여 적용할 수 있다. 사회 교과의 역사 단원에서 학생들은 시대별 문화재에 대해 공부하게 되는데, 시대별 문화재를 그냥 암기하기보다 스 스로 인공지능 프로그램을 만들어보면 능동적으로 지식을 구성할 수 있을 것이다. 텍스트 분류를 위 해 시대별 문화재를 조사하고 분류하는 과정을 거치고, 만든 작품이 제대로 학습했는지 알아보거나 완성된 프로그램을 실행하는 과정 속에서 자연스럽게 시대별 문화재를 익힐 수 있다.

그림 3-2-32 시대별 문화재 쏙쏙! 텍스트봇 예시

4.3 학교 생활 적응 교육 -학교 안내 챗봇 만들기

스마트폰 속 인공지능 비서나 AI 챗봇과 같이 인공지능은 우리 생활 속에서 다양한 도움을 주고 있다. 따라서 수업 활동에 그치지 않고 인공지능 기술의 실생활 적용으로 확장해 보는 경험이 필요하다. 인공지능이 주는 도움을 학교로 확장해 보자. 입학한 지 얼마 안 된 1학년이나, 전학 와서 학교가 어색한 친구들을 위한 인공지능 챗봇이 있다면 어떨까?

이들을 돕기 위해 학교에 대해 알 수 있는 질문을 텍스트 데이터로 표현해 보고 그것을 분류해 보는 활동을 해볼 수 있다. 이렇게 만들어진 챗봇은 학생들이 궁금한 것을 물어봤을 때 분류 결과에 따라 적절한 대답을 해줄 것이다.

예를 들어 전학 온 친구가 학교 구조를 파악할 수 있도록 교실 위치를 알려주는 프로그램을 만들어볼 수 있다. '1학년 1반', '1학년 2반', '도서관', '행정실', '1-1'처럼 1층에 있는 교실들의 이름이 들어간 텍스트를 모아 '1층'이라는 클래스로 학습을 시키고 같은 방식으로 2, 3, 4, 5층에 대한 데이터를 학습시킨다. 물어본 내용에 맞게 층별 안내도를 보여줄 수 있도록 반응을 설정해 주면 간단한 챗봇이 완성될 것이다.

그림 3-2-33 **학교 안내 챗봇 프로그램 예시**

4.4 피지컬 컴퓨팅 확장 -[초코파이 보드] LED 작동시키기

AI 텍스트 분류에서 한 걸음 더 나아가 피지컬 컴퓨팅과 연결해 보자. 피지컬 컴퓨팅은 학생들이 만든 프로그램의 결과가 눈앞에 보이는 기기로 구동된다는 점에서 언제나 학생들의 호응이 높다. 여기서는 '초코파이 보드'라는 기기를 사용한다.

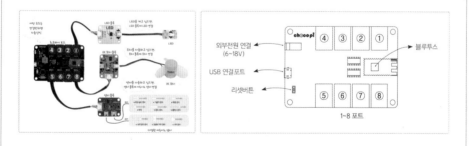

그림 3-2-34 **초코파이 보드 구조** (출처: 초코파이 보드 홈페이지)

초코파이 보드는 블록을 연결할 수 있는 8개의 포트가 있고, 여기에 LED블록, 모션블록, 터치블록, 서보모터블록, 센서블록, 컨트롤블록 등을 연결할 수 있다. 따라서 학생 수준에 맞게 다양한 설계물을 디자인할 수 있어 수업 활용도가 무궁무진하다. 단, 두 개 이상의 동일한 블록을 사용할 경우 포트 번호를 지정해서 프로그래밍해야 한다는 점에 유의하자. 포트 번호는 초코파이 보드 위에 표시되어 있다.

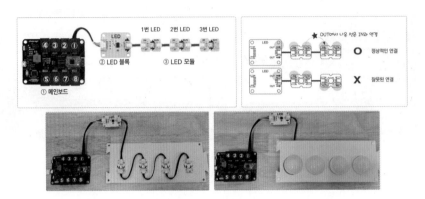

그림 3-2-35 초코파이 메인보드와 LED블록 연결 방법(위)과 초코파이 보드 LED등 완성 모습(아래)

다양한 블록 중 LED블록을 연결하여 앞에서 만든 프로그램을 보다 확장·발전시켜 보자. 초코파이 보드의 LED블록은 RGB값을 조정하여 빛의 색을 설정할 수 있다. Red, Green, Blue의 3가지 색상을 합성하여 다양한 색상을 생성한다. LED 밝기는 각 0~255까지 입력할 수 있다. 메인보드에 LED블록을 먼저 연결한 뒤에, 필요한 개수만큼 LED모듈을 연결한다. IN, OUT 방향에 유의하자. 연결된 순서에 따라 모듈에 1번, 2번, 3번…의 번호가 부여된다. 이 방법대로 LED를 연결하고 초코파이 보드에 동봉되어 있는 LED 커버와 판을 조립하면, 그럴 듯한 LED등을 만들 수 있다.

그림 3-2-36 AI 클린봇 초코파이 보드 LED 등 프로그램 코드(왼쪽)와 실행 모습(오른쪽)

이제 인공지능이 판단한 텍스트 분류 결과에 따라 LED를 다르게 빛내는 설계물을 확인해 보자. 코드를 살펴보면 댓글로 입력한 대답이 선플일 때와 악플일 때의 반응을 달리 하는 것은 본문 프로그램과 동일하다. 차이점은 선택 구조 안에 초코파이 보드의 LED값을 정하는 블록이 추가된 것이다. 선플이 입력되었을 때에는 댓글이 등록되면서 1번 LED의 RGB값이 각각 0, 255, 0으로 설정된다. G값이 밝기의 최대값인 255만큼으로 설정되어 있어 선플을 입력했을 때 1번 LED에 초록불이 들어오는 것을 확인할 수 있다.

악플이 입력되었을 때에는 2번 LED의 R값이 255로 설정되어 빨간불이 들어온다. 이렇게 피지컬 컴퓨팅을 활용하여 프로그래밍이 실생활로 연결되는 경험으로 수업을 확장시켜 보아도 좋다.

피지컬 컴퓨팅 교구와 엔트리 프로그램을 연결하기 위해서는 '엔트리 하드웨어'를 설치해야 한다. https://playentry.org/download/hardware에서 내려 받을 수 있으며, 연결된 후에도 '엔트리 하드웨어' 창을 종료시키지 않아야 연결이 유지된다.

Novel
Engineering

내 목소리를 알아듣는
나만의 요술 램프 만들기

소원을 들어주는 램프의 요정과 하늘을 나는 마법 양탄자, 신비롭고 환상적인 요소가 가득한 알라딘 이야기는 모두에게 사랑받는 명작 동화이다. 이 이야기는 '아라비안 나이트'라고도 불리는 인도-페르시아 설화집 《천일야화》에 그 뿌리를 두고 있다. 또 대표 애니메이션 제작사인 디즈니를 통해서도 만화와 영화로 각색될 정도로 이야기 자체의 매력이 크다.

이 장에서는 알라딘 이야기에 인공지능 기술과 디지털 보안을 접목하여 학생들의 상상력을 자극시켜 볼 것이다. 누구나 램프를 문지르기만 하면 쉽게 램프의 주인이 될 수 있다는 문제를 AI 기술로 보완하는 과정에서, 인공지능의 원리나 모델을 직관적으로 이해할 수 있게 된다. 여기에 디지털 보안이라는 관점을 더해 사고의 지평을 넓혀보자. 디지털 보안이란 컴퓨터나 스마트폰과 같이 네트워크가 연결되어 있는 공간에서 정보를 안전하게 지키는 것으로, 핸드폰 얼굴 인식 잠금이나 지문, 홍채 인식 등의 기술로 구현되고 있다. 미래의 빅데이터 사회를 살아갈 학생들에게는 개인 정보 유출이나 프라이버시 침해의 사회적 이슈를 이해하고,[1] 정보 보안 의식을 높이는 수업이 필요하다. 이러한 관점을 녹여 노벨 엔지니어링과 함께 프로젝트를 실시해 보자.

인공지능 돋보기

이 수업에서는 알라딘 이야기 속의 문제 상황을 찾아보고 내 목소리를 알아듣는 나만의 요술 램프를 설계해볼 것이다. 나와 다른 사람의 음성 데이터를 구분하는 인공지능을 설계하고 디지털 보안적 관점으로 확장시키는 경험은 학생들의 미래 사회 대응 역량을 길러줄 수 있다.

1.1 사운드 분류 알고리즘: CNN

소리를 분류하기 위해서는 인공지능 자체보다 오디오 신호 처리에 관한 이해가 선행되어야 한다. 사실 인공지능을 학습시키기 위해서는 질 좋은 데이터를 많이 확보하는 것이 필요하지만,

음성의 경우는 깨끗하고 명확하게 녹음된 음악, 안내 음성이 많지 않다. 또 개별적으로 녹음된 내용들은 정제되지 않은 소음을 많이 포함하고 있다. 따라서 이러한 소리를 분류하기 위해서는 목적에 맞는 다양한 전처리 과정이 필요할 수밖에 없다. 예를 들어 인공지능을 이용하여 음악 장르를 구분하고 싶다면 목소리를 제거하고 악기 소리를 분류하여 데이터로 사용해야 한다. 만약 음악 데이터들의 빠르기가 다양하여 분류를 불명확하게 만드는 요소가 된다면, 그 부분을 맞춰주는 선행 작업이 필요할 수도 있다. 혹시 음성을 기준으로 한다면 언어별로 광범위한 분량의 발음, 어조 등을 담은 데이터가 필요할 것이다.

사운드 분류에도 역시 많은 알고리즘이 활용되지만, 가장 대중적인 것은 CNN 방식이다. CNN 은 앞서 이미지 인식 알고리즘으로 소개했으나, 사운드 데이터에서도 활용되고 있다. 소리의 경우 파형$_{waveform}$이라는 것이 존재하는데, 진폭이나 주파수, 주기 등이 모두 다르다. 이러한 것을 시각적으로 표현하면 소리마다 각각 다른 그림이 나오게 되고, 최종적으로는 CNN 방식을 통해 파형을 분류할 수 있는 것이다. 소리의 파형을 확인하고 싶다면 크롬 뮤직랩의 Spectrogram을 이용할 수

그림 3-3-1 크롬 뮤직랩의 Spectrogram 시각화

있다. 예시로 지정되어 있는 악기 소리를 재생하면, 악기 내에서 같은 파형을 확인할 수 있을 것이다.

1.2 성취기준 및 인공지능 내용요소

- [6국 05-05] 작품에 대한 이해와 감상을 바탕으로 다른 사람과 적극적으로 소통한다.

- [6국 05-06] 작품에서 얻은 깨달음을 바탕으로 하여 바람직한 삶의 가치를 내면화하는 태도를 지닌다.

- [6실 04-09] 프로그래밍 도구를 사용하여 기초적인 프로그래밍 과정을 체험한다.

- [6실 04-11] 문제를 해결하는 프로그램을 만드는 과정에서 순차, 선택, 반복 등의 구조를 이해한다.

- [인공지능 원리와 활용:초등학교 5-6학년:기계학습 원리 체험] 인공지능이 적용된 교육용 도구를 통해 기계가 학습하는 과정을 설명할 수 있다.

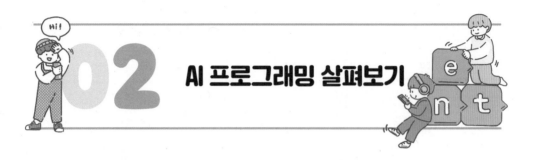

2.1 AI 모델 불러오기

인공지능 모델 학습하기: [분류: 소리]

먼저 로그인을 하고,  에서 [인공지능 모델 학습하기]를 선택한다. 이번 장에서는 [분류: 소리] 모델을 사용할 것이다. 만일 학생들이 이전에 이미지나 텍스트 분류를 경험해 보았다면, 보다 수월하게 모델 학습을 진행할 수 있다. 지도학습을 위해서는 양질의 데이터가 필요하다는 사실도 알고 있을 것이다. 음악 교과와 연계하여 '리코더'와 '칼림바' 악기 소리를 수집하고, 지도학습을 통해 두 종류의 소리를 구분하는 인공지능을 만들어보자.

그림 3-3-2 [분류: 소리] 인공지능 모델 불러오기

[학습하기]를 클릭하면 [소리 모델 학습하기] 창이 열린다. 구성은 대체로 다른 분류 모델들과 동일하다. 먼저 ①에서 새로운 모델의 이름을 '악기 소리 분류하기'로 정한다. ②에서는 어떤 소리를 분류할지 생각하여 클래스의 이름을 정하면 된다. 계획대로 '리코더'와 '칼림바'를 입력하자. [+클래스 추가하기] 버튼을 누르면 세 가지 이상의 악기 소리를 구별하도록 만들 수도 있다. ③에서는 소리 데이터의 녹음 시간을 지정할 수 있는데, 범위는 1~3초다.

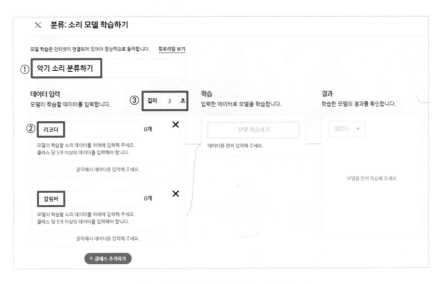

그림 3-3-3 **[분류: 소리] 모델 학습하기 창**

클래스 하단 [클릭해서 데이터를 입력해 주세요.] 문구를 클릭해 소리 데이터를 학습시켜보자. 학습할 소리 데이터는 각각 5개 이상씩 필요하다. 도서자료에서 제공하는 소리 파일은 '리코더' 소리와 '칼림바' 소리 각 10개씩이다. 소리 파일을 업로드하거나 직접 악기 소리를 녹음하여 각각의 클래스에 입력할 수 있다.

그림 3-3-4 **소리 데이터 입력하기**

클래스 아래 소리 데이터가 제대로 추가되었다면 화면 중앙의 [모델 학습하기] 버튼을 눌러 인공지능에게 데이터를 학습시키자. 소리 데이터의 학습은 이미지 데이터나 텍스트 데이터의 학습보다 시간이 훨씬 더 오래 걸리니 이 점에 유의하도록 한다.

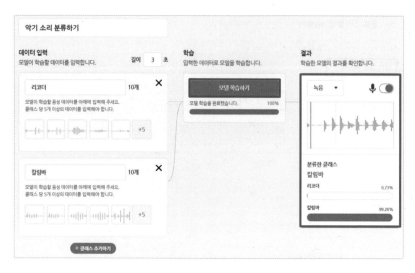

그림 3-3-5 리코더, 칼림바 소리 학습시키기

학습이 완료되면 화면 오른쪽에서 결과를 확인할 수 있다. 학습할 때 입력했던 데이터(학습용 데이터)가 아닌 새로운 데이터(결과 확인용 데이터)를 업로드하여 분류 결과를 점검해 보아도 좋다. 이때도 파일을 업로드하거나 직접 녹음을 하는 두 가지 방법을 모두 사용할 수 있다. 제대로 학습이 되지 않았다면 데이터의 양이 충분한지, 클래스에 알맞은 데이터가 제대로 제공되었는지 다시 전 단계로 돌아가 점검하는 시간도 필요하다. 보다 정교한 인공지능 모델을 만들고자 하는 학생들에게는 이 단계에서 충분히 탐색할 수 있도록 해주자.

[분류: 소리] 모델 인공지능 블록 생성하기

화면 상단의 [적용하기] 버튼을 누르고 나면, 이처럼 [분류: 소리 모델]이라는 분류와 함께 새로운 AI 블록이 생성된 것을 확인할 수 있다. 각 블록이 어떤 기능을 하는지 하나씩 살펴보자.

■ **학습한 모델로 분류하기** : 엔트리 인공지능이 학습한 모델로 데이터를 분류하도록 한다. 해당 명령어를 사용하면 데이터를 입력할 수 있는 창이 생성되고 업로드나 녹음을 통해 소리 데이터를 입력할 수 있다.

■ **분류 결과** : 인공지능이 분류한 결과값을 저장한다. **생김새** 의 **을(를) 초 동안 말하기** 블록 안에 넣어서, 분류 결과를 출력하는 프로그래밍에 활용할 수 있다.

■ **리코더 ▼ 에 대한 신뢰도** : 분류 결과의 신뢰도가 저장된다. 마찬가지로 단독보다는 **을(를) 초 동안 말하기 ▼** 등에 넣어서 분류 결과의 신뢰도를 설명해 주는 프로그래밍에 활용 가능하다. **▼** (목록상자)에서 신뢰도를 가져올 클래스를 선택할 수 있다.

- ◀분류 결과가 리코더 ▼ 인가?▶ : 분류 결과가 지정된 클래스와 일치하는지 확인한다. 대답에 따라 다른 동작을 하도록 프로그래밍할 수 있다. 주로 효름 블록과 함께 사용한다. ▼(목록상자)에서 다른 클래스를 선택할 수 있다.

2.2 AI 모듈 체험하기

모듈	실행 화면
시작하기 버튼을 클릭했을 때 / 계속 반복하기 / 학습한 모델로 분류하기 / 분류 결과 을(를) 2 초 동안 말하기 ▼ 1. [데이터 입력] 창을 띄운다. 2. 입력된 값을 학습한 모델을 사용해 분류한다. 3. 오브젝트가 분류 결과를 말해준다.	데이터 입력 / 업로드 ▼ / 파일 업로드 / ■ 작품 정지하기 ▮▮ 작품 일시정지 / 리코더
시작하기 버튼을 클릭했을 때 / 계속 반복하기 / 학습한 모델로 분류하기 / 만일 분류 결과가 리코더 ▼ 인가? (이)라면 / 리코더 ▼ 에 대한 신뢰도 과(와) 의 신뢰도 값으로 를 합치기 을(를) 4 초 동안 말하기 ▼ / 분류 결과 과(와) 로 분류되었어요 를 합치기 을(를) 4 초 동안 말하기 ▼ 1. [데이터 입력] 창을 띄운다. 2. 입력된 값을 학습한 모델을 사용해 분류한다. 3. 분류 결과가 특정 값일 때(리코더일 때) 신뢰도와 분류 결과를 알려준다.	0.9996916651725 769의 신뢰도 값으로 / 리코더로 분류되었어요.
시작하기 버튼을 클릭했을 때 / 계속 반복하기 / 학습한 모델로 분류하기 / 만일 분류 결과가 리코더 ▼ 인가? (이)라면 / 소리 아하 ▼ 재생하기 / 리코더 소리네요. '아하'를 재생합니다. 을(를) 4 초 동안 말하기 ▼ / 만일 분류 결과가 칼림바 ▼ 인가? (이)라면 / 소리 와우 ▼ 재생하기 / 칼림바 소리네요. '와우'를 재생합니다. 을(를) 4 초 동안 말하기 ▼ 1. [데이터 입력] 창을 띄운다. 2. 입력된 값을 학습한 모델을 사용해 분류한다. 3. 분류 결과가 리코더일 때 '아하' 소리를 재생하고, '리코더 소리네요. '아하'를 재생합니다.'를 4초 동안 말한다. 4. 분류 결과가 칼림바일 때 '와우' 소리를 재생하고, '리코더 소리네요. '와우'를 재생합니다.'를 4초 동안 말한다.	리코더 소리네요. '아하'를 재생합니다. / 칼림바 소리네요. '와우'를 재생합니다.

표 3-3-1 [분류: 소리] AI 기본 모듈 체험하기

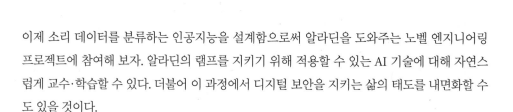

노벨 엔지니어링 수업 톺아보기

이제 소리 데이터를 분류하는 인공지능을 설계함으로써 알라딘을 도와주는 노벨 엔지니어링 프로젝트에 참여해 보자. 알라딘의 램프를 지키기 위해 적용할 수 있는 AI 기술에 대해 자연스럽게 교수·학습할 수 있다. 더불어 이 과정에서 디지털 보안을 지키는 삶의 태도를 내면화할 수도 있을 것이다.

차시	STEAM 준거틀	노벨 엔지니어링 수업 단계	활동
1~2차시	상황 관련 문제 정의	①책 읽기 ②문제 인식	- 《알라딘》 책 읽기 - 최악의 결말 예상하기 / 질문 릴레이
3~4차시	융합적 설계 및 문제 해결	③해결책 설계 ④창작물 만들기	- AI 소리 분류 학습하기 - 내 목소리를 알아듣는 나만의 요술 램프 만들기
5~6차시	자기주도 및 성찰	⑤창작물 공유 및 평가	- 나만의 요술 램프 홍보 포스터 만들기 - 작품 발표 및 평가하기

3.1 책 읽기 노벨 엔지니어링 ①

도서소개 알라딘

㈜블루앤트리 글 | ㈜블루앤트리 | 2022

신비로운 사막 속의 아그라바 왕국, 좀도둑 알라딘은 궁궐을 탈출한 술탄의 딸 자스민에게 한눈에 반한다. 한편, 알라딘은 사악한 마법사 자파의 의뢰를 받고 요술 램프를 찾아 나섰다가 동굴에 갇히게 된다. 동굴 속에서 요술 램프를 발견한 알라딘은 램프의 요정 지니와 마법 양탄자의 도움을 받아 동굴을 탈출한다. 지니의 힘을 빌어 자스민에게 청혼하기 위해 왕국으로 돌아온 알라딘은 그만 자파에게 요술 램프를 빼앗기고 마는데… 전 세계 아이들에게 사랑받는 디즈니 명작에 새로운 기술적 관점을 부여하여 색다른 수업을 진행해 보자.

3.2 문제 인식 노벨 엔지니어링 ②

최악의 결말 예상하기 / 질문 릴레이

문제 해결의 필요성을 느끼기 위해서, 발상을
뒤집어 최악의 상황을 가정해볼 수 있다. 알라
딘 속 문제가 해결되지 않았을 경우 어떤 최
악의 결말이 나타날 수 있는지 상상함으로써
해결의 실마리를 하나씩 풀어가도록 하자. 많
은 학생이 최악의 결말로 꼽은 것은 최고의
권력을 갖고 싶어 하는 악당 마법사 자파가
결국 술탄이 되어 왕국을 파멸에 이르게 한다

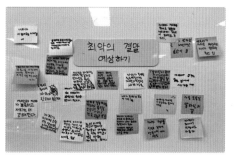

그림 3-3-6 [최악의 결말 예상하기] 활동 모습

는 내용이었다. 자파와 자스민이 원치 않는 결혼을 하게 되고 알라딘은 속수무책으로 그 상황을
지켜보면서 속이 탈 것이라는 내용, 자유롭고 주체적인 삶을 살고 싶었던 자스민이 자파에게 구
속되어 괴로운 나날을 보내다가 그만 죽게 된다는 내용, 자파가 알라딘을 조종하여 나쁜 짓을
하게 만들고 죄를 뒤집어 씌운다는 내용 등 다양한 결말 이야기를 들을 수 있었다.

> **수업 TIP**
>
> 최악의 결말을 예상하는 활동은 디자인 사고 기법 중 '어두운 면 생각하기'를 기반으로 구성했다. 상황을 가장 부정적으로
> 생각함으로써 목표에 가까이 다가갈 수 있다. 이야기의 위기 또는 갈등의 최고조에 달한 장면에서 책 읽기를 멈추고 이 활
> 동을 해보아도 좋다. 대부분의 학생이 알라딘의 결말을 알고 있지만, 나만의 결말을 상상하는 활동을 통해 몰입과 흥미를
> 끌어올릴 수 있을 것이다.

그렇다면 이렇게 최악의 결말에 다다르게 된 이유는 무엇일까? 모둠 친구들과 함께 [질문 릴레
이] 활동을 통해 그 원인을 찾아보자. '왜'라는 질문을 꼬리 물기로 따라가다 보면 자연스럽게
문제의 원인을 파악할 수 있다. 예를 들어 첫 번째 모둠은 "왜 지니가 자파가 절대권력을 갖도록
도와줬을까?"라는 물음에서부터 활동을 시작했다. 그 이유는 자파가 램프의 주인이 되었기 때
문이고, 램프를 차지하게 된 이유는 알라딘에게 램프를 빼앗았기 때문이었다. 학생들은 자연스
럽게 '왜'라는 질문에 대해 내렸던 답을 살펴보게 된다. 이윽고 알라딘이 램프를 잘 지켰으면 자
파가 절대권력을 갖게 되는 것을 막을 수 있었을 거라는 결론에 다다랐다.

두 번째 모둠은 자파가 자스민과 결혼하게 된 최악의 결말로부터 질문을 이어 나갔다. 자파는
램프를 완벽하게 빼앗기 위해 알라딘을 먼 곳으로 보냈고, 알라딘은 자스민과 자파의 결혼을 막

을 수 없었던 것이다. 더 나아가 학생들은 자파의 권력에 대한 욕망을 분석하여, 램프를 빼앗기지 말아야 한다는 해결책 외에도 자파의 1인자가 되려는 욕심을 내려놓도록 도와야 한다는 방법도 제시했다. 마지막 모둠은 자파가 지니를 인간으로 만들어 주고 해방시켜 주는 척하다가 없앤다는 무시무시한 시나리오를 상상했다. 결국 자파가 절대적인 권력을 얻게 된 것은 램프를 훔쳐서 자신의 것으로 만들었기 때문이고, 이 문제를 해결하기 위해서는 램프를 뺏기지 않아야 한다는 결론을 내렸다.

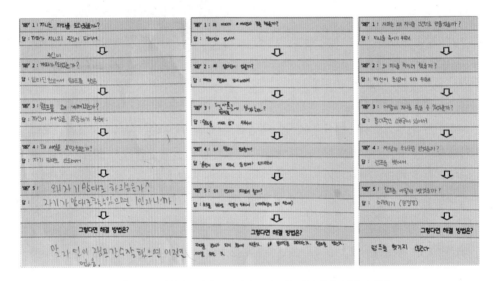

그림 3-3-7 학생들이 알라딘의 결말로 진행한 [질문 릴레이] 활동 예시

그렇다면 램프를 빼앗기지 않기 위해서는 어떻게 해야 할까? 학생들에게 '내가 알라딘이라면' 램프를 어떻게 지킬 것인지 생각해 보도록 했다. 가장 먼저 "램프는 중요한 물건이니까 안 보이는 곳에 꽁꽁 숨겨 놓는다."는 의견이 나왔다. 이 의견에 기술적인 생각을 보태 "최첨단 시스템이 적용된 안전한 금고에 넣어 두자."는 의견도 등장했다. 이때 교사는 "최첨단 시스템에는 어떤 것들이 있을까?", "최첨단 시스템에 적용해볼 만한 새로운 기술에는 어떤 것들이 있을까?" 등의 물음을 던져 학생들의 기술적 사고를 촉진해줄 수 있다. 얼굴 인식, 홍채 인식, 지문 인식처럼 기존에 개발된 기술 외에도 목소리 인식, 세포 인식까지 다양한 상상까지 확인할 수 있었다. 하지만 램프를 금고에 넣고 다니면 바로 쓰지 못하는 불편함이 있다는 반박이 등장했다. 이에 대한 보완책이 없을까? 디지털 보안적 관점을 더하여 핸드폰처럼 물건 자체에 '잠금 설정'을 걸어 두는 것이 효율적일 것이다. 이에 음성 분류를 더하여 AI 잠금장치를 프로그래밍해 보자.

수업 TIP

학생들은 램프를 안전하게 만들기 위한 기술로 지문이나 홍채 인식, 얼굴 인식, 미리 지정해둔 동작 감지 등 다양한 아이디어를 제시했다. 이 장에서는 오디오 분류를 통해 보안장치를 개선하는 활동을 진행하지만, 학생들의 아이디어로도 다양한 AI-STEAM 수업을 그려 나갈 수 있다. 예를 들어 주인의 얼굴과 주인이 아닌 얼굴의 데이터를 학습시켜서 Face ID와 같은 얼굴 인식 장치를 설계할 수도 있고, 1-4장에서 설명한 티처블 머신의 포즈 인식 기능을 통해 동작을 감지하는 잠금 장치로 구현하는 등 다양한 확장이 가능할 것이다.

3.3 해결책 설계 노벨 엔지니어링 ③

AI 기술 이해하기

디지털 대전환의 시대로 넘어오면서 '디지털 보안'이라는 키워드가 대두되고 있다. 이러한 시대적 흐름을 이해하고 창작물 설계를 하게 되면 학생들은 자신이 만든 작품의 가치를 더 잘 표현할 수 있다.

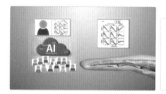

그림 3-3-8 ETRI 바이오인식 기술 (출처: 한국전자통신연구원)

먼저 디지털 보안이 왜 필요한지, 어떤 방식으로 이루어지고 있는지 관련 영상을 시청해 보자. 제시한 영상은 전자통신연구원이 개발한 생체 인식 기술에 관한 것이다. 음성 인식, 얼굴 인식에서 더 나아가 세포 및 조직의 복잡한 특징을 이용함으로써 복제가 원천적으로 불가능한 강력한 사용자 인증 기술을 만든다. 또는 디지털 보안의 필요성과 방식에 대해 학생들이 직접 조사하는 활동으로 이어가도 좋다. 이를 통해 기술 발전의 현주소를 알 수 있으며 가까운 미래에 상용화되는 모습을 그려볼 수 있을 것이다.

수업 TIP

여러 TV 뉴스에서 이 기술에 대해 보도했으므로, 뉴스 영상을 보여주면 이해가 더 쉬울 것이다.

 '생체 인증의 진화…지문·홍채 대신 뼈·근육으로 식별' (출처 : KBS뉴스 https://youtu.be/1GjxqcNqJdl)

 '복제 불가능한 '생체인식' 기술 개발' (출처 : YTN https://youtu.be/2zChUhL8IZY)

다양한 보안 기술 중 이 장에서 만들어볼 것은 엔트리를 활용한 소리 분류 모델이다. 소리 분류 모델을 만들기 전에, 실제로 목소리 인증 기술과 연관 지어 사고해볼 수 있도록 도와주자. 현재 사람마다 다른 성문을 취득한 뒤, 이를 계속 활용하여 별도의 정보 요구 없이 자연스러운 대화만으로 본인 인증이 가능한 '음성 본인 인증' 서비스가 개발되어 여러 기업에서 제공되고 있다.

그림 3-3-9 한 통신사가 제공하고 있는 '목소리 인증' 서비스 (출처: https://gov.kt-aicc.com/user/sv)

여러 영상을 통해 인공지능의 학습 원리를 더 자연스럽게 이해하고 체득하도록 도울 수 있다.

'IBK기업은행 음성본인확인 서비스'
(출처 : 2020 동아재테크·핀테크쇼
https://youtu.be/AHMsu_TCUq4)

'[콜센터 DX] AICC – KT고객센터
사례 (Short ver.)'
(출처 : KT Enterprise https://youtu.be/
tyZVCxpTVF0)

AI 소리 분류 학습하기

이제 엔트리 소리 모델을 학습시킬 차례이다. 이 소리 모델의 목표는 '내 목소리'와 '다른 목소리'를 분류하는 것이다. 따라서 짝 활동으로 하여 서로의 목소리를 각각의 클래스에 수집하는 것을 권한다. 활동 진행에 앞서 몇 가지 사전 안내를 하는 편이 좋다. 가령 목소리를 수집할 때의 유의사항을 알려주지 않으면 학생들은 의성어와 같은 의미 없는 말을 하거나 과장된 어조가 어색한 높낮이로 꾸며진 목소리를 내기도 한다. 일상적인 어투와 단어들로 데이터를 수집하는 것이 오히려 소리 분류 모델 학습에 더 효과적임을 알려주자. 평서문처럼 말끝이 내려가는 경우, 질문처럼 말끝이 올라가는 경우 등 말의 높낮이가 다양한 데이터를 수집할 수 있도록 해도 좋다.

입력할 말의 꾸러미를 학생들에게 제공할 수도 있다. '안녕하세요.', '반갑습니다.', '지금 몇 시인가요?', '제 이름은 OOO입니다.', '오늘 날씨가 참 좋네요!', '오늘 아침에 무엇을 먹었나요?', '인공지능 수업은 정말 재미있어요!' 등이다.

유의사항을 숙지했다면 [소리 모델 학습하기] 창을 불러온다. 모델의 이름을 '내 목소리를 인식하는 AI 보안 장치'로 설정하고, [내 목소리]와 [짝꿍 목소리]라는 두 개의 클래스를 만들어 보도록 한다. 클래스마다 5개 이상의 데이터를 입력한 뒤에, [모델 학습하기] 버튼을 눌러 학습을 완료한다. 새로운 데이터를 입력하여 제대로 된 결과가 나오는지를 확인해 보고, 만족할 만한 결과를 얻었다면 오른쪽 위의 [적용하기] 버튼을 누르면 된다.

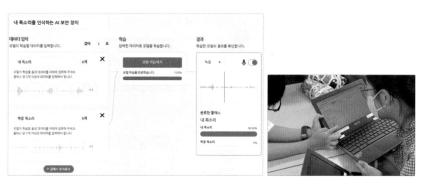

그림 3-3-10 [AI 소리 모델 학습하기] 학생 활동 모습

수업 TIP

목소리 데이터를 녹음할 때 같은 성별로 이루어진 팀보다는 남-녀로 이루어진 팀의 학습 신뢰도가 더욱 높게 나타나는 경향을 보였다. 같은 성별로 이루어진 팀 중에서는 결과가 제대로 나오지 않은 경우도 있었으니, 수업 전 짝을 구성하는 데 참고하자. 한정된 수업 시간 내에 인공지능의 음성 지도학습 모델을 만드는 것은 쉽지 않은 일이니, 3-1장에서 소개한 것처럼 직관적인 이미지 데이터를 활용하는 선택 사항을 제공해도 좋을 것이다.

3.4 창작물 만들기 노벨 엔지니어링 ④

배경 및 오브젝트와 스토리 디자인하기

이제 오브젝트와 배경을 추가하여 알라딘 이야기를 엔트리로 구현해 보자. 다양한 장면을 구성하는 과정 속에서 학생들의 재치를 엿볼 수 있다. 어떤 학생들은 이야기 속 장면을 꾸미고 내 목소리를 알아듣는 요술 램프가 있다면 이야기가 어떻게 달라질지 생각하여 오브젝트를 배치했다. 또 알라딘 이야기를 현대판으로 재구성하여 요술 램프 대신 비밀 상자 오브젝트를 사용하기도 했다. 이처럼 배경과 오브젝트를 구성할 때 교사가 개방적인 태도로 이를 허용해 준다면 학생들은 실생활 속 장면을 연출하여 배움과 삶을 연결 짓기도 한다. 이렇듯 학생들이 창의력을 발휘하여 작품을 완성할 수 있도록 조력자의 역할을 해줄 필요가 있다.

그림 3-3-11 배경 및 오브젝트 디자인 예시

알라딘 이야기 속 문제 상황을
[ ] 을(를) [ ] 초 동안 말하기▼ 블록
을 활용하여 그려내 보자. 다
채로운 스토리를 위하여 장면
구성, 오브젝트, 대사 등은 학
생마다 자유롭게 표현할 수
있게 한다.

프로그램 과정 계획하기

말이나 글로 먼저 나타낸 후
코드를 보면, 엔트리를 처음
접하는 학생들도 쉽게 이해하

그림 3-3-12 스토리 디자인 예시

는 모습을 보인다. 이렇게 의사코드를 작성해 보면 프로그래밍에 부담을 느끼는 학생이 스토리
를 펼쳐 나가는 데 도움을 줄 수 있다.

그림 3-3-13 프로그램 진행 과정(왼쪽)**과 실제 코드**(오른쪽)

노벨 엔지니어링 기반 AI 수업의 목표는 학생들이 코딩을 잘하게 만드는 것이 아니라 AI 블록을
체험하고 활용하면서 문제 해결 경험을 갖게 하는 것이다. 따라서 문제 해결에 필요한 핵심적인
부분에 집중하여 작품을 창의적으로 만들어볼 수 있도록 하는 것이 중요하다. <그림 3-3-14>처럼
코드의 재료가 되는 블록들을 미리 나열하거나 어느 정도 조립된 형태로
제공해도 좋다.

미리 학습시킨 모델을 바탕으로 내 목소리와 짝꿍의 목소리를 분류해야
한다. 분류 결과가 내 목소리일 때와 아닐 때(짝꿍의 목소리일 때) 각각 다
른 결과를 넣는 것이 이 프로그램에서 핵심이 되는 선택 구조다. 선택 구

그림 3-3-14 학생 제공 씨앗 파일

조로 프로그래밍을 하기 위해서는 [블록] 의 블록들을 사용할 수 있다.

핵심 선택 구조를 파악했다면 선택 구조 안에 들어가는 블록들을 학생들이 창의적으로 쌓아보도록 지도한다. <그림 3-3-13> 오른쪽과 같이 블록을 모듈 형태로 제시하고 빈 부분만 학생들이 채워보도록 해도 좋다.

그림 3-3-15 완성된 '나만의 요술 램프' 프로그램 예시

프로그래밍하기

프로그래밍에 필요한 핵심 블록을 확인하고 선택 구조 흐름까지 파악했다면 나머지 부분은 학생들이 자유롭게 설계하도록 해주자. 노벨 엔지니어링 속 맥락에 빠져들면, 학생마다 재미있는 기능을 추가하기도 하고, 실생활로도 확장하여 창의적인 작품들을 만들어 내기도 한다.

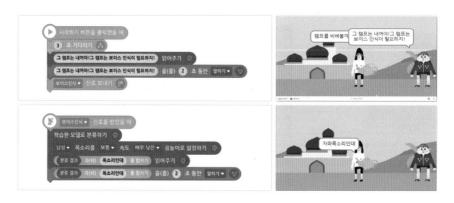

그림 3-3-16 학생 산출물1 - 주인 목소리를 인식하는 요술 램프

알라딘 이야기 속 상황을 AI 음성 분류 요술 램프로 해결하는 학생 작품 예시를 다음과 같이 소개한다. 첫 번째 작품(<그림 3-3-16>)은 램프를 비벼 지니를 불러 내려는 자파에게, 램프에 보이스 인식(음성 분류) 장치가 걸려 있어서 소용없다고 말해 주는 알라딘의 모습이 나온 후, 목소리를 입력했을 때 누구의 목소리인지 알려주는 장면으로 구성되어 있다.

두 번째 작품(<그림 3-3-17>)은 알라딘과 램프를 차지하기 위해 대치하다가 끝내 램프를 차지한 자파가, 손가락으로 램프를 문지르고는 암호 잠금이 걸려 있어 당황하는 모습을 담아냈다. 특히 음성 분류 장치가 있는 램프의 잠금을 풀지 못하고 도망가는 자파의 모습을 우스꽝스럽게 표현하여 다른 학생들에게 재미를 주기도 했다.

그림 3-3-17 학생 산출물2 - 요술 램프 잠금에 당황해 도망치는 자파

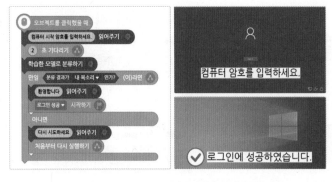

그림 3-3-18 학생 산출물3 - 컴퓨터 앱 '지니'에 로그인하기

세 번째 작품은 알라딘을 현대판으로 각색했다. 컴퓨터 속 '지니' 앱을 사용하기 위해서 목소리로 로그인하는 장면을 표현했는데, 실제 기술과 유사도가 높아 친구들에게 많은 칭찬을 받았다.

학생들은 이야기 속의 문

제 상황을 해결하기 위한 방법으로 AI 모델을 활용했는데, 이 과정은 맥락 없이 분절적으로 코드를 짜보는 것과는 울림이 다른 경험으로 남을 것이다. 또 AI 기술을 활용하여 램프의 잠금 장치를 제작하는 과정에서 자연스럽게 디지털 보안 의식으로도 수업 방향을 연결할 수 있다. 이렇게 이야기 속에만 그치지 않고 AI 기술이 어떠한 도움이 될 수 있는지 파악하는 것은 노벨 엔지니어링이 갖는 매력이 아닐 수 없다.

기능 추가하기

알라딘 이야기에서는 램프에 입력된 목소리가 내 목소리일 때 지니가 등장한다. 이 장면을 구현하기 위해 신호 기능을 활용하면 오브젝트 간의 상호작용을 만들어 장면을 다채롭게 꾸며볼 수 있다.

- ### 신호 기능으로 오브젝트 상호작용 구현하기

신호란 어떤 오브젝트가 원하는 때에 다른 오브젝트 블록이 동작할 타이밍을 알려주는 기능이다. 게임할 때 쓰는 조이스틱을 떠올려보자. 왼쪽 화살표 키를 누르면 게임의 주인공 오브젝트가 왼쪽으로 움직이고, 오른쪽 화살표 키를 누르면 오른쪽으로 움직인다. 이는 오브젝트 간 서로 신호를 전달함으로써 가능하다. 즉, 신호란 오브젝트끼리 주고받는 대화라고도 할 수 있다.

신호를 추가하려면 우선 엔트리 블록 꾸러미 상단의 속성 탭에 들어가야 한다. 여러 속성 타일 중 [신호]를 선택하고 [신호 추가하기] 버튼을 누르면 아래에 설정 칸이 생긴다. [신호 이름](예에서는 '지니 나와라')을 입력한 뒤 [신호 추가]를 누르면 된다. 설정 칸이 사라지고 [지니 나와라]가 나타나면 제대로 추가된 것이다.

그림 3-3-19 엔트리에 신호 추가하기

다시 블록 탭으로 나가 보면, 시작 에 신호와 관련된 블록들이 활성화된 것을 볼 수 있다. 처음에는 [대상 없음]이던 자리가 추가한 '지니 나와라'로 변경되어 있다.

그림 3-3-20 엔트리의 신호 블록들
(위: 기본 상태, 아래: 활성화 상태)

지니 나와라 ▼ 신호를 받았을 때 블록은 신호를 받았을 때 아래에 연결된 명령을 실행시킨다. 지니 나와라 ▼ 신호 보내기 는 신호를 보내는 블록이며, 지니 나와라 ▼ 신호 보내고 기다리기 는 신호를 보내고, 해당 신호를 받는 블록들의 실행이 끝날 때까지 기다리는 블록이다. 모두 ▼(목록상자)를 클릭해 신호를 변경할 수 있다.

신호를 추가했다면 이제 다른 오브젝트에 신호를 보내어 동작하도록 프로그래밍해 보자. 예를 들어 램프 오브젝트의 선택 구조에서 음성 암호가 올바르게 입력되었을 때 '지니 나와라' 신호를 보낼 수 있다. 다음 코드에서 ▇모양 숨기기▇ 블록은 오브젝트를 실행 화면에서 숨겨, 프로그램 시작 시에 램프 요정 오브젝트의 모습이 보이지 않도록 해준다. 내 목소리를 제대로 입력하여 '지니 나와라' 신호를 보낸다면, 램프 요정 오브젝트가 신호를 받아 휘파람 소리를 재생한 후, ▇모양 보이기▇ 블록을 통해 실행 화면에 모습을 드러내게 된다.

그림 3-3-21 신호 기능을 통한 오브젝트 간 상호작용 예시

이때 ▇속성▇ 탭에서 만들어 둔 신호 옆 화살표를 클릭하면, 어떤 오브젝트들이 신호를 보내고 받는지를 한 눈에 확인할 수 있다. 만약 신호를 받았을 때 여러 개의 오브젝트를 작동시키고 싶다면, 다른 오브젝트를 추가하고 ▇지니 나와라▼ 신호를 받았을 때▇ 블록 아래에 명령 코드를 입력하면 된다.

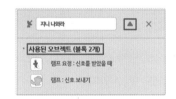

그림 3-3-22 신호가 사용되는 오브젝트 확인하기

신호 기능 없이 두 개 이상의 오브젝트가 호응하도록 만들려면 하나의 오브젝트가 명령을 수행하는 시간을 계산하여 ▇초 기다리기▇ 블록으로 구현해야 한다는 불편함이 있다. 오브젝트의 동작 시간을 일일이 계산하지 않고 간결한 프로그래밍을 할 때나, 블록의 선택 구조에 따라 명령을 내리고자 할 때 신호 기능이 유용하게 쓰일 것이다.

3.5 이야기 바꾸어 쓰기 노벨 엔지니어링 ⑤

나만의 요술 램프 홍보 포스터 만들기

학생들이 만든 창작물을 공유하고 발표하는 과정은 매우 의미 있는 경험이다. 스스로 만든 작품 속에 적용된 인공지능의 원리를 자신의 언어로 나타내는 과정에서 학습의 내면화가 일어나고 배움을 성찰할 수 있다. 글이나 그림으로 표현하는 과정에서 AI와 관련된 개념에 대해 충분히 이해할 수 있으며 인공지능이 가지는 유용성에 대해서도 인식하게 되는 것이다. 이번에는 'AI 요술 램프 홍보전'이라는 가상의 상황을 설정하고, 학생들이 만든 '나만의 요술 램프' 작품을 홍보하는 포스터를 제작해 보도록 했다.

첫 번째 포스터는 마이크가 달린 램프가 음성을 인식하여 주인이 맞는지 판단하는 모습을 표현했다. "소중한 내 친구"라는 대사에서도 알 수 있듯이 소중한 것을 지키는 방법으로써 AI 기술을 활용했다는 의도가 담겨 있어, 활동을 통해 기술의 유용성을 확인한 것을 엿볼 수 있었다. 두 번째 포스터는 학생이 만든 인공지능 음성 분류 잠금 장치를 컴퓨터에 설치하여 실생활에서 사용하는 상황을 가정했다. 이 학생은 엔트리 프로젝트 역시 컴퓨터 로그인 화면처럼 구성했는데, 실제 기술로 구현 가능성이 매우 높아 호응이 좋았던 작품이다. 노벨 엔지니어링 수업을 통해 자신의 설계물에 애착을 가지고, 작품의 실용성을 강조하며 포스터 발표를 하는 모습이 인상적이었다.

그림 3-3-23 실제 학생 제작 요술 램프 홍보 포스터들

04 수업에 날개 달기

이 장에서 다룬 AI 소리 분류를 여러 가지 수업에 확장해 보자. 말투, 억양 등의 비언어적 표현과 관련하여 바른 언어 교육을 진행해도 좋고, 관련 윤리 이슈로 토론도 가능하다. 더 나아가 피지컬 컴퓨팅과의 연계도 고려해볼 만하다. 이렇듯 노벨 엔지니어링을 통해 하나의 인공지능 학습 모델로 다양한 수업의 날개를 달 수 있다.

4.1 생태 이해 교육 - 동물 울음소리 분류 로봇 만들기

《푸른 사자 와니니(이현 글 | 오윤화 그림 | 창비 | 2015)》는 온책읽기 도서로 자주 선정되어 다양한 수업에 활용되고 있는 그림책이다. 와니니가 혼자 숲으로 가는 과정에서 낯선 동물들을 많이 만나게 되는데, 이 동물들의 울음소리를 분류하여 와니니를 도와주는 인공지능을 만들어보면 어떨까? 인공지능이 소리를 분류

그림 3-3-24 동물 울음소리 분류 로봇 예시

하게 하는 핵심은 같으며 분류한 소리 값이 어떤 동물이냐에 따라 서로 다른 반응을 프로그래밍하는 선택 구조를 사용해볼 수 있다. 울음소리 데이터를 입력하면 AI가 어떤 동물인지 분류한 뒤, 분류한 동물에 대해 와니니에게 설명해 주는 로봇을 만들어 보자.

4.2 바른 언어 사용 교육 -말투를 분류하는 AI 프로그램 만들기

창의적 체험활동과 연계하여 바른 언어 교육을 심도 있게 진행해 보자. 대화할 때는 언어적 표현도 중요하지만, 표정, 억양, 말투 등의 비언어적 표현을 함께 지도할 필요가 있다. 억양이나 말투 데이터를 수집하여 인공지능 모델로 만드는 프로젝트를 진행해 보는 것은 어떨까?

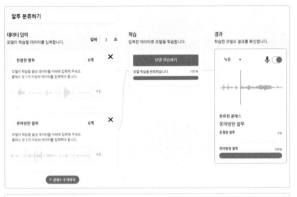

그림 3-3-25 **말투 분류 모델 학습 화면**(위)과
말투 분류 AI 프로그램 예시(아래)

수업 TIP

엔트리의 소리 분류 모델은 같은 목소리로 두 개의 클래스를 구분하는 것에 정확도가 떨어진다. 하지만 억양의 차이를 확실하게 주어 학습한다면 충분히 분류가 가능하니, 이 점에 유의하여 데이터를 학습시키도록 하자.

4.3 AI 윤리 토론 -디지털 보안과 인공지능의 역설

디지털 보안은 미래 사회의 필수적인 이슈로 디지털 공간 속 정보의 안전성에 관한 내용이다. 알라딘 이야기에서 다뤘던 것처럼 인공지능의 학습 원리를 적용한 보안 강화 장치는 데이터를 보호하는 데 도움을 주지만, 역설적이게도 정확한 AI를 설계하기 위해서는 데이터를 수집하고 활용하는 것이 필수적이다.[2]

인공지능을 만들기 위해서 수집하는 데이터에는 문제가 없을까? 예를 들면 인공지능이 학습하는 데이터 중 저작권이나 개인 정보를 침해하는 내용이 있을 수 있다. 이미 이와 관련한 사생활 침해 문제가 발생하기도 했는데, 가정에서 사용하는 인공지능 스피커가 사람들의 대화를 명령으로 인식하여 가족 간의 사적 대화를 저장된 연락처로 잘못 발송하는가 하면, 미국의 스마트폰 회사가 사용자의 위치 정보와 지도 검색 내용을 무단으로 수집해 온 사실이 밝혀져 논란이 일기도 했다.

이처럼 우리가 생활 속에서 이용하는 인공지능 서비스를 만들 때 어떤 정보가 수집되었을지를 생각해 보는 과정은 학생들의 윤리 의식을 고취시킨다. 스마트폰 속 사진을 인물별로, 또는 위치별로 정리해 주는 인공지능은 어떤 정보를 수집하여 만들어진 것일까? 이러한 서비스는 사람들의 얼굴 이미지 정보와 위치 정보를 수집했을 것이다. 또 유튜브에 있는 추천 영상 시스템은 어떤 정보를 기반으로 나에게 영상을 제공하는 걸까? 추천 알고리즘은 시청한 동영상을 통해 사용자의 나이, 성별 등의 개인 정보를 파악하고 분류하고 있다. 인공지능이 서비스를 위해 수집한 정보들이 외부로 유출된다면 어떤 피해가 발생할까? 이러한 문제의 윤리적인 측면을 제시하면서 학생들의 다양한 의견을 들어보고, 데이터의 수집과 활용에 있어서 비판적으로 사고할 기회를 제공할 수 있다.

4.4 피지컬 컴퓨팅 확장 -[핑퐁로봇] 연결하여 피지컬 요술 램프 만들기

피지컬 도구를 활용하면 AI 음성 보안 장치에서 한 걸음 더 나아가 실제로 동작하는 장치를 구현할 수 있다. 여기서는 큐브 형태로 다양한 설계물을 만들 수 있는 핑퐁로봇을 소개하고자 한다. 핑퐁로봇은 한 개의 큐브만을 가지고도 소프트웨어, 인공지능, 메이커 교육 등으로 무한히 확장할 수 있는 교육용 로봇이다. 큐브와 링크를 조립하여 수백 가지의 로봇을 만들 수 있으며, 컴퓨터나 스마트 기기에 연결하여 직접 프로그래밍하는 것도 가능하다.

그림 3-3-26 핑퐁로봇 구조도 (출처: https://roborisen.com/company/makers.php)

우리는 한 개의 큐브와 서보모터를 이용해서 올바른 암호를 입력했을 때 뚜껑이 열리는 요술 램프를 만들어 볼 것이다. 순서는 이렇다. 먼저 종이컵과 뚜껑을 만들 색종이를 준비하고, 서보모터에 동그랗게 오린 색종이를 붙인다. 그리고 서보모터와 핑퐁로봇을 연결하고, 종이컵에 부착하면 피지컬 램프 만들기는 완성이다. 선택 구조를 사용하여 음성 분류 결과가 '열림(내 목소리)'일 때와 아닐 때 반응을 다르게 프로그래밍하는 것은 동일하다. 서보모터의 기본값을 0으로 지정하고, 분류 결과가 열림일 때 180으로 변경하여 색종이 덮개가 열리도록 해보자.

그림 3-3-27 피지컬 요술 램프 프로그램(왼쪽)**과 실제 요술 램프 동작 모습**(오른쪽)

스스로 프로그래밍하여 움직이는 기기를 눈앞에서 볼 때 학생들의 반응은 폭발적이다. AI 프로그래밍이 피지컬 도구로 확장되는 경험을 통해 학생들은 인공지능 기술을 적용한 제품이나 물건의 활용 가능성에 대해서 인식하게 된다. 여기서 제시한 핑퐁로봇 확장 방안은 한 개의 큐브로 진행한 간단한 설계로, 학급 수준에 따라 발전시킬 수도 있을 것이다.

수업 TIP

피지컬 컴퓨팅 교구와 엔트리 프로그램을 연결하기 위해서는 '엔트리 하드웨어'를 설치해야 한다. 핑퐁로봇이 하나라면 임의로 번호 '00'을 입력하고, 핑퐁로봇의 버튼을 한 번 눌러서 연결이 가능하다. 그렇지만 두 개 이상의 핑퐁로봇을 연결할 때에는 'PingPong'이라는 앱을 이용하여 같은 번호를 부여해 주어야 한다.

그림 3-3-28 엔트리 하드웨어로 핑퐁로봇 연결하기

Novel
Engineering

오늘의 옷차림 추천
AI 프로그램 설계하기

정보통신 기술의 발달로 말미암아 매 순간 대량의 데이터가 발생하고 있다. 이처럼 데이터가 넘쳐나는 사회에서는, 필요한 부분만 가려내어 가공하고 활용할 수 있는 능력인 '데이터 리터러시'가 요구된다.[1] 실생활 사례로 서울특별시의 심야버스 노선을 살펴보자. 서울시는 휴대전화의 통화 이력 데이터를 활용하여, 심야 시간대에 사람이 많이 모이는 곳을 정류장으로 선정했다. 이렇듯 숫자의 나열에 불과한 데이터를, 맥락에 맞게 분석하고 필요한 문제를 해결함으로써 생활에 도움이 된다는 가치를 부여할 수 있다.

우리도 주변에서 얻을 수 있는 데이터를 의미 있게 재탄생시키는 것은 어떨까? 데이터에 생명을 불어넣기 위해서는 이를 분석해야 하는 맥락과 활용할 만한 상황이 필요할 것이다. 이때 노벨 엔지니어링을 활용한다면 책 속 상황과 데이터 활용을 연결할 수 있는 유의미한 문제 상황을 제공할 수 있다. 또 더 나아가 실생활 사례와도 연결한다면 유의미한 데이터 리터러시 함양 프로젝트가 가능하지 않겠는가.

01 인공지능 돋보기

이 수업에서는 데이터 분석 기능을 적용한 엔트리 AI 블록을 사용하여 기온에 맞는 옷차림 추천 프로그램을 설계해볼 것이다. 우리 생활 속에서 흔하게 접할 수 있었던 '기온' 데이터를 이용하여 새로운 시각으로 문제를 해결해 보는 경험은 학생들에게 데이터 활용의 신세계를 열어줄 것이다.

1.1 분류 알고리즘: KNN

분류Classification는 지도학습에 포함되는 개념으로, 라벨(정답)이 붙은 데이터들의 위치를 학습하여 카테고리를 나누는 작업을 뜻한다. 카테고리가 나눠진 후, 기존 데이터가 분류된 영역에 따라 새로운 데이터의 위치가 정해지게 된다. 대개 독립변수(특징)로는 연속형 자료가 쓰이고, 종속변수로는 범주형 자료를 사용한다. 타이타닉 사례로 예를 들어보자. 생존자와 사망자 정보를 이용하여 분류를 시도한다면 독립변수는 탑승자들의 나이, 선실 등급(1, 2, 3), 성별, 탑승요금, 함께 탄 가족의 수 등이 될 것이고, 종속 변수는 생존 또는 사망이 될 것이다. (여기에서 선실 등급이나 성별은 연속형 자료가 아니기에, 분석을 위해 0과 1 등의 숫자로 바꾸어 코딩한다.)

분류 알고리즘은 다양한 양상으로 전개되며 가장 기본적인 것은 거리를 기반으로 하고 있다. 그 중 KNN~K-Nearest Neighbor 알고리즘에 대해 소개할 것이다. 독립변수들을 차원으로 하는 공간상에 데이터를 올려놓고 거리가 얼마나 가까운지 측정하는 방식(만약 1개의 독립변수라면 수직선에, 2개의 독립변수라면 좌표평면에 올린다고 상상하면 된다.)으로 동작하는 이 알고리즘은, 새로운 데이터가 들어오면 유클리드 방식으로 거리를 잰다. 새 데이터 포인트로부터 가장 가까운 순서대로 K개를 골랐을 때, A로 분류되는 자료가 더 많다면 새로운 데이터는 A로 분류된다. 반대로 B로 분류되는 자료가 더 많으면 B로 분류하는 방식이다. 따라서 라벨링이 된(정답이 붙어 있는) 자료들이라면 쉽게 KNN을 수행할 수 있다.

KNN 알고리즘을 사용할 때는 데이터 간 거리에 주의해야 한다. 타이타닉 예시에서 독립변수가 탑승자들의 나이와 동승자 수라고 가정하자. 나이는 대략 0부터 80 정도의 거리 차이가 나지만, 함께 탄 사람의 수는 많아봐야 0부터 5로 거리 차이가 많이 나지 않는다. 그렇다면 실제 어떤 영향을 주었든 간에 나이가 훨씬 더 중요한 변수로 작용할 것이다. 거리 기반 알고리즘을 사용할 때에는 자료 간의 척도를 서로 평균적으로 맞춰주는 정규화 작업이 꼭 필요하다.

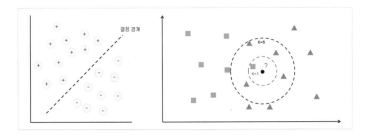

그림 3-4-1 **분류의 일반적 설명**(왼쪽)과 **KNN 알고리즘**(오른쪽)

1.2 성취기준 및 인공지능 내용요소

- [6실 02-03] 옷의 기능을 이해하여 때와 장소, 상황에 맞는 옷차림을 적용한다.

- [6실 04-10] 자료를 입력하고 필요한 처리를 수행한 후 결과를 출력하는 단순한 프로그램을 설계한다.

- [6실 04-11] 문제를 해결하는 프로그램을 만드는 과정에서 순차, 선택, 반복 등의 구조를 이해한다.

- [인공지능 원리와 활용:초등학교 5-6학년:기계학습 원리 체험] 인공지능이 적용된 교육용 도구를 통해 기계가

학습하는 과정을 설명할 수 있다.

● [인공지능 원리와 활용:초등학교 5-6학년:데이터 경향성] 제시된 데이터를 통해 새로 입력된 데이터의 결과를 예측할 수 있다.

02 AI 프로그래밍 살펴보기

2.1 AI 모델 불러오기

인공지능 모델 학습하기: [분류: 숫자 (kNN)]

9가지 인공지능 모델 중 이번 장에서는 [분류: 숫자 (kNN)] 모델을 사용할 것이다. [분류: 숫자] 모델은 입력된 데이터를 가장 가까운 이웃 데이터를 기준으로 분류해 주는 모델이다. 앞에서 학습했던 이미지, 텍스트, 음성은 비정형 데이터였다면 이번엔 숫자로 이루어진 정형 데이터를 다룬다는 점에서 차이가 있다.

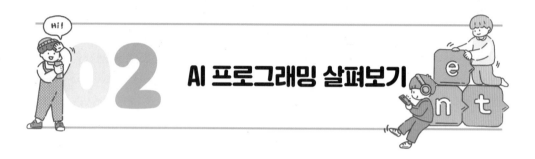

그림 3-4-2 [분류: 숫자 (kNN)] 인공지능 모델 불러오기

[인공지능 모델 학습하기] 메뉴에서 [분류: 숫자 (kNN)] 모델을 선택, [학습하기]를 클릭하면 <그림 3-4-3>과 같은 창이 나타난다.

그림 3-4-3 [분류: 숫자 (kNN)] 모델 학습하기 창

[테이블을 선택해 주세요.]라는 목록상자를 마주하지만 아직 선택이 불가능할 것이다. 모델을 학습시키기 전에 에서 테이블 추가가 선행되어야 한다. [테이블 불러오기]를 눌러 데이터 분석에 필요한 테이블을 추가해 보자. [테이블 추가하기] 창에서 엔트리가 제공하는 다양한 예시 데이터를 확인할 수 있다. 우리는 가장 아래에 있는 '펭귄 예시 데이터'로 연습할 것이다.

그림 3-4-4 [테이블 불러오기] 창

'펭귄 예시 데이터'를 추가하면 종, 서식지, 부리 길이, 부리 깊이, 날개 길이, 몸무게, 성별 등의 자료가 테이블에 입력된 것을 확인할 수 있다. [적용하기] 버튼을 누르면 테이블 추가가 완료된다.

그림 3-4-5 펭귄 예시 데이터 테이블 추가

테이블에서 확인할 수 있는 종은 Adelie(아델리펭귄), Chinstrap(턱끈펭귄), Gentoo(젠투펭귄)인데, 각 펭귄의 생김새는 <그림 3-4-6>과 같다. 그림을 보면 펭귄별로 부리의 특징이 다름을 알 수 있다. 우리는 '부리 길

그림 3-4-6 (왼쪽부터) **아델리펭귄, 턱끈펭귄, 젠투펭귄**

이'와 '부리 깊이' 데이터를 이용하여 펭귄의 품종을 구분하는 예제를 체험해볼 것이다.

이제 〔인공지능〕으로 돌아가서 학습 모델을 만들어보자. [숫자 (kNN) 모델 학습하기] 창에서 ▼ 를 눌러 모델 학습에서 사용할 '펭귄 예시 데이터' 테이블을 선택하면, 앞 테이블에 있던 속성들 ('종', '서식지', '부리 길이', '부리 깊이', '날개 길이', '몸무게', '성별') 중 '부리 길이', '부리 깊이', '날개 길이', '몸무게' 4개 속성이 표시되는 것을 확인할 수 있다. '종', '서식지', '성별'은 문자로 이루어진 비정형 데이터이기에 숫자 분류 모델에는 표시되지 않는다.

아래 칸의 [핵심 속성]은 독립변수에 해당하며, 모델이 학습할 기준이 된다. 사용할 속성 이름을 클릭하면 자동으로 추가된다. 아래 [클래스 속성]은 종속변수로, 입력한 데이터가 분류될 속성을 정하는 것이다. 오른쪽 화살표(▾)를 누르면 열리는 목록 상자에서 선택 가능하다. 우리는 부리의 특징으로부터 펭귄의 종을 분류하기로 했으므로, [핵심 속성]으로는 '부리 길이'와 '부리 깊이' 데이터를, [클래스 속성]으로는 '종' 데이터를 선택하면 된다.

그림 3-4-7 **숫자** (kNN) **모델 데이터 입력하기** (왼쪽: 입력 전, 오른쪽: 입력 후)

모델을 학습시키기 전에 이웃 개수의 설정이 필요하다. ①[이웃 개수]는 kNN 알고리즘의 k를 의미하는 것으로, 입력한 데이터 근처에 있는 k개의 데이터를 분석하여 다수 데이터가 속한 클래스에 새로운 데이터를 분류하게 된다. 적절한 이웃 개수는 데이터의 개수와 분류하려는 클래스 개수에 따라 달라질 수 있으므로 다양한 수를 입력해서 확인해봐도 좋다. 단, 짝수를 입력할 경우 동점이 나올 수 있으므로 홀수로 입력하는 것을 추천한다.

여기서는 이웃 개수를 5개로 설정했다. 이웃 개수를 조정하여 학습 조건을 설정했다면 ②[모델 학습하기] 버튼을 눌러보자. 이미지 데이터를 사용할 때와는 달리 학습이 순식간에 이루어지는 것을 확인할 수 있다. 학습이 완료되면 "모델 학습을 완료했습니다."라는 문구가 뜰 것이다.

이제 인공지능 모델의 분류 기능을 테스트해볼 것이다. ③[테스트]에 아델리

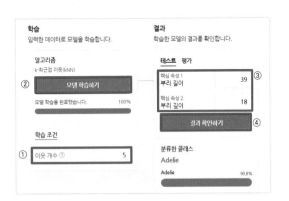

그림 3-4-8 **학습 결과 확인하기**

펭귄의 부리 길이(39.1)와 부리 깊이(18.7) 값을 입력해 보자. 소수는 입력이 안 되므로, 여기서는 소수점 이하를 버림하여 부리 길이(39)와 부리 깊이(18) 값을 각각 입력했다. ④[분류 결과 확인하기]를 누르면 아델리펭귄Adelie으로 정확하게 분류해내는 것을 볼 수 있다. 다른 테스트 값으로 여러 번 확인해 보는 시간을 주어도 재미있다. 분류 결과의 신뢰도가 떨어진다면 이웃 개수를 조정하여 새롭게 학습시켜 보는 것도 가능하다.

[분류: 숫자 (kNN)] 모델 인공지능 블록 생성하기

화면 상단의 [적용하기] 버튼을 누르고 나면, 이처럼 [인공지능]에 [분류: 숫자 (kNN) 모델] 분류와 함께 새로운 AI 블록이 생성된 것을 확인할 수 있다. 각 블록이 어떤 기능을 하는지 하나씩 살펴보자.

모델 다시 학습하기 : 테이블을 수정하거나, 이웃 개수를 바꾸는 등 변경 사항이 있다면 모델을 다시 학습시켜야 한다. [인공지능 모델 학습하기] 창을 띄우지 않고도 다시 학습하게 해주는 블록이다.

▪ 모델이 학습되었는가? : 모델의 학습 여부를 참과 거짓으로 판단하는 블록이다. 만일 참 (이)라면 ∧ 블록과 함께 프로그래밍할 수 있다.

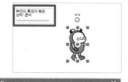

▪ 모델 보이기 ▼ : 모델의 학습 상태가 실행 화면에 나타난다. ▼ (목록상자)를 조작해 숨길 수도 있다.

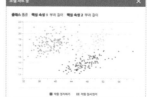

▪ 모델 차트 창 열기 ▼ : 모델을 학습시킬 때 입력한 데이터와 이를 바탕으로 분류한 클래스를 2차원 좌표평면에 차트(그래프)로 나타낸 창을 열 수 있다. 핵심 속성이 1개이거나 3개 이상일 경우 2차원 좌표평면에 표현이 불가능하므로 이 블록은 나타나지 않는다.

▪ 이웃을 ◯ 개로 바꾸기 : 이웃 개수를 입력값으로 바꾼다. 이 블록을 사용했을 경우, 모델을 다시 학습하게 해야 변경된 이웃 개수가 반영된다.

▪ 부리 길이 ◯ 부리 길이 ◯ 의 분류 결과 : 학습 결과를 확인할 때 값을 입력했던 것처럼 핵심 속성값을 입력하여 모델이 분류한 클래스를 가져오는 값 블록이다.

▪ 부리 길이 ◯ 부리 길이 ◯ 의 Adelie ▼ 에 대한 이웃 개수 ▼ : 분류 결과에 대한 이웃 개수를 나타내는 값 블록이다.

▪ 부리 길이 ◯ 부리 길이 ◯ 의 분류 결과가 Adelie ▼ 인가? : 핵심 속성을 입력하여 나온 분류 결과 클래스와 설정한 클래스의 일치 여부를 참과 거짓으로 판단하는 블록이다. ▼ (목록상자)에서 판단할 클래스를 선택할 수 있다.

2.2 AI 모듈 체험하기

모듈 및 순서	실행 화면
시작하기 버튼을 클릭했을 때 / 모델 차트 창 열기 ▼ / 4 초 기다리기 ∧ / 모델 차트 창 닫기 ▼ 1. 학습 데이터와 분류 결과를 차트(그래프)에 나타낸 창이 열린다. 2. 차트 창이 열린 상태로 4초 동안 유지된다. 3. 차트 창을 닫는다. (차트 창을 닫지 않으면 실행 화면 전체에 차트 창이 열려 있어 다음 실행 장면을 확인하기 어렵다.)	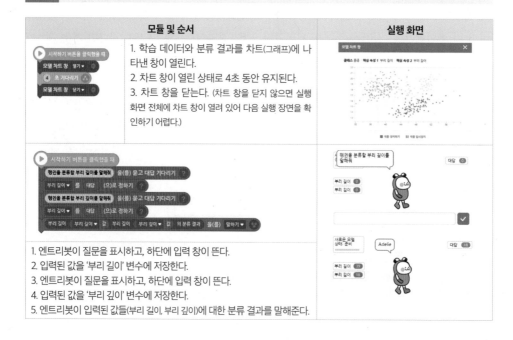

시작하기 버튼을 클릭했을 때
펭귄을 분류할 부리 길이를 말해줘 을(를) 묻고 대답 기다리기 ?
부리 길이 ▼ 를 대답 (으)로 정하기 ?
펭귄을 분류할 부리 깊이를 말해줘 을(를) 묻고 대답 기다리기 ?
부리 길이 ▼ 를 대답 (으)로 정하기 ?
부리 길이 부리 길이 값 부리 길이 부리 길이 ▼ 의 분류 결과 을(를) 말하기 ✎

1. 엔트리봇이 질문을 표시하고, 하단에 입력 창이 뜬다.
2. 입력된 값을 '부리 길이' 변수에 저장한다.
3. 엔트리봇이 질문을 표시하고, 하단에 입력 창이 뜬다.
4. 입력된 값을 '부리 깊이' 변수에 저장한다.
5. 엔트리봇이 입력된 값들(부리 길이, 부리 깊이)에 대한 분류 결과를 말해준다.

1. 엔트리봇이 질문을 표시하고, 하단에 입력 창이 뜬다.
2. 입력된 값을 '부리 길이' 변수에 저장한다.
3. 엔트리봇이 질문을 표시하고, 하단에 입력 창이 뜬다.
4. 입력된 값을 '부리 깊이' 변수에 저장한다.
5. 입력된 값들에 대한 분류 결과를 '분류된 클래스' 변수에 저장한다.
6. 엔트리봇이 '분류된 클래스' 변수에 저장된 값을 말해준다. (여기서는 분류 결과가 Adelie(아델리)였으므로 Adelie로 출력된다.)
7. 엔트리봇이 Adelie 분류 결과에 대한 이웃 개수를 말해준다.

1. 이웃 개수를 10개로 바꾼다.
2. 변경한 이웃 개수를 반영하도록 모델을 다시 학습시킨다.
3. 이하 설명은 앞에서 학습한 내용과 같다.

표 3-4-1 [분류: 숫자 (kNN)] AI 기본 모듈 체험하기

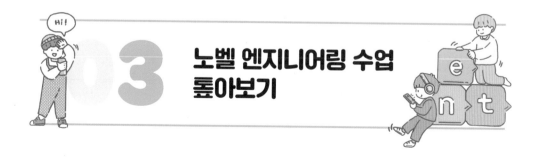

노벨 엔지니어링 수업 톺아보기

데이터의 존재는 분석과 활용을 통해 가치가 더해진다. 노벨 엔지니어링 수업을 통해 데이터를 생활 속에서 사용할 수 있는 유의미한 도구로 만들어보자. 마주한 문제를 해결하기 위해 데이터

를 활용하는 과정에서 학생들의 문제 해결 능력과 사고력을 고양시켜줄 것이며, 더 나아가 실생활과 유의미한 연계를 통해 데이터 리터러시까지 신장시킬 수 있을 것이다.

차시	STEAM 준거틀	노벨 엔지니어링 수업 단계	활동
1차시	상황 관련 문제 정의	①책 읽기 ②문제 인식	- 《내 마음대로 입을래!》 책 읽기 - 옷차림 탐구생활
2~4차시	융합적 설계 및 문제 해결	③해결책 설계 ④창작물 만들기	- 데이터 준비하기 - 오늘의 옷차림 추천 AI 프로그램 만들기
5~6차시	자기주도 및 성찰	⑤이야기 바꾸어 쓰기	- 애플리케이션 스토어 등록하기 - '내 마음대로 입을래!' 뒷이야기 쓰기

3.1 책 읽기 노벨 엔지니어링 ①

내 마음대로 입을래!

임다은 글 | 홍그림 그림 | 리틀씨앤톡 | 2021

예지는 다섯 살 때부터 스스로 옷을 골라 입어 왔기 때문에, 스스로의 패션 센스에 대한 자부심이 높다. 얼른 학교에 가서 주말에 새로 산 봄 옷을 자랑하고 싶어 잠까지 설쳤는데 꽃샘추위가 온다고? 엄마는 따뜻하게 입고 가라고 하시지만 예지는 예쁘게 입고 싶다. 옷을 입는 건 엄마가 아니라 바로 나니까! 엄마의 설득을 꺾고 힘차게 학교로 나섰지만 너무 추워서 예지가 할 수 있는 것은 아무것도 없다.

이 책의 내용은 어린아이뿐만 아니라 또래집단기의 청소년까지도 공감이 가능한 주제로, 옷의 기능보다는 남에게 보여지는 겉모습에 치중하는 이야기를 다루고 있다. 이 책을 통해 학생들이 자신의 의생활을 되돌아보며 때와 장소에 맞는 옷차림의 중요성을 느낄 수 있을 것이다.

3.2 문제 인식 노벨 엔지니어링 ②

옷차림 탐구생활

예지가 그토록 원하던 새 옷을 입어도 기분이 좋지 않았던 이유는 무엇일까? 바로 날씨에 맞지 않는 옷을 입어 너무 추웠기 때문이다. 이런 예지를 위해 <그림 3-4-11>에 제시된 활동지를 활용하여 날짜에 맞는 날씨를 추측하여 이에 어울리는 옷차림을 추천해 주자. 8월은 더운 여름이기 때문에 반팔과 반바지를, 1월은 추운 겨울이기 때문에 패딩을 떠올리기 쉽다. 하지만 일교차가 큰 봄, 가을에는 매일 기온이 조금씩 달라져 선뜻 옷차림을 고르기가 쉽지 않을 것이다. 추울까봐 옷을 두툼하게 입고 나왔는데 햇빛이 좋아 덥게 느껴졌거나, 반대로 가볍게 입고 나왔는데 추위를 느꼈던 경험은 누구에게나 있지 않을까? 옷차림 탐구생활 활동을 통해 책 속 문제와 자신의 경험을 연결시켜 보도록 하자.

그림 3-4-9 [옷차림 탐구생활] 학생 산출물 예시

학생들 역시 8월과 1월의 옷차림은 쉽게 그려 나갔지만 11월의 옷차림은 결정하지 못하고 고민하는 모습을 보였다. 친구들과 결과물을 비교해봐도 재미있다. 같은 11월이지만 어떤 친구는 얇은 긴팔 옷을, 어떤 친구는 두꺼운 털 점퍼를 코디한 것을 확인할 수 있다. 이때 교사는 해당 활동과 기온 데이터의 필요성을 연결시켜줄 필요가 있다. 옷차림을 결정하기 위해 참고할 수 있는 수치 데이터가 있다면 어떨까? 옷차림을 결정하는 데에 도움이 되지 않을까?

3.3 해결책 설계 노벨 엔지니어링 ③

데이터 준비하기

봄, 가을이 되면 인터넷에서 '기온별 옷차림'과 같은 게시물을 자주 접할 수 있는데, 이는 많은 사람이 기온에 따른 옷차림을 고민하고 있음을 시사한다. 이렇게 단순히 인포그래픽으로 만드는 수준에서 더 나아가, 인공지능 기술을 활용하여

그림 3-4-10 기온별 옷차림
(출처: 한국에너지공단 페이스북)

[옷차림 탐구생활]

1. 예지가 새 옷을 입고도 기분이 좋지 않았던 이유는 무엇이었을지 적어 봅시다.

2. 예지처럼 때와 상황에 맞지 않는 옷차림으로 인해 불편을 겪었던 경험이 있다면 적어 봅시다.

3. 오늘은 어떤 옷을 입어야 할까요? 예지에게 날짜에 어울리는 옷차림을 추천해 봅시다.

8월 26일   11월 3일   1월 26일

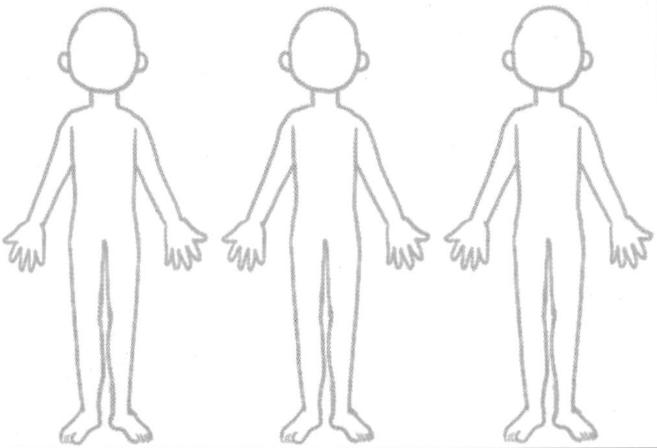

4. 옷차림을 쉽게 추천할 수 있는 방법은 무엇이 있을지 생각해 봅시다.

그림 3-4-11 [옷차림 탐구생활] 활동지 예시

기온에 맞는 옷차림을 추천해 주는 프로그램이 있다면 어떨까? 아마 사용자의 편의성이 한결 좋아질 것이다.

인공지능이 성능을 발휘하려면, 알고리즘은 물론이고 입력되는 데이터도 중요하다. 이미 3-1~3-3 장의 프로젝트를 통해 AI에 잘못된 데이터를 제공할 경우 판단 결과에 오류가 생길 수 있다는 사실을 인지했을 터다. 데이터 분석을 진행하기 전, 데이터를 준비하고 활용하기 좋게 다듬는 과정이 꼭 필요하다. 이를 '**데이터 전처리**data preprocessing'라고 한다.

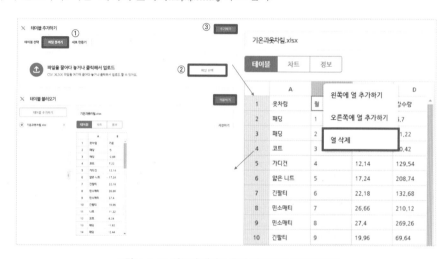

그림 3-4-12 엔트리 테이블 추가 및 데이터 전처리 과정

2.1~2.2의 모듈 체험 과정에서는 엔트리가 제공하는 테이블을 사용했으나 이번에는 데이터를 직접 업로드하여 활용해 보자. 도서 자료 중 '기온과옷차림.xlsx' 파일을 사용한다. [테이블 추가하기] 창에서 [테이블 선택]이 아닌 [파일 올리기] 탭을 선택하여 업로드할 수 있다.

이 중 우리에게 필요한 데이터는 무엇일까? 우리는 기온에 따른 옷차림을 추천할 것이므로, '옷차림'과 '기온' 두 데이터만 필요하다. 필요 없는 데이터를 삭제하여 데이터를 분석할 준비를 해보자. 이 테이블에서 필요하지 않은 데이터는 바로 '월'과 '강수량'이다. 삭제하고자 하는 열 알파벳(B, D) 위에서 마우스 오른쪽 클릭을 하면 나오는 메뉴에서 [열 삭제]를 클릭하면 지울 수 있다. 학생들과 불필요한 데이터에 대한 이야기를 나누며, 우리가 활용하려는 목적과 상관없는 데이터를 삭제하는 이 과정이 '데이터 전처리'임을 강조해 주자. 분석하기 적절한 데이터가 준비되었다면 [적용하기]를 눌러준다.

AI 숫자 분류 학습하기

이제 인공지능에서 [숫자 (kNN) 모델 학습하기] 창을 띄우고 '기옷과옷차림' 테이블에 있는 데이터를 학습시켜 보자. 학습 모델의 이름을 '옷차림 추천 AI'로 정한 후 테이블을 선택한다. 테이블 속성이 나타나면 '기온' 데이터를 핵심 속성으로, '옷차림' 데이터를 클래스 속성으로 설정해 주면 된다. 데이터 입력은 이것으로 끝이다. 이제 화면 중앙의 [모델 학습하기]를 눌러 데이터를 학습시켜 보자. 학습 조건의 이웃 개수는 3개로 한다. kNN 모델의 경우 이웃의 개수에 따라 결과가 분류되는데, 개수를 너무 크게 설정할 경우 원하지 않는 분류 결과가 나올 수 있기 때문이다.

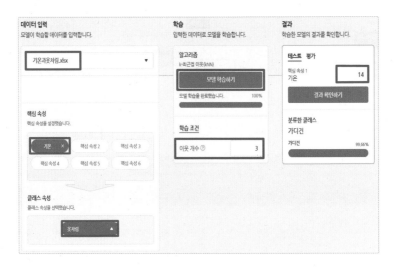

그림 3-4-13 '기온과옷차림' 데이터 학습 및 분류 결과 확인하기

모델 학습이 완료되었다면 기온을 입력해서 분류 결과를 확인해 보자. 기온이 14도일 때, 가디건이 99.66%의 확률로 분류되었다. 14도일 때의 이웃한 옷차림 데이터 3개를 분석한 결과 가디건이 다수를 차지한 것이다. 결과를 확인한 후 오른쪽 상단의 [적용하기]를 누르면 앞서 설명한 대로 인공지능 블록이 생성된다.

3.4 **창작물 만들기** 노벨 엔지니어링 ④

배경 및 오브젝트와 스토리 디자인하기

아무리 좋은 데이터가 준비되어 있더라도 맥락 없이 나열되어 있으면 의미 없는 숫자에

그림 3-4-14 배경 및 오브젝트 디자인 예시

불과하다. 엔트리의 [말하기] 블록을 통해 문제 상황을 구체화하는 이야기를 입혀보자. 데이터 분석 과정을 생각하며 문제를 재정의하는 과정은 학생들이 데이터 활용의 유용성을 느끼며 문제 해결 방향을 설계할 수 있다는 점에서 의의가 있다.

그림 3-4-15 스토리 디자인 예시

분석 결과 활용하기

데이터 분석이라는 활동이 어렵게 느껴질 수 있지만, 단순히 인공지능의 분류 결과를 문장에 넣어 말해 주는 것만으로도 충분하다(<그림 3-4-16> 위). 위의 코드가

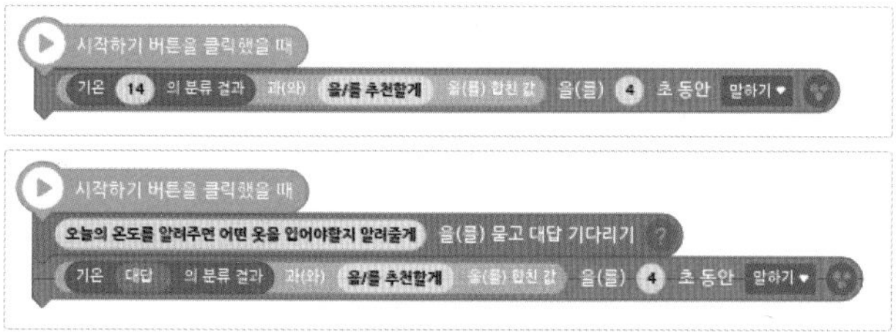

그림 3-4-16 분석 결과 활용 코드 예시

입력된 기온에 대해서만 분류 결과가 나와 아쉬움을 느낀다면, 대답 블록을 활용하여 사용자에게 오늘의 기온을 물어보고 응답한 기온에 대한 옷차림 분류 결과를 나타내 볼 수도 있다(<그림 3-4-16> 아래). 대답 블록에 관한 설명은 2-2장을 참고하자.

프로그래밍하기

되도록 꼭 넣어야 할 필수 구조만 제시하고, 나머지는 학생들이 자유롭게 설계할 수 있도록 허용적인 분위기를 조성해주길 권한다. 이번 장의 모듈은 짧기 때문에 학생의 자유도가 특히 높아 더욱 다양한 작품을 산출할 수 있을 것이다. 학생들은 주로 바쁜 아침 시간에 별도의 조작 없이 목소리로 옷차림 추천 프로그램을 활성화시킬 수 있도록 [음성 인식]과 [읽어주기] 기능을 추가하여 애플의 시리, 삼성의 빅스비와 같은 인공지능 비서를 만들었다(<그림 3-4-17>).
또 <그림 3-4-19>처럼 [모양 바꾸기] 기능을 활용하여 실행 화면에 분류 결과와 어울리는 옷 오브젝트를 나타내기도 했다. 엔트리에 있는 기본 옷 오브젝트들을 다양하게 활용하는 것은 물론이고, 직접 디자인하고 그려서 오브젝트를 만들거나 인터넷에서 실제 옷 사진을 찾는 등, 프로그래밍 과정에 주도성을 보였다.

그림 3-4-17 학생 산출물1 - 엔트리봇이 추천하는 오늘의 옷차림

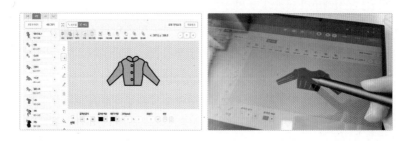

그림 3-4-18 학생들이 추가한 옷 오브젝트들 (왼쪽: 기존 오브젝트, 오른쪽: 직접 그린 오브젝트)

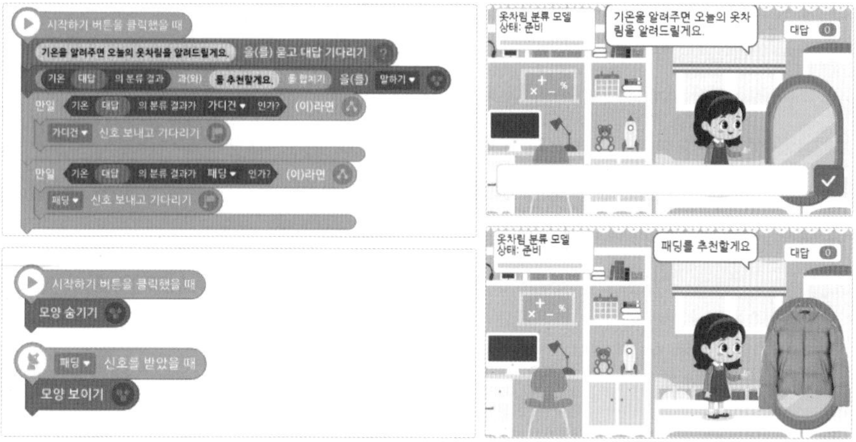

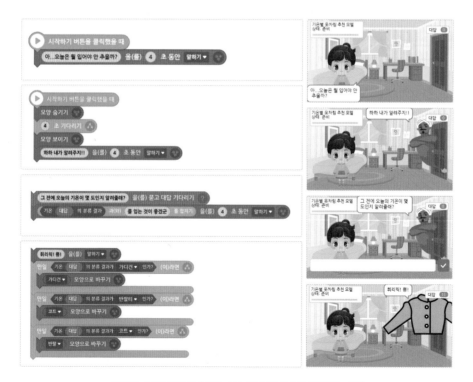

그림 3-4-19 학생 산출물2 - 실제 옷 사진 오브젝트 활용

그런가 하면 한 학생은 요정이 나타나서 옷차림을 추천해 주는 애니메이션을 만들었는데, 요정이 기온에 맞는 옷으로 직접 변신해서 사람을 꾸며준다는 발상이 흥미롭다.

그림 3-4-20 학생 산출물3 - 오늘의 추천 옷으로 변신하는 요정

이렇게 노벨 엔지니어링을 통해 데이터를 활용하여 실생활에 필요한 프로그램을 탄생시켰다. 학생들의 산출물을 살펴보면 본인의 프로그램에 책임감과 애착을 느끼며, 데이터를 제대로 분석하기 위해 노력한 것을 알 수 있다. 특히 '진짜로 내 방에 이런 프로그램이 설치되어 있으면 좋겠다'며 데이터 활용 프로그램에 긍정적인 반응을 보이고, 그 유용성을 체득하는 것이 인상깊었다. 이렇듯 노벨 엔지니어링을 통해 데이터를 활용할 수 있는 맥락을 제공함으로써 학생들이 데이터 과학자로 한걸음 나아갈 수 있도록 길을 열어줄 수 있다.

기능 추가하기

- **날씨 기능 추가하기**

이제 기온을 별도로 입력하지 않아도 자동으로 오늘의 기온 데이터를 분석해 옷차림을 추천하도록 인공지능을 업데이트해 보자. [확장] 을 이용해 인터넷에서 정보를 곧바로 가져올 수 있다. 지원되는 정보로는 재난 발생 시 생명과 안전을 지킬 수 있는 '자연재난 국민행동요령'이나 지역별 '행사' 정보 등이 있다. 그중 [날씨] 확장 블록을 활용하면 웨더아이에서 제공하는 전국의 기온, 강수량, 미세먼지 농도 등의 날씨 데이터를 실시간으로 확인할 수 있다.

그림 3-4-21 날씨 확장 블록 불러오기

[불러오기]를 클릭하면 다음처럼 [날씨] 분류가 생기고, 새로운 AI 블록들이 추가되어 있다. 각 블록이 무슨 역할을 하는지 간단히 알아보자.

- (현재 서울 전체 의 기온(℃)) : 현재 기온을 자동으로 불러올 수 있는 블록으로, 지역을 변경하여 우리 동네를 설정하는 것도 가능하다.

- **오늘▼ 서울▼ 전체▼ 의 00▼ 시 기온** : 설정한 시각의 예상 기온값을 보여준다.

- **오늘▼ 서울▼ 전체▼ 의 최저기온(℃)▼** : 선택한 날짜와 지역의 최저기온, 최고기온, 습도, 강수량, 강수확률, 풍속 등의 각종 날씨 정보를 불러온다.

- **◀ 오늘▼ 서울▼ 전체▼ 의 날씨가 맑음▼ 인가?** : **만일 참 (이)라면** 과 결합시켜 맑음, 비, 흐림과 같은 기상 요소에 따라 다른 반응을 프로그래밍할 수 있다.

- **◀ 현재 서울▼ 전체▼ 의 미세먼지 등급이 좋음▼ 인가?** : 대기의 미세먼지 농도에 따라 다른 반응을 프로그 래밍할 수 있다.

<그림 3-4-22> 예시에서는 설정한 지역의 현재 기온을 알려주며 기온의 분류 결과에 따라 옷차림을 추천하도록 프로그래밍했다. 사용자는 따로 기온 데이터를 입력할 필요 없이 프로그램에서 제공하는 정보를 얻을 수 있다. 블록이 여러 번 결합되어 복잡해 보여도 **을(를) 초 동안 말하기▼** 블록으로만 구성되어 있는 쉬운 구조이다. 로봇 오브젝트는 무엇을 입을지 걱정하는 학생의 대사를 기다린 후, **을(를) 초 동안 말하기▼** 블록 안에 **가(와) 을(를) 합친 값** 블록을 넣어 대사와 기온을 합쳐서 말하게 했다. 다음 줄에도 같은 구조를 사용하여 실시간 기온으로 분류한 결과를 추천해 주고 있다.

더 나아가 비 오는 날엔 우산을 챙기거나 미세먼지가 나쁜 날엔 마스크를 챙길 수 있도록 안내하는 기능을 업데이트할 수도 있다. <그림 3-4-23> 코드에는 선택 구조를 활용하여 미세먼지 등급이 나쁨인 경우 마스크를 쓸 것을, 비가 오는 경우 우산을 챙길 것을 추천하는 기능이 구현되었다.

그림 3-4-22 날씨 기능 추가 예시 (1)

그림 3-4-23 학생 산출물3 - 오늘의 추천 옷으로 변신하는 요정

3.5 이야기 바꾸어 쓰기 노벨 엔지니어링 ⑤

애플리케이션 스토어 등록하기

내가 만든 옷차림 추천 AI 프로그램을 많은 사람이 생활 속에서 이용할 수 있도록 애플리케이션 스토어에 등록하는 형식으로 소개해 보자. 수많은 앱 사이에서 사람들의 관심을 유도하기 위해서는 내가 만든 프로그램의 특징이 잘 드러난 소개가 필요하다. 처음 활동 소개를 했을 때, 학생들은 단순한 프로그램을 만들었을 뿐인데 실제로 애플리케이션을 개발할 수 있을지에 대한 의문을 품었다. 하지만 프로그램의 특징을 글과 그림으로 구체화하는 과정에서 데이터는 활용도에 따라 의미 있는 '정보'로 이용될 수 있음을 느끼게 되었다. 학생들은 이 과정에서 데이터 활용의 가치를 깨달으며, 또 다른 데이터를 활용하여 애플리케이션 개발로 이어가 보겠다는 포부를 드러내기도 했다.

> **수업 TIP**
>
> 애플리케이션 스토어에 '지하철'을 검색하면, 지하철 시간표 데이터를 이용하여 도착 예정 시각을 알리는 수많은 지하철 앱들이 나타난다. 학생들과 함께 검색해 보며 평소에 익숙한 데이터도 활용하는 방법에 따라 이용 가치가 생길 수 있음을 안내해주자.

그림 3-4-24 [애플리케이션 스토어 등록하기] 활동 학생 산출물

'내 마음대로 입을래!' 뒷이야기 쓰기

자신의 프로그램을 잘 파악했다면 프로그램을 만들게 된 계기와 과정, 사용한 결과를 담아 이야기를 바꾸어 쓰는 활동으로 연결해 보자. 옷차림 추천 프로그램을 사용하기 전후 예지의 의생활을 비교하며 뒷이야기를 상상해 보는 것이다. 프로그램이 필요했던 상황, 데이터를 분석하던 과정 등 숫자의 나열에 불과했던 데이터에 이야기를 입히면서 학생들은 학습 과정을 성찰하고 내면화하게 된다.

실제 학생의 이야기를 살펴보면 생활 속 데이터를 활용하여 프로그램을 만든 과정과 이를 통해 예지가 때와 장소에 맞는 자립적인 의생활을 하고 있음이 잘 나타난다. 한편 kNN 알고리즘의 개념을 이야기에 녹여서 설명하고 있는 내용이 눈에 띈다. kNN 분류는 초등학생에게 어려울 수도 있는 생소한 개념임에도 불구하고, 노벨 엔지니어링 기반의 실생활 연계 프로젝트를 통해 자연스럽게 이해하고 활용할 수 있게 된 것이 놀랍다. 또한 예지의 대사 중에 "나중에 데이터를 활용한 개발자가 되고 싶다."란 내용이 있는데, 데이터 리터러시와 관련된 진로 확장까지도 일어난 것으로 보인다. 이처럼 AI-STEAM은 kNN 분류에 대한 단순한 지식 학습이 아닌 학생들의 실생활과 진로에도 영향을 줄 수 있는 매력적인 수업을 가능하게 한다.

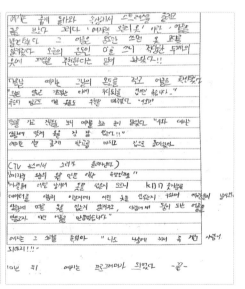

그림 3-4-25 [이야기 바꾸어 쓰기] 학생 산출물

04 수업에 날개 달기

AI 소양을 갖추기 위해서 인공지능의 기초가 되는 데이터를 수집, 분석, 처리하는 데이터 교육은 꼭 필요하지만 학교 현장의 적용도는 낮은 편이다. 어렵게 느껴지는 데이터를 이야기의 힘으로 재미있게 풀어나가는 노벨 엔지니어링을 통해 다양한 [분류: 숫자(kNN)] 수업을 진행해 보자.

4.1 생태 교육 – 손님 펭귄의 종류를 맞히는 AI 설계하기

앞서 [분류: 숫자(kNN)] 모델을 익히기 위해 펭귄 데이터를 활용하여 펭귄의 종류를 분류해 보았다. 하지만 맥락이 없는 데이터 분석은 유의미한 결과 활용으로 이어지기 어렵다. 그럴 땐 노벨 엔지니어링으로 문제 상황을 제공해 보자. 《펭귄 호텔(우시쿠보 료타 글그림|고향옥 옮김|주니어RHK|2018)》에서는 다양한 펭귄이 호텔에 방문한다. 펭귄 호텔의 매니저가 되어 어떤 펭귄인지 바로 분석하여 능숙하게 인사를 건네 보는 것은 어떨까? 막연한 인사보다는 이름이 담긴 환영 인사가 방문하는 손님의 기분을 더 좋게 만들 것이다. 앞서 제시한 모듈과 동일한 데이터로 만들어졌지만 노벨 엔지니어링을 통해 데이터 분석에 재미있는 맥락과 목적이 생겼다.

그림 3-4-26 손님 펭귄 알아보는 AI 프로그램 예시

수업 TIP

교사나 학생이 손님으로 가장하여 한 쌍의 부리 길이와 부리 깊이 데이터를 보여주며 나머지 학생은 매니저가 되어 그 데이터를 입력하여 분류 결과를 확인한다. 등장인물이 되어 보는 상황으로 몰입감 있는 수업이 가능하다.

4.2 타교과 융합 -미술: 붓꽃의 종류를 맞히는 AI 설계하기

붓꽃의 꽃잎 길이와 너비를 바탕으로 종류를 분석할 수 있다는 사실을 알고 있었는가? 사실 붓꽃 데이터는 데이터 분류를 연습하는 사람이라면 누구나 접해봤을 유명한 연습용 데이터이다. 하지만 엄선된 데이터도 활용해야 할 목적이 없다면 그저 늘어놓은 숫자에 불과하다. 그렇다면 빈센트 반 고흐가 즐겨 그렸다는 붓꽃은 어떤 종류의 붓꽃이었을지 예상해 보자. 반 고흐가 그린 붓꽃의 종류를 알아내겠다는 목표를 설정하면 평소 지루하게 보였던 붓꽃 데이터가 의미 있게 다가올 것이다.

그림 3-4-27 붓꽃 종류를 맞히는 AI 프로그램 예시

수업 TIP

참고 도서로 《갤러리북 시리즈: 빈센트 반 고흐 Vincent Van Gogh 02(김영숙 지음|유화컴퍼니|2019)》를 활용할 수 있다. 또한 교사가 실제 크기의 다양한 붓꽃 사진을 준비하여 제공하면 책에 있는 붓꽃 그림 외에도 다양한 붓꽃의 분류 결과를 확인할 수 있다.

4.3 타교과 융합 -사회: 위도와 경도로 나라 찾기

6학년 사회 교과와 융합하여 위도와 경도 데이터로 나라의 위치를 찾는 프로젝트도 가능하다. 먼저 교사가 제시하는 위도와 경도를 보고, 세계 지도에서 어떤 나라인지 찾아본다. 위도와 경도 데이터를 핵심 속성으로, 나라 이름을 클래스로 설정하여 학습시킨 후 내가 찾은 답과 데이터를 학습한 결과를 비교하여 보자. (도서 자료로 제공하는 '나라별위도경도.xlsx' 파일을 활용할 수 있다.) 지도를 읽는 것이 어려워 부담스러웠던 세계 지리 영역이 데이터와 만나 새로운 경험이 될 것이다.

그림 3-4-28 나라별 위도, 경도 데이터로 숫자(kNN)
모델 학습시키기

위도와 경도 데이터를 유용한 맥락에서 사용하는 것만으로도 의미가 있지만, 정답을 맞히는 퀴즈 형식으로 프로그래밍을 해보는 것도 추천한다.

그림 3-4-29 **위도&경도로 나라 이름 맞히기 퀴즈 프로그램 예시**

수업 TIP

위도는 적도를 기준으로 북위와 남위, 경도는 본초자오선을 기준으로 동경과 서경으로 나누어진다. 여기서는 숫자만 입력할 수 있기 때문에 북위와 동경은 양수 값으로, 남위와 서경은 음수 값으로 입력하여 구분을 지어줄 필요가 있다. 가령 남위 25도인 경우 -25로 입력하면 된다.

4.4 AI 윤리 토론 -추천 알고리즘, 편함과 편향 사이

잠깐 침대에 누워 유튜브를 시청하다 보면 어느새 시간이 훌쩍 지나가 있는 것을 확인할 수 있다. 유튜브는 어떻게 나의 취향을 알고 내가 재미있어 할 동영상만 골라서 보여주는 걸까? 또 옷을 구매하기 위해 쇼핑 앱을 켜면 내가 요즘 관심있게 보았던 옷 스타일을 보여준 경험도 있을 것이다. 구매 결정을 위해 후기를 읽어보려고 하니 나의 키와 몸무게가 비슷한 사람들이 쓴 후기를 맨 위에서 확인할 수 있다. 이 모든 과정은 사용자가 좋아할 만한 아이템을 추측해 특정 항목을 제공하는 '추천 알고리즘'이 적용되었기 때문에 발생한다. 추천 알고리즘은 비슷한 행동을 한 사람들을 하나의 그룹으로 묶고, 그룹 내 사람들이 공통으로 선택했던 콘텐츠의 데이터를 분석하여 추천하는 방식으로 이루어진다.

이 인공지능 추천 알고리즘은 우리에게 어떤 도움을 줄 수 있을까? 사례를 생각하면 분명 나를 위해 신속하게 맞춤형 정보를 제공해 준다는 장점이 있다. 하지만 반대로 생각해 보면 추천 알고리즘에 의해 우리는 선택할 수 있는 기회가 없어진다고도 볼 수 있다.

내가 좋아하는 정보만 접하게 되면서 편향된 사고에 갇힐 위험성이 높아지는 현상을 필터 버블Filter Bubble이라고 한다. 사용자에게 맞게 추천된 정보가 마치 거품처럼 사용자를 가둬버렸음을 의미하는 것이다.[2] 정보가 넘쳐나는 현대 사회에서 성향에 맞는 정보 제공은 사용자에게 편의성을 부여한다. 하지만 계속해서 제공받는 편향된 정보가 나를 한계 속에 가두는 것은 아닐까?

학생들과 함께 추천 알고리즘 사례와 장단점을 나누어 보자. 필자의 반에서 이야기를 나누어 본 결과 처음에는 자신이 원하는 정보가 자동으로 제공되어 편리하다는 점에서 추천 알고리즘을 선호하는 학생이 많았다. 하지만 추천 알고리즘의 양면성을 나타내는 동영상을 시청한 후 알고리즘은 개인 정보를 지불한 대가이며 편향성을 강화하여 사회적 갈등을 초래한다는 사실에 추천 알고리즘이 도리어 무섭게 느껴진다는 반응을 보였다. 이처럼 인공지능은 사용자의 태도에 따라 도움이 될 수도 해가 될 수도 있다. 이에 인공지능이 우리 삶에 도움이 되는 방향으로 활용될 수 있도록 우리는 비판적인 태도를 가지고 바라보아야 할 것이다.

필자가 사용한 참고 영상은 '[뉴스토리] '편리와 편향' 출천 알고리즘의 두 얼굴' (출처 : SBS 뉴스, https://youtu.be/XVwGoFBTYrk)이다. 길이가 다소 긴 편이니, 추천 알고리즘의 양면성을 다룬 다른 영상을 시청해도 무방하다.

Novel
Engineering

100년 후의 지구를 위한
기온 예측 AI 만들기

오늘날 우리 지구는 이상 기후, 해수면 상승, 자원의 고갈과 같은 심각한 환경위기를 맞이했다. 이에 현재와 미래 세대의 지속가능한 발전을 위한 환경 교육의 필요성이 강조되고 있다.[1] 특히 동화를 활용한 환경 교육은 학생들이 이야기와 일상 생활을 연결하고 성찰하게 하여 환경 감수성을 길러주는 데 효과가 높다. 이번 장에서는 기후변화 때문에 차가운 북해로 떠나야 하는 개복치 부부의 이야기를 읽고, 실제로 100년 뒤 지구의 기온이 어떻게 변할지 예측해 보는 AI 프로그램을 만들어보고자 한다. 학생들은 AI가 출력한 그래프와 수치를 통해, 기후변화의 심각성을 깨닫고 환경보호에 대한 실천의지를 함양할 수 있을 것이다.

인공지능 돋보기

이번 수업에서는 AI 지도학습인 '예측' 모델을 사용하여 미래의 기후변화를 예측하는 프로그램을 제작한다. AI 예측 프로그램 제작을 위해 엔트리에서 제공하는 '연도에 따른 계절별 기온' 데이터를 살펴보고 이를 학습시켜 보자. '키가 클수록 몸무게가 더 무거울 것'이라는 상관관계로부터 키에 따른 몸무게를 예측해볼 수 있듯이, '연도'와 '연평균기온' 간 회귀분석을 통해 주어지지 않은 데이터의 값을 예측할 수 있다.

1.1 예측 알고리즘: 회귀분석

회귀분석Regression은 앞서 설명했던 지도학습의 일종으로, 숫자 자료를 이용하여 미래를 예측하는 방법이다. 예측의 근거가 되는 속성이나 특징(독립변수)과 예측하고자 하는 값(종속변수) 모두 연속형 자료가 들어간다. 예를 들어 1시간 공부를 했을 때 시험에서 12점을 받을 수 있고, 2시간에 20점, 3시간에 31점, 4시간에 42점 정도를 달성한다고 가정해 보자. 인간의 사고 과정에 따르면, 5시간 공부하면 50점 또는 그 근처 점수를 맞을 수 있을 것이라는 결론이 도출된다. 이것이 바로 예측이다. 여기에서 특징(독립변수)은 1, 2, 3, 4, 5(시간)로 연속형 변수이고, 예측 값 역시 12, 20, 31, 42, 50으로 연속형인 숫자이다.

여러 가지 회귀 알고리즘 중, 독립변수 하나와 종속변수 하나를 가지고 예측하는 것을 단순선형 회귀라고 한다. 이 단순선형회귀에서 시간과 점수의 관계를 수학 그래프로 나타내면 일차함수 의 형태($y=mx+b$)로 나타날 것이다. 그러나 실생활의 모든 데이터를 한 일차함수(일직선) 위에 올 릴 수는 없다. 그렇기 때문에 이 직선 위에 정확하게 올리기보다는 직선과 데이터(점) 사이의 거 리(오차)가 최소가 되도록 기울기와 y절편을 조절하는 과정을 거치는 것이다. 이때 오차가 가장 최소가 되는 기울기와 y절편으로 AI 모델이 만들어진다.

이러한 회귀 알고리즘에는 다양한 종류가 있다. 독립변수가 여러 개인 다중선형회귀, 이차함수 이상의 비선형적인 형태를 가지도록 하는 다항회귀, 합격과 불합격 등 2개 결과로 예측하는 로 지스틱회귀……. 회귀분석을 할 때에는 인과관계와 상관관계를 혼동하지 않아야 한다. 가령 강 수량과 우산판매량은 분명한 관계가 있지만, 우산판매량이 비가 올 것인지를 예측하는 지표가 되지는 않는다. 인공지능을 이용하여 제대로 분석하기 위해서는, 먼저 해당 분야에 대한 이해가 필요하다는 것을 잊지 말자.

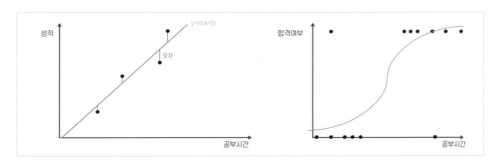

그림 3-5-1 **단순선형회귀**(왼쪽)**와 로지스틱회귀**(오른쪽)

1.2　성취기준 및 인공지능 내용요소

- [6국 02-03] 글을 읽고 글쓴이가 말하고자 하는 주장이나 주제를 파악한다.

- [6실 04-08] 절차적 사고에 의한 문제 해결의 순서를 생각하고 적용한다.

- [6실 04-09] 프로그래밍 도구를 사용하여 기초적인 프로그래밍 과정을 체험한다.

- [6사 08-05] 지구촌의 주요 환경문제를 조사하여 해결 방안을 탐색하고, 환경문제 해결에 협력하는 세계시민 의 자세를 기른다.

● [인공지능 원리와 활용:초등학교 5-6학년:데이터 경향성] 제시된 데이터를 통해 새로 입력된 데이터의 결과를
예측할 수 있다.

2.1 AI 모델 불러오기

인공지능 모델 학습하기: [예측: 숫자 (선형 회귀)]

인공지능이 무엇인지 학습하고 예측하기 위해서는 학습할 데이터가 필요하다. [데이터분석] 에서는 다
양한 주제의 테이블을 제공하고 있는데, 여기에서는 연도에 따른 도시의 인구를 예측하는 AI 프
로그램을 만들기 위해 '시도별 인구' 테이블을 추가했다.

그림 3-5-2 '시도별 인구' 테이블 불러오기

'시도별 인구'를 선택해 추가하면 서울특별시, 부산광역시, 대구광역시 등의 인구가 1990년도부
터 정리된 자료가 테이블에 입력된 것을 확인할 수 있다. [적용하기] 버튼을 누르면 테이블 추가
가 완료된다.

그림 3-5-3 '시도별 인구' 테이블 추가하기

가져온 테이블로 인공지능 모델을 학습시켜 볼 것이다. 먼저 ![인공지능]의 [인공지능 모델 학습하기] 버튼을 누른다. [인공지능 모델 학습하기] 기능은 엔트리 로그인 상태에서 사용할 수 있으므로 학생들이 미리 회원가입을 할 수 있도록 안내해야 한다. 자세한 사항은 3-1장을 참고하자. 9개의 모델이 있는데 이번 장에서는 [예측: 숫자 (선형 회귀)] 모델을 사용해볼 것이다.

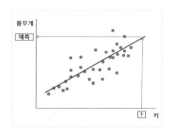

그림 3-5-4 [예측: 숫자 (선형 회귀)] 모델 선택하기

[예측: 숫자 (선형 회귀)] 모델을 활용하면 테이블의 데이터를 바탕으로 선형 회귀 모델을 학습하여, 내가 주지 않은 데이터에 대한 값을 AI가 예측할 수 있게 된다. 선형 회귀 분석이라고 하면 어렵게 느껴지지만, 여러 가지 데이터를 나열했을 때 변수 간의 관계를 가장 잘 설명할 수 있는 선을 찾아 분석하는 방법이라고 생각하면 쉽다. <그림 3-5-5>와 같이 키와 몸무게 데이터가 펼쳐져 있다고 생각해 보자. 그

그림 3-5-5 키와 몸무게 데이터
선형 회귀 예시

중에서 키와 몸무게의 관계를 가장 잘 설명할 수 있는 파란 선을 하나 찾아 그어놓게 되면, 키에

따른 몸무게의 값을 예측할 수 있다. 같은 원리로 앞에서 추가한 '시도별 인구' 테이블을 학습시켜 연도에 따른 부산의 인구를 예측하는 AI 프로그램을 제작해 보자.

먼저 [숫자 모델 학습하기] 창을 살펴보자. ①은 새롭게 생성할 모델의 제목을 적는 칸이다. ②는 학습시킬 테이블을 선택하는 곳으로 ▼ 버튼을 클릭하여 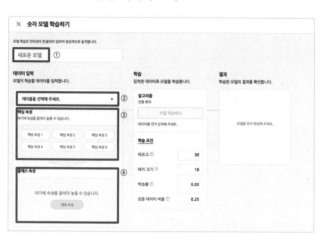에서 불러온 테이블을 확인할 수 있다. ③ 핵심 속성은 '원인'에 해당하는 속성을 말한다. 모델을 학습시킬 때 어떤 속성을 원인으로 삼을 것인지를 선택하는 부분이다. 현재는 핵심 속성을 6개까지 사용할 수 있다. ④클래스 속성은 '결과'에 해당하는 예측 값이 되는 속성을 말한다. 데이터를 바탕으로 AI가 예측하고자 하는 값인 예측 속성을 드래그하여 입력할 수 있다. 핵심 속성과 예측 속성은 모든 행이 숫자로 이루어진 경우에만 선택이 가능하다.

그림 3-5-6 [예측: 숫자 (선형 회귀)] 모델 학습하기 창

우리나라의 '부산의 인구'를 예측하는 프로그램을 만들 것이므로 제목에는 '부산 인구 예측'이라고 적어준다.

그림 3-5-7 데이터 입력하기

데이터 입력을 위해 ▼ 버튼을 클릭하여 테이블에서 불러온 '시도별 인구'를 클릭하자. 시도별 인구 테이블과 관련된 다양한 속성 버튼이 생성되는 것을 볼 수 있다. 연도에 따른 부산 인구 데이터를 바탕으로 미래의 부산 인구를 예측하므로, 여기에서 모델 학습에 사용할 '핵심 속성'은

'연도'가 되고 '클래스 속성(예측 속성)'은 '부산광역시(인구)'가 된다. 각각의 속성을 드래그하여 핵심 속성과 클래스 속성에 넣어주자. 그러면 데이터 입력은 끝난다.

그리고 [모델 학습하기] 버튼을 누르면 AI가 학습을 시작한다. 이때, [학습 조건]에서 <그림 3-5-8>과 같이 다양한 학습 조건을 설정할 수도 있다.

> ①에포크(Epoch): 입력한 데이터를 몇 번 반복하여 학습할지 정하는 부분이다. 입력한 모든 데이터를 전체 1번 학습하는 것을 1에포크라 부른다. 여러 데이터가 담긴 한 권의 책을 1번만 학습하면 정확하지 않은 결과가 나올 수도 있다. 반면에, 한 권의 책을 너무 여러 번 반복해서 학습하면 응용력이 떨어질 수 있다. 따라서 적당한 횟수로 학습하는 것이 좋은 결과를 얻게 해준다.

> ②배치 크기(Batch Size): 입력한 데이터 전체를 얼만큼 잘게 쪼개서 학습할지 정하는 부분이다. 한 권의 책을 어디부터 어디까지 학습할지 범위를 정하는 것과 유사하다. 범위가 넓으면 한 권의 책을 빨리 읽을 수 있고, 범위가 좁으면 여러 번 책을 읽어야 학습을 끝낼 수 있는 것과 같다.

> ③학습률(Learning Rate): 데이터를 얼마나 꼼꼼하게 학습할지 정하는 부분이다. 꼼꼼하게 학습하면 좋은 결과를 바랄 수 있겠지만 시

그림 3-5-8 모델 학습 조건 설정하기

간이 오래 걸리게 된다. 반면에 꼼꼼하지 않게 학습하면 시간은 단축되지만 제대로 된 결과를 얻지 못할 수 있다.

> ④검증 데이터 비율(Test Data Rate): 입력한 데이터 중 몇 퍼센트를 모델 테스트에 사용할지 정하는 부분이다. 테스트 데이터를 0.3으로 정한다면 10개의 데이터 중 3개는 테스트용으로, 7개는 학습용으로 사용하겠다는 의미다.

학습 조건을 구체적으로 수정하고 싶다면 변경해도 되지만, 그렇지 않다면 기본값으로 두고 [모델 학습하기]를 누르면 된다. 보통은 설정된 기본 학습 조건으로 모델을 학습시킨다. 예시에서도 기본값으로 모델 학습을 진행했다. [모델 학습하기] 버튼을 누르면 AI가 선형 회귀 분석을 하며 예측할 수 있는 그래프를 그려간다. 부산 인구 예측 모델을 학습하면 <그림 3-5-9>와 같이 그래프가 우하향 곡선을 그리며 시간

그림 3-5-9 부산 인구 예측 모델 학습 결과

이 갈수록 인구가 줄어들 것으로 예측하는 모습을 확인할 수 있다. 결과에는 선형 회귀 분석 그래프와 회귀식이 도출된다.

[예측: 숫자] 모델 인공지능 블록 생성하기

AI 예측 모델을 학습시킨 후 [적용하기]를 누르면 다음과 같이 에 [예측: 숫자 모델] 분류와 함께 새로운 AI 블록이 생성된 것을 확인할 수 있다. 각 블록의 기능을 살펴보자.

- `모델 다시 학습하기` : 모델의 설정을 변경하거나 입력 데이터가 되는 테이블 내용이 수정되었다면, 변경된 내용을 바탕으로 모델을 다시 학습한다.

- `모델이 학습되었는가?` : 모델의 학습 여부를 판단하는 블록이다. 모델이 학습되었다면 '참', 학습 중이거나 학습되지 않았다면 '거짓'으로 판단한다. 주로 `만일 참 (이)라면` 블록과 함께 사용된다.

- `모델 보이기 ▼` : 모델의 학습 상태를 표시하는 창을 실행 화면에 보이거나 숨길 수 있다. `▼`(목록상자)를 클릭해서 변경 가능하다.

- `모델 차트 창 열기 ▼` : 2차원의 좌표평면에 나타낸 모델 차트 창을 열거나 닫는 블록이다. 핵심 속성이 2개 이상인 경우 모델 차트를 2차원 좌표평면 위에 그릴 수 없기 때문에 이 블록은 생성되지 않는다. `▼`(목록상자)를 클릭해서 '열기/닫기'를 선택할 수 있다.

- `학습 조건 학습률 ▼ 을 ◯ 으로 바꾸기` : 선택한 학습 조건을 입력값으로 바꾼다. 변경한 학습 조건은 `모델 다시 학습하기` 블록으로 다시 학습하면 적용된다. 세대수가 자연수가 아닌 경우나 테스트 데이터 비율이 0보다 작거나 1보다 큰 경우에는 성립 불가능한 조건이 되기 때문에 작품 실행 시 오류가 발생한다.

- `연도 ◯ 의 예측 값` : 핵심 속성의 값을 입력하면, 모델이 학습한 예측값을 가져오는 블록이다. 값은 숫자로 표현되며 설정한 핵심 속성의 개수에 따라 값 블록을 결합할 수 있는 개수도 함께 늘어난다.

- `결정계수` : 모델을 얼마나 잘 예측했는지, 모델의 설명력인 결정 계수를 표현하는 값이다. 단, 결정 계수가 모델의 정확도와 완전히 동일한 것은 아니니 주의하자.

2.2 AI 모듈 체험하기

이제 '부산의 인구'를 예측하는 AI 로봇을 본격적으로 만들어 보면서, [예측: 숫자] 인공지능 블록들을 익혀 볼 것이다. 다음 표의 안내에 따라 진행하자.

모듈 및 순서	실행 화면

1. 오브젝트가 무엇을 예측해 주는 로봇인지, 스스로를 소개한다.

1. '연도' 값을 입력받고 저장해야 한다. [속성] 탭에서 [변수]를 선택한다.
2. [변수 추가] 버튼을 클릭하여 궁금한 연도 값을 저장할 '연도'라는 변수를 추가한다.
3. 엔트리 화면에 [연도 값]이 생긴 것을 볼 수 있다.

1. 오브젝트가 '알고 싶은 연도를 입력해줘'라 안내하고, 사용자의 연도 입력을 기다린다. (을(를) 묻고 대답 기다리기 블록을 사용한다.)
2. 사용자가 입력한 연도 값을 대답 으로 저장한다.
3. 사용자가 궁금한 연도를 입력하면 엔트리 화면 오른쪽 상단의 연도 값이 바뀐다.

1. 사용자가 입력한 연도의 예측 값을 말하게 하기 위해 연도 의 예측 값 안에 연도 값 블록을 넣어준다.
2. 1을 [말하기] 블록 안에 넣으면 오브젝트가 사용자가 입력한 연도의 부산 인구 예측 값을 알려준다.

1. 블록을 2개 사용해 연도 연도 값 의 예측 값 블록 양 옆으로 자연스러운 문장이 될 수 있도록 '부산의 예측 인구는', '명이야'라고 입력한다.
2. 오브젝트가 부산의 예측 인구를 숫자의 정보를 제시하는 문장으로 말하는 것을 볼 수 있다.

표 3-5-1 [예측: 숫자 (선형 회귀)] AI 기본 모듈 체험하기

03 노벨 엔지니어링 수업 톺아보기

이번 장에서는 지구온난화로 서식지를 떠나게 되는 개복치 부부의 이야기를 읽으며 미래의 지구 기후 데이터를 예측하는 AI 프로그램을 제작해 본다. 학생들은 데이터를 통해 수치화된 자료를 보며 기후변화의 심각성을 깨달을 수 있을 것이다. 환경보호를 위해 우리가 할 수 있는 일을 토의하고, 사람들의 노력으로 다시 건강해진 지구의 100년 후 모습을 시로 표현해 보는 건 어떨까? 지구 사랑의 날과 연계하여 캠페인 활동으로도 확장이 가능하다.

차시	STEAM 준거틀	노벨 엔지니어링 수업 단계	활동
1차시	상황 관련 문제 정의	①책 읽기 ②문제 인식	- 《해복치와 달복치》 그림책 읽기 - 지구 환경 문제의 원인과 결과 조사하기
2~4차시	융합적 설계 및 문제 해결	③해결책 설계 ④창작물 만들기	- 연평균 기온 데이터 분석하기 - 지구의 미래 기온을 예측하는 AI 프로그램 만들기
5~6차시	자기주도 및 성찰	⑤이야기 바꾸어 쓰기	- 100년 후의 지구를 주제로 시 쓰기 - 환경보호 캠페인하기

3.1 책 읽기 노벨 엔지니어링 ①

해복치와 달복치

리사 아르덴 글 | 옥사나 불라 그림 | 황지현 옮김 | 붉은삼나무주니어 | 2021

해복치와 달복치 부부는 기후변화로 바다가 너무 따뜻해져서 원래 살던 고향에서 알을 낳을 수 없게 된다. 결국 더 차가운 바다를 찾아 북해도 모험을 떠나게 되는데…. 개복치 부부의 모험을 함께 따라가다 보면 산호가 죽어가고 해파리가 사라지는 현실에 직면하게 되며, 기후변화로 인해 아픈 지구의 모습을 간접적으로 엿볼 수 있다. 마침내 북극에 정착한 해복치와 달복치는 따뜻해진 바닷물 때문에 남쪽에서 온 다른 친구들도 만나게 된다.

무사히 북극에 도착했음에도 불구하고, 바다 생물들은 이곳의 온도마저도 따뜻해지지 않을까 걱정하며 이야기는 끝을 맺는다.

《해복치와 달복치》는 바다 생물들의 삶을 따뜻한 시선으로 따라가며 이들의 어려움에 공감하고 환경보호에 대한 메시지를 던지고 있다. 본 수업은 지구의 기온을 예측하는 프로그램을 만들어 기후변화에 대한 심각성을 깨닫고 환경감수성을 기르는 데 목적이 있으므로, 제시 도서가 아니어도 기후변화와 관련된 도서라면 자유롭게 선택해도 좋다.

3.2 문제 인식 노벨 엔지니어링 ②

지구 환경 문제의 원인과 결과 조사하기

아이들은 산호초가 죽은 모습이나 해파리가 사라진 바다, 따뜻해진 바다에서 알이 부화하지 않는 모습들을 통해 지구온난화를 유추할 수 있다. 학생들이 그림책의 내용에 대한 질문에 답하면서 다시 한번 그림책의 주제인 기후변화를 상기하고 각각의 장면이 의미하는 바를 이해할 수 있도록 하자.

또한 지구의 기온을 예측하는 프로그램을 만들기 전에 학생들이 기후변화의 원인과 결과에 대해 조사해 보는 것도 중요하다.[2] 환경 교육은 학생들이 환경에 대한 문제를 중요하게 바라보고 환경 문제를 극복하기 위한 실천의지를 심어주는 것을 목표로 한다. 지구촌의 다양한 기후변화를 직접 조사하는 과정을 통해 학생들은 책 속의 문제가 곧 나의 문제임을 깨닫게 될 것이다.

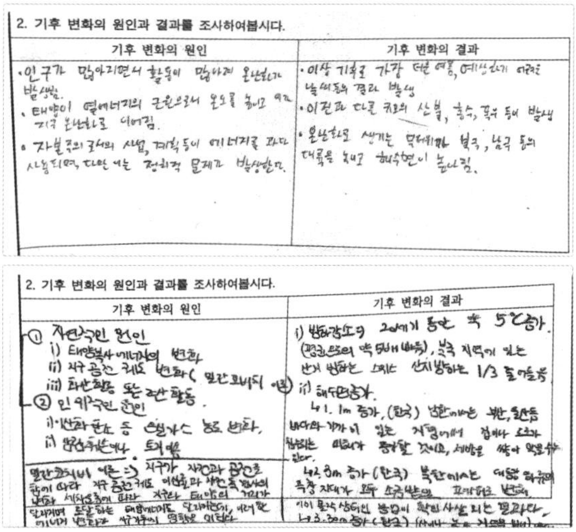

그림 3-5-10 [기후변화의 원인과 결과 조사] 학생 산출물

3.3 해결책 설계 노벨 엔지니어링 ③

연평균 기온 데이터 분석하기

기후변화 예측 프로그램을 만들기 전에 AI에게 학습시킬 연평균 기온 데이터를 살펴보고 분석

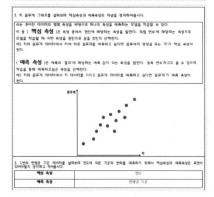

그림 3-5-11 [연평균 기온 데이터](위)와
[기온 예측 AI의 핵심 속성과 예측 속성 이해하기]
학생 활동 예시(아래)

해 보자. 연도에 따라 연평균 기온이 어떻게 변화하는지 이야기해 보고, 미래의 기온은 어떻게 될지 예상해 보는 것이다. 학생들은 연도별로 변화하는 기온을 보고 '1970~80년대에는 연평균 기온이 11~12도 사이였으나 최근에 들어서는 12~13도로 기온이 조금씩 상승하고 있다.'고 해석했다. 그리고 앞으로의 기온 역시 상승할 것으로 예상했다.

다음으로는 기온을 예측하는 AI 모델을 학습시킬 때 '원인'이 되는 핵심 속성은 무엇인지, '결과'에 해당하는 예측 속성은 무엇인지에 대해 알아보고 '연평균 기온' 데이터에서는 핵심 속성과 예측 속성이 무엇이 되어야 할지 고민해 보도록 한다. 키와 몸무게 그래프를 예시로 들어주니 '원인'에 해당하는 것이 '연도'가 되고 예측하고자 하는 속성이 '기온'이 된다는 것을 금방 이해하는 모습을 보였다.

3.4 창작물 만들기 노벨 엔지니어링 ④

배경 및 오브젝트와 스토리 디자인하기

해복치와 달복치가 지구온난화로 고향을 떠나야만 했던 이유를 담은 장면을 구성해 보자. 관련된 배경과 오브젝트를 추가하여 차가운 바다를 찾아 북극해로 간 개복치 커플의 모습을 표현할

그림 3-5-12 배경 및 오브젝트 디자인 예시

수도 있고, 북극에서 만난 새로운 친구들을 등장시킬 수도 있다.

기후변화로 여러 바다 생물들이 겪는 어려움을 토로하는 이야기를 만들고 뒤에 이어질 지구의 기온 예측 프로그램과 자연스럽게 연결

해복치

달복치

그림 3-5-13 해복치와 달복치 오브젝트와 스토리 디자인 예시

시킬 것이다. 해복치와 달복치가 알을 낳기 위해 차가운 바다를 찾아 북극까지 온 이야기, 북극에서 새롭게 만난 북극곰이 점점 녹는 빙하에 대해 하소연하는 이야기, 따뜻한 바다에서 올라온 남쪽 친구들이 기후변화로 인해 생기는 어려움들을 표현할 수 있도록 다양한 스토리를 디자인할 수 있다.

기온 예측 AI 모델 제작하기

· 테이블 불러오기

기온 예측을 AI로 학습시키기 위해 연평균 기온 테이블을 불러오자. [데이터분석]의 [테이블 불러오기]를 클릭하여 가장 상단에 위치한 '계절별 기온' 테이블을 가져올 수 있다. 테이블이 잘 추가되었다면 하늘색 데이터분석 블록들이 생성된 것을 볼 수 있다.

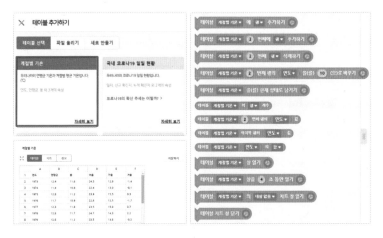

그림 3-5-14 계절별 기온 테이블 불러오기

- **[예측: 숫자 (선형 회귀)] 모델 학습하기**

테이블을 불러왔다면 의 [인공지능 모델 학습하기]를 눌러 예측 모델을 학습시킨다. 제목
은 '기온예측 AI'로 정했으나 자유롭게 설정해도 좋다. '해결책 설계'에서 핵심 속성과 예측 속
성에 대해 알아보았듯이 본 활동에서는 연도에 따른 기온을 예측할 것이므로 기온 예측 프로그

램에서 핵심 속성은 '연도', 예
측 속성(클래스 속성)은 '연평균
기온'이 된다. 각각 해당하는
속성을 마우스로 드래그하여
놓고 [모델 학습하기] 버튼을
클릭하면 <그림 3-5-15>와 같
이 선형 회귀 분석 그래프가
나타난 것을 볼 수 있다. 데이
터를 학습하여 만들어낸 선형
회귀 그래프에 따라 학습되지
않은 연도에 대한 미래 기온
값을 예측해 보자.

그림 3-5-15 [예측: 숫자 (선형 회귀) 모델 학습하기] 창

- **변수 추가하기**

기온 예측을 위한 인공지능 모델 학
습이 모두 끝났다면, 궁금한 연도 값
을 입력받아 저장할 수 있도록 변수
를 만들 차례이다. (변수에 대한 자세
한 설명은 3-2장에서 살펴볼 수 있다.)
기온 예측 프로그램에서는 사용자에
게 궁금한 '연도' 값을 받아 그 연도
에 해당하는 기온을 예측할 것이다.

그림 3-5-16 '연도' 변수 추가하기

따라서 '연도'라는 변수를 추가한다. 변수를 추가하면 엔트리 화면에 연도 0 가 생성된 것을
볼 수 있다. 현재는 입력된 값이 없으므로 연도 값이 0이다.

- **[자료] 블록 사용하기**

이제 궁금한 연도를 입력하면 AI가 학습한 데이터를 바탕으로 예측한 기온 값을 알려주는 프로

그램을 만들 차례이다. 사용자에게 궁금한 연도 값을 입력하라고 말한 후, 입력창이 뜨도록 해 보자. ? 에 있는 ⟨⟨(을)를 묻고 대답 기다리기⟩⟩ 블록을 사용하여 <그림 3-5-17>과 같이 코딩할 수 있다. 사용자가 입력창에 대답한 대답을 '연도 값'으로 저장할 수 있도록 ⟨연도▾ 를 대답 (으)로 정하기⟩ 을 붙여준다. 2100이라고 입력하면 엔트리 화면에 있던 연도값이 2100으로 변하고 대답 2100이라는 박스도 새롭게 생긴 것을 볼 수 있다. 이는 입력창에 2100이라고 대답한 값이 연도로 저장되었다는 것을 의미한다. ([자료] 블록들에 관한 자세한 설명은 2-2장을 참고하자.)

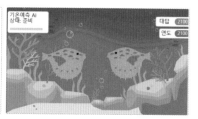

그림 3-5-17 변수 값을 대답으로 정하기

· **예측값 출력하기**

인공지능 블록을 사용하여 입력된 연도값에 대한 예측값을 출력해 보자.

⟨연도 연도▾ 값 의 예측 값 을(를) ④ 초 동안 말하기▾⟩ 블록을 추가하면 오브젝트가 사용자가 입력한 연도값, 여기서는 2100년의 예측값을 말해줄 것이다. 하지만 이렇게 출력할 경우 예측한 기온이 숫자로만 출력되어서 어색하게 느껴질 수 있다. <그림 3-5-18>처럼 예측 기온에 대한 정보를 나타낼 수 있도록 프로그래밍해 보자. ⟨ ⟩ 블록을 2개 사용해 자연스러운 문장이 될 수 있도록 적절한 대사를 추가해 주었다.

그림 3-5-18 미래 기온 예측값 출력하기

프로그래밍하기

해복치와 달복치 이야기를 읽고 기후변화 예측 그래프를 제작하면서, 학생들은 충격을 받으며 걱정하는 반응을 보였다. 실제로 2100년도의 기온 예측값이 지구의 한계점인 티핑포인트를 훌쩍 뛰어넘었기 때문이다. 대부분 기후변화가 막연한 먼 미래의 일이라 생각했었는데, AI가 데이터를 학습하여 예측한 결과를 보니 현재 우리의 문제라는 것이 실감이 난다는 반응이었다. 학생들로부터 어떻게 하면 환경을 보호할 수 있을지에 대한 의견이 쏟아져 나왔다. 교사가 다른 설명을 하지 않아도 학생들 스스로 기후변화의 심각성을 깨닫고 행동으로 변화해야 함을 알게 된 것이다. 이 인식을 바탕으로 학생들이 만든 환경보호 프로그램들을 소개한다.

첫 번째 작품에는 지구온난화로 삶의 터전을 잃고 있는 북극곰이 등장한다. 북극곰은 해복치와 달복치가 북극에서 만난 새로운 친구이며 지구온난화의 피해를 받는 또 다른 동물이기도 하다. 작품을 만든 학생은 기후변화의 원인과 결과를 조사하다가 기후변화로 빙하가 녹아 사람들이 사는 곳까지 내려온 북극곰의 이야기가 안타까워 이 장면을 프로그래밍했다고 의도를 밝혔다.

또 다른 학생은 지구온난화로 오히려 득을 보는 해파리가 인간들에게 경고의 메시지를 날리는 참신한 작품을 설계했다. 보통은 기후변화의 피해를 받는 입장에서 프로그래밍을 하는 것이 일

그림 3-5-19 학생 산출물1 - 북극곰의 외침

그림 3-5-20 학생 산출물2 - 해파리의 경고

반적인데, 이 학생은 바닷물이 따뜻해져서 해파리 개체수가 증가한다는 부정적인 결과를 바탕으로 역으로 '해파리'를 주인공으로 삼았다. 해파리가 지구온난화의 주범인 인간들에게 감사의 인사말을 전하는 장면은, 보는 사람으로 하여금 다시 바다의 수온을 되돌려 해파리 떼를 물리쳐야겠다는 생각을 불러일으킨다. 다음 장면에서는 아름다운 지구를 지키고 싶다면 생활 속에서 친환경적인 삶을 실천하라는 해파리의 따끔한 경고로 마무리된다.

기능 추가하기

- **[숨기기] 블록 활용하기**

AI 예측 프로그램으로 미래의 지구 온도를 알아보는 것에서 끝날 수도 있지만, 환경보호를 위해 실천할 수 있는 일을 소개하는 [장면2]를 추가하여 환경 캠페인으로의 확장도 가능하다. '문제, 인식하기'에서 학생들이 기후변화의 원인과 결과에 대해 조사해 보았기 때문에 기후변화를 막기 위해 생활 속에서 할 수 있는 실천사항에 대해 다양한 의견을 제시할 수 있다. '학교에서 일회용 물컵 대신 텀블러 사용하기', '급식은 먹을 만큼만 받기', '이면지 활용하기' 등 학생들이 생활에서 실천할 수 있는 수칙들을 안내하는 [장면2]를 추가해본다.

예시에서는 [장면2]에 지구가 등장하여 지구를 지키기 위한 방법을 안내하도록 했다. 이때 엔트리 화면에 생기는 모델 상태창과 대답, 연도 변수(오른쪽 참조)가 화면을 가려 불편하게 느껴질 수 있다. 이러한 창들을 엔트리 화면에서 보이지 않게 하고 싶다면 [?자료] 와 [AI인공지능] 의 [숨기기] 블록들을 사용하여 화면에서 사라지게 할 수 있다. <그림 3-5-21>에서 볼 수 있듯이, 간단하지만 프로그램을 체험하는 입장에서는 훨씬 깔끔하고 편리하게 사용할 수 있기 때문에 사용해볼 것을 추천한다.

그림 3-5-21 [숨기기] 블록을 사용한 장면2 예시

3.5 이야기 바꾸어 쓰기 노벨 엔지니어링 ⑤

100년 후의 지구를 주제로 시 쓰기

AI로 지구온난화에 대한 경각심을 보여주고 환경보호를 실천하도록 독려하는 프로그램을 만들어보았다. 프로그램을 제작하는 과정에서 학생들의 환경감수성과 환경소양이 많은 부분 성장한 것을 느낄 수 있었다. 여기에 노벨 엔지니어링을 얹으면 환경과 지구를 보호하고자 하는 마음을 담은 시 쓰기 활동으로 확장할 수 있다.

시 쓰기를 지도할 때에는 간단한 조건을 두어 학생들이 시의 특징을 잘 살릴 수 있도록 한다. 첫 번째, '~처럼', '~같이'와 같은 직유법과 '~는 -이다.'와 같은 은유법, 사람이 아닌 대상을 사람처럼 표현하는 의인법과 같은 비유법을 사용하여 표현하도록 지도하는 것이 좋다. 이때 비유법이 쓰인 다양한 시를 예시로 함께 소개하는 것을 추천한다. 두 번째로 시의 내용과 어울리는 제목을 함축적으로 지어보는 것도 중요하다. 제목 역시 시의 일부로 시의 내용만 보았을 때보다 제목과 함께 보았을 때 그 울림이 더 큰 경우가 많다. 마지막으로 시를 완성하고 나서 시의 주제와 어울리는 시화를 그려 마무리하도록 해보자. 학생들이 적은 시와 AI 기온 예측 프로그램으로 환경의 날 캠페인까지 확장할 수 있을 것이다.

첫 작품은 아름다운 바다와 하늘, 땅과 바다가 서로 닮은 모습을 시적으로 표현하고 있다. 지구를 둘러싼 땅과 바다, 하늘이 서로 닮아 파랗게, 서로 닮아 넓은 모습을 '공생'이라는 제목으로 아름답게 나타낸다. 아름다운 지구를 이루는 땅과 바다, 하늘이 서로 공생하듯 푸른별 지구를 함께 살아가는 우리 인간들도 자연과 함께 '공생'할 필요가 있다는 메시지를 전해준다.

두 번째 작품은 '지구를 위한 길'이라는 제목의 시로 친환경 에너지인 태양, 바람, 물이 지구를 위한 길이 되어주는 모습을 시적으로 표현했다. "태양을 활용하니/ 태양이 길을 비추고/ 바람을 활용하니/ 바람이 길을 다지고/ 물을 활용하니/ 물이 길을 닦네"에서 공통적으로 등장하는 '길'은 제목인 '지구를 위한 길'이다. 결국 지구를 위한 길은 석유나 석탄 같은 화학에너지가 아닌 자연 속에서 나오는 친환경에너지를 사용하는 것임을 운율을 살려 간결하게 표현했다.

마지막 작품은 '평범한 일상'이라는 제목의 시로 깨끗한 물과 아름다운 풀, 시원한 바다를 가르는 활기찬 물고기의 모습이 눈에 보이듯 생생하게 그려진다. 시 속의 모습들은 불과 20년 전만 해도 우리가 당연하게 누리고 있던 아름다운 지구의 모습이다. 지금은 수시로 도시를 뒤덮는 미세먼지와 영화에 나올 법한 폭우와 폭염이 점차 우리 일상의 모습이 되어가고 있다. 사람들이 지속가능한 발전을 실천해서 지구가 다시 건강한 예전의 모습을 되찾으며 '평범한 일상'도 되돌아오기를 바라는 염원을 담은 시이다.

그림 3-5-22 (왼쪽부터) 학생 작품 '공생', '지구를 위한 길', '평범한 일상'

시는 마음 속에 떠오르는 생각과 느낌을 운율과 조화를 살려 함축적으로 표현한 글이다. 때로는 백 마디 긴 글보다 한 편의 짧은 시가 마음을 울린다. 학생들이 쓴 시에서 우리에게 지구가 얼마나 소중한 존재인지를 다시 한번 느끼게 된다. 차례대로 시 낭송을 했을 때 서로의 표현력에 놀라 눈을 동그랗게 뜨며 박수를 치기도 했다. 긴 글을 쓰는 것을 부담스러워하던 학생들도 짧은 시에는 자신감을 가진다. 그림을 좋아하는 학생들은 시화로 자신이 표현하고 싶은 의미를 풍부하게 나타내었다. 학생들이 만든 지구 기온 예측 AI와 한 편의 시를 가지고 학교 밖으로 나가보자. 환경의 날이나 지구사랑의 날 또는 어떤 날이어도 상관없다. 지구를 아끼고 사랑하는 마음을 담아 환경 캠페인을 열어보자. 여유가 있다면 미술 시간을 이용하여 집에서 쓰다 남은 박스 뒷면을 가져와 지구 사랑 표어를 만들보는 것도 추천한다. 지나가는 행인들이 기온 예측 AI를 체험할 수 있는 부스를 만드는 것도 좋은 방법이다. 학생들이 직접 데이터를 이용해 만든 프로그램을 통해 사람들은 눈 앞에 다가온 기후변화를 직관적으로 확인할 수 있게 된다. 그리고 학생들이 적은 시 한 편을 읽으며 미래 세대를 위해서 현재 세대인 어른들이 행동으로 변화해야 함을 느낄 수 있을 것이다. 환경 캠페인을 통해 한 사람의 마음이라도 움직일 수 있다면, 지구를 위한 귀한 한 걸음이 되지 않을까?

그림 3-5-23 AI 기온 예측 프로그램
활용 환경의 날 캠페인

04 수업에 날개 달기

인공지능 예측 기능은 데이터 종류에 따라 다양한 수업 주제로 재구성이 가능하다. AI 예측으로

새로운 프로그램 만들기부터 예측 결과를 바탕으로 사람을 판단해도 되는지에 대한 AI 윤리 토론까지 다채로운 수업을 시작해 보자.

4.1 타교과 융합 -사회: 인구 분포 예측하기

사회 교과서에서는 사회 현상에 대한 표와 그래프 자료를 풍부하게 제공한다. 이런 데이터를 활용하여 AI 융합 프로젝트를 실시한다면 교과 수업과 인공지능 두 마리 토끼를 잡을 수 있을 것이다. 이제 교과서 속에 나오는 데이터를 활용하여 AI 예측 프로그램을 제작해 보자. 사회 교과서에 나오는 연령별 인구 구성비 데이터를 사용하여 저출산/고령화 문제를 안고 있는 우리 사회의 미래를 객관적으로 확인해볼 수 있다. 연도에 따른 65세 이상 인구의 인구 분포를 예측할 것이기 때문에 핵심 속성은 '연도'가 되고 예측 속성은 '65세 이상'이 된다. 이때 65세 이상 인구 분포 예측 값을 출력하는 것까지만 프로그래밍해도 되지만, 교과서에 나오는 고령화사회, 고령사회, 초고령사회의 개념에 따라 결괏값을 분류하도록 프로그래밍할 수 있다.

그림 3-5-24 고령화사회 예측 프로그램 예시

4.2 타교과 융합 -체육: 건강체력 기르기

AI 예측 기술을 활용하여 건강 체력과 관련된 체육 프로젝트도 진행할 수 있다. 건강체력은 학교나 일상에서 신체를 적극적으로 움직일 수 있는 근지구력, 심폐지구력, 유연성 등을 말한다. 운동체력으로는 운동이나 스포츠 활동을 할 때 필요한 신체적 능력인 순발력, 민첩성, 협응성 등이 있다. 일상생활에서 가장 손쉽게 할 수 있는 건강체력 운동으로 달리기가 있는데, 달리기 시간에 따른 cal 소모량 데이터를 바탕으로 AI 예측 프로그램을 제작할 수 있다.

엔트리에서 달리기에 관련된 데이터를 따로 제공하지 않으므로 ![데이터분석] 의 [테이블 추가하기] → [새로 만들기]에서 직접 데이터를 입력한 테이블을 만들어 사용한다. 달린시간(분)을 핵심 속성으로, 칼로리를 예측 속성(클래스 속성)으로 지정해 모델 학습을 진행해 둔다.

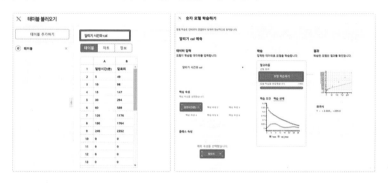

그림 3-5-25 **달린 시간 대비 열량 소모량 데이터 입력하기**(출처: fatsecret)

다음은 실제 달리기 칼로리 예측 AI 프로그램 코드 예시다. [말하기] 블록들을 활용해 맥락을 자연스럽게 제시하고, [숨기기] 블록을 활용해 화면을 깔끔하게 만들었다.

그림 3-5-26 **달리기 칼로리 예측 프로그램 예시**

4.3 경제 동화 활용 교육 -인플레이션 이해하기

《레몬으로 돈 버는 법2(루이스 암스트롱 글빌 바소 그림|장미란 옮김|비룡소|2003)》는 레모네이드를 파는 아이를 통해 불황과 경기 회복에 대한 개념을 쉽게 설명해 주는 경제 동화이다. 주인공이 파는 레모네이드를 사먹기 위해 친구들은 잔디 깎기, 자동차 닦기 등 다양한 일을 시작한다.

그런데 흉년이 들어 레몬 수확량이 크게 감소하면서 레몬 가격이 올라 레모네이드의 가격도 인상되고 만다. 아이들은 레모네이드를 사먹기 위해 임금 인상을 요구하고, 화폐 가치는 하락하고 물가는 상승하게 된다. 인플레이션이라는 개념은 학생들에게 다소 어려울 수 있지만, 자신의 삶 속에서 이해할 수 있는 상황을 제시해 줄 수 있을 것이다.

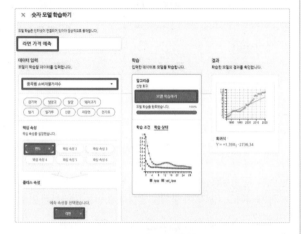

예를 들어 학생들이 좋아하는 라면 가격 데이터를 학습시켜 보자. 시간이 지남에 따라 점차 상승하는 라면 가격을 통해 인플레이션을 간접적으로 체험하고 이해하는 AI 융합 수업이 가능하다. 먼저 [데이터분석] → [테이블 불러오기] → [테이블 추가하기] → [품목별 소비자물가지수] → [추가하기]를 차례로 클릭해 학습할 데이터를 추가해 준다.

다음으로 [인공지능] → [인공지능 모델 학습하기] → [예측: 숫자 (선형 회귀)]로 모델 학습에 들어간다.

그림 3-5-27 **품목별 소비자물가지수 데이터로 예측: 숫자** (선형 회귀) **모델 학습하기**

연도를 핵심 속성으로, 라면물가지수를 예측 속성(클래스 속성)으로 하는 예측 모델을 학습시킨다. 라면 가격 예측을 위한 오브젝트와 배경을 선택하고 '연도' 값을 저장할 변수도 추가해 주자.

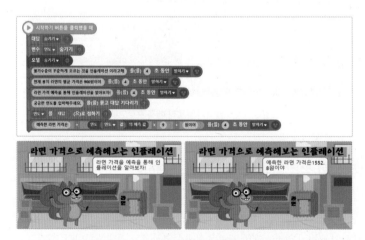

그림 3-5-28 **연도를 입력하면 라면의 미래 가격을 예측해 주는 AI 프로그램 예시**

4.4 AI 윤리 토론 -〈마이너리티 리포트〉영화 토론

인공지능이 인간의 범죄 사실을 미리 예측할 수 있다면 어떻게 될까? AI가 인간의 부정적인 행동을 예측할 수 있다면 우리는 AI의 판단을 따라 인간의 행동을 미리 제지해야 할까? 아니면 인간은 AI의 예측과 다른 선택을 할 수 있는 자유 의지를 가지기 때문에 실제 범죄가 일어나기 전까지 기다려야 할까? AI 예측 기술이 우리 사회에 적용되었을 때 생길 수 있는 윤리적 딜레마에 대해 토론해 보자.

〈마이너리티 리포트〉는 2002년에 개봉한 영화로, 범죄를 사전에 예상할 수 있는 시스템을 갖추게 된 미래를 배경으로 한다. 시스템에 따라 경찰들은 살인을 저지를 것으로 예상되는 사람을 '예비 살인자'란 죄목으로 체포한다. 아직 아무 범죄도 저지르지 않았는데 말이다. 범죄 예방 수사국 소속 반장인 주인공도 곧 발생할 살인 사건의 가해자로 지목을 받게 되는데, 자신이 살인을 저지를 리가 없다며 도망친다. 주인공은 살인을 할 상황에 처하지만 결국 예측과는 다르게 살인을 하지 않는 '선택'을 하며 영화는 끝을 맺는다.

〈마이너리티 리포트〉에서는 범죄자의 행동을 예측하여 아직 하지 않은 행동에 대해 '예비 살인자'라는 죄목으로 처벌을 받게 한다. 영화와 같이 인간의 행동을 예측해 범죄를 막을 수 있는 AI가 탄생한다면, 높은 확률로 범죄를 저지를 것으로 지목된 사람은 아직 하지 않은 일에 대해 죄값을 받아야 할까? 학생들은 인간에게는 AI와는 다른 자유의지가 있음을 강조하며 반대 의견을 표하기도 했고, 100%에 가까운 확률로 예측을 한다면 사회의 안전을 위해 범인을 미리 색출하는 것이 더 현명하다는 찬성 측의 의견을 펼치기도 했다.

또 흥미로운 토론 주제로는 '마이너리티 리포트의 주인공처럼 내가 아직 하지 않은 일에 대해 책임을 물어 '예비 범죄자'로 지목된다면 AI의 판단에 동의할 수 있을까?'가 있었다. 재미있었던 점은 앞선 논제에서는 사회 안보를 위해 AI가 예비 범죄자를 검거하는 것에 찬성하던 학생들도 본인의 입장이 되었을 때는 자기는 그럴 리가 없다며 반대한 경우가 많았다는 점이다. 이처럼 노벨 엔지니어링 이후 토론으로 학생들의 사고를 확장시킨다면, AI 기술을 도입할 때에는 전체에 미치는 효용성도 중요하지만, 0.1%의 확률로 생긴 오류가 미칠 작은 피해까지 고려해야 함을 자연스럽게 인식시킬 수 있다.

Novel
Engineering

CHAPTER

06

성적을 고민하는 친구를 위한
AI 학습 추천 프로그램 설계하기

'판타지 동화'란 비현실적인 등장인물이 등장하거나 환상적인 사건이 일어나는 동화를 일컫는다.[1] 초등학생에게 현실과 상상을 넘나드는 판타지 동화는 하나의 놀이처럼 다가갈 수 있다. 현실과는 다른 짜릿한 해방감과 쾌감을 주기도 하고, 현실 속에서는 불가능한 초인적인 능력이 가져오는 이야기로 삶의 지혜를 깨닫게도 한다. 행복한 기억으로 시간을 산다는 비현실적인 요소가 있지만, 엄마에게 공부하라고 잔소리를 듣고 학교와 학원을 오가며 시험 성적을 걱정하는 책 속 주인공 윤아의 모습은, 학생들에게 한번쯤 경험했던 공감의 순간으로 다가갈 수 있다. 환상과 현실이 혼재된 '시간가게'라는 공간에서 주인공이 겪는 성적에 대한 고민을 인공지능을 사용해 해결해 보자.

01 인공지능 돋보기

이번 수업에서는 엔트리를 활용하여 비지도학습 중 하나인 군집 모델을 학습시켜볼 것이다. 학생들의 성적 데이터를 기반으로 공부 유형에 맞는 학습 방법을 추천해 주는 AI 프로그램을 설계해 보자. 성적에 대한 고민을 해결하기 위해 시간가게에서 자신의 행복한 기억을 파는 주인공에게 맞는 공부 방법을 추천해 주며, 자신의 힘으로 노력해서 목표를 성취했을 때의 진정한 기쁨을 느끼게 할 수 있다.

1.1 군집 알고리즘: k-Means

군집Clustering은 비지도학습의 일종으로, 한 클러스터와 다른 클러스터가 구분되도록 만드는 것에 주안점이 있다. 얼핏 분류와 비슷해 보일 수 있으나 그 근본 원리가 다르다. 사전에 정한 라벨을 따르는 분류와 달리, 군집은 데이터들 간의 유사성을 기준으로 군집을 형성하고, 새로운 데이터가 들어오면 어느 클러스터에 위치하게 되는지를 판단하는 방식이다. 방법론 역시 공간상의 거리를 이용한 알고리즘이 많다.

군집 알고리즘의 대표주자인 k-Means를 예로 들어보자. 이는 k개의 군집화를 시도하는 모델로서, 임의의 위치에 k개의 점들을 찍고 각각 클러스터를 나눈다. 나눈 군집의 모든 데이터 포인터와의 거리를 계산해 그 데이터들의 중심으로 이동시킨다. 이후 k점을 중심으로 다시 클러스터를 나누고, 또 데이터 포인터와의 거리를 계산하여 그 중심으로 위치를 옮긴다. 이러한 단계를 몇 번 반복하여 수행하게 되면 k점이 더이상 움직이지 않게 되고, 클러스터가 확정되는 것이다.

군집분석의 가장 큰 특징은 분석가가 데이터의 패턴을 알지 못할 때 주요하다는 것이다. 분석가는 데이터 속에 군집이 존재한다고 믿지만, 어떻게 형성될지는 알지 못하며 다만 몇 개의 클러스터로 나눌지를 선택하여 분석에 들어간다. 이 과정은 미처 생각하지 못했던 데이터의 패턴을 찾을 수 있다는 장점이 있지만, 대개의 경우 클러스터링의 결과가 명확하지 않다는 단점이 있다.

이 때문에 오히려 마케팅과 같은 분야에서 군집 분석을 많이 활용한다. 기존의 통계 분석으로 목표 고객을 나누어 타겟팅을 진행하는 것 외에, 군집을 활용할 때 숨어있는 고객 그룹을 발견하여 이벤트를 진행할 수 있기 때문이다. 한편 언어 인공지능의 경우에도 인공지능에게 일일이 인간의 언어 규칙을 가르치는 것보다, 인공지능 스스로 비지도 학습 기반의 내재화가 이루어지도록 하고 있다.

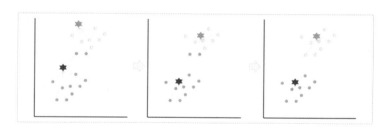

그림 3-6-1 k-Means 알고리즘의 군집 구성 순서

1.2 성취기준 및 인공지능 내용요소

- [6국 05-02] 작품 속 세계와 현실 세계를 비교하며 작품을 감상한다.

- [6실 04-11] 문제를 해결하는 프로그램을 만드는 과정에서 순차, 선택, 반복 등의 구조를 이해한다.

- [6도 01-03] 정직의 의미와 정직하게 살아가는 것의 중요성을 탐구하고, 정직과 관련된 갈등 상황에서 정직하게 판단하고 실천하는 방법을 익힌다.

- [6실 03-02] 시간 자원의 특성을 알고, 올바른 시간 관리 방법을 탐색한 후 실생활에 적용한다.

- [인공지능 원리와 활용:초등학교 5-6학년:기계학습 원리 체험] 인공지능이 적용된 교육용 도구를 통해 기계가 학습하는 과정을 설명할 수 있다.

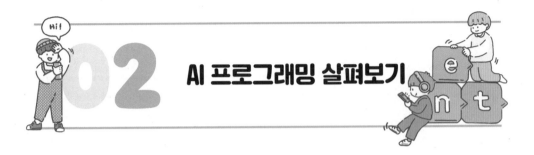

2.1 AI 모델 불러오기

인공지능 모델 학습하기: [군집: 숫자 (k-평균)]

군집은 내가 입력한 데이터를 설정한 개수(k개)의 묶음으로 군집화하는 모델이다. 군집 모델은 비지도 학습으로, 어떻게 학습해야 하는지, 결괏값을 알려주지 않아도 AI 스스로 비슷한 클래스를 찾아 학습할 수 있다. 군집 모델을 사용하여 전국에 위치한 초등학교를 경도, 위도 값에 따라 4개의 권역으로 나누어주는 인공지능 프로그램을 만들어보자. 군집 모델 학습을 위해서는 초등학교의 위치 데이터가 필요하므로, [데이터분석]에서 [테이블 불러오기]를 눌러 '전국 초등학교 위치' 테이블을 추가한다. (테이블 추가 방법과 데이터분석에 관한 자세한 내용은 3-4장을 참고하자.)

그림 3-6-2 '전국 초등학교 위치' 테이블 불러오기

<그림 3-6-3>과 같이 가나다순으로 정리된 전국 초등학교의 지역(시도)과 위도·경도 정보가 보인다. [적용하기]를 누르면 완료된다. 테이블을 불러왔으니 데이터를 가지고 인공지능 모델 학습을 시작해볼 것이다. [인공지능]의 [인공지능 모델 학습하기]에서, 9가지 인공지능 모델 중 [군집: 숫자 (k-평균)] 모델을 선택하고, [학습하기] 버튼을 눌러 주자.

그림 3-6-3 '전국 초등학교 위치' 테이블

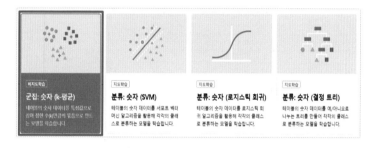

그림 3-6-4 [군집: 숫자 (k-평균)] 모델 선택하기

그럼 <그림 3-6-5>와 같은 [군집: 숫자 (k-평균) 모델 학습하기] 창이 열린다. 하나씩 살펴보자. ① 은 모델의 이름을 정하는 칸이다. 흰색 빈칸을 클릭해 입력 가능하다. ②는 군집 모델을 학습시키기 위한 데이터를 불러 오는 공간으로, ▼을 클릭하여 선택할 수 있다. ③핵심 속성은 군집 모델이 학습할 때 어떤 속성을 원인으로 삼을 것 인지를 선택하는 부분 이다. 엔트리에서는 최대 3개까지 핵심 속성을 정할 수 있다. 군집

그림 3-6-5 [군집: 숫자 (k-평균)] 모델 학습하기 창

모델에서는 클래스(예측) 속성 없이 핵심 속성만으로 모델을 학습한다. ④군집 개수에서 몇 개의 군집(k)으로 묶을 것인지를 정할 수 있다. 마지막 ⑤중심점 기준에서 군집 모델 학습 시 최초의 중심점 기준을 고를 수 있다. '가장 먼 거리'와 '무작위' 중 선택하면 된다. 학습이 진행되면서 중심점은 평균값을 찾아 적절한 위치로 계속 이동해 간다. 학습을 충분히 한다면 클러스터링에 걸리는 시간이 달라질 뿐 결과에는 큰 차이가 없으므로, 무엇을 선택하든 무방하다.

군집 모델 학습에 대한 이해가 완료되었다면 '전국 초등학교 위치' 데이터를 바탕으로 4개 권역으로 묶어주는 프로그램을 만들어보자. ①모델 이름 입력, ②테이블 선택까지 완료했다면, 중요한 것은 ③핵심 속성이다. 초등학교의 위도와 경도 값을 학습하여 전국 초등학교

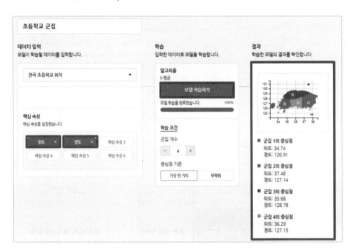

그림 3-6-6 전국 초등학교 위치 군집 모델 학습하기

의 위치를 나눌 것이므로, 여기서 핵심 속성은 '위도'와 '경도'가 된다. 두 버튼을 끌어다 핵심 속성 자리에 놓아 주자. 군집 개수는 4개로, 중심점은 가장 먼 거리에서 시작하도록 설정한다.

그리고 [모델 학습하기]를 클릭하면 <그림 3-6-6>과 같은 결과를 확인할 수 있다. 군집 모델의 결과는 설정한 군집 개수에 맞춰, 각각의 군집으로 구분된다. 그리고 각 군집의 중심점 좌표가 구해지는데, 내가 입력한 좌푯값이 포함되는 가장 가까운 군집에 속하게 된다. 핵심 속성이 2개라면

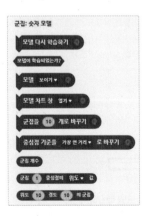

이렇게 2차원 좌표 평면에서 군집을 구분한 차트를 확인할 수 있지만, 핵심 속성이 3개 이상이라면 2차원에서 표현될 수 없기 때문에 차트로 확인할 수는 없다.

[군집: 숫자] 모델 인공지능 블록 생성하기

모델 학습을 완료하고 [적용하기]를 누르면, [인공지능]에 다음과 같이 [군집: 숫자 모델] 분류와 함께 인공지능 블록들이 생성된 것을 확인할 수 있다. 앞 장에서 소개했던 블록들 외에 새롭게 나타난 블록들을 자세히 살펴보도록 하자.

- ⬛ 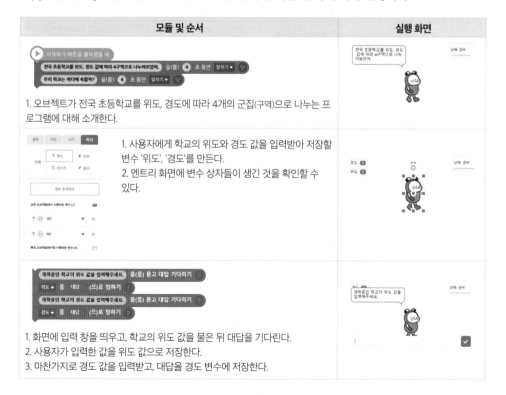 (블록) : 군집 개수를 입력한 값으로 바꾸어 설정한다. 변경된 군집 개수는 (블록) 블록으로 모델을 다시 학습시킨 이후 적용된다.

- ⬛ (블록) : 군집의 최초 중심점의 기준을 바꾸어 설정할 수 있다. 변경된 중심점은 (블록) 블록으로 모델을 다시 학습시킨 이후 적용된다. ▼ (목록상자)로 가장 먼 거리/ 무작위 중에 선택할 수 있다.

- ⬛ (블록) : 모델의 군집 개수를 가져오는 값 블록이다.

- ⬛ (블록) : 입력한 군집의 중심점에 대한 핵심 속성의 값을 가져오는 블록이다. 여기에서는 '위도'와 '경도'가 핵심 속성이므로, ▼ (목록상자)를 눌러 위도 또는 경도를 선택할 수 있다.

- ⬛ (블록) : 핵심 속성의 값을 입력해 묶은 군집 중 어디에 속하는지를 가져오는 값 블록이다. 값은 숫자로만 표현된다.

2.2 AI 모듈 체험하기

이제 '전국 초등학교의 위도·경도에 따른 구역'을 예측하는 AI 로봇을 본격적으로 만들어 보면서, [군집: 숫자] 인공지능 블록들을 익혀 볼 것이다. 다음 안내에 따라 진행하자.

모듈 및 순서	실행 화면
1. 오브젝트가 전국 초등학교를 위도, 경도에 따라 4개의 군집(구역)으로 나누는 프로그램에 대해 소개한다.	
1. 사용자에게 학교의 위도와 경도 값을 입력받아 저장할 변수 '위도', '경도'를 만든다. 2. 엔트리 화면에 변수 상자들이 생긴 것을 확인할 수 있다.	
1. 화면에 입력 창을 띄우고, 학교의 위도 값을 물은 뒤 대답을 기다린다. 2. 사용자가 입력한 값을 위도 값으로 저장한다. 3. 마찬가지로 경도 값을 입력받고, 대답을 경도 변수에 저장한다.	

1. 앞서 입력한 위도 값 , 경도 값 의 군집 값을 구한다. (이때 위도 경도 의 군집 블록을 사용한다.)
2. + 계산 블록을 이용해 앞뒤로 자연스러운 문장을 만든다.
3. 오브젝트가 "우리학교는 ~번 군집에 속해."라고 군집 값을 말해준다.

1. 마지막으로 군집화한 모델 차트 창을 열어 결과를 확인해 본다.

표 3-6-1 [군집: 숫자] AI 기본 모듈 체험하기

이 모든 과정을 합친 '전국 초등학교의 위도·경도에 따른 구역'을 예측하는 AI 로봇의 전체 코드는 다음과 같다.

그림 3-6-7 완성된 전국 초등학교 구역 예측 AI 로봇 프로그램 예시

참고 내가 다니는 학교의 위도, 경도 값은 어떻게 알 수 있을까? 구글 지도에 접속해, 다음 순서를 따라 보자.

① 구글 지도에서 재학 중인 학교 이름을 검색한다.
② 위치를 표시하는 빨간색 풍선 위에 마우스 커서를 놓고 오른쪽 버튼을 눌러 [이곳이 궁금한가요?]를 클릭한다.
③ 빨간 풍선 위에 작은 회색 풍선이 나타난다. 다시 회색 풍선을 마우스로 클릭한다.
④ 파란색 글씨로 위도, 경도 값이 순서대로 뜨는 것을 확인할 수 있다.

그림 3-6-8 구글 지도에서 위도, 경도 값 확인하기

노벨 엔지니어링 수업 톺아보기

《시간가게》의 주인공 윤아는 성적에 대한 고민을 이겨내지 못하고 시간을 사고팔 수 있다는 마법의 힘을 빌려 어려움을 해결한다. 윤아가 비현실적인 방법으로 눈앞의 문제를 회피하기보다는, 자신의 노력으로 극복할 수 있도록 도와주는 인공지능 프로그램을 만들어보자. 앞서 사용한 AI 군집 모델을 활용하면 주인공의 문제를 창의적으로 설계하고 해결하는 노벨 엔지니어링 수업이 가능하다. 또한 정지 장면 활동, 주인공을 '나'로 바꾸어 이야기 써보기 활동을 통해 등장인물의 마음에 공감하며 나의 삶과 비교하여 생각해볼 수 있다.

차시	STEAM 준거틀	노벨 엔지니어링 수업 단계	활동
1차시	상황 관련 문제 정의	①책 읽기 ②문제 인식	- 《시간가게》 책 읽기 - 시간가게 정지 장면 활동하기
2~4차시	융합적 설계 및 문제 해결	③해결책 설계 ④창작물 만들기	- 국어, 수학 데이터로 군집별 학습유형 설계하기 - 학습유형별 공부 꿀팁 추천 AI 프로그래밍하기
5~6차시	자기주도 및 성찰	⑤이야기 바꾸어 쓰기	- 주인공을 '나'로 바꾸어 이야기 써보기

3.1 책 읽기 노벨 엔지니어링 ①

시간가게
이나영 글 | 윤정주 그림 | 문학동네 | 2013

《시간가게》는 성적과 입시 경쟁 속에서 온전한 자기 자신의 행복을 잃어가는 아이들의 이야기이다. 주인공 윤아는 엄마가 짜놓은 시간표에 따라 하루종일 학교를 다니고 숙제를 하며 인터넷 강의를 듣는다. 전교 2등의 우수한 성적이지만 아빠가 돌아가신 후 윤아를 좋은 대학교에 보내기 위해 열심히 일하는 엄마를 기쁘게 하려고 1등을 목표로 끊임없이 공부를 한다.

그러다 우연히 눈앞에 나타난 시간가게에서 자신의 행복한 추억을 팔아 10분의 시간을 사게 되는데, 윤아는 자신의 추억을 팔아 몰래 산 시간으로 부정 행위를 저지르고 만다. 결국 전교 1등의 목표를 이루었지만 사랑하는 사람들과의 추억을 점차 잃어가는 윤아는 진정한 행복은 자신의 힘으로 현재를 살아가는 것임을 깨닫는다.

윤아가 자신의 정체성을 잃지 않으면서 목표를 이룰 수 있도록 도와줄 수는 없을까? 성적 데이터에 따라 학습 유형을 분석하여 학습자에게 맞는 공부 팁을 알려주는 AI 군집 프로그램이 있다면 어떨까? 판타지적인 재미와 학생들의 현실적인 고민을 흥미롭게 풀어나가는 책으로 고학년 학생들에게 추천한다.

3.2 문제 인식 노벨 엔지니어링 ②

시간가게 정지 장면 활동하기

이야기를 읽고 주인공이 겪는 사건들 중 인상 깊었던 장면을 정지 장면으로 표현해 보자. 학생들은 극 중 인물이나 사물이 되어 몸짓과 표정으로 상황을 표현하며 인물의 문제를 나의 문제처럼 깊이 공감할 수 있다. 진행 순서는 다음과 같다.

> ① 모둠 친구들과 함께 가장 인상깊었던 장면을 선정한다.
> ② 장면 속 인물과 사물이 되어 정지 동작으로 한 장면을 표현한다.
> ③ 다른 모둠원들은 정지 장면을 보고 어떤 상황인지 맞혀야 한다.
> ④ 힌트가 필요할 때에는 정지 장면 속 인물을 터치한다.
> ⑤ 터치된 사람은 간단한 말이나 움직임으로 장면을 조금 더 구체적으로 표현할 수 있다.

<그림 3-6-9>의 왼쪽 장면은 주인공인 윤아가 시험을 치는 도중 시간을 멈추고 다른 친구의 시험지를 베끼는 장면이다. 오른쪽 장면은 윤아가 진정한 행복의 소중함을 깨닫고 시계를 부수려는 순간에 시간가게 할아버지가 '안 돼!'를 외치고 있는 모습이다. 다른 친구들은 정지 장면을 보며 어떤 장면인지 유추한다. 이때 힌트가 더 필요하다면 정지되어 있는 사람을 살짝 터치해 간단한 말이나 움직임으로 보다 더 구체적으로 상황을 표현하도록 요청할 수 있다. 가령 왼쪽 장면에서 책상을 표현한 학생은 힌트로 '삐그덕 삐그덕'이라는 소리로 책상임을 표현했다. 오른쪽 장면에서 엎드려서 부서지기 직전의 시계를 표현한 학생은 터치를 하는 순간 '빠직'이라는 소리를 내며 힘 없이 바닥에 엎드리며 재미있게 장면을 묘사했다.

그림 3-6-9 정지 장면 활동 모습

3.3 해결책 설계 노벨 엔지니어링 ③

국어, 수학 데이터로 군집별 학습유형 설계하기

이번 장에서는 학생들의 국어, 수학 성적을 학습한 AI 모델이 4개의 학습 유형으로 군집을 만들고, 유형별 공부 꿀팁을 소개해 주는 프로그램을 제작하여 볼 것이다. 그러려면 우선 국어, 수학 데이터로 학습한 AI 군집 모델이 필요하다. 엔트리에서 군집 모델 학습을 진행하면, 내가 설정한 개수만큼 학습유형 군집이 만들어진 차트를 결과로 볼 수 있다. 그렇지만 이 결과에는 클러스터로 묶인 군집 번호만 나올 뿐 군집의 성격에 대한 설명은 따로 첨부되지 않는다. 따라서 학생들이 보게 될 군집 학습 결과 차트를 미리 활동지로 제시하고, 각 군집이 가지는 데이터 성격별로 학습유형 이름을 지어보도록 지도하는 것이 좋다.

예를 들어 국어, 수학 성적이 핵심 속성이라면 ①국어, 수학 성적이 모두 높은 경우, ②국어 성적은 높고 수학 성적은 낮은 경우, ③수학 성적은 높고 국어 성적은 낮은 경우, ④국어, 수학 성적이 모두 낮은 경우로 4가지 군집이 생기는데, 각 경우에 맞는 학습유형 이름을 지어보도록 했다. 여기서는 순서대로 ①만능형, ②문과형, ③이과형, ④기초형으

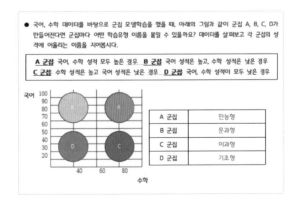

그림 3-6-10 군집의 성격 분석하여 학습유형 이름 붙이기

로 지었으나, 학생들이 원하는 이름으로 정할 수 있도록 허용적인 분위기를 조성해 주자.

실제 활동 결과 한 학생은 수학 좀 못 하고 국어 좀 못 하는 게 무슨 문제냐며 잘하는 것을 더 부각하고 희망을 주는 이름을 지어주고 싶다는 기특한 의견을 냈다. 이 학생은 모든 방면에서 우수한 A 군집은 시인이자 수학자였던 '레오나르도 다빈치형', 국어 능력이 탁월한 B 군집은 한글을 창제한 '세종대왕형'이라는 이름을 지어주었다. 또 수학 능력이 우수한 C 군집에게는 어렸을 땐 난독증을 가진 아이였지만 끝내 최고의 수학자가 된 '아인슈타인형', 국어, 수학이 부족한 D 군집에게는 여러 번의 실패 끝에 최고의 발명가가 된 '에디슨형'이라는 학습유형명을 붙여주었다. AI가 데이터를 바탕으로 군집을 나눌 수는 있지만, 그 속에 들어있는 가치를 어떻게 발견하고 해석하느냐는 결국 인간의 몫이 아닐까? 노벨 엔지니어링을 통해 학생뿐 아니라 교사인 필자도 성장하게 되는 순간이었다.

3.4 창작물 만들기 노벨 엔지니어링 ④

배경 및 오브젝트와 스토리 디자인하기

《시간가게》의 이야기 맥락을 살려, 학습 유형 AI 프로그램에 어울리는 배경과 오브젝트를 디자인해 보자. 책에서는 행복한 기억 대신 시간을 파는 '시간가게 주인 할아버지'가 나왔다면, 여기서는 주인공에게 도움을 주는 새로운 인물을 등장시킬 수 있다. 스스로 할 수 있다는 믿음을 가지고 노력할 마음을 가진 아이들에게 공부 꿀팁을 추천해 주는 믿음가게 주인은 어떨까? 주인공 윤아가 겪는 뒷이야기가 어떻게 달라질지 흥미진진하다. 상상의 나래를 펼쳐 나만의 시간가게를 디자인해 보자.

그림 3-6-11 배경 및 오브젝트 디자인 예시

배경과 오브젝트를 구성했다면 다음으로 스토리를 구상해 보자. 어떤 배경에 어떤 오브젝트를 등장하도록 설계했는지에 따라 스토리는 얼마든지 달라질 수 있다. 새로운 등장인물이 나온다면 이야기의 흐름 속에서 새로운 인물은 어떤 성격을 가지고 어떤 역할을 맡게 되는지 대사로 표현해 보자. 예시에서는 학생들이 스스로에 대한 믿음만 있으면 목표한 바를 이룰 수 있도록 도와주는 '믿음가게 주인'을 등장시켰다. 책은 오브젝트를 클릭했을 때 책에 대한 소개가 나오도록 할 것이므로 오브젝트를 클릭했을 때 블록을 사용했다.

그림 3-6-12 **스토리 디자인 예시**

학습유형 군집 AI 모델 제작하기

- **테이블 불러오기**

학생들의 학습유형을 묶어주는 군집 모델을 학습시키기 위해 국어, 수학 성적 데이터를 불러온다. 엔트리에서 따로 제공하는 데이터가 아니므로, [새로 만들기]→[테이블 새로 만들기]에서 새로운 테이블을 만들어 사용해야 한다. 각 칸에 데이터를 규칙에 따라 입력하자. 행과 열은 필요에 따라 추가하거나 삭제할 수 있다. 학생 21명의 다양한 국어, 수학 성적 테이블을 예시로 만들어 보았다.

 수업 TIP

군집 모델 역시 다른 모델과 마찬가지로 데이터 학습을 통해 만들어지기 때문에, 많은 양의 데이터가 있을수록 더욱 정확한 값을 얻을 수 있다. 4개의 군집으로 나눌 것이므로, 최소한 20개 이상의 데이터는 준비되는 것이 좋다. 예시에서는 군집이 4유형(국어, 수학 모두 높은 경우/국어 성적만 높은 경우/수학 성적만 높은 경우/국어, 수학 성적이 모두 낮은 경우)으로 나뉘는 것을 확인하기 위해 데이터를 4가지 유형에 맞춰 4~5개씩 균등하게 배분해 총 21개를 입력해 보았다.

그림 3-6-13 국어, 수학 성적 테이블 새로 만들기

- **[군집: 숫자 (k-평균)] 모델 학습하기**

본격적으로 군집 모델을 학습시킬 것이다. [인공지능] → [인공지능 모델 학습하기]에서 9개의 모델 중 [군집: 숫자 (k-평균)] 모델을 선택해 [숫자 모델 학습하기] 창에 진입하자. 학생들의 성적에 따라 학습유형을 군집으로 묶어주는 프로그램을 만들 것이므로 제목은 '학습유형 군집'으로 정했다. 아까 준비한 '국어수학 데이터' 테이블을 사용할 것이며, 학생들의 성적에 따라 4개의 군집으로 나눠지므로 핵심 속성은 국어와 수학이 된다.

그림 3-6-14 [군집: 숫자 (k-평균) 모델 학습하기] 창

모델 학습을 하면 <그림 3-6-14> 같이 표 안에 1~4까지 4개의 군집이 여러 색으로 표시되고, 각 군집의 중심점이 표시된다. 그런데 군집의 번호만 보아서는 이 군집이 어떤 성격을 가진 데이 터들의 묶음인지 알기 어려우므로, 중심점을 통해 성격을 파악해야 한다. 군집1의 중심점을 보 면 국어 성적은 93.2로 높지만 수학 성적은 36으로 낮은 것을 알 수 있다. '해결책 설계'에서 군 집별로 미리 이름을 정한 것을 참고하면 군집1은 '문과형'에 해당하는 것을 알 수 있다. 군집2는 국어 성적이 낮고 수학 성적이 높으므로 '이과형', 군집3은 국어, 수학 성적이 모두 낮으므로 '기 초형', 군집4는 국어, 수학 성적이 모두 우수하므로 '만능형'에 해당한다. 이렇게 학습을 끝내고 [적용하기]를 누르면, 새 인공지능 블록들이 생성된다.

- **변수 추가하기**

이제 사용자의 국어, 수학 성적을 입력 하고 저장할 수 있는 '변수'를 만들 것이 다. (변수에 대한 자세한 설명은 3-2장을 참 고하자.) 학생들이 입력한 점수를 저장할 '국어'와 '수학' 변수를 추가하면, 엔트 리 화면에 입력된 변수 값을 나타내는 창이 생성된 것을 확인할 수 있다.

그림 3-6-15 **국어, 수학 변수 생성하기**

- **군집 분석하기**

계획한 대로 사용자가 국어, 수학 성적을 입력하면 학습유형과 유형별 공부 꿀팁을 알려주는 프 로그램을 만들어보자. 먼저 국어, 수학 성적을 묻고 입력한 대답을 '국어 값', '수학 값' 변수로 저 장한다. 그런 뒤 입력받은 국어, 수학 값이 속하는 군집을 인공지능 블록을 사용하여 출력해 보자.

국어 ● 수학 ● 의 군집 의 빈칸 에 각각 국어 ▼ 값 , 수락 ▼ 값 변수를 넣어주면 AI가 군집 분석을 수행한다. 단 이것만 으로는 숫자만 출력하게 되 니, 자연스러운 표현을 위해 ● ● + 2개로 앞뒤 문장 을 추가해 <그림 3-6-16>과 같이 코딩할 수 있다.

그림 3-6-16 **군집 출력하기**

이 과정을 통해 내가 속한 군집이 몇 번인지 알 수 있다. 하지만 문제는 그 군집 번호가 의미하는 바가 무엇인지 직관적으로 알기 어렵다는 점이다. '해결책 설계'에서 학생들이 지었던 학습유형 이름을 각 군집에 붙여, 프로그래밍 시 이해를 도울 수 있다. <그림 3-6-17>을 참고해 보자.

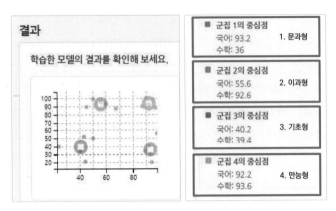

그림 3-6-17 군집에 학습유형 이름 붙이기

- **[흐름] 블록 사용하기**

각 학습유형마다 공부 방법은 달라야 할 것이다. 결과에 따라 다른 동작을 프로그래밍하기 위해, 블록을 사용한다. 군집 1,2,3,4 각 유형에 맞는 공부 꿀팁을 말하도록 프로그래밍해 보자. 블록의 한쪽에는 블록을, 한쪽에는 군집 결과를 넣어 서로 일치하는지 확인한다.

만일 군집 결과가 1이라면 여기서는 문과형에 속하기 때문에, 블록에 국어

에는 강하나 수학이 약한 학습 유형의 친구에게 줄 수 있는 학습 꿀팁을 적어본다. "당신은 문과형입니다. 하루 30분 기초 연산 문제를 풀고 수학의 기본기를 튼튼하게 다져보세요!" 정도로 적을 수 있을 것이다. 같은 방식으로 블록을 반복하면서 차례대로 이과형(군집2)인 경우, 기

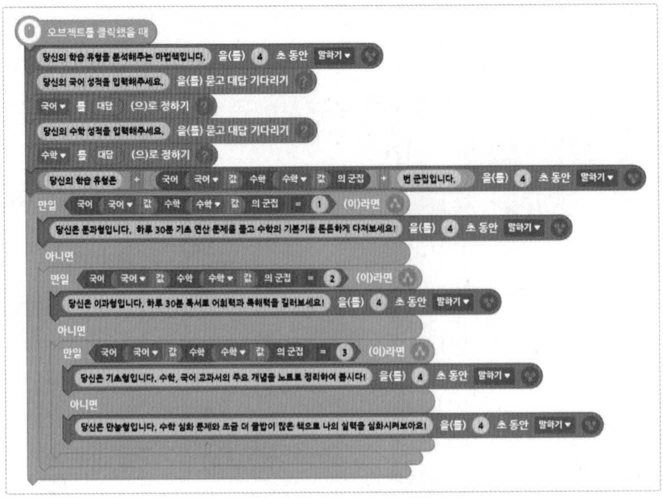

그림 3-6-18 완성된 AI 학습 추천 프로그램 예시

초형(군집3)인 경우, 만능형(군집4)인 경우에 맞는 공부 꿀팁을 말해 주도록 해보자. 얼핏 어려워 보일 수 있으나 실제로는 같은 블록이 3번 반복된 간단한 구조이니 프로그래밍에 부담을 갖지 말자.

수업 TIP

이때 유의할 점은 군집 1,2,3,4인 경우를 조건으로 프로그래밍할 때, [흐름] 블록은 3번까지만 사용하고 마지막 군집은 '~아니면' 아래에 바로 [말하기] 블록을 붙여 처리하면 된다는 점이다. 왜냐하면 총 4가지 경우에서 군집 1,2,3이 모두 해당하지 않으면, 남은 것은 군집4밖에 없기 때문이다. 그러지 않고 4번 사용하면 마지막에 빈칸이 남아 오류가 발생한다.

그림 3-6-19 [흐름] 블록에서 오류가 발생하는 경우

프로그래밍하기

국어, 수학 성적 데이터로 군집 모델을 학습시켜 학습 유형을 분류해 주는 큰 틀을 프로그래밍했다면, 이제는 학생들이 상상한 스토리를 입혀볼 차례이다. 전교 1등이라는 결과에만 치중해 과정의 소중함을 잊어버린 윤아에게 매순간 노력하고 최선을 다해서 얻은 결과가 주는 진정한 행복을 느낄 수 있도록 도와주자. 학생들의 '행복가게'를 몇 곳 소개한다.

《시간가게》에는 윤아에게 시간을 파는 시간가게 주인 할아버지가 등장했는데,

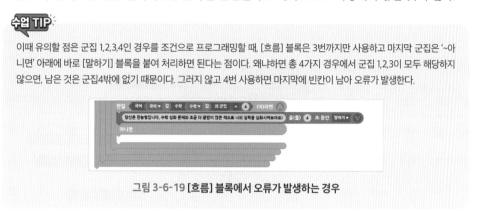

그림 3-6-20 학생 산출물1 - 공부의 요정

<그림 3-6-20> 작품에는 공부의 요정이 등장한다. 윤아가 부족한 부분을 더 노력해서 성장할 수 있도록 학습유형을 분석해 주고 공부 노하우를 알려주는 착한 공부의 요정! 과연 윤아의 성적은 쑥쑥 오르게 될지 뒷이야기가 벌써부터 궁금하다. 학생은 [숨기기] 블록들을 사용하여 엔트리 화면에 뜨는 여러 가지 변수와 모델 창도 깔끔하게 없애 완성도를 높였다.

두 번째 학생은 조금 더 윤아가 현재의 '나'에 대한 자신감을 가질 수 있도록 격려해 주는 문구를 함께 출력하는 프로그램을 제작했다. 《시간가게》의 메시지는 진정한 행복을 깨닫는 일에 있는데, 학생이 결과를 떠나 과정 자체에서 느끼는 기쁨을 느끼고 스스로에 대한 애정을 가지는 장면이 인상깊었다. 어쩌면 우리 학생들이 듣고 싶은 말이 인정과 격려가 아닐까 하는 생각을 하게 만드는 의미있는 작품이다.

그림 3-6-21 학생 산출물2 - 잘하고 있어 윤아야

기능 추가하기

• 색과 크기 변경하기

새로운 인물이 등장할 때 더 멋지고 화려한 효과를 주고 싶다면, 오브젝트의 색깔이나 크기를 변경할 수 있다. 특히, 마법사나 요정, 전설의 동물처럼 신비로운 인물이 등장할 때 함께 사용하면 더 재미있고 눈에 띄는 효과를 준다. 마법책이 나타날 때 반짝반짝 빛내면서 등장하도록 프로그래밍해 보자. 모양, 크기, 색깔 등의 효과는 모두 [생김새] 에서 사용 가능하다.

[색깔 효과를 ● 만큼 주기] 블록을 사용하면 여러 색깔 효과를 줄 수 있

그림 3-6-22 모양, 크기, 색깔 관련 생김새 블록들

다. 색깔이 알록달록 바뀌게 하려면 이를 여러 번 반복하면 된다. ▨ 의 ▨ 블록 안에 ▨ 를 넣고, 색깔이 변하는 시간을 확보하기 위해 ▨ 블록을 추가하는 식이다(<표 3-6-2> 왼쪽).

이때 ▨ 블록과 혼동하지 않도록 주의하자. ▨ 블록은 색깔 효과를 내가 입력한 숫자 10만큼 추가하는 것이고, ▨ 블록은 내가 원하는 색깔을 100으로 특정한다는 점이 다르다. 전자의 경우에는 오브젝트의 색이 바뀌지만, 후자의 경우 변동이 없다.

표 3-6-2 두 색깔 블록 비교

▨ 블록은 오브젝트의 크기를 변경한다. 앞서와 같은 방법으로 이 블록을 사용해 크기가 일정한 정도로 점점 커지도록 할 수 있다. 반대로 점점 작아지는 효과를 주고 싶을 때에는 숫자를 음수로 입력하면 된다.

그림 3-6-23 점점 크기가 커지는 효과 주기

3.5 이야기 바꾸어 쓰기 노벨 엔지니어링 ⑤

주인공을 '나'로 바꾸어 이야기 써보기

《시간가게》는 고학년 학생들에게 깊은 공감을 얻는 책이다. 학생들은 본인이 책 속 주인공이라면 10분으로 무엇을 했을지 열띤 토론을 벌일 만큼, 주인공의 상황에 자신을 대입해 가며 작품에 대한 흥미를 보였다. 따라서 "어느 날 내 눈앞에 시간가게가 나타났다?"를 주제로 뒷이야기를 상상하여 써볼 수 있도록 했다.

첫 번째 뒷이야기는 '어제의 사건'을 떠올리는 것으로 시작된다. 주인공은 나를 필통 도둑으로 몰아가며 놀리던 수은이와 친구들을 생각하며 복수를 다짐했다. 주인공은 수은이가 발표를 하는 찰나에 시간을 멈춰 수은이를 밀치고 교과서를 칠판으로 던지며 친구들 앞에서 망신을 줬다. 하지만 수은이가 생일파티 때 준 목걸이를 보며 추억을 떠올리게 되고 자신의 행동을 반성하게 된다. 결국 주인공은 수은이와 화해를 하고, 시계를 부수며 이야기는 해피엔딩으로 막을 내린다. 일상에서 있을 법한 이야기를 학생의 시선에서 재미있게 풀어낸 것이 인상깊다. 실제로 이 글은 전 날에 자신을 놀리던 친구에게서 영감을 받아 쓴 작품이라고 한다. 학생은 작품을 쓰면서 친구에게 나름의 복수를 하는 상상을 하다 보니 미웠던 마음이 해소되었고, 그래도 친구의 좋은 점을 떠올리며 화해하고 싶다는 생각이 들었다는 소감을 밝혔다. 이야기를 통해 소심한 복수를 한 학생의 모습이 귀엽고 사랑스럽다.

두 번째 뒷이야기는 평소 야구를 매우 좋아하고 야구 선수가 꿈인 학생이 쓴 작품이다. 학생은 공이 날아오는 순간 타석에 선 '나'를 떠올리며 나만의 시간가게 이야기를 상상해 보았다. 공을 치기 좋은 방향으로 바꿔놓고 멋지게 결승타를 쳐서 우승컵과 MVP를 수상한 모습은 상상만 해도 짜릿하다. 마지막에 '이제 시계는 필요없다'며 배트로 부숴버리는 장면은 학생 나름의 양심의 반영된 장면 같이 느껴져 재미있었다.

그림 3-6-24 학생들이 바꾸어 쓴 '시간가게 이야기'

학생들은 공부, 친구 관계, 내가 잘하고 싶은 운동, 좋아하는 친구에게 고백하기 등 저마다 가지고 있는 작은 고민들을 소재로 현실과 판타지를 넘나드는 이야기를 풀어낸다. 내가 평소에 경험하고 고민하는 주제이기 때문에 누구보다 술술 재미나게 적어나가는 것이다. 이야기를 쓰며 자신이 가지고 있던 고민에 대한 근원적인 해답을 얻는 학생도 있고, 결국 내가 열심히 노력해야겠다는 교훈을 얻기도 하는 모습이 기특하고 대견스럽다. 이야기 속 문제 해결을 통해 스스로의 마음을 들여다보고 성장하는 학생들의 모습을 볼 수 있는 것, 그게 바로 노벨 엔지니어링 수업의 이유인 것 같다.

04 수업에 날개 달기

인공지능 군집 프로그램을 사용하여 아이들의 상상력에 날개를 달아보자. 필요한 데이터를 수집하거나 만들어 인공지능을 학습시키고 결과를 바탕으로 나만의 새로운 이야기, 다양한 교과 수업을 만들 수 있을 것이다.

4.1 친구 이해 교육 -친구의 MBTI 성격 알아보기

인공지능 군집 기술로 MBTI 성격 유형 검사 프로그램을 제작할 수 있다. '사람들을 만날 때 에너지를 얻는 편인지(E)', '집에서 혼자 시간을 보내서 에너지를 얻는 편인지(I)'의 점수와 '친구의 고민을 들었을 때 공감을 먼저 해주는 편인지(F)', '친구의 고민을 들었을 때 해결책을 먼저 제시해 주는 편인지(T)'에 대한 점수 데이터를 수집한 후 이를 바탕으로 나의 성격유형을 알려주는 군집 프로그램을 만들어보자. EF, ET, IF, IT 4가지의 성격 유형으로 군집을 만들 수 있을 것이다.

그림 3-6-25 친구의 MBTI 성격 알아보기 프로그램 예시

이때 데이터는 [새로 만들기]에서 테이블을 만들어, EF(외향/감성), ET(외향/이성), IF(내향/감성), IT(내향/이성) 경우가 4~5개씩 골고루 나오도록 임의로 생성해준다. 군집 결과의 중심점 값에 따라 각 군집이 어떤 성향을 띠는 집단인지 분석할 수 있다.

그림 3-6-26 'MBTI 분류기' 군집 모델 학습하기

4.2 타교과 융합 –체육: PAPS로 나의 건강체력 측정하기

고학년 학생들을 대상으로 매년 실시되는 건강체력평가Physical Activity Promotion System, PAPS는 학생들의 신체 활동과 관련된 종합적인 평가로, PAPS를 통해 학생의 개인별 건강체력을 알아볼 수 있다. PAPS에서 는 오래달리기(심폐지구력), 앉아 윗몸 앞으로 굽히기(유연성), 악력(근력), 50m달리기(순발력), 체질량 지수(BMI)를 측정한다. AI 학습의 기본은 데이터이다. 학생들의 PAPS 데이터로 학생들이 나의 건강 체력 정도를 알아보고 보완하기 위한 운동을 추천하는 AI 군집 프로그램을 만들 수 있다. 엔트리 화 면에 함께 뜨는 대답, 변수, 모델 창을 숨기고 싶다면 [숨기기] 블록을 사용해 보자.

그림 3-6-27 PAPS 건강체력 평가 AI 프로그램 예시

학생들의 실생활 데이터를 바탕으로 학습을 시키고 분류하면 학생들의 관심과 참여, 이해도를 높일 수 있다. 인공지능 학습 이 팔찌라면 데이터는 팔찌를 이루는 보석들이다. 우리 교실에서 얻을 수 있는 실생활 데이터에 무엇이 있을지 학생들과 함 께 이야기 나누어보자.

4.3 판타지 동화 활용 교육 -해리 포터의 기숙사 배정 모자

전 세계적인 인기 판타지 소설《해리 포터》에는 4가지의 기숙사가 나온다. 기숙사는 용기 있는 아이들을 가르치는 그리핀도르, 성실하고 진실된 아이들을 위한 후플푸프, 영리하고 똑똑한 학생들의 래번클로, 순수한 혈통으로 이루어진 슬리데린으로 구성되어 있다. 소설 속에는 이러한 기숙사를 학생들의 성격에 따라 배정해 주는 마법 모자가 나와서 재미를 더한다. AI 군집 모델 학습을 사용해서 학생들을 기숙사에 배정해 주는 AI 모자를 만들어보자. 우리 반 친구들이 중요하게 생각하는 가치에 대해 토론해보고 우리 학급을 대표하는 4개의 기숙사를 만들어 새로운 분류 프로그램을 만들 수도 있을 것이다.

그림 3-6-28 기숙사 배정 모자 프로그램 예시

4.4 AI 윤리 토론 -데이터에 어울리는 모델 찾기, 분류 vs 군집

이번 장에서 사용한 군집 모델 학습은 비지도학습 중의 하나로 k-평균 알고리즘이라고도 한다. k-평균 알고리즘이란 쉽게 말해 인공지능이 데이터들을 k개의 군집으로 묶는 알고리즘을 뜻한다. 이때 군집의 중심과 데이터의 평균 거리를 사용하여 군집화하기 때문에 '평균'이라는 단어가 붙었다. k-평균 알고리즘의 작동 원리를 간단하게 설명하면 <표 3-6-3>과 같다.

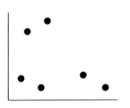

① 군집의 개수를 k개로 임의대로 정한다. 예를 들어 다음과 같은 데이터를 3개의 군집으로 나누기 위해 K=3으로 정한다.

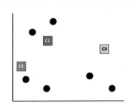

② 군집화될 클러스터의 초기 중심점이 C1, C2, C3로 랜덤으로 설정된다.

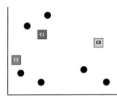

③ 데이터를 C1, C2, C3 중에 하나의 군집으로 배정한다. 배정 기준은 가장 가까운 거리를 기준으로 한다.

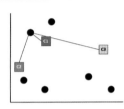

④ 예를 들면, 다음의 그림과 같이 한 개의 데이터와 C1, C2, C3 중심점 사이의 거리를 측정한다.

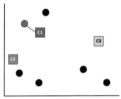

⑤ 그림 속 데이터의 경우 C1이 가장 가까이 위치하므로 빨간색으로 바뀐다.

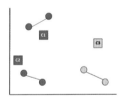

⑥ 같은 방법으로 다른 데이터들도 배정한다.

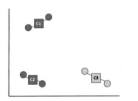

⑦ 모든 데이터들을 각각의 군집들로 배정했다면, 중심점을 재설정하는 단계이다. C1, C2, C3의 중심점은 그 군집에 속하는 데이터들의 가장 중간에 위치한 지점으로 바뀐다. 새로운 중심점을 바탕으로 ④번부터의 과정을 반복한다.

⑧ 클러스터가 거리별로 잘 묶여서 더 이상 중심점의 이동이 없어지면 종료되며, 최종 군집이 정해진다.

표 3-6-3 **K-평균 알고리즘 원리**

k-평균 알고리즘은 3-4장에서 다루었던 KNN 알고리즘과 유사하면서도 다른 점을 지닌다. 둘 다 k개의 점을 지정하여 거리를 기반으로 구현된다는 점은 동일하지만 KNN 알고리즘은 지도학습에 속하는 반면, k-평균 알고리즘은 비지도학습에 속한다. 둘의 차이점을 간단히 살펴보고 내가 가진 데이터의 특성을 파악하여 어떤 알고리즘을 사용하면 좋을지 이야기 나누어보자.

분류	지도학습에 속하여 정답과 학습 데이터가 함께 주어졌을 때 정답 데이터를 기반으로 데이터를 분류하는 방법을 의미한다. 이때는 분류된 데이터가 어떤 정답 데이터에 속하는지까지 알 수 있다.
군집화	군집화는 비지도학습에 속하며 정답 데이터가 주어지지 않은 상황에서 주어진 데이터를 유사한 것끼리 나누어 묶는 알고리즘이다. 따라서 군집을 나눌 수는 있지만 그 군집이 어떤 정답 데이터에 속하는지 예측할 수는 없다.

표 3-6-4 분류와 군집화의 차이

<그림 3-6-29>의 활동지를 참고하여 주어진 데이터와 상황을 고려하여 어떤 모델 학습을 사용해야 할지 고민해 보자. 과일과 채소의 '당도', '아삭함' 데이터를 학습시켜 토마토가 어디에 속하는지 알고 싶을 때는 분류와 군집 중 어떤 모델을 학습시키는 것이 적합할까? 정답이 있는 지도학습(분류)과 정답이 없는 비지도학습(군집)의 특성을 고려하면 판단하기가 쉽다. 여기에서는 학습 데이터(이름, 당도, 아삭함)와 정답 데이터(종류)를 학습하여 토마토의 종류를 알아내는 것이므로 '분류'에 더 적합하다. 친구들의 용돈 데이터를 학습시켜 나의 용돈 수입과 지출이 속하는 유형을 알려주는 AI를 만든다면 무슨 모델이 적절할까? 특별히 정해진 유형(정답 데이터)으로 분류하는게 아니라 비슷한 속성의 데이터들을 거리에 따라 묶으면 되기 때문에 비지도학습에 해당하는 군집이 어울릴 것이다. 이 밖에도 아이들의 실생활 속 데이터를 어떤 AI 모델과 연결하여 사용할 수 있을지 생각하고 이야기 나눠보자. 우리 삶을 편리하고 유익하게 만드는 기발한 아이디어는 늘 우리 주변에서 시작되었다. 아이들의 데이터와 스쳐지나가는 아이디어가 세상을 바꿀지 누가 알겠는가?

내 데이터와 어울리는 모델! 분류 VS 군집

1. 다음은 과일과 채소와 당도와 아삭함 데이터를 담은 테이블입니다. 아래의 데이터를 학습시켜 토마토가 과일에 속하는지 채소에 속하는지 분류하는 인공지능을 만든다면, 분류와 군집 중 어떤 모델 학습에 더 적합하다고 생각하나요? 그 이유를 함께 서술해주세요.

번호	이름	당도	아삭함	종류
1	샐러리	3	10	채소
2	사과	10	9	과일
3	양파	5	9	채소
4	바나나	10	1	과일
5	당근	5	10	채소
6	포도	9	4	과일
7	양상추	1	9	채소
8	배	10	7	과일
9	오이	2	7	채소
10	망고	9	2	과일
11	토마토	6	4	?

- 다음 데이터는 (분류 VS **군집**) 모델 학습에 더 적합한 데이터이다. 분류와 군집 모두 K개의 점을 설정하고 거리에 따라 데이터를 나눈다는 공통점을 가지지만 분류는 정답과 문제를 학습하는 지도학습이고, 군집은 문제 데이터만 학습하는 비지도학습이기 때문이다. 여기에서는 문제 데이터(이름, 당도, 아삭함)과 정답 데이터(종류)를 학습하여 토마토의 종류를 알아내는 것이므로 '분류'에 더 적합하다.

2. 다음은 학생들의 한 달 용돈 기입장 데이터입니다. 아래의 데이터를 학습시키고 나의 한 달 수입과 지출 데이터를 입력하면 내가 어떤 그룹에 속하는지 알려주는 인공지능을 만든다면 분류와 군집 중 어떤 모델 학습이 더 적합할까요? 그 이유를 함께 서술해주세요.

번호	이름	수입	지출
1	김가가	10000	8000
2	이나나	50000	2000
3	박다다	39000	39000
4	정라라	20000	18000
5	강마마	43000	40000
6	조바바	48000	5400
7	양사사	10000	1000
8	송아아	15000	4500
9	임자자	20000	10000
10	나	22000	20000

- 다음 데이터는 (분류 VS **군집**) 모델 학습에 더 적합한 데이터이다. 정답 데이터에 해당하는 정해진 유형이 없고, 수입과 지출 데이터(문제 데이터)에 따라 학생들의 K개의 군집으로 나누었을 때 내 데이터와 가장 가까운 곳으로 묶기 때문에 '군집'에 더 적합하다.

그림 3-6-29 [내 데이터와 어울리는 모델! 분류 VS 군집] 활동지 예시

노벨 엔지니어링 한 걸음 더

Novel
Engineering

책과 노니는
AI 프로젝트

지금까지 AI 플랫폼(1부), 엔트리 인공지능 블록(2부), 엔트리 인공지능 모델(3부)의 각 특성과 기능에 초점을 맞춘 AI 융합 수업을 소개했다. 이제 4부에서는 책의 주제에 맞게 AI 플랫폼이나 엔트리 인공지능 블록을 조합하여, 자신만의 인공지능을 설계하고 문제를 해결하는 프로젝트를 진행해 보고자 한다.

이 책에서 제시하는 주제가 아니더라도 지금까지 소개한 AI 플랫폼과 엔트리 AI의 기능과 어우러지는 주제라면 얼마든지 적용이 가능하다. 도서를 통해 학생들에게 적절한 문제 상황을 열어주고, 인공지능을 바탕으로 해결하는 경험을 제공함으로써 훨씬 다채로운 노벨 엔지니어링으로 한 걸음 가까워질 수 있을 것이다.

AI가 사회·문화·산업 전반에 미치는 영향력이 높다는 것은 이제 부정할 수 없으며, 이에 따라 AI 리터러시를 함양시키기 위한 교육이 요구되고 있다. 일반적으로 **AI 리터러시는 AI의 기본적인 개념과 원리를 이해하고 올바르게 활용하여, 기술과 데이터를 기반으로 결과물을 산출할 수 있는 능력으로 정의된다.**[1] 이러한 AI 리터러시를 함양하기 위해서는 재미있고 흥미로운 인공지능 수업을 통해 학습자의 자기효능감을 발현시켜줄 필요가 있다.[2] 노벨 엔지니어링을 통해 진정한 AI 활용 문제 해결 프로젝트를 진행해 보자.

인공지능 돋보기

본 프로젝트에서 선정한 도서는《책과 노니는 집》으로, 200쪽가량의 장편 동화기에 5~6학년을 대상으로 수업하기를 권한다. 문학동네어린이문학상 대상을 수상한 만큼 문학적 가치를 인정받고 있으며, 조선시대를 배경으로 하고 있어 사회 역사 영역과도 교육과정 연계가 가능하다는 장점이 있다. 특히 어린이의 시각으로 이야기를 그려내고 있어 아이들의 몰입도가 높다. 조선시대를 배경으로 한 소설의 문제 상황을 현재 AI 기술로 해결함으로써 문제 해결력과 AI 리터러시, 다른 교과와 연계한 융합적 사고력까지도 함양시킬 수 있을 것이다.

이 수업에서는 엔트리 AI 블록을 활용한 지도학습을 구현하고, 이에 '오토드로우' AI 플랫폼을 적용함으로써 책 속 주인공 '장이'가 직면하고 있는 문제를 해결해줄 것이다. 각각 앞서 1-3장(오토드로우)과 3-1장(이미지 분류)에서 다뤄본 기능들이다. 이처럼 AI 플랫폼과 엔트리 AI 프로그래밍을 동시에 활용하여 다른 주제로 풀어낸다면, 빛깔 있는 AI-STEAM 수업이 가능하다.

1.1 성취기준 및 인공지능 내용요소

- [6국 05-05] 작품에 대한 이해와 감상을 바탕으로 다른 사람과 적극적으로 소통한다.

- [6국 05-06] 작품에서 얻은 깨달음을 바탕으로 하여 바람직한 삶의 가치를 내면화하는 태도를 지닌다.

- [6사 04-02] 조선 사회의 모순을 극복하기 위해 개혁을 시도한 인물(정약용, 흥선대원군, 김옥균과 전봉준 등)의 활동을 중심으로 사회 변화를 위한 옛 사람들의 노력을 탐색한다.

- [6실 04-07] 소프트웨어가 적용된 사례를 찾아보고 우리 생활에 미치는 영향을 이해한다.

- [6미 01-05] 미술 활동에 타 교과의 내용, 방법 등을 활용할 수 있다.

- [인공지능의 이해:초등학교 5-6학년:인공지능의 다양한 활용] 우리 주변의 사물에 인공지능 기술을 적용할 수 있다.

- [인공지능 원리와 활용:초등학교 5-6학년:기계학습의 원리 체험] 인공지능이 적용된 교육용 도구를 통해 기계가 학습하는 과정을 설명할 수 있다.

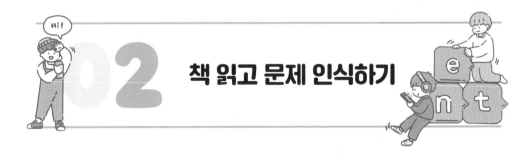

책 읽고 문제 인식하기

AI 플랫폼과 엔트리 AI 프로그래밍, 그리고 다양한 교과를 융합하여 유의미한 문제 해결 프로젝트가 가능하다. 노벨 엔지니어링의 핵심이 되는 AI 프로그래밍 외의 활동 및 이야기 바꾸어 쓰기 연계 활동은 학교급 상황에 맞게 변형이 가능하므로 참고해 보길 바란다.

차시	STEAM 준거틀	노벨 엔지니어링 수업 단계	활동
1~3차시	상황 관련 문제 정의	①책 읽기 ②문제 인식	-《책과 노니는 집》책 읽기 - 이해관계자 지도 그리기
4~5차시	융합적 설계 및 문제 해결1	③해결책 설계 ④창작물 만들기	- 동녘 동 글자 수집하기 - 동녘 동 인식 AI 설계하기 (엔트리)
6~7차시	융합적 설계 및 문제 해결2	③해결책 설계 ④창작물 만들기	- 비전 서술하기 - 장이를 위한 새로운 현판 디자인하기 (오토드로우)
8~9차시	자기주도 및 성찰	⑤이야기 바꾸어 쓰기	- '책과 노니는 집' 이야기 바꾸어 쓰기 - 나만의 책 만들기

2.1 책 읽기 노벨 엔지니어링 ①

도서소개 책과 노니는 집
이영서 글 | 김동성 그림 | 문학동네 | 2009

우리에게는 밥이 되고, 누군가에게는 동무가 될 이야기를 쓰는 필사쟁이였던 아버지는 천주학쟁이로 몰려 매를 맞아 죽었다. 어린 나이에 혼자가 된 '장이'는 약계 책방의 심부름꾼을 하면서 높은 관리인 홍 교리부터 도리원 기생 미적 아씨까지 책을 읽는 다양한 사람들과 만나고 배움을 그려간다.

이 이야기는 천주교를 탄압하던 조선시대를 배경으로 하고 있다. 책방 주인인 최 서쾌와 홍 교리는 동녘 동(東)으로 시작하는 제목의 책 속에 천주학 책을 숨겨 읽고 있다. 서(西)학이라 불리던 천주학 책을 몰래 읽고 예배까지 드리던 손 대감댁에 관원들이 들이닥치고 마는데…… 이 위기를 어떻게 이겨내야 할까? 언젠가 아버지가 남긴 말처럼 나의 현판을 건 책방을 열고 싶은 장이를 도와줄 방법은 무엇일까?

2.2 문제 인식 노벨 엔지니어링 ②

이해관계자 지도 그리기

책 속 문제 상황은 학생마다 다양하게 느낄 수 있다. 책의 시대적 배경과 연계하여 문제 상황을 선정하는 것이 학습자들의 문제 해결 과정을 정교화하는 데에 도움이 된다.《책과 노니는 집》의 핵심적인 내용은 천주교를 탄압하는 상황에서 관련된 책을 필사하고, 읽고, 배달하는 데에 있다. 이해관계자 지도를 그리면서 동녘 동(東)으로 시작하는 책을 찾아야 하는 상황에 쉽게 몰입할 수 있을 것이다. 활동 진행 순서는 다음과 같다.

① 책 속에 등장한 사람들을 동심원 안에 쓴다. 이 때 주제와 직접 관계가 있는 사람을 안쪽 원에, 그렇지 않은 사람은 바깥쪽 원에 쓰도록 한다.

② 동녘 동(東)을 찾지 못하면 어떤 결과가 나타날지 상상해서 빨간색으로 써본다.

③ 어떻게 도와주면 좋을지 파란색으로 써본다.

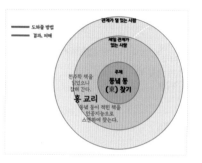

그림 4-1-1 이해관계자 지도 그리기

이 활동은 문제 해결을 위해 관련된 사람들을 지도에 표시해 보는 활동이다. 어떤 사람의 문제 해결에 더 집중해야 하는지 한눈에 파악할 수 있다. '주제' 주위에 직접적으로 관련된 사람과 그렇지 않은 사람을 배치하고, 어떻게 도와주면 좋을지 생각해 보게 한다. 이때 예상되는 결과/피해와 도와줄 방법은 다른 색으로 표시하게 하면 학생들의 사고 과정을 명료화하는 것을 보조해줄 수 있다.

학생들은 대부분 동녘 동(東)으로 시작하는 책을 찾는 일과 가장 관계성이 높은 사람으로 장이, 최 서쾌, 홍 교리를 꼽았다. 또 낙심이의 경우 관계성이 높지는 않지만 도리원의 미적 아씨가 잡혀간 후 혼자 남겨질 것을 고려하기도 했다. 책 속 상황에 몰입한 아이들에게 원으로 등장인물을 배치할 수 있도록 도와줌으로써 문제 상황에 좀더 가까이 다가가는 기회가 된 것이다.

동녘 동(東)을 찾는 문제를 어떻게 도와줄 수 있을지 해결책을 바로 제시하는 것은 어려운 일이다. 이때 교사는 지금까지 배운 인공지능(AI) 플랫폼을 떠올릴 수 있도록 해주거나 관련된 기술 영상을 보여주는 등의 조력자 역할을 해야 한다. 본 프로젝트를 실시했던 아이들은 인공지능(AI) 플랫폼을 충분히 체험한 뒤였기 때문에 'AI를 활용해서 책을 빠르게 스캔하여 찾고 싶다.'라는 대답을 하거나 'AI가 스캔을 해서 동녘 동(東)을 인식하면 경고음을 내주면 좋겠다.' 등의 해결책을 이야기했다. 간혹 '홍 교리를 변장시켜서 도망치게 한다.'거나 '만배와 같이 서학 책을 빨리 숨기자.' 같이 AI 활용과 관계가 없는 대답을 하기도 했지만 책 속 상황에 어울리는 대답이라면 허용적인 분위기로 끌어갈 것을 추천한다.

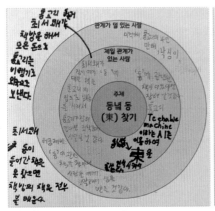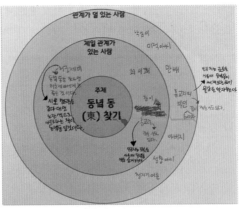

그림 4-1-2 [이해관계자 지도 그리기] 학생 활동 예시

수업 TIP

본 프로젝트 수업을 실시할 때에는 학생들에게 등장인물 중 세 명을 골라서 동녘 동(東)을 찾지 못했을 때의 결과를 먼저 예상해 보게 했다. 책 속 주인공이 천주학쟁이로 몰릴 수도 있는 상황을 머릿속으로 그려본 후 어떻게 도와줄 수 있을지를 고민해 보게 하면 학생들의 몰입도가 더욱 높아질 것이다.

또 학생들마다 3개의 해결책을 고민하다 보면 AI 활용과 관계가 없는 대답이 나오기도 한다. 책 속 상황, 인물의 마음 등을 고려한 해결책이라면 교사가 수용적으로 받아들여도 좋다.

03 AI 프로젝트 도전하기

3.1 첫 번째 해결책 설계 노벨 엔지니어링 ③

엔트리 이미지 분류를 위한 동녘 동 글자 수집하기

《책과 노니는 집》 이야기 후반부에서는 천주학 신부와 예배를 드리고 서학 도서를 읽었다는 이유로 관원들이 들이닥친다. 곧 책을 유통시킨 약계 책방 주인 최 서쾌와 책을 자주 사간 홍 교리

집으로도 관원들이 몰려올 것이다. 주인공 장이는 최 서쾌와 홍 교리가 서학 관련 도서를 동녘 동(東)으로 시작하는 책 사이에 숨겨 읽었다는 것을 알고 있었다. 아버지를 떠오르게 해주던 따뜻한 마음의 홍 교리 어른만은 구하고 싶었던 장이. 만 권이 넘어가는 홍 교리네 책장에서 동녘 동(東)으로 시작하는 책을 찾기 시작한다. 3-1장에서 활용한 엔트리 AI의 이미지 분류 기능을 통해 장이가 직면한 문제를 도와줄 것이다. 동녘 동(東) 글자를 빠르게 찾으려면 어떻게 해야 할까?

수업 TIP

동녘 동(東) 글자를 찾는 기능은 텍스트 분류로도 충분히 구현 가능하다. 하지만 조선시대를 배경으로 하고 있는 책의 상황에 맞게, 글자를 한자로 변환하여 학습시키는 것은 학생들에게 다소 어려운 과정일 수 있다. 그러므로 되도록 '이미지 분류' 모델을 사용해 진행하는 것을 권한다.

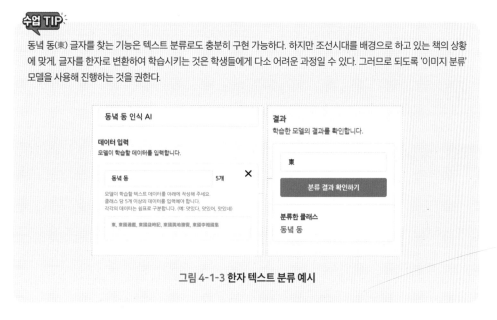

그림 4-1-3 한자 텍스트 분류 예시

본 프로젝트에서도 학생들이 직접 동녘 동(東) 글자를 그리고 꾸며 수집할 수 있도록 했다. 이미지 분류를 하기 위해서는 동녘 동(東) 글자와 구분되는 다른 클래스 데이터가 필요하다. 다른 글자 데이터는 《책과 노니는 집》에 언급되는 언문 소설이나 반대되는 글자인 서녘 서(西)

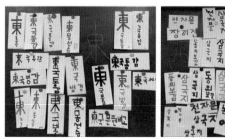

그림 4-1-4 학생들이 수집한 글자 이미지들

로 수집하도록 했다. 이때 명확한 이미지 학습을 위해 유성 매직이나 사인펜으로 굵고 선명하게 글자를 작성하도록 안내했으며, 동녘 동(東)에 해당하는 책 제목과 다른 쪽 책 제목을 서로 다른 색으로 칠하도록 팁을 주었다.

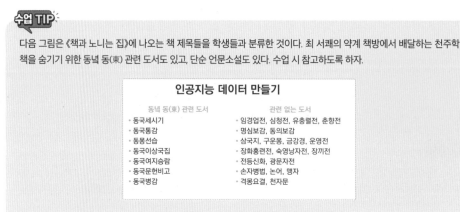

그림 4-1-5 《책과 노니는 집》에 나오는 책 제목 목록

3.2 첫 번째 창작물 만들기 노벨 엔지니어링 ④

배경 및 오브젝트와 스토리 디자인하기

이제 어울리는 배경과 오브젝트로 책 속 상황을 그려보자. 일촉즉발의 상황에 빠르게 책을 찾아야 하는 장이에게 인공지능이 있다면? 천만다행히 밝은 미래가 펼쳐질 것이다. 학생들은 쫓아오는 관원 오브젝트를 표현하거나 동녘 동(東)이 있는 책을 찾으면 태우기 위한 불 오브젝트를 불러오기도 했다. 또 장이와 책 속 인물들을 직접 그려서 오브젝트로 표현하는 학생도 있었다.

그림 4-1-6 배경 및 오브젝트 디자인 예시

이제 [말하기] 블록과 [읽어주기] 기능을 활용하여 구체적인 스토리 라인을 그려보자. 이미 앞 장에서 여러 번 제시한 내용으로, 화면에 대사를 제시하는 것과 동시에 어울리는 인공지능 목소리로 읽어줄 수 있다. 오브젝트마다 어울리는 목소리를 설정해도 재미있다. 본 프로젝트의 대상인 5~6학년군에게는 AI 도구를 함께 활용하며 창

그림 4-1-7 **스토리 디자인 예시**

의적으로 표현하고 설계하는 것에 중점을 둔 환경이 필요하다.[3] 노벨 엔지니어링은 책 속 상황을 맥락으로 학습자에게 다양한 표현의 기회를 부여한다는 점에서 창의적인 AI 수업이 가능하다는 장점이 있다.

AI 이미지 학습시키기

이제 동녘 동(東)을 찾을 수 있는 AI 이미지 분류 모델을 설계해 보자. ①과 ②의 모델과 데이터 클래스의 이름은 자유롭게 지정해도 좋다. 프로젝트 수업을 운영할 때는 학생들이 수집한 책 제목 이미지를 촬영하는 방식으로 진행하는 것이 편리하다. 이미지 데이터를 모두 입력시켰다면 ③[모델 학습하기] 버튼으로 모델을 학습시킨 뒤, ④에서 학습 결과를 확인해 보자. 제대로 동녘

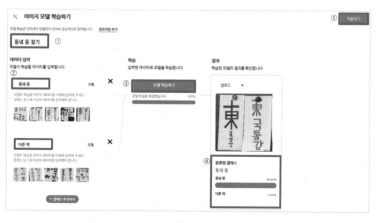

그림 4-1-8 **동녘 동(東) 찾기 이미지 데이터 학습시키기**

동(東)을 구분할 수 있다면 ⑤[적용하기]로 프로그래밍을 할 수 있는 블록을 불러오면 된다.

AI 모델의 이미지 데이터 자체가 학생들이 직접 수집-제작한 것이기 때문에 수업 전반에 높은 몰입도가 나타났다. 또 그 과정에서 내가 작성한 이미지 데이터는 잘 분류하는데 친구가 작성한 것은 잘 분류하지 못하는 경우가 생기면, 자연스럽게 더 많은 데이터가 필요함을 깨닫고 서로의 데이터를 바꾸어 학습시키는 모습도 관찰할 수 있었다.

그림 4-1-9 학생 활동 모습

제대로 AI 이미지 분류 학습을 시켰다면 다음과 같은 블록이 생성될 것이다. 각각의 블록에 대한 설명은 이전 3-1장에서 제시되었으니 참고하자.

그림 4-1-10 이미지 모델 블록 생성

동녘 동 인식 AI 설계하기

이 책에서 제시하고 있는 노벨 엔지니어링 기반 AI 융합 프로젝트에 참여해 본 학생들이라면 바로 프로그래밍에 들어가도 어려움이 없다. 하지만 학급 수준에 따라 <그림 4-1-11>의 활동지로 학생들의 프로그래밍을 보조해줄 수 있다.

우리가 만들고자 하는 프로그램은 3-1장에서 제시했던 사람 손과 호랑이 손을 구분하는 초인종처럼 선택 구조가 기반이 된다. 동녘 동(東)으로 분류되었을 때와 그렇지 않을 때로 나누어 화면이나 오브젝트를 스케치해 보도록 하자. 그림을 정교하고 완성도 있게 그릴 필요는 없다. 대강의 스케치만 하되, 그 화면이 구현되기 위해서 어떤 블록이 필요한지 탐색하는 것에 활동의 중점을 두어야 한다.

학생들은 동녘 동(東) 관련 도서로 분류되었을 때 알림음을 내거나 '얼른 숨겨야 한다.'는 대사

PART I

PART II

PART III

PART IV

DOCUMENT ★
활동지 예시

[이미지 분류 프로그래밍 설계하기]

1. 분류 결과에 따라 어떻게 반응할지 구상하여 봅시다.

<사용할 배경과 오브젝트 스케치>

<프로그래밍 블록 설계>

만일 분류 결과가 [   ] 인가? (이)라면

만일 분류 결과가 [   ] 인가? (이)라면

2. 위 프로그램을 설계하기 위한 기능을 정리하여 봅시다.

필요한 오브젝트	기능

그림 4-1-11 [이미지 분류 프로그래밍 설계하기] 활동지 예시

를 넣기도 했다. 또는 책 오브젝트를 모닥불 오브젝트 근처로 이동시켜 불에 타는 모양을 구현하겠다는 설계도 있었다.

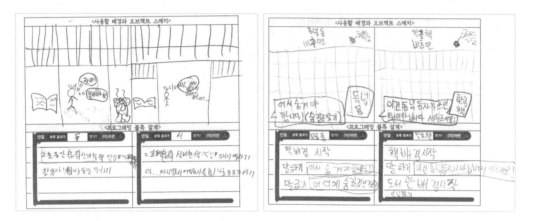

그림 4-1-12 [동녘 동 인식 AI 설계하기] 학생 활동 예시

이후 프로그래밍에 들어갈 때 마찬가지로 씨앗 파일을 제공함으로써 블록 탐색 및 설계에 집중할 수 있도록 보조해줄 수 있을 것이다.

그림 4-1-13 학생 제공 씨앗 파일

선택형으로 프로그래밍을 하기 위해서는  의 블록들(오른쪽 참조)을 사용한다. 책 오브젝트를 추가하여, 클릭하면 동녘 동(東)을 판별하고 그에 따른 결과를 출력하도록 프로그래밍해 보자. 다음 예에서는 동녘 동(東)으로 분류되면 책 오브젝트의 색깔이 변화하도록 했다. 물론 다른 오브젝트에서 동녘 동(東)을 찾도록 해도 좋다.

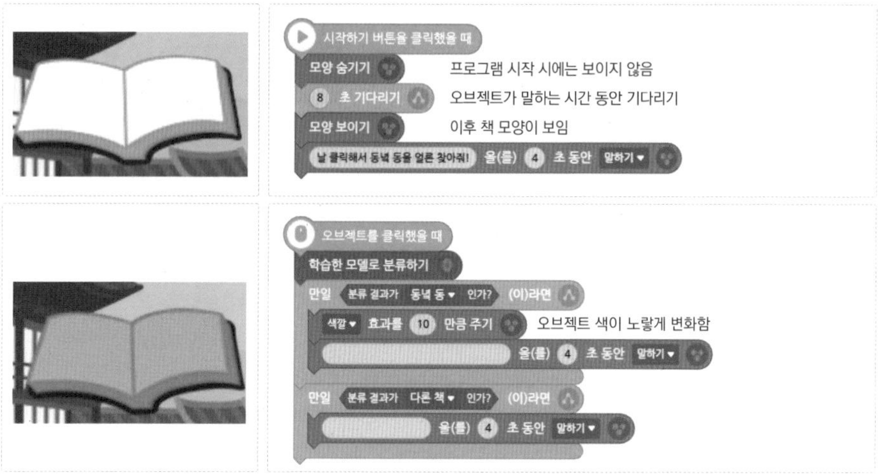

그림 4-1-14 **선택 구조 프로그래밍 예시**

프로그래밍하기

책 속 장이의 상황에 몰입한 학생들은 엔트리 프로그래밍과 인공지능의 특성을 활용하여 저마다의 이야기를 그려나갔다. 필자가 노벨 엔지니어링 수업의 매력에 빠진 가장 큰 이유가 여기에 있다. 책 속 상황에 빠진 학생들은 교사가 말하지 않아도 저마다 다양한 기능과 이야기를 담으려고 노력한다.

한 학생은 급박한 상황을 반영해 '호루라기' 소리를 내고, 동녘 동 책을 태우는 효과를 추가했다(<그림 4-1-15>). 또 다른 학생은 책 속에서 '서학'을 의미하는 책인 '천주실의'를 직접 그려 또 하나의 장면으로 제시하기도 했다. 사용자의 이름을 물어 몰입감을 배가한 점도 돋보인다(<그림 4-1-16>).

그림 4-1-15 **산출물3 - 변수를 이용한 동녘 동 찾기 프로그램**

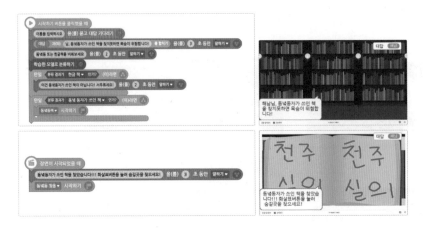

그림 4-1-16 학생 산출물2 - 천주실의를 찾는 동녘 동 찾기 프로그램

그런가 하면 <그림 4-1-17>처럼 [변수]를 이용하여 모든 동녘 동(東) 도서를 찾을 때까지 반복되는 프로그램도 있었다. 그러면 남김없이 책을 찾게 되니 보다 안심할 수 있을 것이다. 또한 주인공 장이의 표정을 6개로 나누어 결과를 한눈에 알 수 있게 함으로써 빠른 탐색을 돕는 프로그램을 만들기도 했다(<그림 4-1-18>). 이렇듯 노벨 엔지니어링을 통해 학습자들이 프로그래밍에 참여하기 위한 분명하고 명확한 맥락을 제시할 수 있다.

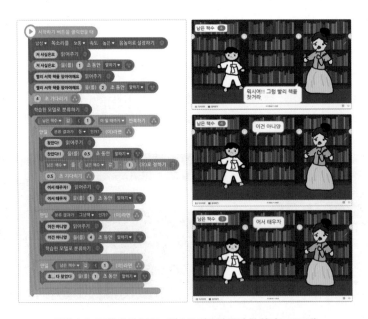

그림 4-1-17 학생 산출물3 - 변수를 이용한 동녘 동 찾기 프로그램

그림 4-1-18 학생 산출물4 - 동이의 표정이 바뀌는 동녘 동 찾기 프로그램

유의점은, 학생들이 동녘 동(東)으로 분류될 경우와 아닐 경우의 코드를 각각 여러 오브젝트에 프로그래밍하지 않도록 하는 것이다. 예를 들어 <그림 4-1-19>처럼 책 오브젝트에는 동녘 동(東)으로 분류될 경우를 프로그래밍하고, 다른 오브젝트(장이)에는 다른 클래스로 분류될 경우를 따로 프로그래밍한다면, 두 코드가 병렬로 동시에 일어나게 된다. 그럴 경우 데이터를 제대로 분류하지 못하기 때문에 한 오브젝트에 동녘 동(東)일 경우와 그렇지 않을 경우를 함께 프로그래밍하고 그 선택은 AI의 몫임을 알려주자.

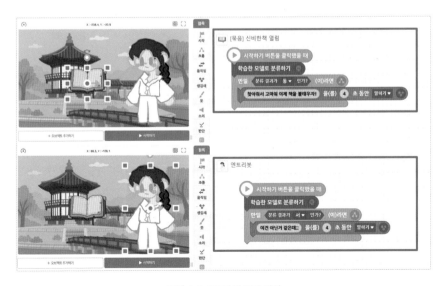

그림 4-1-19 학생 오류 예시

기능 추가하기

인공지능으로 동녘 동(東)을 찾을 수 있다면, 동녘 동(東)이 있는 책 목록을 만들어 볼 수 있다. 이는 엔트리의 [리스트] 블록을 활용한 기능이다. **리스트**는 같은 유형의 여러 값들을 하나의 종류로 묶어 저장하는 데 사용한다. 순서를 기억할 수도 있

그림 4-1-20 **과목 점수로 이루어진 리스트의 예**

어서 성적 처리, 주소록, 사전 등의 프로그램을 만들 때 자주 사용하는 기능이다.

[자료]에서 [리스트 만들기]를 클릭하면 자동으로 [속성] 탭의 리스트 추가 화면으로 이동한다. 이름을 정해 리스트를 추가한 뒤 생성된 블록들을 활용하면, 리스트에 값들을 추가할 수 있다. 다음은 음식 리스트에 떡볶이, 닭발, 아이스아메리카노, 샌드위치를 추가한 예다. 입력 순서대로 실행 화면에 리스트가 생성되는 것을 확인할 수 있다.

그림 4-1-21 **리스트 추가하기**

동녘 동(東)이 들어간 책의 목록을 컴퓨터가 제시해준다면 좀더 빨리 책을 찾을 수 있지 않을까? 이런 맥락과 [리스트] 블록의 기능을 연결시킴으로써 유의미한 교수학습이 가능하다. 여기서는 '동녘 동 관련 책' 리스트를 만들어 보고자 한다. (이름은 자유롭게 지정 가능하다.)

장이가 빨리 책을 찾아야 한다는 대사를 한 후, 리스트에 동녘 동(東) 관련 책 목록이 나타나게 해보자. 이렇게 컴퓨터를 활용하면 천주학 책의 목록을 관리하고 미리 숨기기 좋았을 것이라는 맥락과 연계시켜 아이들에게 소개하는 것이 좋다.

리스트에 항목을 추가하려면  블록을 활용하면 된다. 항목에 책 속에서 찾은 동녘 동(東) 관련 책 제목을 쓰면, 엔트리 프로그램 실행 화면에 리스트가 생성될 것이다.

그림 4-1-22 리스트 추가 예시

리스트를 이용해 '동녘 동' 찾기 프로그램을 완성해 보았다. 블록이 길지만 자세히 살펴보면 쉽게 구성되어 있다. 시작하자마자 리스트 블록을 추가하여 리스트를 보이지 않게 숨겼다. 이후에는 앞서 프로그래밍한 것과 동일하게 책을 찾아야 한다는 이야기를 전달한다. 그리고  블록을 활용하여 리스트를 보이게 해준다. 동녘 동(東)으로 시작하는 책을 리스트 목록에 추가한 다음, 책을 찾아야 하는 상황을 다시 한번 말하게 했다.

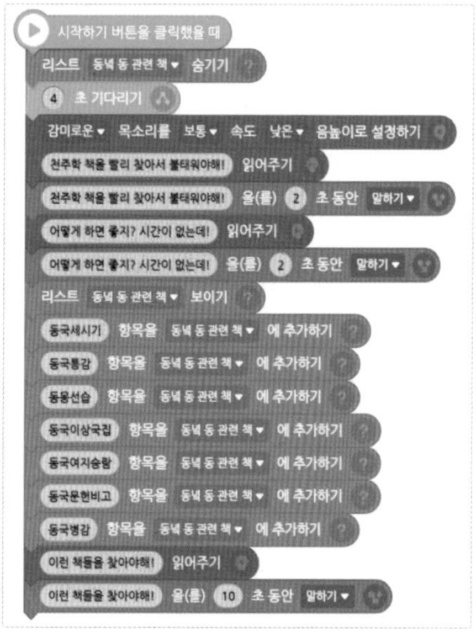

리스트에 추가된 항목과 인공지능 모델에 학습시킨 항목을 인식하여 비교하거나 대치하는 등의 기능으로는 확장하기 어렵다. 리스트에는 텍스트로 추가했고, 인공지능 모델은 이미지로 분류시켰기 때문이다. 하지만 이러한 기능적인 요

그림 4-1-23 완성된 리스트를 이용한 '동녘 동' 찾기 프로그램

소를 추가하고 싶다는 피드백이나 개선점 등을 나누는 것 또한 프로그래밍 수업에서 매우 중요하다. 발전시키고 싶은 점이나 아쉬운 점 등을 포스트잇에 받아 함께 나누어 보는 것을 추천한다. 학생들은 AI로 동녘 동(東)을 찾지 못하면 경찰이 뛰어오는 장면을 추가하고 싶다거나 책을 불태우는 장면에 효과음을 넣고 싶었다는 다양한 의견을 제시했다. 이렇듯 책을 활용한 노벨 엔지니어링 프로젝트에서는 학생들의 상상력이 엔트리의 다양한 기능으로 산출된다.

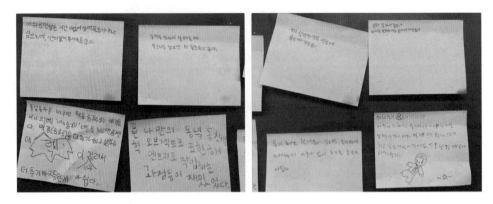

그림 4-1-24 학생 피드백 포스트잇

3.3 두 번째 해결책 설계 노벨 엔지니어링 ③

비전 서술하기

비전은 장기적으로 이루고 싶은 최종 목표를 표현하는 것이다. 디자인 사고 관점에서도 비전 서술을 통해 세부적인 계획이나 해결 과정을 구체화할 수 있다. 도서《책과 노니는 집》의 마지막 장면에서는 홍 교리가 직접 쓴 현판(오늘날의 간판)을 장이에게 선물한다. 필사쟁이 아버지 밑에서 자랐고 최 서쾌네 책방에서 책 배달을 했으며 홍 교리를 구하기 위해 책 속에서 '동녘 동(東)'을 찾았던 장이. 평생 책과 함께했던 장이는 어떤 책방을 열고 싶을까?

> **수업 TIP**
>
> '동녘 동(東)'을 찾아야 하는 가장 극적인 부분은《책과 노니는 집》175쪽이다. 그 부분에서 잠깐 읽기를 멈추었다가 다시 176~186쪽을 읽게 하면 장이가 현판을 선물 받는 결말에 좀더 몰입할 수 있을 것이다.

앞서 장이를 돕기 위해 AI 프로그래밍을 해본 학생들은 훨씬 쉽게 장이의 입장에서 생각할 수 있을 것이다. 또한 [비전 서술하기] 활동지(도서 자료 제공)를 통해 비전을 구체화할 수 있도록 도와줄 수 있다. 학생들에게 주인공 장이가 현판을 선물 받는 장면에서 어떤 감정이 들었을지 생각해 보도록 하자. 그 당시에 누가 떠올랐을까? 어떤 감정이 들었을까? 또는 과거의 일 중 어떤 기억이 떠올랐을까? 구체적인 질문을 통해서 학생들의 몰입을 도와주는 것이 좋다. 이렇게 장이의 입장에 가까이 다가갈수록 책방의 이름에 의미와 목표를 담고자 노력하게 된다.

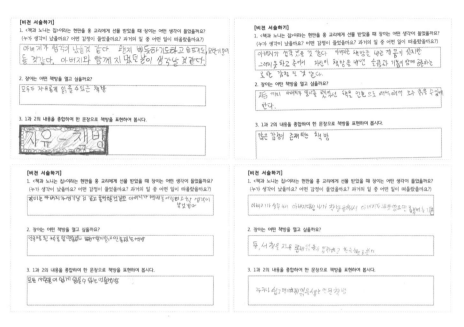

그림 4-1-25 [비전 서술하기] 학생 활동 예시

많은 학생이 내가 장이라면 현판을 받았을 때 아버지를 떠올릴 것이라는 의견을 냈다. 아버지의 뜻을 이어받아 누구나 쉽게 읽을 수 있는 언문 책방을 열고 싶다는 학생도 있었고, 동녘 동(東) 으로 분류하여 따로 숨길 필요 없이 아무 책이나 자유롭게 읽을 수 있는 책방을 상상하기도 했다. 또는 아버지를 잃고 필사쟁이가 되는 책 전반의 과정에서 겪은 장이의 감정 자체에 집중해서 접근하는 학생도 있었다. 더 나아가 '모든 사람이 쉽게 책을 읽을 수 있는 책방'이나 '누구나 쉽고 편리하게 읽을 수 있는 언문 책방'처럼 종교적 자유에 관한 내용이나 글을 읽지 못하는 계층에 관한 배려까지도 엿보였다.

3.4 두 번째 창작물 만들기 노벨 엔지니어링 ④

오토드로우로 장이를 위한 새로운 현판 디자인하기

1-3장에서 활용한 AI 플랫폼 '오토드로우'를 활용하여 장이를 위한 새로운 현판을 디자인해 볼 것이다. 장이가 열고 싶은, 장이의 목표가 담긴 현판을 인공지능으로 디자인함으로써 장이가 열어갈 새로운 미래를 담을 수 있다. 프로젝트의 연계성을 강조하기 위해 학생들이 제작한 현판을 인쇄하여 다음 차시에 진행될 책 만들기 활동의 표지로 활용할 것이다. 이렇듯 인공지능 플랫폼

의 특성에 맞게 교과와 프로젝트에 녹인다면 생생하고 유의미한 AI 융합 수업이 가능해진다. 오토드로우에 대한 자세한 설명은 1-3장을 참고하자. 우리가 주로 쓸 기능은 (AutoDraw), (Draw), (Type), (Fill) 등이다.

그림 4-1-26 **오토드로우 화면 및 메뉴**

오토드로우를 단순하게 체험으로 활용하기보다 책 속 주인공을 위한 현판을 디자인한다는 맥락을 통한다면 학생들의 창의적인 표현을 장려하고 작품의 완성도를 높일 수 있다. 인공지능 플랫폼을 활용하여 산출물을 만드는 활동은 AI와 인간이 협업할 수 있는 기회를 제공하는 것으로, 미래 사회 인재에게 꼭 필요한 자양분이 될 것이다. 또 미술 활동에 자신이 없는 학생들에게도 인공지능을 통해 쉽고 간단하게 작품을 만들 수 있다는 유용성을 느끼게 한다.

필자의 학급에서는 오토드로우를 자주 활용했는데, 이번 수업에서 가장 몰입하여 작품을 제작하는 모습을 확인할 수 있었다. 본인의 디자인이 '장이'의 행복한 미래를 담은 '현판'이 된다는 맥락이 학습자의 참여도를 향상시키는 것이다. 장이의 입장에서 가장 보고 싶을 아버지에게 "꿈을 이루었어요."란 메시지를 보내기도 했고, 한자를 몰라도 신분과 관계없이 누구나 책을 읽을 수 있는 자유로운 시대를 꿈꾸기도 했다.

그림 4-1-27 **학생 활동 모습**

그림 4-1-28 학생들이 제작한 현판 예시

나만의 책 만들기

이제 노벨 엔지니어링의 꽃이자 학생들의 배움이 내면화되어 피어나는 이야기 바꾸어 쓰기 활동으로 들어가 보자. [책 읽기, 데이터 수집-제작하기, 엔트리 AI 프로그래밍하기, 비전 서술하기, 오토드로우로 현판 디자인하기]의 일련의 과정 속에서 학생들은 인공지능의 유용성, 데이터의 중요성, AI가 가진 특성, 미래에 기대되는 점 등에 대해 느꼈을 것이다. 학습자가 프로젝트 전반에서 느끼고 배운 점을 담아 이야기로 조직하는 것은 주체적인 참여와 성찰적인 자기 학습을 가능하게 한다.[4, 5]

본 프로젝트에서는 이야기를 바꾸어 쓴 다음 '책 만들기' 활동과 연계했다. 두 번째 창작물로 제작한 현판을 책 표지로 쓸 수 있도록 인쇄해줌으로써 프로젝트의 연결성을 높이고 학생들의 학습 주도성을 자극하고자 했다. 이때 바로 책 만들기에 들어가기보다 <그림 4-1-29>의 활동지를 제공하여 책 페이지 구성을 도와주는 것이 좋다.

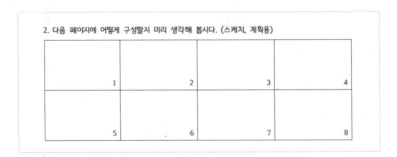

그림 4-1-29 [이야기 바꾸어 쓰기] 활동지 예시

자신이 바꾸어 쓴 이야기를 책으로 재구성하는 것은 단순한 이야기 표현과는 다르다. 정해진 쪽수에 이야기가 모두 담겨 표현되어야 하고 기-승-전-결이 적절하게 배치되어야 한다. 따라서 이야기를 바꾸어 쓰되 책 페이지 구성을 미리 고민해볼 수 있도록 사전에 강조해 주는 것이 좋다.

그림 4-1-30 첫 번째 책 - '동녘 동 찾기 인공지능으로 위기 탈출'

학생들이 제작한 책들을 살펴보면, 동녘 동(東) 찾기 인공지능이 빠르게 서학 책을 찾도록 도와주는 상황을 묘사하기도 했으며, 이 기능을 책방 챗봇처럼 활용하는 모습을 상상하기도 했다.

그림 4-1-31 두 번째 책 - '챗봇이 모두를 도와주는 책방'

또 오토드로우를 활용해 부서진 현판을 대체하는 상상의 이야기를 그리기도 했고, 오토드로우로 만든 현판으로 장이의 새로운 미래를 응원하기도 했다.

그림 4-1-32 세 번째 책 - '장이의 간판 만들기 대작전'

글을 쓰는 것에 거부감이 있는 학생들도 자신이 겪고 체험한 과정을 쓰다 보니 적극적으로 이야기를 재구성했다. 즉 자연스럽게 학습 정리와 내면화가 동시에 이루어지는 것이다.

그림 4-1-33 **책들이 전시된 모습**

책 만들기까지 프로젝트 대장정이 마무리가 되면 학생들이 서로의 이야기 책을 바꾸어 읽을 수 있도록 시간과 공간을 마련해 주자. 같은 도서를 읽고 같은 오토드로우와 엔트리를 활용했지만, 저마다의 다양한 이야기가 펼쳐지고 새로운 문제 해결 방법이 등장한다. 학생들은 친구들이 만든 표지에 흥미를 느끼고, 장이의 문제를 어떻게 도와주었는지 궁금해한다. 자연스럽게 학습 결과를 교류하고 배우는 선순환이 일어나는 것이다. 필자의 학급에서는 교실 뒤 사물함 위에 전시하고, 누구나 책을 가져가서 읽어볼 수 있도록 하였다.

이렇듯 AI를 활용해 문제를 해결하는 경험은 어렵지 않게 인공지능의 원리를 체득할 수 있게 해주고, 미래 사회에 대비하기 위한 AI 리터러시를 함양시킨다. 이러한 수업 설계의 한 걸음에 노벨 엔지니어링이 함께한다면, 배움이 유의미하고 학생이 즐거운 인공지능 융합 수업이 가능할 것이다.

수업 TIP

'책 만들기' 활동 재료는 1000원~1200원 정도의 가격으로 교사가 미리 구입해 두어야 한다. 본 프로젝트에서는 자신이 오토드로우로 디자인한 현판을 책 표지로 쓸 수 있게 인쇄해 주었으나, 서예, 시각 디자인 등 미술 교과와 연계할 수 있는 포인트가 많으니 학급 상황에 맞게 재구성해도 좋다. 또는 병풍 모양 책 만들기 등도 《책과 노니는 집》의 시대적 분위기와 잘 맞으니 학습준비물 구입 시 미리 고민해 보자.

Novel
Engineering

모두를 위한
AI 프로젝트

2022 개정 교육과정의 새로운 인재상은 '혁신적 포용 인재'이다.[1] 인재상의 키워드를 분석하여 미래교육의 주안점을 제시하고자 한다. 바로 융합적 사고력과 문제 해결, 협력과 공감 기반의 포용적 가치관, 창의성과 혁신이다. SW, 인공지능, 코딩, 메이커 교육 등이 미래 사회 대응을 위한 교육 키워드로 급부상하고 있고,[2] 동시에 인간적인 가치, 미래 기술의 윤리적인 사용에 관한 교육도 필요하다. 이에 교수학습 방법으로써 노벨 엔지니어링을, 수업의 도구로 인공지능을 활용하여 학습자가 직접 문제를 해결하는 과정에서 포용적인 가치관을 체득하도록 해보자.

본 프로젝트에서 선정한 도서는《막난 할미와 로봇곰 덜덜》로, 100쪽가량의 동화책이다. 재미있는 그림체와 어렵지 않은 문장으로 이루어져 있기에 4~6학년을 대상으로 수업할 것을 권한다. 독거노인 문제를 무겁지 않게 다루면서도, 사회적 약자에게 관심을 가져야 한다는 필요성을 자연스럽게 제시하고 있다. 실제로 미래 노인 돌봄 문제의 대응책으로 제시되는 것이 인공지능 기술이다.[3] 책 속 로봇곰 덜덜이는 상상의 로봇이지만 현재 노인을 위한 로봇 인형 등이 제작되고 있기에, 직접 노인을 돕기 위한 인공지능 프로그래밍에 참여한다면 과학 기술의 발달과 인간적인 가치관을 함께 강조할 수 있을 것이다.

01 인공지능 돋보기

이 수업에서는 2부의 AI 블록, 3부의 AI 모델을 모두 종합적으로 활용하여 '막난 할미'를 위한 '로봇곰 덜덜이'의 기능을 업데이트해줄 것이다. 실생활에서 자주 사용하고 있는 인공지능 스피커와 같은 기능이나 사용자의 표정을 보고 감정을 인식하는 기능 등을 설계할 수 있다. 이렇듯 지금까지 학습한 다양한 AI 프로그래밍을 활용하여 나만의 설계물을 디자인하는 AI-STEAM 수업이 가능하다.

1.1 성취기준 및 인공지능 내용요소

- [6국 05-05] 작품에 대한 이해와 감상을 바탕으로 다른 사람과 적극적으로 소통한다.

- [6국 05-06] 작품에서 얻은 깨달음을 바탕으로 하여 바람직한 삶의 가치를 내면화하는 태도를 지닌다.

- [6사 02-02] 생활 속에서 인권 보장이 필요한 사례를 탐구하여 인권의 중요성을 인식하고, 인권 보호를 실천하는 태도를 기른다.

- [6실 01-04] 건강한 가정 생활을 위해 가족 구성원의 다양한 요구에 대하여 서로 간의 배려와 돌봄이 필요함을 이해한다.

- [6실 04-07] 소프트웨어가 적용된 사례를 찾아보고 우리 생활에 미치는 영향을 이해한다.

- [인공지능 원리와 활용:초등학교 5-6학년:기계학습 원리 체험] 인공지능이 적용된 교육용 도구를 통해 기계가 학습하는 과정을 설명할 수 있다.

- [인공지능의 사회적 영향:초등학교 5-6학년:인공지능의 올바른 사용] 인공지능을 올바르게 사용하는 방법을 알고, 생활 속에서 실천할 수 있다.

책 읽고 문제 인식하기

실제로 사회적 이슈가 되는 문제 상황을 해결하는 AI 프로그래밍에 참여하는 과정을 통해, 실제적인 사회 참여 프로젝트가 가능하다. 노벨 엔지니어링의 핵심이 되는 AI 프로그래밍에는 학생마다 다양한 기능을 추가할 수 있으며, 문제 인식 활동이나 이야기 바꾸어 쓰기 연계 활동도 학교급 상황에 따라 변형해서 적용해도 좋다.

차시	STEAM 준거틀	노벨 엔지니어링 수업 단계	활동
1~3차시	상황 관련 문제 정의	①책 읽기 ②문제 인식	- 《막난 할미와 로봇곰 덜덜》 책 읽기 - 공감지도 표현하기
4~6차시	융합적 설계 및 문제 해결	③해결책 설계 ④창작물 만들기	- 업데이트 사전조사하기 - 로봇곰 덜덜이 업데이트하기 (엔트리)
7~9차시	자기주도 및 성찰	⑤이야기 바꾸어 쓰기	- '막난 할미와 로봇곰 덜덜' 이야기 바꾸어 쓰기 - 뉴스 영상 썸네일 그리기

2.1 책 읽기 노벨 엔지니어링 ①

 도서 소개 **막난 할미와 로봇곰 덜덜**

안오일 글 | 조경규 그림 | 뜨인돌어린이 | 2014

동사무소에서 나온 직원들이 혼자 사는 막난 할미에게 말동무라고 가져다준 로봇곰 덜덜이. 어려서 부모님을 잃고, 남편은 병으로 세상을 떠나고, 아들마저 사고로 잃어 막난 할미는 세상에 혼자 남았다. 덜덜이는 그 고집스러움과 무뚝뚝함을 서툴지만 따뜻하게 감싸준다. 알고 보니 막난 할미에게는 이루지 못한 꿈도 있고, 좋아하는 할아버지도 있었다. 막난 할미와 로봇곰 덜덜이의 이야기 속에서 노인 문제를 다양한 각도로 만나볼 수 있다.

책 속 로봇곰 덜덜이는 막난 할미의 슬픈 표정을 분석하고 서툴게 위로를 건네기도 하고, 할머니를 따라 함께 노래 대회에 나가 최우수상을 받아오기도 한다. 로봇이 어떻게 친구가 될 수 있겠냐는 막난 할미의 툴툴거림이 무색하게, 덜덜이와 막난 할미는 서서히 가족이 되어가고 있다. 실제로 혼자 살아 어려움을 겪고 있는 노인들을 위해 로봇곰 덜덜이처럼 인공지능을 선물해 주면 어떨까? 인구 고령화로 따른 노인 돌봄 문제는 미래 사회의 실제적인 이슈이다. 이에 대응하기 위해 AI를 어떻게 활용할 수 있을까?

2.2 문제 인식 노벨 엔지니어링 ②

공감지도 표현하기

이 책 속 문제 상황은 노인층이 겪고 있는 사례에서 도출해야 한다. 그렇기에 노인의 입장에서 막난 할미의 마음을 헤아릴 필요가 있다. 또 우리가 설계할 인공지능 기술 또한 사용자층이 '노인'으로 특정되어 있는 상황이다. 이에 책 속 상황과 사용자, 인공지능 기술의 특징, 내가 AI 기술을 활용해본 경험들을 연계하여 문제 상황을 정교화할 수 있도록 도와주어야 한다. 《막난 할미와 로봇곰 덜덜》 책 속 곳곳에는 로봇곰이 막난 할미의 표정을 분석하는 장면, 비상 버튼을 눌러 응급차를 부르는 장면, 막난 할미를 위해 춤을 추거나 노래를 부르는 장면 등이 있다. 이러한 책 속 상황을 통해 노인에게 어떤 도움이 필요한지 이해하고 업데이트할 기능을 고민해볼 수 있을 것이다.

학생들이 막난 할미의 입장에서 생각해 볼 수 있도록, '공감지도 표현하기' 활동을 해보자. 이 활동은 디자인 사고 기법 중 하나로, 특정 유형의 사용자에 대해 이해한 내용을 시각화할 수 있다. 문제 상황에 대해 듣거나 직접 해본 경험, 나의 생각이나 느낌 등을 포스트잇에 작성하여 공감지도 구역에 부착한다. 이 과정에서 서로의 생각을 시각화하여 확인할 수 있고,

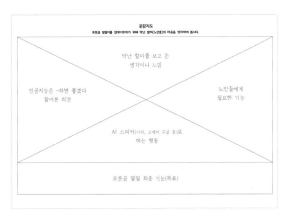

그림 4-2-1 [공감지도 표현하기] 활동지 예시

꼭 필요하다고 공감되는 의견을 선정할 수 있다. 마지막으로 이러한 과정에서 도출된 최종 목표를 맨 아래쪽 직사각형 구역에 크게 작성하면 된다.

수업 TIP

학급 전체를 대상으로 할 때에는 공감지도 구역을 칠판에 크게 그려주어도 좋으며, 모둠별 활동 시에도 B4 이상의 크기에 인쇄해줄 것을 권한다.

학생들은 막난 할미가 처한 여러 상황들을 통해 혼자 사는 노인들이 겪는 문제에 공감하는 모습을 보였다. "막난 할미가 안쓰럽다.", "혼자 살면 외로울 것 같다."라며 막난 할미와 같은 독거 노

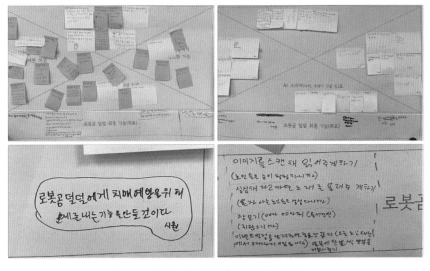

그림 4-2-2 [공감지도 표현하기] 활동 학생 산출물

인의 감정에 몰입했다. 이렇듯 기술 사용의 주요 고객층의 문제에 집중한 학생들은 노인의 입장에서 필요한 기능들을 꼽았다. 치매 예방을 위해 상식 퀴즈를 내주는 인공지능, 산책 나가는 시간을 알려주는 인공지능, 복약 시간 알람을 해주는 인공지능……. 노래와 그림을 좋아하는 막난 할미를 위한 특수한 기능을 탑재하면 좋겠다는 의견도 있었다.

바로 인공지능 스피커의 기능을 떠올리는 것은 쉽지 않다. 지금까지 엔트리 AI 블록 프로그래밍에 참여해 본 경험이 있는 학생들이라면 엔트리 블록의 기능과 연결하여 구상할 수 있도록 조언해줄 수 있을 것이다. 본 프로젝트를 통해 노벨 엔지니어링을 처음 실천하는 것이라면 평소 AI 스피커를 사용해본 경험을 떠올리도록 해주자. 공감지도의 구역은 책 속 상황, 자신의 경험, 주요 고객층의 입장을 함께 고려할 수 있도록 나누어져 있다. 예를 들어 인공지능 스피커의 알람 기능을 활용해 본 학생들은 이를 책 속 상황, 노인의 입장으로 확장하여 '산책 나갈 시간, 약 먹을 시간을 알려주는 기능'으로 정교화할 수 있는 것이다. 또는 '노인의 식사 준비나 집안일을 인공지능이 도와주자.'와 같이 엔트리로 구현하기 힘든 대답이 나올 수도 있다. 하지만 프로젝트의 다음 과정에서 설계물을 구체화할 수 있으므로 다양한 대답을 허용해줄 것을 권한다.

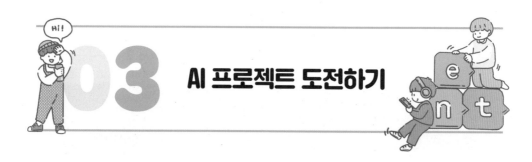

03 AI 프로젝트 도전하기

3.1 해결책 설계 노벨 엔지니어링 ③

업데이트 사전조사하기

노인 돌봄에 인공지능을 활용하는 것이 아예 상상 속 이야기는 아니다. 현재도 AI 탐지 기술 등이 탑재된 인형 등을 돌봄 문제의 대안으로 제공하고 있다. 학생들이 현재의 기술을 탑

그림 4-2-3 유튜브 '노인 인공지능' 검색 결과

색하는 것 또한 좋은 해결책 설계 활동이 된다. 노인 돌봄 인공지능을 업데이트하기 앞서, 유튜브의 뉴스 채널이나 인터넷 검색을 활용하여 현재의 AI 기술 활용에 대해 사전조사를 진행해 보자. <그림 4-2-3>은 유튜브에서 '노인'과 '인공지능'이라는 키워드를 조합하여 검색한 결과이다. 간단한 검색으로도 많은 뉴스가 도출된다. 노인 문제의 대안으로 인공지능을 활용하고자 하는 사회적, 기술적 분위기가 형성되었음을 알 수 있다.

수업 TIP

유튜브로 자료 검색을 할 때에는 채널의 신뢰도를 확인해 보도록 사전에 안내해 주어야 한다. 누구나 채널을 만들고 콘텐츠를 제작할 수 있는 플랫폼 특성상 거짓 정보도 많이 존재하고 있다. 학생들에게 조사가 가능한 채널은 방송국의 뉴스 채널, KT나 LG와 같이 서비스를 제공하는 회사 채널 등임을 미리 고지하여 주자.
또한 검색을 하기 위해서는 키워드가 중요하다. '노인', '돌봄', '인공지능' 등의 키워드를 조합하여 원하는 정보가 나오는지 확인하고, 또다시 검색을 하는 과정을 장려하여 주자. 이러한 과정을 통해 정보처리 및 활용 능력을 기를 수 있을 것이다.

예시로 한 뉴스 내용을 들어보자. 혼자 사는 70대 노인에게 약 먹을 시간임을 알려주는 인공지능 스피커. 이 AI는 2022년 5월, 독거 노인의 위급상황을 감지하여 119 센터와 지자체 담당자에게 신고를 했다. 뉴스 속 할아버지는 호흡기 장

그림 4-2-4 **독거노인의 생명을 구한 인공지능 스피커**
(출처 : KBS 뉴스 https://youtu.be/afcuMRdhdKc)

애 2급 판정을 받은 상태였고, 119가 즉시 출동한 덕에 위급한 상황을 넘길 수 있었다.

뉴스를 보는 것만으로도 인공지능이 노인층의 문제 해결에 도움이 된다는 것을 알 수 있지만, 학생들의 프로그래밍을 보조하기 위해 [업데이트 사전조사하기] 활동지를 제공해도 좋다. 여러 뉴스 속 인공지능 기술이 어떤 도움을 주는지 정리하는 과정에서 사회적 약자를 위한 AI 기술의 활용도를 정교화할 수 있을 것이다.

또 막난 할미를 위해 덜덜이에 업데이트해줄 기능도 어렵게 설계하기보다, 기존에 존재하는 AI 기술에 1~2가지의 아이디어를 결합하는 방식으로 접근하여 보자. 예를 들어 기존의 약 먹을 시간을 알려주는 기능에 약을 먹었는지 '네.' '아니오.'로 대답을 인식할 때까지 여러 번 확인하는 서비스를 추가로 상상해 보는 것이다. 더불어 이러한 기능을 업데이트하기 위해서는 엔트리의 어떤 블록이 필요한지 탐색해 보는 시간도 필요하다. 이렇게 뉴스 속 AI 기술 정교화-업데이트할 기능 구체화-엔트리 블록 탐색으로 이어지는 일련의 과정을 통해 학습자들의 프로그래밍 부

담을 줄이고, 실생활 문제를 해결할 수 있다는 자신감을 북돋아줄 수 있다.

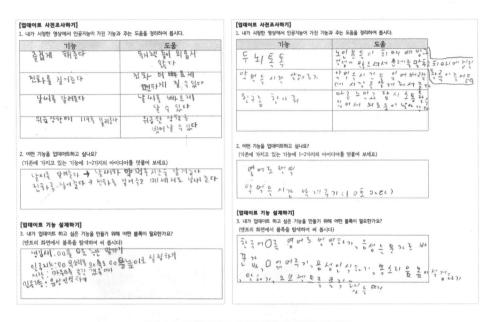

그림 4-2-5 [업데이트 사전조사하기] 학생 활동 예시

학생들은 날씨를 알려주는 기존의 인공지능 스피커의 기술에 '약 먹을 시간 알림' 기능을 덧붙이거나, '메시지 전송' 기능을 업데이트하여 AI를 설계했다. 또 치매 예방을 위해 AI 스피커와 문제를 주고받는 노인의 모습을 본 학생들은 '영어 번역 퀴즈'를 떠올렸다. 엔트리의 특성상 오브젝트를 움직이거나 장면을 다양하게 구성할 수 있어서 인공지능 로봇과 장을 보는 상황이나 직접 움직여 막난 할미의 심부름을 하는 모습을 구상하기도 했다. 인공지능 블록을 활용하는 것에 수업의 주안점을 두되, 엔트리의 기초 블록을 사용하는 것 또한 자유롭게 풀어갈 수 있도록 하자.

3.2 창작물 준비하기 노벨 엔지니어링 ④

[공통] 배경 및 오브젝트 디자인하기

이제 책 속 상황에 맞게끔 배경과 오브젝트를 추가하여 엔트리로 이야기를 그려보자. 《막난 할미와 로봇곰 덜덜》에는 막난 할미가 갑자기 아픈 상황, 막난 할미의 표정을 읽어 위로를 해주는 상황, 막난 할미와 함께 노래 대회에 나가는 상황 등 노인의 입장에서 AI의 도움을 받는 다양한 장면이 나타난다. 그중 한 가지를 골라도 되고, 학생들이 원하는 상황을 상상해봐도 좋다. 노인들의 어려움을 인공지능이 어떻게 해결해줄 수 있을까? AI와 공존하는 미래의 모습을 상상해볼 수 있을 것이다.

그림 4-2-6 **배경 및 오브젝트 디자인 예시**

[공통] 기능 소개하기

이제 로봇곰 덜덜이의 업데이트된 기능을 [을(를)] [초 동안] [말하기 ▾] 블록과 [읽어주기] 기능으로 나타내 보자. 특히 이번 프로젝트에서 [읽어주기] 기능의 AI 보이스는 로봇곰 덜덜이 상황과 잘 어울린다. 인공지능 스피커에서 나오는 목소리처럼 로봇곰 덜덜이를 구현하는 활동을 통해 수업 주제와 AI 블록의 연계성을 높일 수 있을 것이다. 또 AI 보이스를 수업의 흥미, 재미를 주기 위해 활용하는 것이 아니라, 사회적 약자인 노인에게 자신의 기능을 소개한다는 맥락으로 사용할 수 있다. 인공지능 융합 교육에서 잊지 말아야 할 것이 개발자로서 내가 설계한 AI가 지닌 윤리, 사회적 영향력이며, 이를 충분히 고려

그림 4-2-7 **기능 소개 예시**

할 수 있는 교육이 필요하다.[4, 5] 이때 노벨 엔지니어링을 통해 '인간됨'을 강조하는 실제적인 AI 융합 교육이 가능하다.

3.3 창작물 만들기 노벨 엔지니어링 ④

로봇곰 덜덜이 업데이트하기: 인공지능 블록

이제 자유롭게 로봇곰 덜덜이 기능을 업데이트해 주자. 2부의 엔트리 AI 블록, 3부의 AI 모델을 통합적으로 활용할 수 있다. 이해를 돕기 위해 교사가 다양한 예시를 제공해도 좋다. 먼저 엔트리 인공지능 블록으로만 설계한 기능 예시다. 물론 인식된 결과에 따라 덜덜이가 할 대사는 학생들마다 다양하게 표현할 수 있을 것이다.

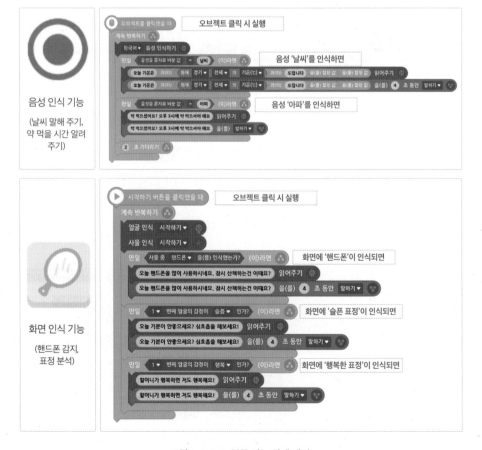

그림 4-2-8 AI 블록 기능 설계 예시

여러 가지 기능을 추가하는 것이 어렵게 느껴질 수도 있지만, 동일한 선택 구조 반복으로 이루어져 있다는 것을 이해하면 부담없이 접근할 수 있다. 먼저 '날씨'라는 단어를 인식했을 때 어떤 말을 할지 █████ 블록 안에 ████ 읽어주기 ████ 와 ████ 을(를) 말하기▼ ████ 블록을 넣어 프로그래밍한다. '아파'라는 말을 인식하는 기능을 추가하고 싶다면, 똑같은 구조에서 인식하려는 말과 덜덜이의 반응만 수정해서 추가하면 된다. 화면을 인식하는 기능도 마찬가지이다. 핸드폰 감지와 표정 분석 모두 동일한 구조로 이루어져 있다. 유의할 것은 여러 가지 말이나 단어를 탐지하려면 계속 음성을 인식할 수 있도록 ████ 계속 반복하기 ████ 블록을 사용해야 한다는 점이다.

로봇곰 덜덜이 업데이트하기: 인공지능 모델

이번에는 인공지능 모델 학습 기능을 사용한 예시를 확인해 보자. 물론 학급 상황에 따라 앞서 제시한 인공지능 블록만 활용해도 충분하므로 노벨 엔지니어링 프로젝트의 횟수와 숙련도에 따라 결정할 것을 권한다. 필자의 학급에서는 막난 할미의 얼굴을 보면 안부 인사를 건네고, 뒷모습을 보면 할미의 걱정을 하는 기능을 설계했다. ①, ②의 모델과 데이터 클래스 이름은 자유롭게 설정하자. 프로그램을 설계하는 학생들의 얼굴과 뒷모습을 각각 학습시켰다면 ③[모델 학습하기] 버튼을 누른다. ④에서 인공지능이 얼굴과 뒷모습을 잘 구분하면 ⑤[적용하기]를 눌러 프로그래밍 블록을 만들 수 있다.

그림 4-2-9 앞모습, 뒷모습 이미지 데이터 학습시키기

다음과 같은 블록이 생성되었다면 막난 할미의 모습을 인식하는 선택 구조 프로그래밍을 진행할 수 있다. 블록 각각에 대한 설명은 3-1장을 참고하자.

그림 4-2-10 **이미지 모델 블록 생성**

막난 할미의 얼굴과 뒷모습을 인식하고, 그 결과를 선택하여 산출하는 AI를 설계하기 위해서는  의 블록들(오른쪽 참조)이 필요하다. <그림 4-2-11> 프로그램에서는 로봇곰 덜덜이 오브젝트를 클릭하면 막난 할미의 모습을 인식한다. 물론 다른 오브젝트와 다양한 기능으로 변형하여 수업 가능하니, 학급 상황에 맞게 활용해 보자.

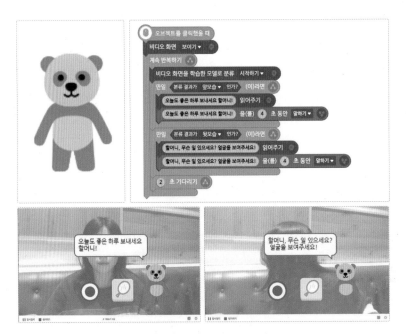

그림 4-2-11 **AI 모델 기능 설계 예시**

프로그래밍하기

막난 할미를 포함한 노인층을 사용자로 설정한 학생들은 생활 속 필요한 기능을 엔트리 프로그래밍으로 구체화했다. 가장 대표적으로 '날씨'라는 단어를 인식하면 최저기온을 알려주는 기능을 살펴보자. 에서 날씨 데이터를 가져와 언제든 최저기온을 알려주도록 만들었다. 날씨 블록에 관한 자세한 내용은 3-4장을 참고할 수 있다.

그림 4-2-12 **학생 산출물1 - 최저기온을 알려주는 AI 스피커**

또 [비디오 감지] 블록을 활용하여 영상 통화를 거는 기능을 구현한 것도 재미있다. 다음 작품은 '영상'이라는 말을 인식하면 비디오 화면을 보이도록 하고, '끊어줘'라고 하면 비디오 화면을 숨겨서 마치 영상 통화를 하는 것처럼 엔트리 프로젝트를 구성한 것이다. 미래에 큰 모니터와 결합된 AI 스피커가 나온다면 상용화될 법한 기술로 학생들의 창의성이 놀랍게 느껴진다.

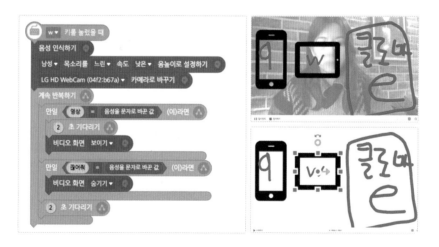

그림 4-2-13 **학생 산출물2 - 영상통화가 가능한 AI 스피커**

더 나아가 노인들의 건강 문제를 이슈로 '치매 예방', '노화 방지' 등을 위한 기능으로 [번역] 블록을 활용한 작품도 있다. 사용자가 한국어를 말하면 영어로 번역해 주는 간단한 코드로 이루어져 있지만, '막난 할미가 영어 단어를 공부하며 치매를 예방할 수 있다.'는 맥락이 함께 제시되는 것에 집중해 보자. 누군가를 돕기 위한 프로그래밍에 참여하는 과정을 통해 인공지능의 윤리적 활용에 대해 자연스럽게 체득할 수 있게 된다.

그림 4-2-14 학생 산출물3 - 영어 단어를 해석해 주는 AI 스피커

학생 산출물 중에는 앞서 '해결책 설계'에서 살펴본 뉴스 속 기술을 직접 구현하여 '살려줘'를 인식하면 119를 부르는 프로그램도 있었다. 이처럼 새로운 기술을 상상하기 어려워한다면 현재의 AI 스피커가 가진 기능을 실현해 보는 것만으로도 충분하다. 이 과정에서 현재의 기술 발달이 사람들에게 어떤 도움을 주는지, 그 유용성을 유의미하게 확인할 수 있기 때문이다.

그림 4-2-15 학생 산출물4 - 구조 신호를 보내는 AI 스피커

3.4 창작물 개선 및 평가하기 노벨 엔지니어링 ④

기능 추가하기

• 그리기 기능 추가하기

막난 할미를 위한 기능을 몇 가지 더 추가해 보자. 막난 할미는 어려서부터 그림을 그리는 것이

꿈이었다. 그래서 자신이 그린 사과 그림을 덜덜이에게 보여주는 장면이 나오는데, 이와 연결하여 사과를 쉽게 그릴 수 있는 기능을 추가할 수 있다.

> **수업 TIP**
>
> 그림을 그리거나 도장을 찍는 기능을 구현하는 블록은 엔트리의 ✏️ 에 있다. [도장 찍기] 블록은 오브젝트 모양 그대로 도장이 찍히게 하고, [그리기 시작하기] 블록은 오브젝트가 이동하는 경로를 따라 선이 나타나게 한다. 물론 선의 색이나 굵기, 투명도 등은 [붓의 색을 ■ (으)로 정하기], [붓의 굵기를 (으)로 정하기], [붓의 투명도를 % 로 정하기] 블록으로 다양하게 구현할 수 있다.

막난 할미는 슬프거나 힘들 때 마음을 담아 사과 나무를 그렸다. 노래대회에 나간 것도 물감을 받기 위해서였는데, 물감이 떨어지더라도 사과를 쉽게 그릴 수 있도록 컴퓨팅 기술로 도와줄 수 있다. 이렇게 노벨 엔지니어링에서는 책 속 장면과 연계한 창의적인 기능들을 추가하고 구현할 수 있다는 점이 수업을 풍부하게 만든다.

로봇곰 덜덜이의 기능에 사과 모양의 버튼을 추가하여 보자. 이 사과 버튼 오브젝트를 클릭했을 때 [마우스포인터 ▼ 위치로 이동하기] 블록을 사용하여 마우스 포인터 위치를 따라 움직이도록 할 수 있다. 움직이다가 원하는 위치에서 마우스를 한 번 더 클릭하면 사과 모양이 그대로 도장이 찍히도록 프로그래밍했다. 마찬가지로 이 모든 기능은 계속해서 구현될 수 있도록 [계속 반복하기] 블록과 함께 사용되어야 한다.

그림 4-2-16 그리기 기능 추가 예시

· **구구단 퀴즈 기능 추가하기**

이번에는 노인들의 노화 방지를 위해 구구단 퀴즈를 푸는 기능을 추가할 것이다. 책 속에서 이 기능과 연결되는 장면이 드러나지는 않지만, 노인을 위한 기능을 포괄적으로 고려하여 추가해 볼 수 있다.

> **수업 TIP**
>
> 사칙 연산 계산과 관련된 블록은 🔢 에 있다. 단독으로 사용할 수는 없고, 계산 결과를 [을(를) 말하기 ▼] 등에 넣어서 사용한다. 우리는 구구단을 묻는 기능을 만들기 위해 [x] 블록을 주로 사용할 예정이나, 그 외 덧셈, 뺄셈, 나눗셈도 가능하다. 또 [부터 사이의 무작위 수] 블록으로 범위 안의 숫자를 무작위로 지정할 수도 있고, 제곱 값이나 연도 등도 [의 제곱 ▼], [현재 연도 ▼] 블록으로 저장하여 사용할 수 있다.

실제로 사칙연산은 현재 상용화된 인공지능 스피커에서 모두 인식하여 산출이 가능한 수준이다. 인공지능 스피커에게 '8 곱하기 9는?'이라고 물으면 '72'라고 계산하여 알려주는데, 우리는 역으로 막난 할미의 노화방지를 위해 퀴즈를 내는 기능으로 활용하는 것이다. 이렇게 막난 할미라는 책 속 주인공과 사회적 약자인 노인을 위한 설계라는 전체적인 수업 맥락과 엔트리의 기능이 연결될 때 유의미한 설계가 일어난다.

<그림 4-2-17> 프로그램 화면의 곱하기 버튼을 클릭하면 '8 곱하기 9'를 질문한다. 이때 사용자의 대답을 인식해야 하기 때문에 ⬤ 을(를) 말하기 ▼ 블록 대신 ⬤ 을(를) 묻고 대답 기다리기 ? 블록을 사용해야 함을 잊지 말자. (이 블록에 대한 설명은 2-2장을 참고할 수 있다.)

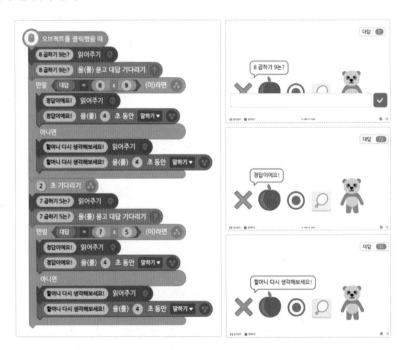

그림 4-2-17 **구구단 퀴즈 기능 추가 예시**

또한 대답을 확인할 때 계산값(72라는 숫자)을 우리가 직접 계산하여 넣기보다는, 그림처럼 ⬤ x ⬤ 블록을 활용하여 컴퓨터가 값을 산출할 수 있도록 하자. 문제를 하나만 낸다면 큰 상관이 없지만 여러 개의 문제를 낸다면, 매번 우리가 계산하기는 어렵다. 그보다는 컴퓨팅 파워를 활용하는 것이 효과적일 터이다. 이렇게 하나의 구조만 완성하고, 이를 복사-붙여넣기하여 숫자만 바꾸면 여러 개의 문제를 낼 수 있다. 물론 문제가 바뀔 때마다 ⬤ x ⬤ 블록 안의 숫자도 바꾸어야 함을 유의시켜 주자.

창작물 평가하기

다른 수업과 마찬가지로 프로그래밍이 끝난 후 소감이나 개선점, 피드백 등을 나누어 보자. 노벨 엔지니어링은 자신이 설계한 해결책이 책 속 주인공에게 어떤 새로운 미래를 안겨줄지 상상하는 '이야기 바꾸어 쓰기' 단계로 마무리된다. '창작물 만들기'에서 완성하지 못한 기능이더라도 다음 단계로 끌어갈 수 있도록 함께 의견을 나누어볼 것을 권한다.

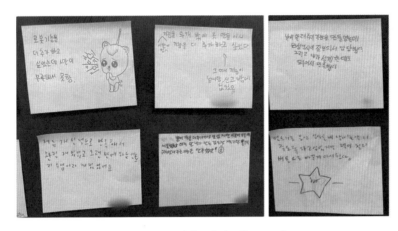

그림 4-2-18 **학생 소감 피드백 포스트잇**

학생들의 피드백 포스트잇을 살펴보면 '음성 인식' 기능에 대한 아쉬움이 많이 드러난다. 실제로 엔트리뿐만 아니라 AI 스피커로 구현되는 음성 인식 기능이 현재 완벽한 것은 아니다. 또박또박 크게 말해야 인식이 잘 되며, 여러 번 반복해서 말해야 할 때도 있다. 또 음성 분류 모델을 '날씨', '날씨 알려줘.'와 '노래 틀어줘.', '노래'로 구분하여 학습시키던 학생은 아직까지 단어나 어투를 구분하지 못하는 인공지능을 개선하여 버튼을 누르는 방식으로 설계했다. 노벨 엔지니어링을 통해 현재 AI 기술의 보완점이나 자작 프로그램의 개선점을 다가올 새로운 미래의 상상으로 그려나갈 수 있다.

이야기 바꾸어 쓰기

노벨 엔지니어링 ⑤

이제 노벨 엔지니어링의 마지막, 이야기 바꾸어 쓰기 활동에 다다랐다. 책을 읽고 주인공 '막난 할미'와 '덜덜이'를 위해 필요한 AI 기술을 탐색했으며, 이를 직접 구현-설계하는 과정에서 자연스럽게 인공지능을 올바르고 따뜻하게 사용하게 되었다. 이제 우리가 체험한 인공지능이 어떤 미래를 가져올지 이야기로 나타내어 보자.

뉴스 영상 썸네일 그리기

본 프로젝트에서는 이야기를 바꾸어 쓴 뒤 뉴스 영상의 썸네일로 표현하는 미술 활동과 연계했다. '해결책 설계' 단계에서 업데이트 사전조사를 위하여 유튜브 영상을 찾아봤던 활동의 확장판이다. 이야기를 바꾸어 쓴 뒤 핵심이 되는 기술을 그림과 자막으로 눈에 띄게 나타내도록 했다. 핵심은 그림을 잘 그리는 것보다 뉴스 썸네일처럼 직관적으로 기술을 소개하는 것에 있다.

학생들이 다시 쓴 이야기와 썸네일을 살펴보자. 첫 번째 이야기에는 막난 할미가 간직했던 그림 그리기라는 꿈을 돕기 위한 사과 도장 찍기와 물건 찾기 기능이 드러나 있다. 막난 할미의 억센 성격 사이로 덜덜이를 향한 애정이 엿보여 읽는 사람을 웃음 짓게 만든다.

또 하나의 예시를 보자. 시간을 알려주는 기능을 홍보한 썸네일과 그에 관한 이야기이다. 노인정에 간 할머니가 덜덜이로 친구들에게 메시지를 전송하고, 약 먹을 시간을 알려주는 덜덜이 덕분에 건강을 되찾았다는 내용이 담겨 있다. 단순히 AI 프로그래밍을 설명하는 것을 넘어서 책 속 주인공의 생활에 어떻게 사용될지 상상해본 것이다. 이렇듯 노벨 엔지니어링을 통한 글쓰기는 학생들에게 쓰기 동기뿐만 아니라 풍부한 글감을 제시한다.

학생들의 글에서 인상 깊은 점은 AI 기술의 방향성을 자연스럽게 인식한다는 것이다. AI 스피커에 내재된 알람, 노래 재생, 날씨 정보 등의 기능은 현재 구현되고 있는 것이지만 '막난 할미'를 돕기 위해 사용한다는 맥락 속에서 새로운 의미로 탄생했다. 이처럼 AI 기술이 모두를 위해, 올바르고 가치 있는 방향으로 쓰여야 한다는 메시지를 전달해 주는 것. 그것이 AI 융합 교육의 가장 큰 핵심 아닐까?

삐리삐리 로봇곰 덜덜이 업데이트 기능 막난 할미나 업데이트 시켜줘. '업데이트하기'말하면 돼." 덜덜이는 막난할매에게 업데이트를 해달라고 했어요. "업데이트하기" "업데이트하기" 덜덜이 업데이트 중... 막난할미는 덜덜이를 빤히 쳐다보고 있었어요. '업데이트 완료' "덜덜이 업데이트완료 새로운 기능이 추가 되었어" "뭐가추가 되었어?" "물건 직접 가서 찾아주기 가능 도장 찍기 기능이 새로 추가됐어" 막난할미는 제일 먼저 물건 찾기 기능을 써봤어요. "무엇을 찾아드릴까요?" "내가 물감을 어디다 놨는지 기억이 안나 물감하고 붓을 찾아줘" "물감, 붓찾기 위이이잉" '덜덜덜덜' 물감은 이 박스안에 있어요." 덜덜이는 곧 박스에서 돌아와 물감을 찾아줬어요. "붓은... '덜덜덜덜' 화장실 수건에 있어요" "덜덜이고마워! 도장 찍기기능은 뭐지?" '도장찍기 기능' 위이이잉 덜덜이 귀에서 도장이 나왔어요. "사과 모양 도장!" 막난 할미는 사과를 보자 눈물이 조금씩 조금씩 나왔어요. 도화지에다 사과모양 도장을 찍었어요 도장은 색이 짙고 연한 막난할미는 미소 짓었어요. "업데이트 기능 좋네." 막난할미는 도장찍기 물건 위치찾아주기 기능을 마음에 들어했다!

막난 할매는 덜덜이랑 평소대로 살고 있는데 비가 많이와 밖에도 못나가고 집에서 그림을 그리며 놀았다 덜덜은 막난할미에게 다음주에는 태풍이 온다고 말하자 막난 할미는 창문을 고정 시키고 밖을 나가지 않았다 다음주는 진짜로 태풍이 왔다 덜덜이에게 날씨 기능을 추가 하지 않았으면 미리 준비를 못했을 거다 태풍이 그치고 막난할미는 노인정에 갔다 노인정에 친구들이 없자 막난할미는 덜덜이로 친구들에게 메세지를 보냈다 친구들과 만난 순내를 놀고 집에 들어왔다 동사무소 직원이 찾아와 덜덜이에게 약먹을 시간을 알려주는 기능을 추가 했다 약먹을 시간을 까먹을 때마다 덜덜이가 알려줘 꼬박꼬박 먹었다 까먹을 일이 없으니 아픈게 나았고 막난할미는 덜덜이와 행복하게 살았다

그림 4-2-19 [뉴스 영상 썸네일 그리기] 학생 산출물 예시

학급 상황에 따라 실제 뉴스를 만들어 보아도 좋다. 6학년 국어 교과에서는 뉴스 매체를 주제로 정보와 타당성, 효과적인 내용 전달에 대해 학습한다. 이때 관심 있는 주제로 뉴스를 제작하는 차시와 연계-재구성한다면 유의미한 프로젝트가 될 것이다.

에필로그

> 태양열을 이용하여 전기를 생산할 수 있고 전기자동차가 도로를 다닌다. 소형전화기에서 TV를 볼 수 있고 부엌에서는 작은 모니터를 통해 요리 레시피를 확인한다. 멀리 가지 않고 집에서 의사의 진단을 받을 수 있고 집에서 강의를 들으며 공부를 하는 것도 가능하다.

이정문 화백의 '서기 2000년대의 생활의 이모저모'라는 한 장짜리 만화에 나온 이야기입니다. 지금 들으면 너무나도 당연한 소리처럼 들리지만, 1965년 당시에는 허무맹랑한 이야기로 여겨졌다고 합니다. 이러한 반응은 스마트폰이 세상이 등장하기 직전에도 마찬가지였습니다. 손바닥만 한 휴대용 기계로 인터넷에 접속하고, TV를 보며, GPS로 내 위치를 찾고, 동영상을 찍어 편집하고, 은행 거래를 한다……. 모두 공상과학 영화에서나 가능한 장면이었습니다.

박영숙과 제롬 글렌의 《세계미래보고서 2045》에서는 여러 가지 예측을 던지고 있습니다. 그들에 따르면 2045년은 인공지능이 인간의 지능을 뛰어넘는 시기가 될 것이고, 인간과 기계의 구분은 모든 측면에서 모호해진다고 합니다. 그 미래에서 인간의 일자리는 AI로 대체된 지 오래이며, 남아있는 몇 개의 일자리는 로봇과 협업하는 일들뿐입니다. 지구 모든 곳은 하루 생활권으로 묶이며, 우리는 평소에 이동할 때도 하늘을 날게 됩니다. 교육 분야에서도 공교육은 사라지고, 필요에 의해 단기적으로 배울 수 있는 기관만이 남아있을 뿐입니다.

자 여러분, 겨우 20년 뒤를 상상한 내용입니다. 어떤가요? 공상과학처럼 들리나요? 아니면 허무맹랑한 이야기처럼 들리나요? 미래는 이미 예견되어 있습니다. 다만 우리가 믿지 못하는 것 같습니다.

2016년 알파고가 가져다준 충격은 AI 교육의 필수 도입으로 이어졌습니다. 이후 수많은 AI 교육 사업을 통해 인공지능 교육의 양적 확대가 나타났습니다. 그러나 우리는 아직까지 인공지능을 어떻게 교육해야 효과적인지, 어떤 방식으로 알려주어야 내재화가 되는지 알지 못합니다. 우리도 모르는 사이에 빠르게 다가오는 미래에 불안감을 가지고, '해야 한다.'는 막연한 의무감에 교육을 진행할 뿐이었습니다.

이처럼 급박한 교육 대전환의 시기에, 노벨 엔지니어링은 아주 강력한 수업 방법이자 도구입니다. 단편적인 지식에 그치는 것이 아니라 학생들을 문제 상황으로 몰입하게 하고, 스스로 생각하게 만들며, 성취감을 느낄 수 있게 하지요. 그리고 새로운 상황에서 맞닥뜨릴 문제에 스스로 도전하도록 격려합니다.

늘 그랬듯 AI 교육도 점차 발전할 것입니다. 다양한 방법을 통해 질적인 확대도 가져갈 것입니다. 그러나 새로운 교육 방식이 나온다 하더라도, 노벨 엔지니어링은 학생들에게 최고의 AI 활용 경험을 안겨줄 수 있을거라 확신합니다.

이 책을 통해 우리 학생들에게 인공지능의 강력함을 다룰 수 있는 경험을 줄 수 있다면, 그리고 선생님들에게 AI 교육 안에서 학생들이 몰입하여 내는 최고의 결과물을 보여드릴 수 있다면 너무나 행복할 것 같습니다. 수업하면서 저희가 느꼈던 것들을 선생님께 꼭 전해드리고 싶습니다. 이 책이 적절한 단비가 되길 바라며, 우리를 이끌어갈 미래 세대에게 바칩니다.

2023년 2월, 안양의 한 회의실에서
저자 일동